# 라틴아메리카, 세계화를 다시 묻다

중남미지역원
학술총서 29

# 라틴아메리카
## 세계화를 다시 묻다

**부산외국어대학교 중남미지역원 지음**

포스트신자유주의를 향한 라틴아메리카의 아젠다는 무엇인가

알렙

# 책을 펴내며

 이 책은 부산외국어대학교 중남미지역원(구 이베로아메리카 연구소)이 한국연구재단의 지원을 받아 지난 10년간 수행한 HK 사업의 연구 성과들을 총정리하여 엮어낸 책이다. 중남미지역원은 2009년부터 2018년까지 재단의 지원을 받아 라틴아메리카 전문도서관과 지식정보 서비스 체제를 구축하였고 차세대 중남미 전문가를 양성하는 연구 · 교육 연계 프로그램을 개발 · 운영하였다. 또 세계적 수준의 라틴아메리카 연구자 네트워크도 구축하였다. 특히 학술 연구 분야에서는 '라틴아메리카적 세계화'라는 연구 아젠다를 중심으로 다수의 논문과 연구서를 세상에 내놓았다. 이중 일부 연구물은 해외에서 출간되어 그 학술적 가치를 인정받기도 하였다. 이외에도 연구소는 한국라틴아메리카학회 등 관련 학계와 소통하면서 다양한 형태의 학술 활동을 펼쳤다. 이런 면에서 우리 연구소는 한국의 중남미 연구의 지평을 확대하고 그 수준을 심화시키는 데 일조하였다고 생각하며 감사함과 자부심을 느낀다.

연구소 구성원 전원은 10년간의 HK 사업을 마무리하면서 그간 생산되어 축적된 연구 성과를 학계의 아카이브에만 묻어두지 않고 어떻게 하면 그 결실을 사회로 확산시키고 공유할 수 있을까 고민하였다. 이를 위해 교내외의 전문가와 협의하여 그 구체적 방안을 논의하였고 그 결과 현단계 라틴아메리카의 가장 중요한 성격을 체계적으로 정리하여 일반인들도 잘 이해할 수 있는 책을 출간하기로 하였다.

그래서 책의 주요 내용은 연구소의 '라틴아메리카적 세계화'라는 연구 아젠다와 가장 밀접하면서도 현재적 의미가 두드러지는 글들로 구성하였다. 세계화 시대 라틴아메리카의 대응과 선택은 무엇이며 그로 인해 나타나는 다양한 변화상들이 갖는 현재적 성격들을 담아내고자 했다. 이런 면에서 이 책은 라틴아메리카가 스스로에게 나아갈 길을 묻는 라틴아메리카의 모놀로그를 엿보는 것이기도 하다. 따라서 책의 이름도 『라틴아메리카, 세계화를 다시 묻다』로 정하였다.

이 책에 실린 글들은 대부분 학술지에 발표된 글들이다. 하지만 일반 독자들도 읽을 수 있도록 내용을 수정하고 보완하였다. 글의 스타일을 통일하였고 학술적인 내용은 최대한 평이하게 다듬었고 전문 용어와 주석의 사용을 적게 하였다. 따라서 이 책은 꽤 전문적 주제를 다루는 학술서이지만 그 내용은 일반인이 이해하기에 큰 무리가 없는 교양서의 성격도 가지고 있다고 할 수 있다.

이 책이 출간되는 데 도움을 주신 분들이 많다. 첫 번째 감사는 연구 재단의 몫일 것이다. 이 책은 한국연구재단의 HK 연구 사업의 결실이기 때문이다. 이어, 이 사업을 잘 수행할 수 있도록 지원해 준 부산외국어대학교에도 감사한다. 뿐만 아니라 전임 원장으로 많은 수고를 해준 김우성, 김영철 교수님께도 감사를 표하지 않을 수 없다. 또 이 책의 저자로 참여해 준 모든 교수님들께 큰 감사의 마음을 전하며 이 책을 기획하는 데 외부자의 입장에서 좋은 의견을 많이 주신 김원호, 유왕무 두 교수님께도 고마움이 크다. [옥고를 실어주신 서성철 교수님께서 이 책이 출간되기 직전 급작스레 우리 곁을 떠나셨다. 그를 애도하며 그의 학문적 열정에 경의를 표한다.] 마지막으로 라틴아메리카 연구는 라틴아메리카와의 연대임을 공감하는 모든 동료 연구자들에게 가장 중요한 감사를 드린다.

라틴아메리카는 체 게바라나 탱고처럼 알면 알수록 사랑하고 싶어지는 마력을 가진 땅이다. 부디 이 책이 라틴아메리카를 알고자 하는 모든 이에게 도움이 되길 바란다.

2018년 5월 30일
중남미지역원 원장 임상래

# 차례

**제1부**

# 서론: 라틴아메리카와 세계화

# 라틴아메리카와 세계화

중남미지역원

## :: 세계화 시대의 라틴아메리카

라틴아메리카가 학술적으로 중요한 것은 토마스 스키드모어(Thomas Skidmore)가 언급한 것처럼 이 대륙이 바로 '역설의 땅'이기 때문이다. 라틴아메리카는 역사적으로 신(新)과 구(舊)가 만나고, 종속과 자립, 변혁과 안정 그리고 번영과 빈곤이 공존하는 시공간이었다. 이 대륙에서 독자적이었던 원주민 문명과 서양의 유럽 문명이 만나서 대립·공존하였고, 20세기 들어서도 급속한 근대화 과정을 겪으면서 라틴아메리카 사회는 새로운 것과 오래된 것들 사이의 긴장, 갈등, 그리고 통합이 이어졌다. 마찬가지로 라틴아메리카에서는 식민 통치로 만들어진 종속의 역사와 현실에 대해 사회 각 분야에서 끊임없는 저항이 계속되었다. 이런 배경하에서 20세기 제3세계 정치·경제·사회에 대한 주요 운동이나 학술 이론이 이 대륙에서 탄생했다.

지난 세기 라틴아메리카가 학문적 연구나 변혁 운동사에 커다란 기여를 한 것처럼, 또다시 라틴아메리카는 세계화의 공과를 판가름하고, 그 속에서 새로운 해결책을 모색할 거대한 실험장이 되고 있다. 세계화가 진전됨에 따라 이 변화 과정에 대해 설명하려는 시도와 연구가 여러 방면에서 이어져 왔다. 그것을 긍정적으로 바라보는 시각이 있는 반면에, 그것을 비판하고 심지어 철폐코자 하는 이른바 반세계화 또는 탈세계화 움직임도 나왔다. 이런 맥락에서 세계화의 빛과 그림자가 가장 선명하게 드러나는 라틴아메리카에서 세계화 논의와 담론이 가장 치열하게 전개되는 것은 어찌 보면 당연하다 할 수 있다.

1980년대 라틴아메리카는 다른 개발도상국에 앞서 '민주화'와 '경제 자유화'를 이루어 이른바 신자유주의적 세계화를 가속화시켰다. 세계화는 이 지역에 거시적 경제 발전과 안정, 그리고 민주 정치의 틀을 마련하여 새로운 정치 세력의 출현을 가능하게 하였다. 뿐만 아니라 라틴아메리카 내부적으로도 이전에는 없었거나 또는 미미했던 현상들이 새롭게 나타났다. 가톨릭의 영향이 축소되고 진보, 평등적 사고가 확대되었다. 이로 인해 사회는 더욱 다원화되었고, 광범위한 분야에서 변화상들이 나타났다. 또한 신자유주의하에 라틴아메리카는 일정한 경제적 발전을 이룩하였고, 국제적인 '자원 붐'에 힘입어 불균형적이기는 하지만 경제적 회복을 경험하기도 하였다.

그러나 독립 이후 지속된 빈곤과 사회적 격차 등 구조적 문제는 좀체 개선되지 않았고 오히려 악화되었다. 즉, 시장 원리가 강화되면서 계층 간의 부와 소득의 격차는 해소되지 않았고, 오히려 사회 양극화 현상은 심화되었다. 한편, 전통적으로 취약했던 국가의 기능이 더욱 저하되었고, 정당, 조합, 사회운동 조직 등 중간 매개 조직에 변화와 재편이 이루어졌다. 동시에 사회적 연대가 약화되고 사회 분쟁이 격화되면서 정치는 유동화되고 민주 정치의 근간은 위협받게 되었다. 문화적으로 보면 패권 국가의 삶의 양태와 문화의 영향력이 지배적이 되면서 고유한 문화가 약화 또는 소멸되었다. 이에 따라 지역의 자치도 위협받았다. 이렇게 세기말부터 강화되기 시작한 세계화와 신자유주의가 구체적인 정책 패키지로 적용되었고 동시에 세계화의 다층적인 양상들이 라틴아메리카에 집산되면서 라틴아메리카는 이에 대해 새로운 대응을 마련하지 않을 수 없게 되었다.

이른바 '핑크 타이드(Pink Tide)'는 이중 하나이다. 1990년대 말 이후, 라틴아메리카 여러 나라들에서 좌파가 집권한 현상은 바로 이런 세계화의 폐해나 부작용이 노정되고 반신자유주의로서 나온 결과인 측면이 강하다. '핑크 타이드' 즉, 좌파 정권의 확산과 연대는 라틴아메리카 대륙 내에서 우파와 신자유주의에 맞서는 새로운 정치 지형을 탄생시켰다. 물론 좌파 정권의 노선이 반드시 균일하거나 일정한 하나의 방향으로 전개된 것은 아니다. 아직도 신자유주의를 여전히 견지하고 있는 국가가 있는 반면, 국가의 적극적인 역할을 강조하는 급진 좌파 국가들도 있고, 신자유주의를 계승해 시장 원리 원칙을 유지하면서 경제적, 사회적 안정을 추구하고 사회 정책이나 빈곤 대책을 확충하려는 국가들도 있다. 한편, 정치 참여의 수준이나 주체도 새롭게 변화하면서 전통 정당 등 기존 정치 세력이 퇴조하고 종족성이나 젠더 중심의 정치 참여가 확대되는 양상도 두드러졌다. 또 비교적 정당 정치가 안정화된 나라들도 있지만 정치 자체에 대한 불신, 또는 무정치의 국면이 조성돼 사회 갈등이 극복되지 못한 경우도 적지 않은 상황이다.

세계화는 기본적으로 지구적 사회 변동을 이해하려는 개념이다. 즉, 정치, 경제, 문화 등 다양한 측면에서 기존의 국가 또는 지역의 울타리를 넘어 전 세계적으로 자본과 인적 자원, 정보의 교환이 이루어지는 새로운 현상들을 총체적으로 파악하기 위한 것이다. 세계화의 여러 현상 중에서 가장 기본적인 성격은 개별 국가들이 점차 하나로 묶이기 시작했다는 점이다. 민족이나 국가의 경계를 넘어서 자본과 사람의 이동이 촉진되고 다양한 사람과 문화의 혼합이 확대되고 있다. 오늘날 자신이 태어난 곳이 아닌 곳에서 사는 국제이민자는 2억 5천만 명(세계이민기구 2015년 통계)에 육박하고 있는데 이는 10년 전 1억 9천만 명과 비교할 때 크게 증가한 수치이며 이런 증가세는 앞으로도 계속될 것이 확실시되고 있다. 이에 따라 고유한 문화나 전통만을 고집하지 않는 현상이 확대되고 있다. 마찬가지로 세계화로 인해 교류와 소통이 확대되고, 모든 관계에서 상호성과 양방성이 증대되고 있다. 따라서 삶의 양식과 범위는 새롭게 구성되고 있다. 주도적인 문화를 중심으로 문화의 동질화를 만들어내 이른바 글로벌 스탠다드를 강화시키기도 하지만 지역 문화를 중심으로 한 지역화의 추세가 두드러지는 경우도 나타나고 있다. 또 두 개의 문화가 합쳐져 전혀 새로운 혼종의 문화를 만들어내기도 한다. 이러한 상황에서 이전과는 다른 어떤 새로운 정체성이나 문화가 출현하고 있다.

21세기 라틴아메리카는 세계화 사유와 담론 연구의 새로운 지평을 제시하고 있다. 세계화 국면에서 라틴아메리카의 선택은 무엇인지 그리고 그것이 갖는 세계사적 의미는 무엇인지를 간파하는 것은 라틴아메리카의 오늘을 이해하는 것일 뿐만 아니라 세계화 시대의 세계를 이해하는 것이기도 하다. 세계화적 조건들과 이주, 자치, 생태주의, 종족성, 분권화, 불평등, 개발, 도시화 등 국지적(local) 조건들이 교차하면서 라틴아메리카에 세계화의 새로운 국면들이 제시되고 있다. 이런 면에서 21세기 라틴아메리카는 세계화에 대한 대안과 변혁들이 모색되고 그 가능성이 가장 치열하게 시험되고 있는 현장이기도 하다.

라틴아메리카의 세계화는 신자유주의적 세계화에 대한 대응이기도 하지만 동시에 세계화와 라틴아메리카적 특수성이 변증법적으로 결합되어 나타난 새로운 형태의 세계화이기도 하다. 따라서 이 책은 라틴아메리카와 세계화는 어떤 관계를 갖는지 그리고 그것으로 인해 나타나는 양상들은 어떤 의미를 갖는지를 다시 생각해 보고자 한다. 이런 면에서 이 책은 오늘날 라틴아메리카의 모색과 시도들이 갖는 현재적 의미가 무엇인지 이해하는 지적 시도이기도 하다.

## ∷ 라틴아메리카적 지배와 통치

우리는 지금 교류와 소통이 확대되고, 국가와 국경을 초월하는 힘이 강화되고, 일방에서 상호로 작용과 관계가 전환되는 이른바 세계화 시대에 살고 있다. 지배는 피지배와의 관계를 전제로 하기 때문에 본질적으로 지배는 상호의존성을 내포하는 개념이다. 따라서 이러한 세계화적 현상들은 지배 또는 통치 관계에게도 엄청난 변화를 야기하고 있다.

라틴아메리카도 예외가 아니다. 소통, 초월, 상호의 세계화적 조건들은 역내의 사회정치적 상황에서 이데올로기나 이념을 대신해 새로운 정치 동력으로 자리 잡았고, 이러한 힘들은 라틴아메리카 지배 양태에서 이전과 다른 새로운 현상들을 보여주고 있다. 뿐만 아니라 라틴아메리카에서 지배는 역사적으로도 매우 중요한 의미를 갖고 있다. 아는 바와 같이 라틴아메리카는 이베리아의 식민지로서 오랜 기간 동안 직접적인 피지배를 경험하였다. 따라서 지구상에서 라틴아메리카만큼 현상으로서뿐만 아니라 권력 관계로서의 지배를 체화한 지역도 드물 것이다. 이런 면에서 지배와 통치는 라틴아메리카와 세계화의 상호작용에 의해 드러난 대안적 정치 시스템이 어떤 역사적 맥락에서 구조화되었는지 엿볼 수 있는 계기를 제공할 것이다.

특히 2부는 세계화 시대 라틴아메리카에서 매우 다양하게 발현되고 있는 지배와 통치의 조건과 의미를 고찰하고자 한다. 이를 위해 2부는 가장 라틴아메리카적인 성격을 갖는 다섯 개의 지배·통치 사례를 다루고 있다. 먼저 「식민 지배와 국가 발전: 코스타리카 성공의 역사성」은 스페인의 식민 지배에 관한 것이다. 전술한 바와 같이 오늘날 라틴아메리카의 지배는 피지배의 역사와 별도로 이해할 수 없다. 이 글은 코스타리카 사례를 통해 라틴아메리카에서 식민 지배의 조건과 수준이 현재의 발전·안정의 정도와 어떤 관계를 갖는지를 논증하고 코스타리카 식민 지배의 고유한 성격을 밝히고 있다는 점뿐만 아니라 라틴아메리카 지배 구조 형성의 근원적 조건을 설명하는 연구라는 맥락에서도 의의가 있다 하겠다.

「사르미엔토의 『파쿤도』를 통해 본 독재의 본질」은 사르미엔토의 저작인『파쿤도』를 통해 시대의 변화와는 상관없이 독재의 본질은 같다는 것을 보여준다. 근대의 특징은 권력은 분산되어야 하며 분산된 권력은 균형을 이루기 위해 서로 견제해야 한다는 것이다. 더 중요한 것은 독재적 권력을 행사할 수 있는 상황에도 반독재적 결단·행동을 해야 한다는 것이다. 독재적 권력의 유혹에서 벗어나는 것이야말로 근대 시기의 특징이며 시민혁명으로 성립된 근대적 인간의 특징이라 할 수 있다. 초점은 다시 '인간'에 대한 문제로 돌아온다. 근대적 주체로 인간은 어떤 모습이어야 할지, 민주주의의 근원으로서 인간, 시민은 어떤 모습이 되어야 할지에 대한 질문에 다양한 답이 있을 수 있다. 그중 하나이며 수많은 사상가들이 강조한 '비판 의식' 혹은 '비판 정신'은『파쿤도』에서도 목소리를 내고 있다.

「아프리카 흑인의 아르헨티나 유입과 백인 정체성 신화」는 아프리카 흑인의 아르헨티나 유입 과정에서 형성된 백인 정체성의 신화를 지배 엘리트의 국민국가 담론을 통해 분석한 것이다. 여기서 "아르헨티나에는 흑인이 없다"라는 허구적 사실이 오랫동안 아르헨티나인들의 사고를 지배하는데, 이 글은 소수자로서 아프리카 흑인 사회가 주류 사회로부터 어떻게 소외되었는지, 동종 사회의 담론은 어떻게 형성되었는지, 그리고 지배 엘리트는 자신의 통치 전략에 맞추어 인구조사라는 국가적 메커니즘을 어떻게 이용했는지를 규명함으로써, 궁극적으로 백인 정체성 신화가 허구라는 점을 밝히고 있다. 시기적으로는 아르헨티나의 독립 이후, 국가 형성 과정에서 유럽의 실증주의와 진화론에 근거한 인종 차별주의가 국가 이데올로기로 확립되면서 아르헨티나 지배 엘리트가 흑인 사회를 어떻게 왜곡하고 은폐했는지, 그리고 궁극적으로 아르헨티나의 흑인들의 존재가 어떻게 인위적으로 사라지게 되었는지 그 과정을 인종주의, 국가 권력과 지배, 통치라는 관점에서 탐구한 것이 의의라 할 수 있겠다.

「과테말라 인디오들의 '허락된' 자치권력」은 과테말라 원주민의 자치권력인 원주민 시정부 제도 사례를 통해 20세기 후반 과테말라를 비롯한 라틴아메리카에서 국제적으로 확산된 원주민 권리 회복 운동으로 정점을 맞이한 다문화주의가 가져온 또 다른 역설을 본다는 점에서 의의가 있다. 과테말라는 36년 내전 종식 후 마야 원주민의 문화적 권리를 보장하는 다문화주의를 국가 전략으로 채택하였고, 2002년에는 원주민의 자치권을 보장하는 원주민 시정부 제도를 합법화하였다. 하지만 원주민 시정부 제도가 과연 그동안 과테말라 사회에서 소외되었던 계층인 마야 원주민의 권리 회복과 그들의 사회적 · 경제적 여건을 개선시킬 수 있는 유용한 제도적 장치이자 효율적 수단일 수 있는가에 대한 의문은 여전히 논쟁 중에 있다. 이런 면에서 이 글은 과연 시정부 제도가 세계화 이후 라틴아메리카에서 사회적 소수자의 권리를 보장할 수 있는 대안적 정치 시스템일 수 있는가를 다시 한 번 생각하게 한다는 측면에서 의미가 크다고 할 수 있다.

「브라질의 연립대통령과 의회의 정치권력」은 브라질 대통령의 헌법적인 권한을 평가하고, 정치 제도적인 측면에서 연립대통령제를 운영해야 하는 환경에서 대통령이 의회와 어떻게 권력을 양분하고 있으며, 대통령의 성공 여부라고 할 수 있는 의회의 협력 여부, 관료제 추동 여부, 대중적 지지에 어떤 영향을 미치는가를 밝히고 있다. 따라서 이 연구는 헌법적으로 제왕적 권력을 지닌 대통령이 선거 제도 때문에 의회에서 과반수를 차지하지 못하는 정치 상황을 어떻게 극복하고 안정적인 국정 운영을 수행할 것인가는 결국 두 권력 간의 협상력의 문제라는 것을 설명하고 있다. 또한 대통령이 지니고 있는 정치 도구들인 정부 구성, 포크 배럴, 정당 간 협상과 경쟁적인 입법권 행사가 대통령의 성공 조건임을 정치하게 밝히고 있어 연구의 의미가 크다고 할 수 있다.

이처럼 다섯 편의 글은 라틴아메리카적 지배와 통치가 세계화의 차원에서 어떤 의미를 갖는지를 살펴보고 동시에 대안적이고 초국가적인 지배 양식의 출현은 가능한 것인가를 묻고 있다. 따라서 이 장은 라틴아메리카에서 나타난 지배 관계의 전통적인 성격과 더불어 세계화의 구조하에서 나타난 새로운 양상들을 함께 보여주고 있다.


## :: 라틴아메리카의 갈등과 폭력의 현재성

라틴아메리카에서 갈등이나 폭력은 빈곤, 부패와 더불어 이 지역의 '어려움'을 설명하는 중요한 요소라고 할 수 있다. 역사적으로도 폭력은 식민주의와 제국주의를 경험한 라틴아메리카를 이해하는 데 빠질 수 없는 개념이다.

콜럼버스의 아메리카 도착 이래 발견, 정복, 식민, 독립을 거치면서 계급, 성, 인종, 종교, 전통, 신앙 등을 망라한 정치, 경제, 사회 및 문화적 폭력이 이 지역에서 광범위하게 펼쳐졌다. 즉, 16세기 이래 라틴아메리카에서 폭력은 이 지역에 구조화, 내재화되었고 동시에 일상화되었다.

이런 상황은 오늘에도 예외가 아닌바, 라틴아메리카 각국은 이 기간 민주화의 진행과 경제 발전으로 부분적으로 번영과 안정을 구가했지만, 동시에 시민사회의 형성과 민주주의의 정착 과정에서 다양한 종류의 폭력을 경험하였다. 특히, 세계화와 신자유주의의와 정교하게 결합된 작금의 '21세기형 폭력'은 라틴아메리카 사회의 모든 영역에 침투하고 동시에 그것은 국경을 넘어 확산되고 있다. 따라서 현재 라틴아메리카에서 벌어지는 갈등이나 폭력은 사회적으로 매우 광범위하고 다양한 모습을 드러내고 있다.

이 장은 바로 과거의 식민주의 그리고 오늘날의 세계화와 신자유주의라는 세계적 조건하에서 종교, 인종, 국가 개발, 무장 폭력, 도시 폭력 등 라틴아메리카의 현실이 교차되면서 형성된 갈등과 폭력을 설명하고 있다.

「식민 시기 멕시코의 종교재판과 유대인 박해」는 식민 시기, 멕시코 유대인 디아스포라의 역사 즉, 유대인의 추방 배경과 누에바 에스파냐에서의 유대인 정주의 과정을 다루고 있다. 특히 이단 심문과 유대인에 대한 박해는 종교적인 이유에 앞서 식민 당국이나 종교재판소의 사회 통제 그리고 부의 축적을 위한 정치·경제적 동기에서 비롯되었다는 새로운 시각을 제공한다. 이를 통해 유럽에서 발현된 '종교재판'이라는 당시 시대상이 구현하는 '보편적' 억압 기제가 라틴아메리카라는 지역적 특수성과 만나, 종교가 사회 통제나 부의 축적을 위한 종속적 관계를 재생산하는 현상을 자세히 설명하고 있다.

「페루-볼리비아 접경 푸노 지역 아이마라 원주민의 갈등」은 라틴아메리카의 정치경제 속에서 재해석된 원주민 종족성이 라틴아메리카적 세계화의 과정에서 어떠한 갈등과 문제를 갖는지 설명하고 있다. 특히 최근 원주민의 종족 내부에서 서로 구분되는 고유한 집단임을 증명하기 위한 경쟁 과정에서 생산되는 갈등을 고찰하고 있다. 페루와 볼리비아 접경 지역에 집중적으로 분포되어 있는 아이마라 원주민은 국가의 소속을 달리하지만 동일한 언어와 문화권 속에 공통의 정체성을 지향할 가능성이 매우 높은 종족이다. 그러나 이 글은 신자유주의 확산 이후 오랜 역사를 통해 형성된 종족의 유대감이 현실의 경제적 조건에 의해 갈등 구조로 변화하는 양상을 밝히고 있다는 점에서 중요한 의미를 갖는다고 할 수 있다.

「브라질의 인종 아비투스와 상징적 폭력」은 「시다데 데 데우스 (cidade de deus)」라는 영화를 매개로 브라질 사회에서 흑인들이 어떻게 '이미지화'되는지에 대한 설명을 통해 브라질인들의 인종 아비투스의 구성 배경과 과정을 분석하고 있다. 흑인과 파벨라가 추악함, 폭력성, 과잉 성욕, 무질서, 게으름, 나태함으로 이미지화되며 브라질의 인종 아비투스는 피부색을 통한 상징적 폭력이 일상화되어 있음에도 불구하고 흑인들이 그 폭력성을 인식하지 못함을 대비시켜 보여주고 있다. 즉, 이 글은 이러한 사회 환경이 인종민주주의와 백인화 논리로 구축된 브라질의 인종주의로 구조화되어 있음을 분석하고 있다.

「에콰도르 아마존 개발의 역설」은 에콰도르 좌파 정부가 추진하고 있는 아마존 야수니 ITT 지역 개발에 대한 사례 연구로서 아마존 개발 정책의 방향성과 한계를 설명하고 있다. 에콰도르를 포함한 라틴아메리카 지역 국가들은 지하자원과 관련된 개발의 종속적인 단면이 내재화되어 있다. 이러한 상황 아래 21세기에 등장한 좌파 정권들은 신자유주의 확산 과정에서 경제적으로 배제되어 가는 원주민의 정치경제적 포용을 천명하였다. 그러나 정부의 정책은 현실 속에서 포용보다는 오히려 집단 간 갈등을 유발하고 있다. 이 글은 경제적 차원의 상호 의존과 통합에 부응하여 정치적 차원에서 전개된 세계화가 라틴아메리카의 현실과 만나 새로운 갈등의 원인으로 작용하고 있음을 보여주고 있다는 면에서 연구의 의의가 있다고 할 수 있다.

「콜롬비아의 문화적 폭력과 평화협정」은 '불법'과 '무력'이라는 특수한 사회문화적 배경을 통해 콜롬비아 사회에서 폭력이 어떻게 수용되어 왔는지 설명하고 있다. 폭력은 해당 지역 공동체의 역사와 문화에 대한 깊은 이해를 전제로 하지 않으면 현상적 설명에 머무를 수밖에 없는데, 이 글은 콜롬비아 사회의 직접적인 폭력과 구조적 폭력을 정당화하는 역사 · 문화적 특수성을 고찰함으로써 콜롬비아 폭력의 고유한 근원을 살펴보고 있다는 점에서 연구의 의의가 있으며, 또 이를 토대로 세계화의 맥락에서 생산되는 갈등을 더 잘 이해할 수 있음을 보여주고 있다.

「브라질 도시 폭력 문제의 실태」는 라틴아메리카의 사회 · 문화 · 역사 · 정치 · 경제 속에서 재해석된 '도시화'가 라틴아메리카적 세계화로 창출되는 과정에서 공생하게 된 '폭력'의 기원과 과정에 대해 설명하고 있다. 특히 이 글은 브라질 도시 폭력 문제의 근원을 인간 본성을 중시하는 진화심리학적 시각과 환경결정론적인 행동주의자 입장 사이에서 고찰해 본다는 면에서도 학술적으로 가치가 있다. 또 이 글은 실용적 면에서도 활용 가치가 있다. 브라질은 우리의 협력과 교류의 중요한 파트너이다. 그러나 브라질을 포함하는 중남미 지역 도시 폭력에 대한 분석은 거의 전무한 실정이다. 이 글은 브라질 도시 폭력 문제의 실태 및 폭력을 실증적으로 논의하고 있기 때문에 실제로 존재하는 위협에 대처할 수 있는 활용 자료로도 의미가 있다 하겠다.

살펴본 바와 같이 라틴아메리카에서 갈등과 폭력의 궤적은 각각의 차원마다 독특한 모습을 나타내고 있다. 3부에서는 라틴아메리카에서 나타난 과거와 현재의 다양한 갈등과 폭력이 어떤 방향으로 움직이는지 관찰하고 나아가 그것이 오늘날 어떤 의미를 갖는지를 찾아보고 있다.

## :: 라틴아메리카의 새로운 시도

1990년대 신자유주의 정책이 실패로 돌아가면서 라틴아메리카에서는 미국 중심의 신자유주의에 반대하여 국가 차원이건 민간 차원이건 신자유주의적 세계화를 극복하려는 정치적 움직임과 대안적 지역 통합 및 사회 운동이 일어났다. 국가 차원에서는 역내 국가 간에 이루어진 새로운 통합 운동은 자유무역, 민영화, 사유화 정책에 반대하고 자연자원과 식량 주권을 지켜내기 위한 사회 운동의 흐름을 반영하면서 신자유주의의 배척을 통해 대안적 지역 통합을 구체화하였다. 이에 따라 각국 정부는 사회의 재구성, 분권화와 사회 정책 및 개발을 펼치게 되었다.

한편, 민간이나 시민 차원에서는 멕시코 사파티스타 봉기, 볼리비아 코차밤바의 물 전쟁, 볼리비아 차파레의 코카 재배 농민 투쟁, 에콰도르 원주민 운동, 콜롬비아의 평화 프로세스, 베네수엘라의 주민평의회, 아르헨티나의 피케테로스 운동, 파라과이 농민 운동 등이 있다. 물론 여기에는 사회 운동만 있는 것은 아니다. 예를 들면, 그동안 멕시코 지배층의 통치 전략에 따라 무시되고 사라진 멕시코 원주민들의 마야어나 문학의 복원 같은 문화 운동들도 존재한다.

그러나 이런 정치적, 사회적 운동에도 불구하고 초국적 자본주의에 입각한 신자유주의적 세계화는 여전히 전 세계의 사회, 역사, 문화, 정치, 경제를 규정하고 있는바, 라틴아메리카의 반세계화 운동이 새로운 형태의 대안이 될 수 있는지 그 여부는 아직 이론적으로나 실천적으로 증명이 되지 않고 있다. 다만 라틴아메리카의 새로운 노력은 세계화의 형태에 대한 대안으로서 여전히 주목할 만하고 그것이 라틴아메리카를 넘어 다른 공간으로까지 적용될 수 있는지는 여전히 희망적인 가능성으로 남아 있다. 4부 '라틴아메리카의 새로운 시도'에 실린 네 글은 바로 포스트 신자유주의의 시대에 라틴아메리카가 추구하는 도전과 전망, 그리고 그 한계를 모색한 글이다.

「사파티스타의 끝나지 않은 저항」은 세계화라는 거대한 흐름 속에서 라틴아메리카 사회 운동의 시발이 되는 사파티스타 해방운동을 다루고 있다. 이 글은 사파티스타 운동이 20세기 세계 경제 불황과 신자유주의의 정점이라고 할 수 있는 북미자유무역협정(NAFTA)이 발효되는 시점인 1994년 1월 1일과 일치하여 일어나고 있다는 사실에 주목하면서 이 운동이 분명히 반자본주의 대안 사회 운동 혹은 탈식민적 원주민 운동과 불가분의 관계가 있음을 드러내고 있다. 그리고 이 연구는 사파티스타 운동의 본향이라고 할 수 있는 산크리스토발 델라스 카사스에서의 현지 연구를 통해 타자에 의해 인위적으로 만들어진 사파티스타 신화의 탈신화화 작업을 시도했다는 면에서 의미가 있다 하겠다.

「현대 마야 문학과 세계 문학에 관한 논쟁」은 정복, 식민 그리고 독립 이후 무시되고 은폐된 마야 원주민들의 언어와 문학의 복원을 통한 원주민들의 새로운 사회, 문화 운동을 주목하고 있다. 그리고 그동안 마야어나 문학이 식민주의와 민족주의 통합이라는 미명하에 문명과 야만이라는 틀 속에서 왜곡되고, 서구 중심의 세계 문학의 개념 안에서 주변부(minor) 하위 문화로 전락한 배경과 이유를 분석하고 있다. 이 글에서 저자는 마야인들이 자신의 토착 언어를 부활시키려는 움직임을 마야어나 문화를 가족 등 사적 영역으로 축소시키려는 멕시코 지배층의 기도에 반발한 새로운 저항 운동으로 인식하고 있다. 이런 점에서 그동안 고대 멕시코의 원시 문화의 하나로 치부되어 스페인어나 문학에 의해 지배당하고 종속된 마야어나 문학을 새롭게 복원하는 운동은 마야인들의 정체성과 원주민 공동체의 회복과 밀접한 관계가 있음을 알 수 있다.

「파라과이 소농의 생존 대안으로서 공정무역」은 브라질을 비롯한 외국 자본의 침투로 파라과이의 소농이 몰락하고 빈곤이 확대되고, 이에 따라 사회 갈등과 농민들의 투쟁과 무장봉기가 빈번해졌으며 이런 사태의 직접적인 원인이 외국 자본의 유입에 따른 종속적 상황에 기인함을 밝히고 있다. 여기서 주목할 점은 파라과이의 사례는 미국이나 유럽, 중국 등 라틴아메리카 역외 국가로부터의 종속이 아닌 역내 국가 간의 종속, 다시 말해서 남미 5개국의 공동 이익을 위해 통합을 지향하는 남미 공동 시장의 출범이 역으로 인근 국가의 농민에 피해와 사회 불안을 가져다주었다는 점이다. 이 글은 이와 같은 역내에서의 신자유주의적 세계화에 대응해 파라과이 농민들이 자신의 생존권을 지키기 위한 대안으로 만두비라 농업협동조합(Cooperativa Produccion Agro-Industrial Manduvira Ltda)을 결성하였고 이를 중심으로 공정무역을 실시하였는바, 이 사례의 분석을 통해서 이 운동이 협동조합과 개별 농민의 삶에 어떠한 영향을 미쳤는지 살펴보고 있다.

「남미 통합과 포용적 개발의 실제」는 UNASUR(남미연합)의 통합 프로젝트의 일환으로 추진된 '브라질-페루-볼리비아' 3국의 태평양 도로망 개발 사례 연구다. 특히 이 글은 글로벌 거버넌스 차원의 틀 속에서 '포용적 개발(inclusive development)' 담론이 남미 통합 프로젝트(IIRSA)에 제대로 반영되고 있는지를 묻고 있다. 이 연구는 아마존 개발을 통해 나타난 사회경제적 주체를 중남미 사회에 구조적으로 내재화되어 있는 주인(patron)과 반노예(semi-slavery)로 파악하고 있다. 이러한 사회경제적으로 고착화된 구조적 특수성으로, 남미 좌파 정권하에서 인프라 통합 구상이 국지적 수준(local level)에서 진행되었다. 하지만, 좌파 정권하에서도 '포용적 개발'이라는 포스트 개발주의 취지의 인프라 통합 프로젝트가 '실질적'으로 여전히 무시되고 있음을 확인할 수 있다.

「한국-브라질 조직 문화 간 커뮤니케이션의 실태와 대안」은 앞의 세 글과는 조금 결이 다르지만 외국 기업의 라틴아메리카 현지 진출과 관련해 일어나는 갈등과 충돌을 브라질에 진출한 한국 기업의 사례를 통해서 밝히고 있다. 다시 말해서, 저자는 브라질 사람들을 움직이게 하는 행동의 기저에 흐르는 가치 체계, 즉 해당 집단의 정체성을 형성하는 사고의 패턴을 주도하는 문화 코드와 문화 간 커뮤니케이션 장애 요인을 이론적인 방법과 실제적인 사례 분석을 통해 분석하고 있다. 이런 점에서 이 글은 브라질 현지에 이미 진출했거나 예정 중인 한국 기업의 현지 직원 관리 및 교육에 실제적으로 활용할 수 있고 궁극적으로 문화 간 커뮤니케이션의 제고를 통해 서로의 문화를 더 잘 이해해 양국의 실질적인 상호 교류를 증진하는 데 기여하고 있다.

위에 언급한 다섯 글에서 보듯이 1990년대 후반 이래 촉발되기 시작한 라틴아메리카의 새로운 사회, 문화 운동은 자신의 정체성을 찾고 생존과 자치에 토대를 둔 미래의 대안 사회를 실현하기 위한 시도로서 이해될 수 있다. 이런 다양한 운동은 신자유주의에 기반한 세계화에 정면으로 맞서는 한편, 라틴아메리카 정부로 하여금 보다 민주적인 정치 제제와 정책 전환을 하도록 강력히 요구하고 있다. 결론적으로 라틴아메리카의 새로운 시도들은 라틴아메리카의 정부와 시민사회가 이런 대안적 흐름을 어떻게 주체적으로 수용하는지 그리고 어떻게 지역적, 국민적 통합을 구체화해 내는지 그 노력 여하에 성패가 달려 있다고 하겠다.

# 제2부

# 라틴아메리카적 지배와 통치

# 제1장

# 식민 지배와 국가 발전:

# 코스타리카 성공의 역사성

임상래

## :: '행복' 국가 코스타리카

라틴아메리카에서 코스타리카만큼 대외적 평가가 좋은 나라는 없을 것이다. 널리 알려진 '중미의 스위스'라는 말은 군대 보유를 포기하고 영세중립국을 선언하여 붙여진 이름인데, 코스타리카는 군대를 폐지함으로써 국방 예산을 치안, 교육, 문화 분야로 돌릴 수 있게 되었고 또 중미 분쟁의 중재에서 주도적 역할을 함으로써 국가 위상을 높일 수 있었다.

또 코스타리카는 식민 시대에는 가장 낙후되고 가난했지만 지금은 중남미에서 가장 안정된 정치와 경제를 가지고 있는 '중남미의 우등생'이기도 하다. 정치적으로 코스타리카는 중남미에서 민주 헌정이 가장 확고히 정착된 나라이다. 또 코스타리카는 중남미에서 군의 영향력이 가장 적고 민간 정치가 가장 강한 국가이다. 경제적으로도 코스타리카는 지속적인 성장을 거듭하고 있다. 특히 1990년대 이후 현재까지 중미에서 가장 높은 성장을 이룩하였다. 두말할 나위 없이 이런 경제적 성공은 코스타리카의 정치·사회적 안정이 동반된 결과물이었다.

코스타리카 사람들은 삶을 풍요롭게 즐기는 국민으로 여겨지고 있다. '뿌라 비다(pura vida, pure life)'는 이를 잘 상징하는 키워드이다. '순수한 삶'은 코스타리카 사람들의 소욕지족(小欲知足)의 문화와 인생관을 표현하는 말로서 삶에 대한 코스타리카 사람들의 만족과 긍정의 태도를 보여주는 것이다.[1] 또 코스타리카는 태평양과 카리브 해를 끼고 있는 아름다운 해변과 열대 우림이 발달하고, 다양한 동식물 관찰이 가능하여 생태 관광의 천국이기도 하다.

이런 면에서 코스타리카의 행복지수가 높다는 사실은 당연한 결과일 것이다. 코스타리카는 'Happy Planet Index'와 같은 각종 국제적 조사 평가에서 국민들의 행복과 삶에 대한 주관적 만족감이 상당히 높은 나라로 줄곧 평가받아 왔다. 코스타리카 국민들은 중남미에서 스스로 가장 행복하다고 느끼고 있는 사람들이라고 할 수 있다.

물론 코스타리카도 다른 중남미 국가들과 마찬가지로 국가적으로 여러 문제들을 가지고 있다. 원주민과 흑인에 대한 소외도 잠재되어 있는 문제이며 개발로 인한 환경 훼손도 해결해야 할 과제이다. 또 도로나 항만 등 사회간접시설이 미비한 것도 국가 발전의 장애이다. 사

---

1 '뿌라 비다'는 삶을 풍부하게 즐긴다는 의미에서 대상으로서의 삶에 전적으로 충실하다는 표현이기도 하다. 즉, 삶을 만끽하기 위해서 다른 가치보다 삶 자체에 집중한다는 것을 의미한다(박종욱, 2012, 209-210).

회적으로 이민자, 특히 니카라과 이민자에 대한 반감과 격리도 문제이다. 최근에는 치안이 악화되어 국가 경쟁력에 걸림돌로 작용하고 있다. 중미의 치안과 범죄 문제가 심각한 이유로는 중미가 남미에서 생산된 마약이 미국으로 유통되는 중간 지점이며, 또 중미 국가에 사회경제적 불평등이 심하고 불법 무기의 사용이 일반화되어 있기 때문이다. 최근 코스타리카에서도 강력 범죄가 증가하여 공공 안전을 저해하고 있다.

그럼에도 불구하고 코스타리카의 성장, 안정, 안전은 분명 다른 중남미 국가들과 대비되는 점이라고 할 수 있다. 이런 측면에서 코스타리카는 예외적인 나라라고 할 수 있다. 이러한 코스타리카의 차별적 또는 예외적 성공을 '에볼루시온 알 라 띠까(evolución a la tica, 코스타리카식 발전(진보)이란 의미)'라고 특정하여 부른다. 그러므로 '에볼루시온 알 라 띠까'는 코스타리카의 성공을 설명하는 말이며 오늘날 코스타리카의 정체성을 상징하는 중심적 요소이기도 하다. 따라서 '에볼루시온 알 라 띠까'를 아는 것은 코스타리카를 이해하는 요체라고 할 수 있다.

모든 현재는 과거에 이어져 있다. 마찬가지로 코스타리카의 오늘도 어제와 불가분의 관계에 있다. 특히 이 나라가 식민 시대 가장 낙후된 지역이었다는 사실을 고려할 때 코스타리카의 식민지적 조건이 이후 이 나라의 발전에 어떻게 작용하였는지를 이해하는 것은 매우 중요하다. 즉, 코스타리카 식민 시대의 중요한 성격들을 고찰하는 것은 '에볼루시온 알 라 띠까'의 어제와 오늘을 연결하는 고리를 이해하는 데 있어 매우 유의미하다는 것이다. 이는 곧 코스타리카 '성공'의 역사적 배경 또는 기원을 논증하는 것이라고 할 수 있다.

따라서 이 글은 식민지 코스타리카의 중요한 성격이라 할 수 있는 중앙고원[2]의 발전, 농촌의 평등주의, 토착 엘리트의 형성이 식민 통치와 어떤 관계를 갖는지 그리고 그 의미는 무엇인지 고찰하고 그것을 통해 코스타리카 성공의 역사적 배경을 이해하고자 한다.

## :: 늦은 정복, 불완전한 식민

고고학적 연구에 의하면 지금의 코스타리카 지역에 인간이 살기 시작한 것은 지금으로부터 약 1만 1000년경으로 추정된다. 당시의 생활은 수렵과 채집이 중심이었고 가족 단위로 무리 생활을 하였다. 1만년경부터 도구로 생필품을 만들기 시작했고 농사를 지으면서 정착 생활이 시작되어 기원전 1000년경 마을이 형성되었다. 기원 전후부터 옥수수 농사가 발전하였고 500년경부터 중앙고원을 중심으로 카시케(cacique, 부족장) 사회가 나타났다. 카시케는 생산물을 분배하고 필요할 경우 정치적 권력을 행사하였다. 이때부터 사회적 분화가 나타나고 사회적 위계가 세워졌다. 토지는 공동 소유였고 부족 간 마을 간 물물이 교환되었다.

스페인 정복자들이 도착하기 전 코스타리카는 카시케 중심의 부족

---

2　코스타리카 중앙고원(Valle central)은 북서에서 남동으로 알라후엘라-에레디아-산호세-카르타고로 이어지는 지역을 지칭한다. 4개 도시는 북에서부터 차례로 판아메리카 하이웨이로 연결되어 있는데 코스타리카 면적의 40%, 인구의 73%를 차지한다. 인구 밀도가 가장 높은 곳이며 코스타리카 정치, 경제, 문화의 중심지이다.

집단들이 서로 연합하고 때로는 경쟁하는 사회를 이루고 있었다. 정복 당시 원주민 문화의 수준은 높지 않았으며 사회적 위계가 분명하여 지배층이 있고, 샤만, 농부, 장인이 주요 사회 계급을 이루고 있었다. 주요 경제 활동은 옥수수, 유카, 고구마, 프리홀 콩을 경작하는 생계농업이었고, 지역에 따라서는 어업이나 사냥도 이루어졌다. 원주민들은 태평양 연안과 중앙고원 지역에 주로 살고 있었는데 1500년대 초 코스타리카 지역의 원주민 인구는 40만 명 정도였다.

'풍요로운(rica) 해안(costa)'이라는 이름과는 다르게 코스타리카는 그리 풍요롭지 않았다. 금으로 만든 장신구가 있었지만 사용은 일반적이지 않았고, 금, 은 등 귀금속의 생산도 매우 적었다. 또 원주민 노동력도 많지 않았다. 정복 시대 코스타리카 인구 규모 40만 명은 과테말라 (200만), 니카라과와 파나마(100만), 온두라스(75만), 엘살바도르(50만)와 비교할 때 중미에서 가장 작았고 또 인구밀도도 가장 낮은 곳이었다. 이처럼 코스타리카는 경제적으로뿐만 아니라 인구적으로도 가장 보잘 곳없는 곳이었다. 또 코스타리카는 지리적으로 중앙아메리카에서 가장 남쪽에 위치하고 있기 때문에 아메리카 식민 행정의 중심이었던 누에바 에스파냐(Nueva España) 부왕령이나 과테말라 총사령부와 가장 멀리 떨어져 있었다. 이러한 이유들로 코스타리카에 대한 정복과 식민은 다른 지역에 비해 늦게 이루어졌다.

스페인이 처음 이 지역을 발견한 것은 콜럼버스 탐험대가 코스타리카의 카리브 연안을 탐험한 1502년이었고 1519년 에르난 폰세 데 레온 (Hernán Ponce de León)이 태평양 연안의 니코야(Nicoya)만을 탐험하였다. 그는 니카라과 지역까지 탐험하여 원주민들을 포획하여 파나마로 돌아왔다. 1524년에는 프란시스코 페르난데스 데 코르도바(Francisco Fernández de Córdoba)가 최초의 요새이자 정착촌인 비야 브루셀라(Villa Bruselas)를 태평양 연안에 건설했으나 정복자 간의 내분과 원주민의 공격으로 곧 파괴되었다.

스페인 왕실이 공식적으로 코스타리카 식민지를 언급한 것은 1540년이되어서였다. 이해 스페인은 디에고 구티에레스(Diego Gutiérrez y Toledo)를 '누에바 카르타고와 코스타리카 총독령(Gobernación de Nueva Cartago y Costa Rica)'의 초대 총독(1540-1543)으로 임명했다. 디에고 구티에레스는 총독이 되기 전인 1534년과 1543년 두 차례 코스타리카 지역을 탐험하고 누에바 카르타고(Nueva Cartago)를 건설하였다. 그러나 누에바 카르타고는 오래가지 못했다. 이후 코스타리카에 대한 정복은 1560년대까지 거의 이루어지지 않았다.

1560년 과테말라 총사령부는 후안 데 카바욘(Juan de Cavallón)에게 코스타리카에 대한 정복을 명령하였다. 1561년 그가 이끄는 정복대는 중앙고원 지역을 정복하고 내륙을 통해 카리브 지역까지 탐험하였다. 카바욘은 스페인 중부의 카스티요 데 가르시무뇨즈(Castillo de Garcimuñoz) 출신이었기 때문에 그 이름을 따서 가르시무뇨즈 정착촌을 건설하고 최초의 카빌도를 설치했으나 이 도시도 오래 존속되지 못했다. 1562년 후안 바스케스 데 코로나도(Juan Vázquez de Coronado)는 이 지역을 다시 정복하고 1563년 카르타고(Cartago) 시를 건설하였다. 그가 죽자 스페인 왕실은 1566년 페라판 데 리베라(Perafán de Rivera)을 코스타리카 총독으로 임명하였다. 총독 재임 동안 그는 스페인인들의 중앙고원 정착을 위해 여러 사업을 추진했고 식민자에게 원주민들을 노동력으로 분배하기도 하였다. 1573년 과테말라 총사령부는 알론소 앙구시아나(Alonso Anguciana)를 코스타리카 총독으로 임명하여 식민 사업을 계속하였다. 그러나 식민 통치는 아직도 카르타고 등 중앙고원으로만 제한되었다.

1540-1550년대 코스타리카에 대한 정복과 식민화 사업이 거의 없었던 이유는 스페인 본국과 과테말라 총사령부가 온두라스와 니카라과 등 다른 중미 지역의 정복에 진력하였기 때문이었다. 1573년에는 코스타리카 총독령(Gobernación de Costa Rica)으로 명칭이 변경되었고 이후 독립 때까지 유지되었다.

1600년대에도 코스타리카는 고립되고 빈곤한 변방이었다. 많은 지역이 아직 식민화되지 않은 채 '용감한 원주민'의 땅으로 남아 있었다. 중앙고원이 산악으로 둘러싸인 지형이었기 때문에 중앙고원의 식민 도시들은 항구나 주요 교통로와 원활하게 연결되어 있지 못했다.

이처럼 식민지 코스타리카는 식민 통치 중심지에서 가장 멀리 떨어져 있었고 경제적 가치도 크지 않아 상대적으로 본국의 관심이 적었다. 또 원주민의 저항도 거셌기 때문에 정복과 식민 통치가 다른 식민지보다 늦게 시작되었다.


## :: 중앙고원주의의 공고화

정복 이전 코스타리카를 포함하여 중미 대부분 지역에서 인구는 해안 저지보다 중앙고원에 거주하고 있었다. 중앙고원 지역은 열대 기후대에 속하지만 고도가 높아짐에 따라 기후가 서늘하고 다수의 화산이 있어 토양이 비옥하여 농사를 짓기에 유리하였다. 또 중앙고원 중심부는 직경 65~80킬로미터의 분지여서 주거지와 농지를 확보하는 데 유리했다. 따라서 스페인의 식민화가 인간이 거주하기에 더 적절한 중앙고원을 중심으로 진행된 것은 당연한 것이었다.

그러나 스페인의 탐험과 정복이 초기에는 주로 카리브에서 중미로 향하는 방향으로 진행되었기 때문에 식민화 사업도 카리브 연안에서부터 시작되었다. 그러나 이 지역에는 중요한 식민 도시들을 건설하지 못했다. 식민자 간에 충돌이 빈번하였고 기후와 토양이 열악하고 원주민들의 저항이 심했기 때문이었다. 따라서 18세기까지도 코스타리카 동부 해안 지역은 해적과 원주민들의 지역으로 남았고 식민과 개발에서 소외되어 그 결과 오늘날에도 가장 낙후된 지역이 되었다.

반면 파나마에서 태평양 연안을 따라 중미로 북진하는 정복 과정은 비교적 순조로웠다. 이 정복 루트를 따라 중앙고원에 식민 도시들이 건설되었고 백인 인구의 거주도 많아졌다. 중앙고원의 식민은 카르타고의 건설로 본격화되었다. 1561년 중앙고원 최초의 식민 도시 가르시무뇨즈가 건설되었으나 원주민의 공격으로 2년밖에 유지되지 못했다. 정복자 후안 바스케스 데 코로나도가 1563년 카르타고 시를 건설하였고 이 도시는 이후 코스타리카 식민 통치의 수도 역할을 하였다. 이어 페라판 데 리베라 총독은 중앙고원의 식민화를 위해 1569년 정복자와 식민자들에게 엔코미엔다(encomienda)의 원주민들을 노동력으로 분배하였다.[3]

---

3 엔코미엔다는 위임 또는 위탁을 의미하는 스페인어인데 스페인 왕실이 정복자

처음 카르타고는 백인, 원주민, 혼혈인의 거주지가 명확히 분리되어 있었다. 이는 본국의 식민 도시 건설의 원칙이었다. 백인들은 시내 중심부에 거주하였고 원주민 거주지와 혼혈인 거주지는 도시 외곽에 별도로 세워졌다. 각 거주지는 광장, 교회, 거리, 택지로 구분되어 건설되었다. 그러나 시간이 흘러 혼혈이 진행됨에 따라 이러한 거주지의 구획은 사실상 의미가 없어졌다. 인종간의 혼혈이 매우 다양한 조합으로 이루어져 인종을 구분하는 것이 불가능해졌기 때문이었다.

중앙고원의 식민화는 1700년대 코스타리카 농업이 성장하여 가속화되었다. 카르타고 주변 지역으로 인구가 늘어나고 토지 소유가 증가하여 카르타고 서쪽으로 에레디아(1706), 산호세(1736), 알라후엘라(1782)가 새롭게 건설되었다. 사탕수수와 담배 경작이 확대되어 중앙고원은 코스타리카 경제의 원동력이 되었다. 총 인구에서 차지하는 비중도 크게 높아져 1801년 코스타리카 인구 5만 명 중 83%가 중앙고원에 거주하였다. 같은 해 중앙고원의 인종 구성은 메스티소 60%, 스페인계 6-9%, 흑인 1%, 흑인과의 혼혈인 17% 정도였고 원주민 인구는 1700년대 중반부터 회복되어 14%를 차지했다. 1800년대 초 중앙고원은 코스타리카 경제와 인구의 중심이 되었고 메스티소와 물라토 등 혼혈인이 인구의

---

와 식민자에게 원주민을 개종시킬 의무를 부여하고 대신 일정한 조건(노동일수를 한정하고 식량과 생필품을 제공하는 등의)하에서 원주민 노동력을 사용할 수 있는 권한을 위임한 제도였다. 그러나 식민지에서 이러한 원칙은 제대로 지켜지지 않아 엔코미엔다를 빌미로 원주민은 노예화되었다. 일부 원주민들은 엔코미엔다를 피해 깊은 산속으로 도망하였고 많은 원주민 촌락들이 해체되었다. 여기에 스페인인이 가져온 전염병의 확산과 엔코미엔다의 강제노동으로 원주민 인구는 급감하였다. 결과적으로 엔코미엔다는 인구적으로뿐만 아니라 문화, 종교적으로 원주민 공동체를 파괴하는 결과를 낳았다.

다수를 이루고 있었다.

19세기 커피 농업의 발전은 코스타리카의 중앙고원화, 즉 중앙고원주의를 공고화하는 결정적 계기가 되었다. 기실 커피 농업의 성공은 중앙고원의 지리적 조건과 맞아 떨어진 것이었다. 커피는 적도를 중심으로 남·북위 25도 사이의 열대 지역인 커피 벨트(coffee belt) 또는 커피 존(coffee zone)에서 주로 생산되는데 특히 고급 커피인 아라비카(Arabica) 품종은 평균 기온이 15~24도 정도이어야 하며, 우기와 건기가 구분되는 등 재배 조건이 까다롭다. 또한, 유기질이 풍부하고 배수가 잘 되는 화산재 토양, 적당한 햇빛, 800m 이상의 고지대일수록 좋다. 따라서 물 빠짐이 좋고 장시간 햇볕에 노출되지 않는 고원의 경사지가 경작지로 적합하다. 이런 면에서 코스타리카 중앙고원은 커피 재배의 최적지였다. 비옥한 화산토 지역이며 평균고도는 1400m, 평균기온은 22℃이며 또 겨울에 해당하는 건기(12~4월)와 여름에 해당하는 우기(5~11월)로 가지고 있었기에 커피 재배에 매우 적합하다. 따라서 커피는 중앙고원의 기후와 토양에 최적화된 작물이었다.

커피 농업의 성공은 코스타리카 인구와 도시의 중앙고원 집중 현상을 한층 강화시켰다. 이 '황금 열매'는 1796년 쿠바에서 도입된 이래 중미의 주요 작물이 되었다. 코스타리카에서는 1830년대부터 중앙고원 지역에서 널리 재배되었고 1850년경 가족 중심의 소규모 커피 농장이라고 할 수 있는 이른바 '핑카 카페탈(finca cafetal)'이 크게 발달하였다. 1833년 최초로 영국으로 수출된 코스타리카 커피는 1840-1848년 단 8년 사이 수출이 10배 이상 증가하였다. 1890년 커피는 코스타리카 수출의 90%를 차지했다. 이제 커피는 코스타리카 경제의 가장 큰 성장 동력이 되었다. 또 커피 농업과 커피 무역의 발전은 농업의 자본화를 촉진시켰고 이는 토지의 사유화와 임금농업노동자 시장의 형성을 불러왔다.

뿐만 아니라 커피는 국가 통합에도 중요한 역할을 하였다. 도시와 도시를 연결하는 도로와 태평양 항구로 연결되는 철도의 건설은 커피 운송뿐만 아니라 지역간의 지리적 통합에도 크게 기여하였다. 독립 이후 커피 농업의 성장은 중앙고원을 넘어 주변으로 경작지를 확대시켰고 이것은 19세기 말 중앙고원 인구의 성장뿐만 아니라 중앙고원에서 동서로 태평양과 카리브를 연결하는 전국적 도로망을 완공하게 하였다. 또 커피 농업은 상업과 무역뿐만 아니라 금융업의 발전도 촉진시켜 코스타리카 최초이자 중미 최초의 은행이 설립되었다. 커피에 앞서 담배, 카카오, 사탕수수, 브라질 나무(적색 염료의 재료로 쓰임)가 재배되었고 광업도 어느 정도 자본 축적을 이루었지만 "최상의 국가 재정은 좋은 커피 수확(mejor hacienda, buena cosecha)"이라는 말처럼 커피는 19세기 코스타리카 국가 발전의 진정한 동력이 되었다.

커피는 중앙고원의 문화와 일상에도 큰 변화를 가져왔다. 수도 산호세는 중앙아메리카에서 가장 유럽적인 도시로 변모하였다. 규모는 소박하지만 유럽의 네오클래식과 바로크 양식의 영향을 받은 건축물들이 중앙대로변에 세워졌다. 1827년 코스타리카 대주교구의 중심 성당으로 산호세 대성당이 건축되었고 1897년 파리의 오페라하우스를 모델로 건축된 코스타리카 국립극장이 개관되었다. 건물뿐만 아니라 도시 문화도 유럽의 유행과 취향을 받아들였다. 패션, 음식, 독서, 쇼핑 등에서 유럽화가 두드러졌고 연극, 음악, 당구 등의 여가 문화도 발전하였다. 상가, 사무실, 약국과 같은 도시 상업 시설들이 들어섰고 19세기 말에는 도시에 전기가 보급되었다. 각종 신문과 도서가 출판되었고 유럽의 자유주의 사상이 도입되고 대학이 설립되었다. 문맹률은 현저하게 줄어들었다. 산호세는 중남미에서 신문이 가장 많이 팔리는 도시가 되었고 패션이나 음식에서 가장 서구화된 도시가 되었다. 산호세는 코스타리카뿐만 아니라 중미의 중심 도시로 성장하였고, 이는 중앙고원주의의 완성을 의미하는 것이기도 했다.

비록 다른 식민지보다 늦기는 했지만 인구, 경제, 지리적 조건으로 인해 코스타리카의 식민 통치는 중앙고원을 중심으로 공고화되었고 독립 이후에도 중앙고원은 사회경제적으로 코스타리카의 발전을 독점적으로 견인하였다. 이로서 중앙고원은 코스타리카라는 인식이 확립되었고 나아가 국가의 성쇠가 중앙고원에 집중되는 코스타리카 중앙고원주의가 성립되었다.

## :: 농촌평등주의의 형성

식민 시대 코스타리카 사회의 가장 큰 특징은 이른바 농촌평등주의 (igualitarismo rural)라고 할 수 있다. 코스타리카의 대표적 역사가 카를로스 몽헤(Carlos Monge)는 식민 시대 코스타리카 농촌의 '공평한 가난'은 사회경제적 평등감과 조합되어 농촌의 평등주의를 만들어냈다고 주장했다. 그에 의하면 중앙고원 서부 지역이 식민화되면서 특히 17세기 후반부터 이 지역에서 소토지 소유가 크게 확산되어 자유와 평등의 가치가 폭넓게 공유되었고 이것이 오늘날까지 코스타리카 사회에서 작동되고 있다.

코스타리카는 금이나 은과 같은 귀금속이 부재하여 광업의 발달도 미진하였고 외부와의 교통도 불리하여 상업도 크게 발달하지 못했다. 농업도 노동력이 부족하여 어려움이 있었다. 원주민 인구가 많지 않았고 이마저도 16, 17세기에는 크게 감소하여 원주민 노동력을 이용하는 데 한계가 있었다. 흑인 노예가 유입되었지만 무척 비쌌기 때문에 주로 가사 노동에만 사용되었다. 따라서 코스타리카는 스페인계 대지주와 대규모 원주민 노동력이 결합되어 성립된 대농장 체제보다는 스페인계 백인과 혼혈인의 중소규모 자작농이 중심이 되는 농촌 사회로 발전하였다. 인종간 혼혈이 다양하여 피부색에 따른 차별이 존재했고 흑인 노예와 원주민에 대한 착취가 있기는 했지만 원주민은 귀했고 노예는 비쌌기 때문에 다른 식민지보다 그 정도가 심하지 않았다. 이런 측면에서 볼 때 코스타리카는 가난하지만 공평한 농촌 사회로 나아갈 수 있는 조건을 이미 가지고 있었다고 할 수 있다.

식민 시대 코스타리카 경제의 중심은 중앙고원의 농업이었다. 태평양 연안에 소나 말을 사육하는 목축 아시엔다가, 카리브 연안에는 카카오와 담배를 경작하는 플랜테이션이 있었지만 규모는 크지 않았다. 중앙고원의 농업은 차크라(chacra, chacara라고도 함) 농업이 주를 이루었다. 차크라는 일종의 가족농으로 옥수수, 밀, 바나나 등을 경작하는 생계농이었다. 이런 이유로 중앙고원에서 대농장은 수적으로 많지 않았고 따라서 아시엔다의 경제·사회적 중요성도 미미했다. 카리브 연안의 마티나(Matina) 지역에서 약간의 밀무역이 행해졌고 1500년대 파나마 등 주변 중미 지역과 농산물과 생필품 거래가 약간 있었을 뿐 식민지 코스타리카에서 상업, 교통, 금융 활동은 미미하였다.

식민 시대 말기 코스타리카 농민 계층은 어느 정도의 토지를 가지고 있었고 식민 당국이나 대농장으로부터 비교적 자유로운 상태였으며 이는 독립 이후에도 계속되었다. 독립 이후의 농업은 중앙고원 주변 지역으로 경작을 확대하는 방법으로 추진되었다. 중앙고원 주변의 황무지와 산지를 개간해서 개인에게 매각하여 농사를 짓는 자작농 방식으로 발전하였다. 식민 시대와 마찬가지로 노동력이 부족했기 때문에 임금도 비교적 높았고 노동의 강도도 높지 않았다. 대농장도 있었지만 소토지 농민이 다수였고 이들도 커피 농사를 통해 기본적인 생계를 꾸릴 수 있었다.

따라서 코스타리카에서 토지 문제는 심각하지 않았다. 대농장이 적어서 소수가 토지를 독점하는 중남미 특유의 라티푼디움(latifundium)은 많지 않았다. 이런 결과로 토지 소유가 다른 식민지보다 덜 독점적이었고 중앙고원에서 새로운 경작지가 개발되어서 토지 획득이 비교적 수월하였다. 따라서 코스타리카에서 토지 문제로 극한 대립이 발생하는 경우는 적었다. 이런 이유로 코스타리카는 최소한 1890년까지[4] 사회 계층 간에 큰 대립 없이 안정적인 국가 발전을 꾀할 수 있었다.

---

4 1889년 대통령 선거에서 자유주의자 호아킨 로드리게스(Joaquín Rodríguez) 후보가 압도적 지지로 받았으나 보수적인 소토 정부는 대선 결과를 인정하지 않았다. 이에 반대하여 그해 11월 7일 전국적인 시위가 일어났다. 이는 코스타리카 역사상 최초의 대중 봉기였다. 소토 정부는 무력 충돌을 피하기 위해 자진하여 사퇴하였고 로드리게스 후보가 대통령에 취임했다. 이후 11월 7일은 '코스타리카 민주주의의 날'로 제정되어 기념되고 있다.

코스타리카는 낙후되고 빈곤한 식민지였기 때문에 모든 물자가 귀하고 부족했다. 따라서 근검과 노동이 중요한 사회적 덕목으로 간주되었다. 식민 시대 코스타리카에서 물질에 대한 절약은 모두에게 해당되었고 원주민이나 노예 노동력이 부족했기 때문에 식민 관리건 농부건 모두가 자신과 가족을 위해 일상의 노동에서 예외일 수 없었다. 따라서 이러한 사회적 조건은 더 평등하고 덜 계급적인 사회를 만드는 중요한 배경이 되었다. 지배계급도 어느 정도의 노동을 해야 했던 당시 실정은 다른 식민지에서는 상상할 수 없었던 것이었고 이것으로 인해 코스타리카에서 사회적 위계는 다른 지역에 비해 덜 엄격하였다. 즉, 모든 것이 부족하고 노동력도 귀했기 때문에 모두가 일해야만 했고 따라서 식민 시대 코스타리카에서 노동은 사회적 출신이나 배경을 떠나 생존을 위해 모두에게 요구되는 일상이었다.

평등주의적 시각에서 볼 때 이러한 식민 유산은 독립 이후 코스타리카 발전을 설명하는 중요한 기초가 되었다. 20세기 들어서도 코스타리카에서는 차이가 있는 계층 간에도 결혼이 빈번하게 이루어졌고 노동자, 농민, 수공업자 등 하류층 자녀가 변호사나 의사 등 전문직에 종사하는 경우가 예외적이지 않았다. 특히 식민 시대 형성된 평등주의의 전통은 교육에 큰 영향을 주었다. 가난한 집 아이들도 상류층 아이들과 한 학교에서 큰 차별 없이 함께 공부하였고 이러한 공존과 공생(convivencia)의 사회적 분위기는 법의 평등 정신을 더 잘 이해하도록 하였다.

이처럼 식민 시대부터 자유로운 소토지 자작농이 존재했다는 사실은 중남미의 다른 지역과는 대비되는 차별점이라고 할 수 있다. 또 이러한 특성은 독립 이후 커피 농업을 중심으로 국가 발전을 거둘 수 있는 조건이 이미 식민 시대에 마련되었음을 의미하는 것이라고 할 수 있다. 뿐만 아니라 가난하지만 노동이 모두에게 해당되었던 코스타리카식 평등은 독립 이후 국가적 안정과 평화의 조건이 되었고 이것은 독립 이후 수년간 또는 수십 년간 극심한 국가적 혼란을 겪은 중남미 대부분의 국가들과 대비할 때 이례적이라고 할 수 있다.

## :: 식민 통치와 크리오요 엘리트

1500년대 초기 스페인의 아메리카에 대한 통치 방식은 정복자에게 식민 통치를 일임하는 것이었다. 스페인 왕실은 콜럼버스나 코르테스와 같은 정복자들에게 총독(gobernador)의 직위를 주었고 이들에게 발견된 지역에 대해 거의 왕이나 다름없는 포괄적인 권력을 부여하였다. 초기 정복 사업의 특성상 이들은 대개 군대를 통솔하는 총사령관(capitán general)을 겸하였다. 총독에게 막강한 권한, 특히 원주민과 정복 토지에 대한 전권이 주어졌던 것은 정복 사업을 추진할 강한 동기가 필요했기 때문이었다. 특히 멀리 떨어져 있고 경제적 중요성이 적었던 곳에 대해서는 더욱 그러하였다. 그러나 본국 왕실은 식민지에서 이러한 권력이 영속화되는 것은 경계하여 대개 그 기간을 3-8년 정도로 제한하였다.

스페인 왕실이 본국의 관리를 파견하여 식민지를 통치하게 된 것은 부왕(virrey)과 아우디엔시아(audiencia) 제도가 확립된 1530년대 이후부터였다. 아우디엔시아는 최고 항소 법정이면서 부왕의 평의회 기능도 함께 가지고 있었다. 부왕은 식민지 행정과 집행에 있어 최고 권한을 가졌지만 아우디엔시아가 본국의 인디아스 평의회(Consejo de Indias)와 직접 상대하는 기구였기 때문에 아우디엔시아의 권고를 무시할 수 없었다. 따라서 아우디엔시아는 부왕에 대한 견제 역할을 하였다.

정복 사업이 마무리된 후에도 총독 제도는 유지되었다. 특히 멀리 격리된 지역과 군사적 방어가 중요한 지역을 통치하기 위한 제도로서 유지되었다. 16-17세기 동안 합쳐지고 나눠지고 해서 변동이 있었지만 아메리카 식민지에 약 35개 정도의 총독령(Gobernación 또는 Provincia)이 유지되었다. 코스타리카도 식민 시대 동안 총독령으로 존속되었다.

코스타리카에 대한 식민 통치가 다른 중미 지역에 비해 늦었기 때문에 총독이 부임하기 전까지 카빌도(cabildo)가 식민 통치에서 중심적인 역할을 하였다. 카빌도는 일종의 지방의회였지만 주로 스페인계 백인인 엔코멘데로들이 지역의 현안을 논의하고 결정하였던 기구였다. 카빌도의 구성과 운영은 일정하지 않았다. 카빌도 의원인 레히도르(regidor)는 왕이나 총독이 임명했지만 선출되기도 했고 또 금전적 거래를 통해 임명되기도 했다.

총독령에 속한 도시들의 식민 행정은 시장에 해당하는 코레히도르(corregidor)나 알칼데 마요르(alcalde mayor)가 담당하였다. 시장은 국왕이나 부왕이 임명했는데 중요한 지역은 주로 국왕이 임명했다. 그러나 카빌도와 마찬가지로 시장직도 거래가 되기도 했다. 시장은 지방 행정을 담당하였고 카빌도에서 본국을 대변하였다. 기본적으로 시장의 행정 범위는 도시에 한정되었고 시와 인접한 주변 농촌까지 포괄하기도 했다.

카빌도뿐만 아니라 시장직도 빈번하게 거래되었기 때문에 경제력이 있는 현지 엘리트들이 그 직을 차지하는 경우가 많았다. 또 공무를 수행하기 위해서는 읽고 쓸 줄 아는 학력이 필요했고 공직을 수행하는 동안 생계를 유지할 경제적 능력이 있어야 했다. 따라서 학력과 경제력을 겸비한 사람은 소수일 수밖에 없었다. 게다가 스페인 관리들에게 코스타리카는 그리 매력적인 부임지가 아니었다. 이런 이유로 식민 행정을 담당한 인력은 만성적으로 부족했고 따라서 공직 수행은 지역의 엘리트에게 의존할 수밖에 없었다. 또 코스타리카 백인 엘리트들은 서로 친인척인 경우가 많아서 긴밀하고 공고한 관계를 유지하면서 식민 행정을 주도하였다. 따라서 코스타리카 식민 통치에서 본국 관리보다 크리오요 엘리트의 권한이 더 우세하였다.[5]

16, 17세기 코스타리카의 크리오요와 카빌도를 분석한 마드리갈 (Eduardo Madrigal)의 연구에 의하며, 이 시기 코스타리카 정치 엘리트는 주로 카빌도를 기반으로 활동하였고 식민지 행정을 좌우하였다. 또 카빌도에서 원주민에 대한 이권(예를 들어, 원주민 노동력의 이용 및 동원), 이념적 통제, 징세, 교회의 운영, 지역의 방어 등이 결정되었다. 이 모든 것에서 크리오요 엘리트는 국왕이 보낸 관리들보다 더 영향력이 있었다. 코스타리카 식민 행정의 중심 도시였던 카르타고의 카빌도는 시의회였지만 식민 기간 동안 코스타리카 전체를 관할하는 국회와 같은 역할을 하였다.

한편 코스타리카 출신 엘리트의 식민 정치 참여는 본국의 코스타리

---

5 코스타리카는 경제적으로 보잘것없는 식민지였기 때문에 지역 엘리트들이 경제나 상업보다는 식민지 행정과 정치에 더 관심을 갖게 되었다고 보는 시각도 있다.

카에 대한 식민 정책의 기본 입장을 반증하는 것이기도 했다. 지리적으로 너무 멀었고 경제적으로 이해가 적었기 때문에 본국은 실질적으로 식민지 코스타리카에 큰 관심이 없었다. 그래서 코스타리카에는 아우디엔시아는 물론이고 주교교구(Obispado)나 세무서(Cajas Reales) 등의 기구들을 두지 않았다. 또 본국이 직접 파견한 관리는 총독 등 매우 소수였다. 따라서 현지 엘리트들이 코스타리카의 식민 정치를 좌우한 것은 당연한 것이었다. 즉, 총독이 식민 행정의 최고 책임자였지만 실질적으로 코스타리카 식민 행정은 지역 엘리트에 의해 거의 독점되었기에 총독의 권한은 제한적이었다. 크리오요 엘리트의 우세는 본국 입장에서 용인할 수 있는 측면도 있었다. 왜냐면 통치가 여의치 않은 지역을 식민지로 유지하는 데 나름 현실적인 방도였기 때문이었다. 이 대신 본국은 더 전략적인 지역에 대한 식민 통치에 집중할 수 있었다. 본국은 식민지 출신 엘리트를 용인함으로써 덜 중요한 식민지를 통치할 수 있었고 반면 식민지 엘리트는 이를 통해 식민지에서 정당한 권력이 될 수 있었다. 이는 스페인과 아메리카 간의 주종 관계 위에 성립된 '스페인 세계'를 유지하는 중요한 통치 전략의 하나였다.

또 식민 시대 코스타리카 엘리트와 카빌도의 전통은 독립 이후 코스타리카 정치 문화 형성에 중요한 영향을 미쳤다. 식민지 엘리트가 중심이 되었던 카빌도에서는 식민지 대중의 의견이 비교적 자유롭게 수렴되었고 이러한 정신은 '훈타스 데 레가도스 델로스 푸에플로스'[6]와 같은

6 훈타 데 레가도스 델 푸에플로스(Juntas de Legados de los Pueblos, 주민대표자회의)는 독립 직후인 1821년 10월 실질적인 수도 역할을 했던 카르타고에서 조직된 코스타리카 최초의 자치 기구였다. 코스타리카 각 지역의 대표자들이 모여 코스타리카

독립 이후 정치 운동에 영향을 주었다.

살펴본 바와 같이 코스타리카의 식민 통치 행정에서 본국보다 식민지 출신 엘리트들이 더 우세하였는데 이는 스페인이 이 지역에 대한 이해와 관심이 적었기 때문이었으며 동시에 스페인의 식민지 통치 전략의 중요한 성격을 보여주는 것이라고 할 수 있다. 다른 한편으로 코스타리카 엘리트의 식민 행정 참여는 식민지 엘리트가 본국 왕실에 대해 단지 정적이고 수동적이기만 한 존재가 아니라 식민 행정에 있어서 중심적이고 자율적인 주체로서의 성격도 가졌음을 보여주는 것이라고 할 수 있다. 또 크리오요 엘리트의 정치 문화는 독립 이후 코스타리카 근대 정치에 일정한 영향을 주었고 이는 코스타리카 민주 정치의 전통이 공고화되는 역사적 배경이 되었다고 할 수 있다.

## :: 코스타리카식 성공의 역설

코스타리카는 식민 행정의 중심인 누에바 에스파냐와 과테말라로부터 멀리 떨어진 외지고 빈곤한 지역이었기 때문에 식민 시대에 별 관심을 받지 못했다. 또 코스타리카 원주민은 수는 적었지만 식민 통치

---

와 니카라과의 분리 독립을 의결하였고 코스타리카 최초의 헌법에 해당하는 임시기본사회협약(Pacto Social Fundamental Interino, 일치의 협약(Pacto de Concordia)이라고도 함)을 작성하였다. 또 회의는 각계의 여론이 중요하게 수렴되었고 산호세, 카르타고, 에레디아, 알라후엘라의 대표가 지역 간의 합의에 기초하여 3개월씩 의장을 돌아가면서 맡아 운영하였다.

에 강력하게 저항했기 때문에 정복 사업도 어려움이 많았다. 따라서 코스타리카에 대한 정복과 식민 통치는 다른 식민지보다 늦게 시작되었다.

늦게 시작된 코스타리카에 대한 식민화 사업은 인구, 경제, 지리적 조건으로 인해 중앙고원을 중심으로 진행되었고 독립 이후에도 중앙고원은 사회 · 경제적으로 코스타리카의 발전을 주도하였다. 이런 이유로 중앙고원과 코스타리카를 일체화시키고 나아가 국가 발전의 성패가 중앙고원에 좌우되는 코스타리카 특유의 중앙고원주의가 자리 잡게 되었다.

식민지의 부는 귀금속과 노동력에 의해 결정되었다. 이런 면에서 코스타리카는 매력적인 식민지가 아니었다. 특히 노예 노동력도 부족했고 원주민도 많지 않아 엔코미엔다와 대농장이 성립되기에 불리한 곳이었다. 따라서 부유하고 안정적이고 스페인에 충성하는 소수 지배 체제(oligarchy)가 들어서기에 적합하지 않았고 백인 식민자라도 생존에 위해 스스로 노동을 할 수밖에 없는 조건이었다. 또 대농장이 적고 새로운 경작지가 공급되어서 식민 시대부터 코스타리카에는 자유로운 소토지 자작농이 존재했다. 따라서 코스타리카는 가난하지만 비교적 자유롭고 평등한 농촌 사회를 형성하였다. 이는 아메리카의 다른 식민지와는 차별되는 성격이었다. 또 이러한 코스타리카식 평등은 독립 이후 국가적 안정의 배경이 되었는데 이것은 많은 중남미 나라들이 독립 이후 자유와 보수의 극심한 대립을 겪었던 역사적 경험과 비교할 때 예외적인 경우라고 할 수 있다.

식민지로서의 불리한 조건은 식민 통치 구조와 관계에도 영향을 미쳤다. 이 지역의 식민 행정에는 식민지 출신 엘리트들이 많이 참여하였다. 단지 수적으로 다수였다는 것뿐만 아니라 식민 행정에서 크리오요 엘리트는 상당한 자율권을 행사하였다. 이는 본국이 이 지역에 대한 이해와 관심이 적었고 스페인 관리들도 이곳을 선호하지 않았기 때문이었다. 또 스페인의 식민 통치 전략의 다른 측면이기도 했다. 왜냐하면 본국은 코스타리카와 같은 지역의 식민 통치에 현지 출신 엘리트의 참여를 인정하는 대신 더 중요하고 전략적인 지역에 대한 식민 통치에 집중할 수 있었기 때문이었다.

살펴본 중앙고원주의, 평등주의, 엘리트주의 등의 개념들은 코스타리카 역사에서 각각 개별성을 갖지만 동시에 상호적인 맥락에서도 중요한 의미를 갖는다고 할 수 있다. 예를 들어, 코스타리카 엘리트 문화는 중앙고원주의와의 관련성에서 더 구체적으로 이해될 수 있다. 중앙고원의 발전은 다른 지역에게는 일종의 방해이고 장애였다. 왜냐하면 모든 것이 중앙고원에 집중되어 있는 상황에서 다른 지역의 발전은 기대할 수 없었기 때문이었다. 따라서 중앙고원이 아닌 지역에서 의미 있는 정치 세력의 출현도 거의 없었다. 이런 이유로 코스타리카에서 지역 간 그리고 엘리트 간의 경쟁과 대립은 심하지 않았다. 뿐만 아니라 중앙고원의 유력 가문 간의 내혼은 엘리트 간 경쟁을 완화시키는 역할을 하였다. 이런 측면에서 중앙고원주의와 코스타리카 엘리트의 형성과 재생산은 상호 밀접한 관계를 갖는다고 할 수 있다.

이처럼 코스타리카의 지리, 인구, 자원과 같은 환경적 조건은 스페인의 식민 통치에 일정한 영향을 주었고 이는 중앙고원의 성장, 사회적 평등, 고유한 엘리트 정치 문화와 같은 코스타리카 특유의 사회적 성격이 되었다. 따라서 코스타리카의 식민지적 조건은 이른바 '코스타리카식 성공'의 역사적 배경이 되었다고 할 수 있다.

# 제2장

# 사르미엔토의『파쿤도』를 통해 본 독재의 본질

최명호

## :: 들어가며: 근대와 독재, 그 적과의 동침

10여 년 전 우리나라 역사학계에서는 '대중독재'라는 개념이 유행했었다. '대중독재'라는 개념을 만든 것으로 알려진 임지현 교수에 의하면 대중독재의 시작은 간단한 질문에서 출발했다고 한다. '어떻게 참여정부 시절 민주화된 한국에서 박정희 시대에 대한 향수가 뿌리 깊을 수 있을까'라는 질문에서 문제의식이 시작되었고, 박정희 개발독재에 대한 기억의 전쟁 혹은 역사 논쟁에서 문제의식의 패러다임이 갖추어졌다고 한다.(임지현 외 2005, 613-614) 이 문제의식은 결국 근대적 독재와 전근대적 독재의 차이는 무엇인가, 혹은 전근대의 전제정과 근대의 독재의 차이는 무엇인가라는 문제로 집중된다. 물론 현재의 정치적 상황에서는 어떤 의견을 내놓을지도 궁금하지만 전근대의 전제정과 근대의 독재의 차이는 무엇보다 하나의 중심축, '근대'라는 축에 맞추어지게 된다. 그 첫 번째는 근대성과 독재가 될 것이며 그 다음은 근대성과 민주주의가 될 것이다. 만일 근대성이란 범주에서 민주주의와 독재가 함께 포괄된 다면 민주주의의 반대 개념으로 인식되던 '독재'에 대한 개념의 수정이 필요할 것이며 더 나아가 '전근대의 잔재', '일탈된 근대' 혹은 '진보의 부작용' 등으로 인식되어 왔던 '파시즘' 또한 그 개념과 이미지의 수정 이 필요할 것이다. '독재'의 문제가 현재 자유민주주의 체제를 기준으로 이미 지나간 과거 어떤 것이 아니라 현대에도 면면히 살아 계승되고 있 다는 것은 어떤 이들에게는 상당한 당혹감을 안겨줄 수도 있다. 이것은 선과 악, 정상-비정상, 근대-전근대, 민주-독재 등의 이항 대립적 인식 때문이다. 흑백논리의 구조에서 독재는 전근대적인 것이며 비정상적인 것이고 악마적인 것이기 때문에, 근대적인 다시 말해 선한 현재에는 나 타나서는 안 될 것이란 인식이 바탕에 깔려 있는 것이다. 하지만 20세기 이전에 독재라는 정치 구조 혹은 권력 구조는 정규적인 지배 체제 유형 에 속하지 않았다. 참주정(僭主政, la tiranía), 귀족정(貴族政, la aristocracia), 전제정(專制政, el despotismo) 공화정(共和政, la república) 등이 정규적인 지배 체제 유형이었으며 독재적인 권력에 대해 참주정이나 전제정이 란 개념을 사용했다. 독재라는 단어는 로마제국에서 유래한 것으로 전 쟁 등의 비상사태에 한시적으로 모든 권력을 개인에게 집중하는 체제 를 의미했다. 우리가 일반적으로 독재의 반대 개념이라 생각하는 민주 주의는 러시아 혁명 이후에 부각되기 시작했으나 이것은 당시에 굉장 히 낯선 개념이었다. 독재의 반대는 정상적인 헌정 체제였고 민주정 혹 은 공화정의 반대는 참주정이나 귀족정이었기 때문이다. 독재와 민주 가 이항 대립항으로 성립된 것은 2차 세계대전 이후로, 소위 추축국(樞

軸國)이라고 하는 전체주의 혹은 파시즘 경향의 국가들이 독재 국가로 인식되기 시작했고 연합국은 민주주의 세력으로 평화를 대표하는 세력으로 인식되기 시작했기 때문이다. 하지만 구(舊)소련 등 공산주의 경향의 국가에서는 프롤레타리아 독재가 좋고 선한 것으로 인식되었고, 정치 경제적 안정성이란 면에서 민주정보다 군주정이나 참주정, 귀족정을 선호하는 세력들도 있었고, 제2차 세계대전 이후 냉전시대에 소위 제1세계라고 하는 서구 자본주의 진영에서 정치적으로 자유민주주의, 경제적으로 자본주의 세력을 제외한 모든 세력을 전체주의 세력 더 나아가 독재 세력으로 간주하기 시작했다. 다시 말하면 냉전 시대를 거치며 독재와 민주라는 이항 대립항이 성립했다고 할 수 있는 것이다. 하지만 독재와 민주라는 개념이 대립적 개념으로 굳어지면서 태생적으로 대립적 의미가 아니었기 때문에 어쩔 수 없이 비어 있는 공간이 발생할 수밖에 없었고 그 비어버린 자리를 형용사를 사용하여 채우기 시작했다는 것이다. '전체주의적 독재', '권위적 독재', '합법적 독재', '진보적 독재', '자유민주주의', '다원적 민주주의', '인민민주주의', '기독교적 민주주의', '민족적 민주주의' 등 다양한 형용사가 민주와 독재라는 개념 앞에 붙게 되었다. 이런 형용사는 개념적으로 비어 있는 자리를 설명하는 술어적 기능을 하며 의미를 더 분명히 한다고 볼 수도 있다. 하지만 '합법적 독재' 혹은 '민주적 독재'라는 개념이 가능하다는 것은 독재와 민주라는 개념이 근원적으로 대립적이지 않다는 것을 의미하거나 인위적으로 조작된 개념이라는 것을 의미한다.

하지만 더 중요한 것은 미시적 구분에 집중하여 거시적 범주를 간과해서는 안 된다는 것이다. 어떤 유형의 독재라 할지라도 그것은 독재일 뿐이다. 다양한 하위 범주가 있다는 것이 상위 범주를 해체하지는 못한다. 다시 말해, 다양한 인종이 있고, 민족이 있고 종족이 있다고 해도 그것은 인류라는 범주 안에서 일어났고 일어나고 있는 현상이라는 것이다. 하위 범주에서 상위 범주를 넘어서는 속성이 발견된다면 범주 자체가 달라져야 하는 것이다. 결국 어떤 방법론을 사용하여 어떻게 독재를 정의하건 독재는 독재인 것이다. 이 글의 문제의식이 바로 여기서 시작한다. 독재의 본질은 무엇이며 이것은 어떻게 정의될 수 있는가, 그 이후에 다양한 독재의 현상을 분석하고 시간과 공간에 따른 그 특징을 파악할 수 있을 것이다.

독재를 이야기할 때 파시즘의 유럽을 제외하면 항상 언급되는 곳이 바로 라틴아메리카이다. 라틴아메리카가 독재를 이야기할 때 빠지지 않는 이유는 여러 가지가 있을 것이나, 그중의 하나가 19세기에 식민지라는 상황에서 독립을 쟁취했다고는 하지만 그것이 우리나라를 비롯한 아프리카와 유라시아, 소위 구세계의 경우와는 본질적으로 다르다는 데에 있다. 라틴아메리카에는 국가 혹은 국가 연합이라고 할 수 있는 '문명'들이 존재했고 또한 수많은 부족들이 존재했다. 하지만 400-500년의 식민 지배를 거치며 인종적으로 구분되는, 다시 말해 '문명'이건 '부족'이건 자신들의 정체성을 잃고 그저 원주민이 되었고 혼혈인들은 메스티소가 되었고 경우에 따라서는 물라토가 되었던 것이다. 인종적으로 구분되었다는 것은 외양적으로 구분되었다는 것, 혹은 혈통에 따라 구분되었다는 것을 의미하며, 동일한 지역에 동일한 역사를 배경으로 한 민족주의 자체가 없었다는 것을 의미한다. 그러므로 민족주의를 기반으로 한 국가주의 또한 근본적으로 불가능했다. 하지만 현재 민족/

국가주의가 구세계에 비해 강하다고는 할 수 없으나 존재하고 있고 그 것이 독립 초기 국가를 형성하고 발전시키는 데에 일조한 것은 부정할 수 없는 사실이다. 바로 여기에 도밍고 파우스티노 사르미엔토의 작품, 『파쿤도: 문명과 야만』이 갖는 가치가 있다고 할 것이다. 사르미엔토의 이 작품에 대해 사실과 허구의 경계가 모호하고 파쿤도의 죽음 이후 로 사스의 독재를 언급하는 부분은 사족처럼 간주되는 경향이 있다. 하지 만 이 작품이 만일 파쿤도 키로가의 일대기를 다룬 작품이었다고 한다 면 그저 전기 소설 이상의 가치를 지닌다고 하기는 어려울 것이다.

『파쿤도』의 가치는 바로 11장 말미에 등장한다. 파쿤도의 야만적 행 위와 로베스피에르의 기요틴 숙청 그리고 로사스의 독재가 서로 비교 되면서 수단과 목적은 다른 행위일지라도 결과는 같을 수 있다는 묘한 대위(對位)적 긴장감이 형성되게 된다. 그리고 적어도 로사스 독재의 본 질을 드러내는 문학적 장치가 된다. 일반적으로 사르미엔토가 이 작품 을 서술한 이유로 로사스의 독재를 비판하기 위해서라고 말한다. 만일 로사스의 독재를 비판하기 위해서라면 이 작품을 쓰는 것이 최선의 선 택이라 보기 어렵다. 당시 아르헨티나의 현실 정치를 비판하기 위한 방 법은 다양할 것이다. 그중에서 신문에 파쿤도 키로가의 일생을 비판적 으로 서술하는 것, 로사스의 독재의 본질을 밝히는 것은 그것이 당대 현 실이라는 점을 감안하면 그리 큰 의미가 있다고 볼 수 없다. 또한 이 작 품의 부제는 문명과 야만이다. 문명과 야만이라는 대비(對比)에 파쿤도 키로가라는 실존했던 인물의 전기적 작품이 어떻게 당시 독재자였던 로사스를 비판하는 수단이 될 것인가? 이 글의 문제의식은 바로 여기서 시작했다. 뒤에서 더 자세하게 언급하겠지만 바로 여기서 사르미엔토의『파쿤도』가 명작이며 고전인 이유가 있는 것이다.

사르미엔토는 이 작품 혹은 일련의 칼럼을 특정 독자들을 가정하면서 썼다. 그리고 그 독자들은 바로 당시 아르헨티나 민중일 것이다. 문명과 야만 그리고 또 다른 세계로서 로사스의 독재가 존재하고 있으며 독재하에서 일반 민중의 삶이라는 것은 바로 가축과 그리 다르지 않다는 깨달음을 주기 위해 본 작품을 썼다면 상황은 달라진다. 또한 사르미엔토의 작품을 통해 독재의 본질을 알 수 있고 그것이 모든 독재의 형태에 보편적으로 적용된다면, 다양한 독재의 버전이 있다고 해도 독재의 본질은 그리 다르지 않다는 것, 대중이 직접적 동조건 간접적 동의건 어떤 방식으로 권력에 협조했고 독재 권력이 권력을 쟁취하는 과정이 제도적이었고 합법적이었다고 해도 독재는 독재일 뿐이고 그 본질은 변함이 없다는 것을 알 수 있을 것이다. 만일 유럽 등에서 있었던 독재 혹은 대중독재의 권력적 속성이 사르미엔토의『파쿤도』에서도 확인이 되거나 유사하다고 하면 어떤 술어(述語)적 기능을 가진 형용사로 수식한다고 해도 독재는 독재일 뿐이며 결국 독재와 반독재 혹은 사르미엔토의 관점으로 표현하면 문명과 야만으로 구분될 수 있을 것이다. 이 글은 사르미엔토의『파쿤도』를 통해 독재의 본질에 다가가려 한다.

## :: 독재와 대중독재: 인간, 인민 혹은 국민

20세기 얼마 남기지 않고 국내외에 포스트모더니즘 담론이 유행했다. 최신 유행이라는 이유 때문인지 철학, 문예 등 거의 전 분야에 '포스트모더니즘'이라는 용어가 유행처럼 번졌다. 리오타르와 하버마스부터 시작해서 데리다, 푸코, 라캉의 책이 번역되기 시작했고, 이것이 1990년대 우리나라의 신세대(新世代), 일본의 신인류(新人類)의 등장과 겹치며 새로운 세대, 시대의 코드처럼 인식되기도 했다. 하지만 여전히 포스트모더니즘의 '포스트'가 '탈(脫)'을 의미하는 것인지 아니면 '후기(後期)'를 의미하는 것인지는 논쟁적인 것과 마찬가지로 하나의 새로운 개념이라는 것이 이전에 존재하던 개념에 형용사적 의미만을 더했을 경우 이것은 명사적 혹은 본질적 의미의 차이를 의미하기보다는 술어적 차이를 의미한다고 보아야 할 것이다. 이것은 독재를 설명하는 여러 형용사들의 경우에도 마찬가지로 적용할 수 있을 것이다. 독재의 양상과 방식의 차이가 있다고 하더라도 그것이 그저 방법론 혹은 수단의 차이일 뿐이며 본질적인 차이가 없다면 그것은 그저 독재라는 개념의 하위 범주일 뿐인 것이다.

임지현 교수가 대중독재를 주장하기 전에 이미 대중독재란 개념이 존재했는데, 그것은 개념이라기보다는 문자적으로 의미를 결합한 것으로 대중 혹은 다수에 의한 독재를 의미했다. 여기서 독재라는 개념은 권력을 가진 다수 집단이 사회적 소수를 억압하거나 권력에서 소외시킬 때 성립되는 것인데 그 자체로 모순적인 면이 있다. 민주주의(民主主義)는 영어 데모크라시(Democracy)의 번역어인데 다수를 의미하는 데모스(Demos)와 통치를 의미하는 크라티아(Kratia)의 합성어이다. '다수 통치 체제'가 아마 더 올바른 번역일 것이며 이것은 문자적 의미로만 본다면 대중독재의 일반적 의미와 그리 다르지 않다. 현대의 민주주의 개념으로 생각해도 논리적 모순이 있는데 다수가 다스리면서 또한 다스림을 받아야 한다는 것, 주체와 객체가 같다는 것은 논리적으로 성립하기 어렵다. 고대 그리스에서는 모든 시민이 참여하는 민회를 통해 주요 의제를 결정했고 대의 정치와 비슷한 개념인 500인 평의회와 배심원 제도가 있었으나, 당시 시민은 노예가 아닌 20세 이상의 남성이었고 현재의 기준으로 보면 여성과 노예들이 소외된 제도라고 할 수 있다. 이 또한 다수에 의한 권력 독점이며 대중독재가 의미하는 것과 그리 다르지 않다. 임지현 교수의 대중독재 개념은 기본적으로 독재 체제에 대한 대중 동원을 기본으로 그것이 일방적인 동원만이 아니라 체제에 대한 지지를 유도하고 대중들의 자발적인 동원을 이끌어내는 자발적 동원 체제도 포괄한다. 부르주아 시민 정치의 대립 개념으로 대중독재에서 대중은 시민과 구별되는 개념으로 단순한 지배의 피해자나 수동적 지배의 대상이 아니라 능동적 지배의 주체이지만, 이것은 계몽주의를 시작으로 널리 퍼진 근대 시민, 자율적 합리적 인간으로서의 주체가 아니라는 것이다. 다시 말해 '권력의 주체'라는 환상에 빠진 선동의 대상이란 의미가 되는 것이다. 전근대적인 관계에서 벗어난 개인은 원자화가 되었고 다시 어떤 집단에 귀속되고 싶은 욕망을 근대 국가 혹은 근대 국민국가가 대신해 주면서 근대 시민에서 원자화된 개인이 국민이 되며 결과적으로 근대 시민사회는 등장과 거의 동시에 근대 국민국가에 의해 파괴되었다는 것이다.

같은 맥락으로 근대 국민국가에 살고 있는 모든 이들은 바로 대중독재의 주체, 국가 주도 프로젝트에 열성적으로 참여하고 선동당하는 주체이며 동시에 대상이 되었다는 것이다. 이런 관점에서 현재 대부분의 국가가 아니 근대 국민국가라는 체제 자체가 대중독재를 의미하게 된다.

대중 혹은 국민의 지지를 이끌어 내는 세련된 정치적 수단들, 모든 방법론은 동시에 선동의 수단과 동일시된다. 결국 국제법상 범죄로 인정되는 독재를 제외한 모든 독재와 그 통치 행위는 면죄부를 받게 될 것이다. 그것이 범죄가 아니라는 것이 아니라 '있어서는 안 될' 일이나 '있을 수도 있는' 일이라는 인식이 가능한 것이다. 독재라는 체제가 기본적으로 민주제의 반대이며 그 자체로 악하다거나 악할 수 있다는 관점에서 근대 국민국가 혹은 역사적으로 그 이후에 성립한 모든 국가들이 '독재'라는 범주로 분류되게 되며, 이 국가들은 저마다 현상적으로 차이가 있다고 해도 '민주주의' 체제를 내세우고 있으므로 독재와 민주주의라는 이항의 대립이 해체되며 또한 국민주권주의 등장 이후 주권자로서의 국민이라는 개념은 그저 허구적인 것이며 실제적인 개념으로는 선동 당하는 대상으로 존재하게 되는 것이다.

이것은 사실 여부를 따지기 전에 민주주의를 비롯한 모든 근대적인 시민 정치와 그에 대한 신념에 반하는 것이다. 논리적 검증 여부를 떠나 받아들이기 쉽지 않은 것이 사실이다. 하지만 동시에 하나의 중요한 관점을 제시하는데 그것은 주체로서의 인간에 대한 실체적 개념이다. 아래로부터의 대중의 동의만이 아니라 민중은 투쟁과 저항의 주체이자 순결한 희생자라는 숭고한 민중주의, 그 선험적 도덕론이 해체되는 것이다.(임지현 외 2005, 484) 더 노골적으로 주권자로서의 한 개인이 합리적이지 않으며 선동의 대상이 될 수 있다는 말 자체가 그 개개인들의 합으로 이루어진 민중 혹은 국민의 허구적 개념을 해체하며 국민들로 이루어진 국가의 개념 또한 해체하게 되는 것이다. 이것은 주권자로서의 국민의 개념을 위태롭게 하며 동시에 독재가 이루어질 수밖에 없는 여건을 합리화하게 된다.

근대적 혹은 현대적 국가의 개념이 위태롭게 되는 것은 역효과만 있다고 할 수 없다. 근대적 시민이 그저 탄생하는 것이 아니라 상당한 교육과 개개인의 의지를 통해 구현될 수 있다는 것은 우리가 비판적 시각을 가져야 할 하나의 이유가 된다. 그러나 동시에 근대의 정치적 주체는 개개인의 자율적 의지와 합리적 판단이 아니라 '통제되고 유도된 대중화' 과정의 산물이 되며(Salvador Giner 1976, 127) 합리적 근대 시민, 투쟁과 저항의 주체이며 독재 권력의 숭고한 희생자라는 민중의 개념마저 해체되는 것이다. 그렇다면 그 자리에 무엇이 남을까? 시대의식 혹은 시대정신과 개인에 대한 개념이 하나의 숙제처럼 남게 된다. 과연 우리의 시대는 독재의 시대이며 개개인은 그저 선동당하는 존재라는 것일까? 이것이 맞는다면 우리의 시대 혹은 근대라는 찬란한 영광은 그저 신기루였고 인간이 이루었던 모든 발전은 하나의 착각이 될 것이다.

하지만 이 같은 결론은 쉽게 받아들이기 어렵다. 어떤 면으로 역사의 반역처럼 보이기도 한다. 또한 무엇보다 중요한 것은 자발적 동의로 간주할 수 있다고 해도 국민 혹은 민중의 자발적 동의의 이유가 무엇인가는 다른 문제이다. 또한 독재 혹은 독재적 성격의 정권이라도 그 권력으로 무엇을 했는가의 문제 또한 중요하게 판단해야 할 것이다. 그러므로 역사적인 판단은 그저 구조적 특성만으로 쉽게 단언할 수 없을 것이다. 또한 대중의 지지가 기만을 통해 이루어졌다면 전혀 다른 이야기가 된다. 결과론적으로만 볼 수는 없는 문제이기 때문이다.

## :: 독재와 야만, 파쿤도의 삶과 그 방식

사르미엔토의 『파쿤도』는 하나의 문학 장르로 간주한다면 에세이가 될 것이나 전기(傳記)적 성격, 정치 및 사회에 대한 견해를 밝힌 논설문 등으로도 구분이 가능할 정도로 애매한 성격을 갖고 있다. 특히 한 개인의 기억이나 주장에 근거하여 쓰인 작품이므로 픽션의 성격도 있다고 할 수 있다. 이 작품은 크게 3부분으로 나눌 수 있는데 첫 부분은 아르헨티나의 환경과 그 특수성, 그리고 파쿤도 키로가의 일생에 대한 전기, 마지막 부분은 로사스의 독재와 아르헨티나의 미래로 구분할 수 있다. 또한 각 부분을 다른 장르의 글로 구분하여 이해할 수도 있다. 하지만 만일 이 작품을 이렇게 파편적인 방식으로 이해하고 텍스트의 유기적 전통일성을 간과한다면 작품의 진정한 의미를 이해하거나 이런 방식으로 작품이 구성된 이유를 설명하기는 쉽지 않을 것이다. 쉬운 예로 사르미엔토는 아르헨티나의 자연환경, 그 자체를 모든 비극 혹은 악의 이유처럼 서술하였고 이 환경을 극복하려는 삶 자체를 가우초가 중심이 된 아르헨티나의 문화라 표현하고 있다.

이처럼 광활한 평원은 내륙 지역의 삶에 아주 강한 아시아적[1] 색을 입히고 있다. […] 몇 개월에 걸친 여행 끝에 부에노스아이레스에 도착하는 고독한 짐마차 부대와 바그다드나 스미르나를 향해 가는 낙타 대상들 사이에는 어떤 유사성이 있다. […] 짐마차꾼 두목은 아시아에 있는 낙타 대상의 두목과 마찬

---

1 여기서의 아시아는 중동 지역, 이슬람 문화권을 의미한다.

가지로 하나의 호족(豪族, Caudillo)이다. […] 이처럼 두목에게 처형당해 죽게 되는 사람은 자신을 죽이는 권위가 합법적이라 간주하기 때문에 그 어떤 항의도 할 수 없다. 아르헨티나의 삶이 그러하듯, 이런 특이성으로 인해 야만적인 힘의 지배, 가장 강한 사람의 패권, 명령하는 사람의 무한하고 무책임한 권위, 형식도 논의도 없이 행사되는 사법권이 상정되기 시작한다.(사르미엔토 2012, 45-46)

『파쿤도』의 첫 부분, 4장까지 관통하고 있는 중심 주제는 바로 이것이다. 아르헨티나의 자연환경과 그 환경에 대응한 아르헨티나 사람들의 생활 방식과 문화이다. 이것은 그저 아르헨티나의 특수성에 머무르지만은 않는데 이슬람 문화권과 비교하면서 하나의 보편적 세계를 만들고 있다. 문명의 발생지 중 하나로 꼽히는 티그리스-유프라테스 강 유역에서 바그다드까지 이어지는 이슬람 문화권, 특히 사막의 유목민족(베드윈족)의 생활 방식과 그리 다르지 않다고 서술하고 있다. 하지만 이것은 극동 지역에도 그리 낯선 것이 아니다. 농경을 중심으로 성립된 중원(中原)과 북방의 오랑캐를 구분하는 것과 중국 고전에 묘사된 북방의 오랑캐의 모습을 연상해 보면 그리 어렵지 않게 공감할 수 있을 것이다. 전 아시아적 고전이라고 할 수 있는『삼국지』에서 동탁, 이각과 곽사 그리고 여포와 마초 또한 모두 오랑캐 출신이라는 멍에를 지고 있었다. 소위 중원이라 불리는 지역의 한족(漢族) 중심의 개념으로 보면 이들은 야만적인 오랑캐였으며 이 오랑캐라는 개념은 야만인 혹은 미개인(Barbarie)의 개념과 그리 다르지 않다. 특이한 것은 현재 아르헨티나에서 쉽게 볼 수 없는 흑인 계통의 인종, 물라토와 삼보를 진보를 위한 섬세한 재능과 섬세한 본능을 지닌 사람들이며 도시와 지방을 연결해 준다고(사르미엔토 2012, 49) 서술한 것은 20세기에 미국에서 벌어진 인종차별과 상당히 다른 관점으로 인종적 차별이라는 것이 원래 있었던 것이 아니라 어떤 필요에 의해 만들어진 허위 의식이라는 것을 보여준다고 할 수 있다.

사르미엔토는 이런 아르헨티나의 자연환경에서 살아남기 위해 성립된 가우초 문화를 비판적으로 바라보고 있지만 사실 그렇다고 악(惡)으로 간주하지는 않는다. 가우초들은 쉽게 야만 혹은 자연과 싸워 이기는 전사(戰士)로 표현되지만 이것은 아르헨티나의 자연환경에 적응하여 생존하기 위한 것으로 바라보고 있다. 이것은 비판적으로 서술하고 있던 파쿤도 키로가에 대한 사르미엔토의 평가에서 알 수 있다.

이 모든 것에도 불구하고 파쿤도는 잔인한 사람이 아니고 피에 목말라 있는 사람이 아니다. 그저 자신의 열정을 억누르지 못하기 때문에 열정이 격앙되면 통제가 되지도 않고 한계도 없는 야만인(미개인)일 뿐이었다. 어느 도시에 들어가면 누군가를 총으로 쏘아 죽이고 또 누군가를 채찍으로 때리는 폭력주의자다. 하지만 절제를 하고 많은 경우 신중하게 행동했다. […] 파쿤도가 시민들에게 수치스러운 모욕을 주는 이유는 그가 거칠고 투박한 시골사람인데다, 바로 그런 사실로 인해 자기를 무시한다고 생각하는 사람들에게 자존심과 품격의 상처를 입히기 좋아했었기 때문이다. (사르미엔토 2012, 292)

파쿤도의 모든 만행은 그가 야만인 혹은 미개인이기 때문이라고 한다. 결국 그의 모든 만행은 문명과 야만 혹은 문명적인 도시와 미개한 혹은 야만적인 지방의 충돌에서 생긴 것이라는 것인데, 다시 말하면 이런 충돌이 규모의 차이는 있으나 독립의 과정 혹은 독립전쟁의 과정 중 아르헨티나 전역에서 일어났으며 이런 충돌의 결과로 도시 문명이 훼손되는 결과를 낳았다는 것이다.

> 혁명(독립전쟁)은 상당히 길게 전개되고 있다. 파쿤도 키로가의 삶은 이 투쟁을 발가벗긴 듯 속속들이 볼 수 있는 기회를 우리에게 제공해 줄 것이다. 내가 지금 소개할 필요가 있는 것은 이들 카우디요의 승리와 더불어 모든 '시민적' 형식이, 심지어 에스파냐 사람들이 사용하던 형식까지도, 어떤 곳에서는 완전히 사라져 버렸다는 사실이다. 다른 곳에서는 부분적으로 사라졌는데, 남아 있는 것도 확연하게 파괴의 길로 접어들고 있다.(사르미엔토 2012, 110)

물론 이런 언급을 기초로 사르미엔토가 유럽에 종속적인 성향이 있다고 판단할 수는 없을 것이다. 모든 언술은 시대라는 맥락, 시간과 공간이라는 맥락에서 파악해야 한다. 사르미엔토가 바라보고 있는 것은 독립전쟁이 낳은 역효과, 역기능이다. 그렇다고 독립이 필요하지 않았다거나 유럽 문명이 지키고 보존해야 할 어떤 것이라 간주한다고 보기도 어렵다. 다만 프랑스에서 들어온 계몽주의와 인문주의적 경향은 물론이고 스페인적인 전통, 다시 말해 가톨릭과 부왕청으로 대변되는 식민지 시대의 질서, 그것이 혁파되어야 할 대상이라고 해도 그 안정적인 질서는 물론이고 모든 질서가 파괴되었다는 것을 강조하고 있는 것이다. 그 파괴된 빈자리를 채운 것이 바로 미개/야만의 법칙, 가우초의 법칙이 있었던 것이다.

1810년 이전에 아르헨티나 공화국에는 서로 경쟁하고 양립할 수 없는 두 개의 다른 사회가 존재했다. 그것은 두 개의 다른 문명이었다. 하나는 문명화된 에스파냐적인 것이고, 다른 하나는 토착 원주민적이고 아메리카적인 야만적인(미개한) 것이었다. 도시에서 일어난 혁명(독립전쟁)은, 위에서 언급한 한 국가에서 존재하는 각기 다른 두 가지 존재 방식이 서로 얼굴을 맞대고, 경쟁하고, 오랜 세월 투쟁한 뒤에 하나가 다른 것을 흡수하게 만드는 원인, 동기, 추진력으로만 작용했다. [⋯] 최근 들어 평원(지방 카우디요 세력)이 사방에서 도시들에 승리를 거둠으로써 도시들은 정신, 통치권, 문명에서 평원의 지배를 받게 되고, 결국 에스탄시에로[2]인 돈 후안 마누엘 로사스의 독재적인 중앙 집권적 정부가 형성되었는데, 그는 교양 있는 부에노스아이레스에 가우초의 칼을 꽂고, 수세기 동안 지속되어 온 작업, 즉 문명, 법률, 자유를 파괴한다.(사르미엔토 2012, 101-102)

독립과 공화국의 성립은 분명히 진보적인 행위였고 적어도 각 개인, 각 시민들이 더 나은 삶을 위한 행위였다는 것은 부정할 수 없으며 사르미엔토 또한 그것을 부정하지는 않는다. 하지만 그 독립운동, 혹은 혁명의 의도와는 상관없이 결과적으로 아르헨티나의 도시를 중심으로 성립된 문명, 법률, 자유, 소위 근대적 문화라 할 수 있는 것들이 모두 파괴되었다는 것이다. 그 파괴된 자리를 차지한 것이 바로 야만의 법칙 혹은 가우초의 방식이라고 할 수 있을 것이나 그 맥락은 다르다. 가우초 문화는 앞에서 언급한 것과 마찬가지로 자연적으로 성립된 것으로 척박한 환

---

2 에스탄시에로(Estanciero)는 에스탄시아(estancia)라는 대농장 소유주를 말한다.

경에 맞서 싸우는, 생존 투쟁의 과정에서 성립된 것이다. 또한 유목민족의 전통에 크게 벗어나지 않지만, 오로지 물리적인 힘으로 모든 권력을 독점하는 홉스의 표현을 빌려 오면 평원은 정글의 법칙이 지배한다고 할 수 있다. 하지만 이것은 거듭 강조하듯 자연스럽게 성립된 것으로 그 문화직 맥락 안에서 작동하는 것이다. 그런데 이것이 과연 문명, 법률, 계몽주의와 자유주의의 영향이 살아 있는 도시에서는 어떤 맥락과 함께 작동했는가는 굉장히 중요한 문제이다. 거친 자연이라는 맥락 안에서의 문화와, 도시라는 맥락에서의 문화는 전혀 다르기 때문이다. 파괴된다고 해도 그것은 사회적 제도 혹은 문화일 가능성이 높으며 이미 형성된 도시 자체를 파괴할 수는 없기 때문이다. 그렇다면 이 야만의 법칙은 도시에서 어떤 양상으로 작동했던 것일까?

파쿤도 키로가의 삶은 이 투쟁을 발가벗긴 듯 속속들이 볼 수 있는 기회를 우리에게 제공해 줄 것이다. 내가 지금 소개할 필요가 있는 것은, 이들 카우디요의 승리와 더불어 모든 '시민적' 형식이, 에스파냐 사람들이 사용하던 형식까지도, 어떤 곳에서는 완전히 사라져 버렸다는 것이다. [...] 이는 내력에 살고 있는 사람들의 눈에는 진보로 보이는 것이 온전히 야만을 향한 것이라는 사실을 알아차릴 수 없는 것과 같다. [...] 우리는 과연 무엇 때문에 싸우고 있는가? 우리는 도시에 본래의 삶을 되돌려주기 위해 싸우고 있는 것이다.(사르미엔토 2012, 110-111, 123)

거듭 강조하지만 사르미엔토가, 지방 혹은 야만의 법칙에 대해 노골적인 폄하를 하고 있다거나 유럽 문명에 대하여 지나치게 호의적인 것이 아니다. 또한 사르미엔토는 19세기 당시 영국과 프랑스가 중심인 유럽 문화와 당시 유럽의 주변부였던 에스파냐 문화 그리고 아르헨티나 혹은 라틴아메리카 문화를 구분하였고, 그 사이에 어떤 위계질서를 부여하고 있는 듯 보이지만 실제로는 그렇지 않다. 이 세 가지 문화의 인접성으로 미루어보면 영국과 프랑스가 중심이 된 유럽 문화와 에스파냐의 문화가 가깝고 또한 에스파냐의 문화와 부왕청 문화 혹은 아메리카 문화가 가깝다. 또한 이 문화들이 동시에 존재하던 것이 바로 당시의 아르헨티나였고 독립전쟁 과정에서 이 중 하나의 문화가 강조되었다는 것을 말하는 것이다. 그렇다면 야만의 법칙은 거친 자연을 떠나 도시에서 어떻게 발현되었을까? 바로 여기서 독재, 도시 혹은 문명에서 발현된 야만의 법칙을 발견하게 된다.

[…] 그는 폭력주의자였다. 하지만 절제를 하고 많은 경우 신중하게 행동했다. 파쿤도가 시민들에게 수치스러운 모욕을 준 이유는 그가 거칠고 투박한 시골사람인데다, 그것 때문에 자신을 무시한다고 생각 때문이다. […] 공포를 조성하는 것은 어떤 통치 체제를 다지기 위한 것과 다름없다. 과거의 부에노스아이레스 사회 같은 데에서 로사스가 공포를 조성하지 않고 무엇을 할 수 있었겠는가? 지적인 사람들은 천박하고 멸시받을 만한 로사스에게 존경심을 보이지 않는데 지적인 사람들의 양심을 거부하는 존경심을 유발할 수 있는 다른 방법이 무엇이겠는가?(사르미엔토 2012, 292)

사르미엔토는 파쿤도의 행동을 다시 변호하는 것처럼 보이나 야만적인 행동이 그 사람의 본성이라 해도 그것이 용인될 하등의 이유는 없다. 다시 말하면 파쿤도는 그저 자신의 본성을 따랐을 뿐이라는 것이다. 하지만 로사스의 경우, 도시를 배경으로 한 야만적 통치이므로 파쿤도와는 다르다. 로사스는 통치를 위한 수단으로 공포를 선택했고 또한 시민들의 복종을 그 목표로 하고 있는 것이다. 그 공포는 결국 강건한 사람들의 징신을 깨뜨렸고, 정신에 명에를 씌웠고 그 도시를 종속시켰다. 앞에서 언급된 아르헨티나 지방 문화의 야만성과 마찬가지로 사르미엔토는 어떤 보편성을 이 공포에도 부여한다. 프랑스 혁명 당시 기요틴으로 대표되는 공포 정치와 비교한다. 논쟁의 여지가 있으나 프랑스 혁명 당시의 공포는 혁명을 확고하게 만드는 과정에서 일어난 것이지 그것이 혁명 혹은 통치를 위한 수단은 아니었다는 것이다. 물론 기요틴 자체가 어떤 전시 효과가 있었는지는 논쟁적이다. 동아시아에서 전통적으로 반란의 수괴나 적장의 목을 효수(梟首)했던 것이나 인민재판이나 공개처형 등의 전시 효과는 공포와 연관 있으며 결과적으로 민중들의 '복종'을 이끌게 된다. 또한 이것은 제정일치 시대의 제사장들의 권위와도 흡사하며 절대적 권력을 가진 황제의 모습, 군주정의 모습과도 겹치게 된다. 신의 대리인 혹은 신의 아들로서의 권위는 일반인과 구별된다는 권위만이 아니라 실제로 그 어떤 사람의 목숨도 쉽게 뺏을 수 있는 능력이 있다는 점, 이것이 원인이 되어 공포심을 느끼게 된다. '공포'는 굉장히 역사가 긴 통치의 수단으로 모든 독재 권력의 공통점이라 할 수 있다.

로사스는 교회에서 자신을 숭배하게 만들고, 자신이 바라던 명성을 위해 마차에 자신의 초상화를 실은 후 장군들과 여자들에게 마구를 채워 그 마차를 끌게 했다. 하지만 파쿤도는 자기 머리와 눈에 피가 몰려들어 모든 것이 빨갛게 보일 때만 잔인하게 변했다. 그의 냉혹한 행위는 한 남자를 총살하고, 한 시민을 채찍으로 때리는 것뿐이었다. 하지만 로사스는 결코 화를 내지 않고, 자기 집무실에서 조용히 처박혀 계산을 했다. 그가 고용한 살인자들에게 내리는 명령은 바로 그 방에서 나온다.(사르미엔토 2012, 294)

파쿤도는 기질이고 로사스는 통치이며 냉정한 계산이라는 것은 본성적 야만과 인위적인 야만적 통치를 구분 짓는 기준점이다. 야만적 통치가 과연 독재인가는 논쟁적인 부분이다. 이 부분은 조금 더 설명이 필요하다.

파쿤도 키로가의 죽음은 로사스에게는 희소식이었다. 이성적으로 제어가 되지 않는, 또한 직간접적인 모든 위협과 공포에 대항하는 가우초 중의 가우초를 제어할 방법이 로사스에게는 없었기 때문이다. 그러나 파쿤도의 파쿤도다운 죽음 이후 항상 연방주의자임을 강조하던 로사스는 역설적으로 야만의 법칙으로 지방 통치자들을 제압하기 시작했다. 파쿤도를 살해했다는 혐의를 받은 코르도바의 통치자 레이나페 형제(Hermanos Reynafé)들의 판사가 되어 사형 판결을 내렸으며, 뒤이어 코르도바의 주지사가 된 로드리게스를 자신에게 복종하지 않았다는 이유로 재판 없이 총살했고, 산타페의 통치자인 쿠엔(Cullen)은 특별한 이유를 밝히지 않고 총살했다. 그리고 지방은 어떤 통치자(주지사)도 아르헨티나 공화국의 통치자 로사스의 인가를 받지 못하면 정당성을 인정받지 못한다는 법령을 반포했다. 또한 공화국에 존재했던 모든 법률을 폐기할 수 있는 법령을 공포했다.(사르미엔토 2012, 376-377) 물론 법령을 폐기하는 결정권은 로사스에게 있었고 로사스는 행정부, 의회 그리고 사법권까지 삼권을 모두 차지하게 된다. 이렇게 지방 실력자들을 제압한 로사스는 이제 시민들을 지배하기 시작한다.

처음에 빨간색 리본은 열성분자(로사스의 지지자)들이 채택한 상징물이었다. 나중에는 '여론이 일치되었다는 증거'로 모든 사람에게 빨간색 리본을 착용하라는 명령이 시달되었다. [⋯] 리본을 허술하게 매고 있으면? 이런. 채찍을 맞아도 싼 인간이야! 중앙집권주의자로군. 작은 리본을 매고 있다고? 이런 채찍을 맞아도 싼 인간이야! 중앙집권주의자로군. 리본을 매고 있지 않으면? 불경죄로 목이 잘려야 했다. [⋯] 사실 공포는 치명적인 콜레라, 천연두, 성홍열처럼 사람들을 괴롭히는 정신병이다. 결국 그 누구도 공포의 전염성에서 자유로울 수 없다.(사르미엔토 2012, 209-210)

이 공포의 전염병으로 인해 과도한 충성 경쟁이 일어나 리본의 길이 리본의 개수, 리본보다 거대한 깃발 세우기 경쟁, '연방주의 만세, 중앙집권주의자를 죽여라'라는 문구를 가슴에 새기고 다니기 등의 웃지 못할 경쟁이 일어났다. 이 빨간 리본이 나치의 철십자와 겹치고 일본의 욱일승천기와 겹치고, 유대인들의 가슴의 노란별, 친일파, 공산주의자, 빨갱이, 종북주의자 그리고 가축에 자신의 소유임을 밝히기 위해 사용하는 낙인과 겹친다.[3]

---

3 심리학에서 말하는 스티그마 효과(stigma effect), 낙인 효과와 연관 지어 설명할 수 있는데 권력에서 배제되거나 포함되는 것 모두 같은 맥락으로 이해할 수 있다. 중심으로 향해 가는 낙인 효과와 소외시키려는 낙인 효과는 방향만 다를 뿐 본질적으로 같다고 할 수 있다.

자신을 희생하고 고생한 사람들에 대한 대가로 무엇을 주었는가? 빨간색 헝겊 한 장이다. 이것이 바로 15년 동안 정부가 보인 관심과 배려의 크기다. 이것이 바로 국가 경영의 유일한 수단이다. 주인과 종이 만나는 유일한 지점이다. 바로 목장의 가축에게 표시하는 것이다.

[…] 후안 마누엘 데 로사스가 에스딴시아(농장)를 운영할 때 사용한 관리 방법과 로사스가 정부를 운영할 때 사용한 책략과 통치술이 그토록 놀랄 정도로 일치하는 이유가 무엇인지를 내게 설명해 주기 바란다.(사르미엔토 2012, 314, 370)

농장의 가축들에게 하던 방식을 시민들에게 적용한 것이고 이것이 바로 로사스의 통치 방식이다. 자국의 국민을 식민지 노예화하는 것, 시민으로서, 인간으로서 존엄성을 잃어버리게 만드는 것이 바로 이 통치 방식의 목표인 것이다. 물론 여기서 멈추는 것이 아니다. 로사스는 전 국민을 사찰했다.

그 시대에 창조된 것 또 하나는 바로 '여론조사'였다. 이것은 진정 독창적인 제도다. 로사스는 도시와 지방의 치안 판사들을 통해 도시와 지방에 기록부를 만들라고 명령했는데, 그 기록부에는 주민 개개인을 중앙집권주의자, 무관심자, 연방주의자, 골수 연방주의자로 분류해서 이름을 등재하게 했다. […] 기록부 제작과 더불어 로사스 정부에 반대하는 지표를 모두 배제해 버리는 작업을 시행하여 10년 동안 지속시킴으로써 각 시민에게 비판 정신의 싹을 파괴해 버리고 (누군가 감시하고 있다는) 공포감을 유발했다.(사르미엔토 2012, 364-365)

민간인 사찰은 우리에게도 낯선 것이 아니다. 누군가 감시하고 있다는 것은 언제라도 처벌을 받을 것이란 것을 가정케 한다. 이 자체에서 말할 수 없는 공포심이 유발되는 것이다. 소위 정보화 사회라고 하는 현재에도 정보 기관의 민간인 불법 사찰 등은 위키리스크, 스노든의 폭로 등으로 우리의 생각보다 만연되어 있다는 것이 알려졌다. 로사스의 독재에서 일명 콘도르 작전(Operacion Condor)과 공포의 문서(Archivo del terror)의 원형을 여기서 확인하게 된다. 광범위한 민간인 사찰과 고문, 살인 등의 기록인 공포의 문서는 바로 로사스의 '여론조사'에서 기인했다고 봐도 큰 무리는 아닐 것이다. 또한 여기에 바로 로사스의 독재가 그 이전의 군주정과 다른 점이 있다고 할 수 있다. 물론 로사스 독재의 차별성은 여기서 멈추지 않는다.

리바다비아는 부에노스아이레스와 각 지방 간에 편지가 일주일 만에 오가는 우체국을 전국에 설립했고, 아르헨티나와 칠레, 볼리비아 사이에 편지가 오가는 데 각 한 달이 걸리는 우체국을 설립했는데 [⋯] 돈 후안 마누엘 데 로사스는 자신이 지방을 더 효과적으로 통치하기 위해 우체국을 폐지했는데 [⋯] 대신 로사스는 정부에 소속된 전령, 차스께(chasque, 혹은 chasqui)[4]를 만들어 운영했다. [⋯] 기대감, 의구심, 불안감 등이 아르헨티나에 지속되었다.(사르미엔토 2012, 381)

민간인 사찰과 더불어 정보를 통제한 것이다. 현재의 기준으로 말하

---

4 잉카제국에서 소위 잉카 로드를 통해 끼푸(quipu)를 전하던 파발꾼을 의미한다.

면 미디어를 통제했다고 할 수 있다. 미디어를 통제한다는 것은 결국 정보를 장악하고 필요에 따라 왜곡할 수 있다는 것을 의미한다. 확실한 정보가 없고 자신의 삶의 터전을 벗어나면 그저 전언(傳言)을 통해 듣는 것이다. 그저 떠도는 소문은 언제나 굴절되고 증폭되므로 로사스 정권에 대한 공포는 글로 설명하는 데에 한계가 있을 것이다. 당시 아르헨티나의 사람들은 눈과 귀를 가린 채로 발가벗겨져 광장에 서 있는 것과 비슷한 삶을 살았던 것이다. 여기에 굴욕적인 정치적 낙인을 스스로 찍고 인간의 존엄성을 스스로 포기하고 가축의 삶을 살았던 것이다.

또한 각 지역 호족(카우디요, Caudillo)들을 제거했고 기병대 등의 민병대를 해체하여 자신의 군대로 만들었다. 그리하여 자신의 휘하에 강력한 부대를 보유하게 되었다. 그리고 로사스는 19세기 당시 최고 수준의 문화국이었던 프랑스와 대립각을 세우면서 독재에 대한 반감을 굴절시키기 시작했다. 프랑스를 억압적 유럽 세력으로, 외부의 적으로 인식케 함으로써 내부의 갈등을 해소하려 한 것이다. 이것은 동시에 사르미엔토가 프랑스를 비롯한 유럽 국가들과 원만한 관계를 만들고 더 많은 이민을 받으려 했던 이유가 된다. 물론 이런 고려가 없으면 사르미엔토는 그저 유럽의 추종자로 보일 수도 있다. 하지만 사르미엔토의 사상과 『파쿤도』는 반독재, 반 로사스 정권의 관점을 읽어야 그 진짜 의미를 알 수 있을 것이다.

물론 이런 독재와 반독재의 구도는 분명히 교훈과 이점이 있었다. 서로 반목하고 대립하던 연방주의자와 중앙집권주의자가 정치적 사상의 차이와 추구하는 이익의 차이에도 불구하고 반독재라는 큰 틀 안에서 조화를 이루게 되었다는 것이다. 그리고 무엇보다 중요한 인간에 대한 깊은 사유가 결론 부분에 서술된다.

> […] 인간의 본성이 어떤 것인지 제대로 파악하지 못하기 때문이다. 모든
> 것은 특정한 순간에 지배적으로 작용하는 선입관에 따라 이루어지기 마련이
> 고 오늘 광증(狂症)에 사로잡혀 피를 뿌리는 일에 전념하는 사람도 어제는 순
> 진무구하고 진실한 사람이었을 수 있고, 그를 범죄로 이끌었던 흥분이 사라지
> 는 내일에는 좋은 시민이 될 수도 있을 것이다. […] 아르헨티나 공화국은 세
> 계의 많은 나라가 충분히 갖지 못한 준법 질서 의식을 갖고 있다.(사르미엔토
> 2012, 430-431)

아르헨티나 국민의 준법 정신은 필자가 뭐라고 단언키 어려운 부분
이나 인간의 본성에 대한 부분은 주목할 만하다. 인간은 선할 수도 있고
악할 수도 있으며 아름다운 행위를 할 수도 있고 추한 행위를 할 수 있다
는 관점으로 보면 인간은 성선설과 성악설과는 다른 깊이를 보여준다.
두 방향으로 모두 열린 가능성이 있다면 어느 쪽으로 가야 할지는 재고
의 여지가 없다. 또한 현실과 미래에 대한 막연하면서도 낙관적인 시각
은 사르미엔토 사상의 기본적 배경을 짐작케 한다. 인간은 하나의 가능
태(Pontencial)로 보게 되면 존재(자인, Sein)가 아니라 당위의 세계(졸렌,
Sollen)가 중요하게 되며 또한 사회적으로 정치가 중요하게 된다. 이 부
분은 뒤에서 다시 언급할 것이다.

독재 권력은 입법부를 장악하여 그저 거수기로 만들어 자신들이 원
하는 법률을 통과시키며 정의와 법질서를 수호한다면서 공권력을 장악
하고 남용하며 동시에 사법부를 장악한다. 감시와 처벌이란 수단을 통

해 시민들을 공포에 빠지게 하며 언론과 대중 매체를 장악하여 정부에 비판적인 목소리를 차단하고 정부에 부정적인 정보를 차단한다. 이것이 얼마나 일반화될 수 있을지 현재로서는 단언하기 어렵지만 적어도 로사스 독재에서 성립한 것이며 현재 대중독재로 구분될 수 있는 현대적 독재 권력도 여기서 특별한 예외적 조항은 없을 것이다.

독재와 반독재의 문제는 결국 인간의 문제로 귀결되며 또한 대중독재의 문제로 오면 바로 근대성의 문제를 언급하지 않을 수 없다. 또한 공포의 문제는 생존의 문제이다. 인간이 스스로의 생존이 위협받는 상황에서 저지른 범죄에 대하여 정상참작이 되듯 독재 상황에서 스스로의 생존을 위해 했던 행위가 범죄로 간주될 만하지 않다면 그 책임을 묻는 것이 쉽지 않다. 이것은 친일의 문제와 파시즘의 문제에서도 예외가 아니다.


## :: 독재와 반독재 그리고 근대성

근대는 시대적 개념이기는 하지만 그 자체로 현대라는 의미가 있으므로 그 자체로 약간 모호한 의미를 담고 있다. 현재를 살아가는 동시대적 의미가 있는가 하면 중세 이후의 시대를 명명하는 용어로도 사용된다. 그 시기에 대해서는 논쟁의 여지가 있으나 부정하기 어려운 사실은 르네상스와 계몽주의 시대 그리고 자유주의 시대를 살았던 사람이라면 현재를 살고 있는 우리들과 큰 차이 없이 사고할 것이라는 가정이다. 르네상스와 계몽주의 그리고 자유주의, 구체적으로는 영국의 명예혁명과 권리장전 그리고 프랑스대혁명과 시민 사상 등은 현재 우리 삶을 구성하는 요소이며 그 영향의 차이는 있다고 할지라도 전 세계의 보편적인 경향이라고 할 수 있다. 하지만 여기에 독재와 파시즘이 등장하게 되면 이야기가 약간 달라진다. 중세 암흑기에서 계속 진보해 온 인간의 역사가 뒤집히거나 해체될 것처럼 느껴지기 때문이다. 그래서 '일탈된 근대' 혹은 '진보의 부작용' 등으로 파시즘을 서술한다고 볼 수 있다. 하지만 대중독재의 개념은 나치즘, 파시즘, 스탈린주의, 유신 등의 독재 체제가 갖는 개별성을 고려하면서 이들 '개별성'들이 맺고 있는 역사적·논리적 관계 속에서의 보편을 설정하려는 시도라고 하지만 근대 국가 형성 과정 혹은 근대화의 과정에서 만들어진 혹은 호명된 근대 주체에 대한 비판적 시각이 대중독재의 차이라 밝히고 있고 대중독재의 근대성 또한 살펴보아야 한다고 한다. 결국 문제는 대중의 자발적 동의가 과연 근대에만 존재했는가에 대한 문제와 대중독재의 주체인 그 대중은 과연 누구이며 어떤 사람들인가에 대한 문제 그리고 최종적으로 과연 근대란 무엇인가라는 문제를 마주하지 않을 수 없다.

권력 혹은 독재에 대한 자발적 동의는 근대적 주제만은 아니다. 1548년, 라틴아메리카 식민화가 진행되고 있을 즈음, 에티엔 드 라 보에티(Étienne de La Boétie)는 만 18세, 약관의 나이에 『자발적 복종』을 썼다. 인간에게는 자유에 대한 열망만큼이나 노예화를 갈구하는 열망이 가득 차 있다고 말한다. 인민들이 스스로 자유를 유보하고 자발적으로 억압을 자청하기 때문에 독재가 발생한다는 다소 과격해 보이는 보에티의 언급은 그 자체로 임지현 교수의 '대중독재'의 개념을 연상케 한다. 처음에는 무력에 의해 굴복당하기도 하지만 그 이후에 인민들은 자신들이 억압당했다는 사실도 망각하고 오히려 노예의 상황을 환호하며 군주에 봉사한다는 것이다. 또한 저항의 의지를 아예 없애버리기 위해 위락 시설과 오락 산업 등을 구축하는 것은 굳이 3S 정책을 언급하지 않더라도 동서고금을 막론하여 통하는 것처럼 보인다. 독재자들은 무력이나 폭력보다 직·간접적인 '유혹'을 사용했으며 궁극적으로 인민 혹은 대중에게 진정한 의미의 교육을 금지시키며 생각하는 것도 금지시키려 했다. 자발적 복종은 노예를 만들기 위한 교육과 그런 상태를 받아들이게 하는 습관의 산물이라는 것이다. 그렇다면 보에티의 해결책은 과연 무엇이었을까? 보에티의 결론은 교육이다. 인간의 천부적 기질은 지속적으로 가꾸어 나가지 않을 때에는 순식간에 썩어버리기 때문이며 인간은 자연적으로 발전될 수 있지만, 지속적으로 바르게 교육받지 않으면 얼마든지 나쁘게 변형될 수 있다는 것이다. 이 부분에서 자연스럽게 화이트헤드의『이성의 기능』에 연결된다. 근대의 주목할 만한 진보의 이유를 사변이성과 실천이성의 랑데부로 설명하는 이 책에서 상향(上向) 혹은 진보적 움직임의 발목을 잡는 것으로 무지몽매주의를 언급한다. 이 무지몽매주의는 보에티의 노예 근성의 또 다른 표현으로 화이트헤드 또한 수백만 년의 역사가 있는 반(反)계몽주의적인 것으로 간주하며 동시에 실천이성의 저항으로 간주한다. 다시 말하면 이미 형성된 관습에서 유래하는 고정된 방법을 해체하려는 시도, 새로움을 추구하려는 시도에 대한 관성적 저항이라는 것이다. 무지몽매주의는 전통적 방법의 한계를 자유롭게 사고하는 것 자체를 부정하는 것이며 더 나아가 사유에 대한 부정, 자유로운 사유로 인해 야기될 수 있는 모든 위험에 대한 과도한 완고함인 것이다. 이것이 노예 근성이며 생존이 위협받지 않는 상황에서 독재 권력에게 자발적으로 복종하는 원인인 것이다.

근대적 개념의 '자유'나 프랑스 혁명(1789)이 일어나기 200년 이상 앞선 『자발적 복종』의 마지막은 올바르게 행동하는 것을 배우고 우리의 선이 이루어지도록 하자는 외침으로 끝이 난다. 보에티의 개념에서 가장 중요한 것이 바로 인간에 대한 관점이다. 그의 관점은 노예 근성을 가진 인간을 마주하며 더 높은 곳으로, 자유로운 시민으로, 공공선(公共善)을 향하여 나가자는 당위(當爲)에 있는 것이 아니라, 인간이란 선할 수도 있고 악할 수도 있으며 아름다울 수도 있고 추할 수도 있다는 그 양쪽 가능성에 열려 있으며, 다시 말하면 인간이란 중립적인 존재라는 데에 있다는 것이다. 인간이 근대적 주체이며 이성을 가진 합리적 존재라는, 또한 국민으로서 주권의 근원이며 그렇기 때문에 부정되거나 비판받을 수 없으며 순결한 희생자, 악마적인 독재 권력의 희생자라는 이원론을 보에티의 책에서는 찾아보기 어렵다. 계속적인 노력이 부재한다면 한순간에 노예의 상태로 떨어지게 된다는 것은 자유인 혹은 근대적 주체는 하나의 고정된 실체가 아니라 그 자체로 운동의 성격이 강하다는 것을 의미한다. 이 부분에서 자연스럽게 헨리 데이비드 소로우(Henry David Thoreau)의 『시민불복종』이 연상되지만 논의의 초점을 근대적 주체로서의 인간으로 맞추면 자연스럽게 근대성의 논의로 연결된다.

근대성의 논의는 현재까지도 이어지고 있는 논쟁으로 쉽게 단언하기 어려운 면이 있다. 또한 근대성을 비판적으로 바라보는 시각은 프랑크푸르트학파의 저작 등을 비롯하여 많은 사상가들에게서 찾아볼 수 있는 것이다. 그래서 이 글에서는 조금 다른 시각으로 접근하려고 한다. 패트릭 스미스는 『다른 누군가의 세기』에서 아시아 국가의 근대화 과정을 비판적으로 바라보기 위해 (외적) 근대화(modernization)와 (내적) 근대화(being modern)을 구분하여 서술했다. 쉽게 산업화, 도시화 등 역사적으로 발현된 현상으로서의 '근대'는 달성했지만 시민의 자주성과 민주주의 등의 근대화는 달성하지 못했다는 것이다. 논쟁적인 부분이나 메이지 유신 이후 입헌군주제를 가장했지만 천황이 마치 현현한 신(神)처럼 전제적 권력을 갖게 된 일본의 제국주의 혹은 파시즘은 근대화와는 거리가 멀다고 할 수 있다. 근대를 서양 철학의 전통 중 하나인 플라톤의 이원론, 본질과 현상을 적용하여 보면 근대성(modernity)과 근대화(modernization)로 구분할 수 있을 것이다. 근대화는 역사적 현상으로서의 '근대'를 의미하며 여기에는 산업혁명과 프랑스대혁명 등 중세 이후 나타난 모든 역사적 현상이 해당한다. 하지만 근대의 원리로서 근대성은 역사적 현상과는 별개로 개별적 상황을 포괄하는 하나의 원리가 되어야 할 것이다. 옥타비오 파스는 『흙의 아이들』에서 근대의 핵심을 부정 정신에서 탄생한 비판의 시대라고 정의했다. 그러므로 파스에 의하면 근대성의 핵심은 부정 정신과 비판 정신이 될 것이다. 이 비판적 부정의 목표는 새로움과 변화인데 이 새로움과 변화는 그저 다름을 추구하는 것이 아니라 어떤 방향성, 상향을 향한 욕망을 의미하며 화이트헤드는 이것을 더 잘살기 위한 욕망으로 표현했다. 이것은 근대라는 시대가 진정한 의미의 근대가 되기 위해서는 어떤 방식으로도 정의되어서는 안 된다는 것을 의미한다. 어떤 방식으로건 변화하는 역동적인 세계를 말하며 이것은 또한 보에티의 인간의 개념과도 겹치는 것이다. 근대라는 시대가 존재하기 위해서는 근대성 또한 존재해야 하겠지만 그보다 우선해야 하는 것이 바로 근대적 인간의 존재이다. 그 이전과 구별되는 근대적 인간이 존재하지 않는다면 근대라는 시대는 그저 실체가 없는 하나의 명칭이 될 것이다. 하지만 근대적 인간이 '근대'라는 시대의 주체로 존재하고 이것을 포괄하는 하나의 원리가 비판 정신에서 유래한 변화, 새로움, 상향을 향한 욕망, 더 잘살려는 욕망, 즉 행복이라면, 근대에 대한 논의는 전혀 다른 차원의 문제가 된다. 파스는 근대에는 비판 자체가 진리가 되었고 근대를 세우는 원리는 영원한 진리가 아니라 끊임없이 변하는 진리, 변화 자체가 진리라고 표현했다. 결론적으로 '근대'라는 시대 자체는 역사적으로 존재하는 것이 아니며 그러므로 근대적 인간의 개념과 비슷하게 하나의 '운동'으로 이해해야 할 것이다. 물론 어떤 면으로 계속적인 운동, 끊임없이 추구해야 하는 과제라는 것은 마치 시지프스 신화의 영원한 형벌처럼 보이기도 하지만 인간과 인간의 삶에 대한 하나의 은유로 볼 수 있다.

같은 맥락으로 이것을 다시 독재와 연관시켜 보면 근대는 끊임없이 계속되는 독재와의 투쟁에서 승리함으로써 쟁취될 수 있는 것이며 그러므로 반독재와 같은 의미를 내포할 수 있다고 볼 수 있다. 전(前)근대 또한 시대적 개념이 아니라 어떤 상황, 상태에 대한 언급으로 봐야 하며 현 시기의 정치, 경제 그리고 문화 등의 상황에 따라 2018년 현재에도 전근대적 사회가 존재할 수 있다는 점은 시사하는 바가 적지 않다. 독재는 그 방법론에 따라 다양하게 분류할 수 있을 것이다. 하지만 독재는 독재일 뿐이다. 물론 미시적 차이를 간과해서는 안 될 것이며 독재의 형태별, 속성별 미시적 차이는 전략이 아닌 전술적 차이로 볼 수도 있을 것이다. 하지만 미시적 차이가 본질적 차이를 담보할 수 없다. 미시적 차이가 본질적 차이를 담보한다면 더 이상 미시적 차이가 아닐 것이다. 다시 강조하지만 미시적 차이에도 불구하고 독재는 독재일 뿐이다.

이 글의 2절은 사르미엔토의 『파쿤도』를 독재라는 관점을 통해 분석했다. 그런데 이 책의 부제는 '문명과 야만'이다. 여기서 야만은 파쿤도의 세계가 아니라 로사스의 독재이며 로사스의 독재와 대립되는 것이 바로 문명 혹은 근대 국가, 공화국일 것이다. 파쿤도는 야만 혹은 독재의 원형으로 야만성의 개인적 상징이고 로사스는 야만성의 사회적 상징 즉 독재가 될 것이다. 결국 우리는 어떤 시대를 살고 있고 나는 어떤 사람인지 질문을 하지 않을 수 없다. 야만과 문명의 거리는 그리 멀지 않고 독재와 반독재의 차이가 그리 크지 않다. 부정 정신으로 탄생한 비판 정신의 시대가 근대라면, 또한 근대 혹은 현대가 우리가 살고 있는 시대의 명칭이며 우리가 근대적 인간이라면, 이제는 그 비판은 우리 스스로를 향해야 할 것이다.


## :: 맺음말


사회과학적 담론이 그저 담론의 수준에서만 머물게 되면 현실과 완전히 멀어진 탁상공론(卓上空論)이 되고 만다. 권력의 헤게모니에서 타자가 된다는 것은 그저 소수자가 된다는 것을 의미할 수 있다. 또한 인식론에서 타자가 된다는 것은 동시에 인식되어야 할 대상이 된다는 것을 의미한다. 하지만 독재 권력의 타자가 된다는 것은 그 자체로 그 권력의 위험 요소가 된다는 것을 의미하며 동시에 제거되어야 할 대상이 되어야 한다는 것을 의미한다. 다시 말하면 독재라는 체제 아래에서 '타자'가 된다는 것은 그 자체로 생존의 위기라는 것이다. 피아(彼我)의 확실한 구분은 대중이 그 권력의 기반으로 혹은 선동당한 대상으로, 민족주의 등의 허구적 이데올로기에 빠진 탓이건 상관없이 모두 생존의 문제로 연결된다. 나치 치하에서 유대인으로, 장애인으로, 동성애자로 혹은 재즈에 열광하는 사람으로 낙인찍히는 것이 그저 소수자가 되는 것이 아닌 생존의 위기가 된 것은, 매카시즘의 미국에서, 반공주의로 물들였던 이승만 정권이나 박정희 정권에서 공산주의자, 소위 빨갱이로, 그리고 로사스 정권에서 중앙집권주의자로 낙인찍히는 것도 모두 같은 맥락이다. 아래로부터의 지지, 대중들의 자발적 동의가 대중독재가 다른 독재와 구별되는 지점이라는 임지현 교수의 지적은 대중민주주의의 이면을 포착한 것이다. 하지만 독재 권력 혹은 전체주의 정권이 선전과 헤게모니 공작을 동원하여 대중의 동의를 조작해 내는 것과 동시에 그 자체가 암묵적인 위협과 다양한 폭력을 통해 강제적 복종을 얻어낸다는 것을 주목하지 않는 것 같다. 사실 대중의 자발적 복종을 얻어내기 위해 강압과 보상이라는 도구를 사용한 것은 동서고금을 막론하고 공통된 것이다. 보에티는 현실에 대한 불만을 잊게 하는 여러 유희들을 그 도구로 보았으며 브루스 부에노 데 메스키타와 알라스테어 스미스는 『독재자의 핸드북』에서 지지자들에게 어떤 방법을 써서라도 보상하는 것이 독재 권력을 유지하는 비결이라고 했다. 지지자가 다수일 경우 공공재의 형태로 보상하고 소수일 경우 개인적 혜택으로 보상해야 한다는 것이다. 이런 다양한 방식의 보상이 결국 자발적 동의와 지지를 이끌어내는 비결이라는 것인데 이것은 로마 시대 노예들에게 특정 기간이 지나면 자유를 준다는 약속이나 전쟁의 전리품을 나누어준다는 것과 같은 맥락으로 모두 자발적 충성을 이끌어 내기 위한 수단이 된다. 다시 말하면 그리 새로울 것이 없다는 것이다.

하지만 더 중요한 것이 대중민주주의 혹은 민주주의에 대한 불신이 그 안에 숨어 있지는 않은가 하는 점이다. 선거에서 더 많은 표를 획득한 후보가 행정부 수반(대통령)이 된다거나 혹은 더 많은 국회의원 당선자가 속한 정당이 의회 다수당이 되는 것은 당연하다. 하지만 그것이 행정부의 권한을 독재적으로 사용한다거나 의회 권력을 독단적으로 사용하라는 의미는 아니다. 민주주의의 가장 중요한 원칙은 다수결이 아니라 대화와 타협이며 합리적 비판에 의한 견제와 균형으로 보아야 할 것이기 때문이다. 바로 여기서 반독재 혹은 민주주의가 근대성과 연관되는 것이다. 독단적으로 권력을 휘두를 수 있는 상황에서도 대화와 타협을 하고 스스로 권력의 균형을 맞출 수 있는 것도 바로 '인간'이다.

아마도 사르미엔토가 『파쿤도』에서 보여주고 싶었던 것은 '문명'이 아니라 '야만'이며 그 야만이야말로 그 당시 아르헨티나 사람들이 살고 있었던 현실이며 독재는 스스로를 가우초들에게 이끌리는 가축과 다름없이 만들고 있다는 것이다. 이렇게 이해하면 사르미엔토가 작품을 쓴 이유와 동시에 기대했던 반응도 짐작할 수 있다. 독재와 반독재라는 관점은 비단 『파쿤도』를 읽는 방법만이 아니라 독서를 통해 현재를 살고 있는 우리를 반성케 하는 계기가 될 것이다. 노암 촘스키는 "부모와 자식, 남자와 여자, 국가와 국가 사이의 관계도 예외가 아닙니다. 노동계도 마찬가지입니다. 모든 형태의 지배구조를 찾아내 정당성을 입증하도록 촉구해야 합니다."라고 말했다. 에드워드 사이드는 『저항의 인문학』에서 "소외를 가져오는 대상을 파괴하고 전복하는 것"이 인문학의 목표라 말했다. 옥타비오 파스 또한 "독재라는 페스트, 20세기의 페스트의 유일한 치료제는 바로 비판이다."라고 했다. 방식은 다르지만 보에티에서부터 촘스키까지 비슷한 내용을 다른 방법으로 표현하고 있다. 초점은 독재와 반독재에서 근대로 그리고 근대에서 인간으로 옮겨온다. 이 인간의 문제가 바로 '나'의 문제가 될 때 개념으로 혹은 원리로 존재하던 문제는 현실의 옷을 입고 바로 '지금, 여기'의 '나'의 문제가 될 것이다.

# 제3장

# 아프리카 흑인의 아르헨티나 유입과 백인 정체성 신화

서성철

## :: 아르헨티나에는 흑인이 없다?

아르헨티나인들은 자신들이 인종적으로는 백인이고 문화적으로는 유럽에 속한다고 믿고 있다. 그리고 이런 생각은 지금까지도 여전히 지속되어 오고 있다. 아르헨티나가 라틴아메리카 대륙에서 백인들로 구성된 유일한 나라라는 생각은 아르헨티나 내부나 외부에서 의심할 바 없는 사실로서 받아들여지고 있고 또 광범위하게 퍼져 있다. 이런 사례는 실제로 아르헨티나 관련 정보나 자료를 일견하면 쉽게 발견할 수 있다. 예를 들어, 세계국가정보(Country Reports)의 '아르헨티나 인구(Population of Argentina)'를 보면 아르헨티나의 인구 구성은 총인구 42,610,981명 중에서 백인(주로 스페인과 이탈리아인) 97%, 메스티소 3%, 원주민 또는 비백인 집단 3%로 나온다. 심지어, 아르헨티나는 100% 백인들로 구성되어 있다는 1947년의 인구조사 결과도 있었다. 이와 관련하여 흥미로운 일화가 하나 있다. 1996년 메넴 대통령이 미국을 방문했을 때 기자들로부터 아르헨티나에도 흑인이 있느냐 하는 질문을 받자, 그는 아주 단호하게 "아르헨티나에는 흑인이 없고, 흑인 하면 브라질 아니냐"고 반문한 적도 있었다.

한편, 아르헨티나인들은 건국 이래 하나의 국가에 통합되어 인종적 다양성이 없는 '동종사회(sociedad homogénea)'에서 조화롭게 사는 국민이라고 생각한다. 이들은 대부분의 라틴아메리카인들이 자신들의 정체성의 뿌리를 일반적으로 과거의 식민 시기, 또는 그 이전의 고대 문명에서 찾는 것과는 달리 오로지 19세기에 그것을 한정시킨다. 겔러(Geler 2004)에 의하면 아르헨티나의 유럽 · 백인 신화는 유럽 이민자들이 부에노스아이레스 항구에 도착하면서부터 탄생했다. 여기서 아르헨티나인들의 뿌리가 유럽에서 왔다는 "배에서 하선한 아르헨티나인(una argentina que desciende de los barcos)"이라는 유명한 문구가 나온다. 다시 말해서, 유럽 · 백인이라는 그들 정체성의 근거는 기껏해야 지금의 아르헨티나 인구 구성이 확립된 19세기 후반, 즉 유럽 이민자들이 대거 몰려왔던 시기에 한정되어 있다고 할 수 있다.

그러나 아메리카 대륙 남부의 광활한 땅에는 스페인 식민자들이 오기 훨씬 전부터 원주민 인디오들이 살고 있었다. 그리고 16세기 중반부터 아프리카 출신의 노예들이 이곳에 왔었다. 그러나 아르헨티나의 독립 이후, 국가 형성 과정에서 유럽의 실증주의, 진화론에 근거한 인종차별주의가 국가 이데올로기로 확립되면서 흑인들은 진보를 방해하는 장애물로 간주되어 사라지게 되었다. 그리고 1세기를 넘는 기간에 걸쳐 아프로 · 아르헨티나인들의 존재를 부정하는 현상이 지속되고 아르헨티나에 흑인은 존재하지 않는다는 담론이 탄생하였다.

역사적으로 아르헨티나 지배층은 아프리카 흑인 집단의 존재를 부정하거나 그들이 아르헨티나에 기여한 부분을 무시하고자 할 때 그들을 "눈에 보이지 않게 하거나(invisibilizar)", 은폐하는 정책을 취해 왔다. 여기서 "아르헨티나에는 흑인이 없다(en Argentina no hay negros)"라는 허구적 사실이 오랫동안 아르헨티나인들의 사고를 지배하게 되었다.

여기서 중요한 것은 이 허구를 탄생시키기 위해 흑인의 은폐가 필요했고 그것이 국가 주도로 이루어졌다는 점이다. 필자는 바로 이 점에 유의하여 아르헨티나의 흑인들의 존재가 어떻게 인위적으로 사라지게 되었는지 그 과정을 아르헨티나 국가가 형성되는 시기인 19세기를 중심으로 밝히고자 한다. 그리고 인구조사가 백인 국가의 논리를 정당화하기 위한 도구로 어떻게 이용되었는지 설명하고자 한다. 여기서 인구조사를 특별히 주목하는 것은, 이 국가적 메커니즘이 아프리카 흑인들의 실체적 사라짐과 그에 기반해 만들어진 백인 신화가 어떻게 조작되었는지를 규명하는 데 중요한 단서가 되기 때문이다.

이런 목적을 위해서 아프리카 흑인이 아르헨티나에 유입되는 역사 및 흑인 공동체의 삶을 간단히 소개하고, 아프리카 흑인 사회에 대한 차별과 소외는 단일주의자와 연방주의자 간의 싸움에서 비롯된 산물이라는 점에서 로사스(Juan Manuel de Rosas)와 흑인 사회의 관계를 다룬다. 한편, 아르헨티나 국가 형성 기간 중 유럽 이민 우대 정책과 비백인에 대한 인종차별은 이미 헌법에 그 근거를 두고 있음을 밝히고 그것이 어떻게 구체적 정책과 행동으로 구현되는지 알아보고자 한다. 그리고 진화론과 인종주의에 입각한 배제의 신화가 어떻게 확립되고 지배 엘리트의 통치 전략에 맞추어 어떻게 전개되었는지를 살펴보고자 한다. 이와 아울러 유럽 백인 국가를 건설하려는 계획에 따라 아프로 · 아르헨티나 인들의 정체성과 불가분의 관계에 있는 칸돔베 춤이나 카니발과 같은 아프리카 전통 문화가 어떻게 국가적 차원에서 은폐되었는지 그 과정을 설명한다. 마지막으로, 흑인 인구가 아르헨티나에서 사라지는 인위적 과정을 인구조사와 인종 분류의 구체적 사례를 들어 설명하면서 아르헨티나 지배 엘리트가 동종사회의 건설이라는 목표를 위해 인구조사를 어떤 방식으로 이용했는지, 이런 과정에서 흑인 사회가 어떻게 왜곡되고 은폐했는지 그 전후 사정을 밝힌다.

한마디로 말해서, 이 글은 사회적 소수자로서의 아프리카 흑인들이 아르헨티나 주류 사회로부터 소외되고 은폐되는 과정을 역사적 관점에서 다루고 있다. 이런 점에서 보자면 이 글은 궁극적으로 왜곡된 아르헨티나 정체성의 신화를 비신화화하는 작업이라고 말할 수 있다.

## :: 아프리카 흑인 유입의 역사

### (1) 아프리카 흑인들의 도래 및 배경

주지하다시피 아프리카인들은 원주민 인디오 노동력을 대체하기 위해서 아메리카 대륙에 들어왔다. 아프리카 노예들이 리오 델라 플라타에 최초로 들어온 것은 1534년이다. 그러나 1595년에 이곳에 들어온 흑인의 수가 고작 300명에 지나지 않는 것을 보면, 16세기 아프리카인들의 아르헨티나로의 유입은 미미했다. 아프리카 노예들이 이곳으로 본격적으로 오게 된 시기는 17세기라고 할 수 있다. 당시 아르헨티나에는 주로 앙골라나 콩고(반투족)의 아프리카인들이 왔었다(Gomes 2005). 1595년에서 1680년 사이 22,892명의 흑인들이, 그리고 18세기에 노예 수입이 정식으로 허가되면서 1750년에서 1850년 사이, 약 14,000명의 아프리카인들이 들어오게 되었다(Andrews 1989, 25). 처음에는 흑인 남성들만 왔었고, 뒤에 식민화가 활발히 이루어지면서 흑인 여자들도 오게 되었다.

16세기, 리오 델라 플라타 지역은 페루처럼 은광이 풍부하거나 또는 누에바 에스파냐처럼 사람들이 밀집된 지역이 아니었다. 그러나 리오 델라 플라타에 있던 스페인 대농장주들은 노동력 부족의 해소를 위해 16세기 말경부터 노예 수입을 허가해 달라고 스페인 왕실에 청원을 하게 되었다(Frigerio & Lamborghini 2011, 4). 당시, 리오 델라 플라타는 페루의 광산으로 가려는 노동자들의 중간 기착지였다. 1536년, 페드로 데 멘도사(Pedro de Mendoza)가 이곳에 부에노스아이레스를 건설한 것은 이런 맥락에서였다. 그러나 인디오들의 저항과 이로 인해 인디오 노동력의 공급이 원활하지 않게 되면서 1580년, 두 번째로 부에노스아이레스가 건설되었다. 이때부터 많은 수의 아프리카 흑인들이 리오 델라 플라타에 오게 되었고, 여기서 다시 이들은 내륙 지방인 코르도바, 투쿠만, 살타 등으로 이동을 했다가 최종적으로 파라과이, 칠레 및 페루(특히 포토시 광산)로 향하게 되었다. 1715년에서 1752년 사이 약 9,970명의 흑인 노예들이 영국의 '브리티시 사우스 시 컴퍼니(British South Sea Company)'에 의해 이곳으로 들어 왔고 그중 4분의 3은 아르헨티나 내륙 지방으로 흩어졌다. 그러나 포토시 광산의 은이 고갈되면서 페루 내륙 지방은 더 이상 노예 노동력을 투입할 만한 매력을 상실하게 되고, 리오 델라 플라타의 경제적 중요성이 커지면서 이 지역에도 1776년, 부왕령이 세워지게 되었다(Contarino Sparta 2011).

아르헨티나는 국가 형성 시기, 노예 노동력에 많이 의존했었다. 1740년에서 1810년 사이, 4만 5000여 명의 아프리카 노예들이 스페인의 다른 식민지로 유입됨이 없이 직접 아르헨티나로 들어왔다(Contarino Sparta 2011). 그리고 그들 대부분은 부에노스아이레스를 위시한 도시로, 그리고 지방으로 뿔뿔이 흩어졌다. 거기서 그들은 '나시온(nación)'이라 불리는 그들만의 공동체를 세우고, 자신들의 고향인 아프리카에 기원을 둔 종교 결사 단체를 조직하였다. 주요 '나시온'으로는 초기에 세워진 콩고(Congo), 캄분디아(Cambundía), 벵겔라(Benguela), 루볼로(Lubolo) 및 앙골라(Angola)가 있었고, 그 숫자는 1840년에는 40개, 1850년에는 50개 이상으로 늘어났다(Andrews 1989, 145). 한편, 당시 부에노스아이레스에는 산발타사르(San Baltasar), 산베니토(San Benito), 누에스트라 세뇨라 델 로사리오(Nuestra Señora del Rosario), 산타마리아 델 코베욘(Santa María del Covellón)이라 불리는 4개의 아프리카 종교 결사 단체가 있었다. 이런 종교 조직을 통해서 흑인들은 그들 고유의 신앙과 전통을 지켰는데 이 결사 단체는 뒤에 가톨릭 교회나 정부 당국의 지속적인 박해와 탄압을 받아 아르헨티나 사회에서 사라지게 되었다.

그리고 그들은 자신들을 대변하는 각종 언론 매체들, 신문[1]을 포

---

1 당시 흑인 사회가 발간한 주요 신문으로서 《라브로마(La Broma)》, 《라후벤툿

함하여 그들 사이에서만 유포되었던 여러 잡지들을 출간하였다 (Kleidermarcher 2011). 한편, 공동체 안에서 이들은 아프리카에서 유래한 칸돔베(Candombe) 춤을 추거나 카니발과 같은 문화적 활동을 지속시켜 나갔다. 요약해서 말하면 이 모든 것들은 아프리카 출신의 흑인들을 하나로 결집시키는 역할을 하였다.

1810년경, 부에노스아이레스 전체 인구 중에서 흑인은 약 30%를 차지하고 있었고 백인은 20%였다(Frigerio y Lamborghini 2011, 8). 이들은 스페인 식민지의 다른 흑인 노예들이 그랬던 것처럼 농촌일, 목축업, 수공업, 가사 노동 등 다양한 일에 종사했다. 아르헨티나 북부의 멘도사에서 흑인들은 포도 농장에서 일했고, 남부 파타고니아에서는 소금 장사를 하였다(Tur Donatti 2005). 또 이들은 내륙 지방의 팜파스에서는 목동 일에 종사하였다.

그들은 경제, 문화면에서 아르헨티나 사회에 많은 기여를 했다. 그러나 이 무엇보다 중요한 것은 그들이 아르헨티나 군대에서 수행했던 역할이었다. 그들은 영국의 침략전쟁(1806-1807), 스페인과의 독립전쟁, 브라질과의 전쟁(1825-1828), 단일주의자(los unitarios)와 연방주의자(los federales) 간의 내전,[2] 파라과이에 대항한 삼국동맹전쟁[3]에 참가하여 많

---

(La Juventud)》,《라페를라(La Perla)》,《라이구알닷(La Igualdad)》,《엘아스피란테(El Aspirante)》가 있었다.

2 단일주의자와 연방주의자 간의 소위 카세로스(Caesars) 전쟁에서 흑인들은 각각, 단일주의자인 세페다(Cepeda) 장군 및 연방주의자인 파본(Pavón) 장군 휘하에 들어가 서로 싸웠다.

3 삼국동맹전쟁(Guerra de la Triple Alianza)은 브라질, 아르헨티나, 우루과이 3국이 연합하여 파라과이를 상대로 1864년에서 1870년까지 6년간 치른 전쟁이다.

은 희생을 치렀다. 특히 독립전쟁 시기, 아르헨티나 독립군의 약 60%는 흑인들로 구성되어 있었는데, 이들 흑인들은 산마르틴 장군의 휘하에서 아르헨티나 독립을 위해서 싸웠고, 칠레 해방을 위한 독립전쟁 중에는 마이푸 전투에서 400여 명의 아프로 · 아르헨티나 병사들이 사망하였다(Lanuza 1967, 71).

그들은 군대에 복무하면 자유를 주겠다는 아르헨티나 정부의 약속을 믿고 대거 입대했었다. 한편, 1807년에는 흑인들이 군대에 입대하면 노예 신분에서 해방되고, 평생 연금을 받을 수 있는 보상 제도가 법으로 규정되었다. 그리고 이후 제정된 여러 법을 통해 흑인 노예들로 구성된 군대가 창설되었다. 1801년에 자유 흑인 병사와 백인 장교로만 창설된 '파르도 · 모레노 중대(Compañías de Pardos y Morenos)'는 그 한 예라고 할 수 있다. 이런 배경에서 20세기에 들어와 흑인 후손들은 정부를 상대로 소송을 제기하여 연금이나 보상금을 받게 되었다(Contarino Sparta 2011). 이렇게 흑인들이 장기간에 걸쳐 위에서 언급했던 여러 전쟁에 참가하면서 흑인 출신 아르헨티나인의 수는 현격히 감소하게 되었다. 또, 부에노스아이레스를 휩쓴 전염병으로 많은 수의 흑인들이 죽어갔다.

한편, 자유주의자들의 독립 혁명과 19세기 중반의 노예 제도 철폐에도 불구하고 흑인들의 처지는 나아지지 않았고 그들에 대한 인종적 편견도 사라지지 않았다. 「마르틴 피에로(Martín Fierro)」의 작가인 유명한 가우초 시인 호세 에르난데스는 아르헨티나 가우초의 전형인 마르틴 피에로의 입을 빌려 당시의 흑인의 존재를 다음과 같이 언급하고 있다: "신은 백인을 창조하고, 베드로 성인은 물라토를, 악마는 지옥 구덩이를 위해 흑인들을 만들었다네!" 당시, 흑인과 인디오 사이에서 태어난 남성 물라토는 경멸의 대상이었지만 여성 물라토는 그들이 지닌 피부의 탄력과 부드러움, 성적인 매력으로 인해 크리오요들로부터 찬사를 받았다. 이런 이중적 부류에는 『파쿤도: 문명과 야만(*Facundo: Civilización y Barbarie*)』의 저자로 흑인을 무척이나 경멸했던 사르미엔토(Doming F. Sarmiento)도 포함되어 있었다.

이런 분위기 속에서 아프리카 흑인들의 존재가 결정적으로 무시되는 것은 19세기 후반, 유럽에서 대량으로 백인 이민자들이 들어오면서부터였다. 당시, 아르헨티나에는 젊은 독신자들이 주로 많이 왔는데 그들이 흑인이나 물라토와 결혼을 하거나, 쌍을 이루면서 인종간의 혼혈화가 급속히 진행되었다. 이로 인하여 아프리카 흑인들이 아르헨티나 전체 인구 구성에서 차지하는 비율은 점점 낮아지게 되었다(Tur Donatti 2009).

한편, 19세기 이래, 그동안 흑인들이 주로 담당했던 일들을 유럽 이민자들이 떠맡게 되면서 아프로 · 아르헨티나인들은 새로운 도전에 직면하게 되었다. 이제 흑인들은 자신들의 인종적인 특색과 정체성을 잃게 되고 그들이 전통적으로 종사했던 일자리마저 백인들에게 내주면서 도시 변두리로 내몰리고, 아르헨티나 사회에서 소외된 변방적 존재로 전락하였다.

### (2) 로사스 시대와 흑인

19세기 아르헨티나 흑인 사회 및 흑인들의 은폐 과정을 이해하는 데 있어서 로사스 시대를 살펴보는 것은 중요한 의미를 갖는다. 왜냐하면 아프로 · 아르헨티나인들은 로사스로 대변되는 연방주의자와 그에 반대하는 단일주의자, 이 양 세력의 정치 투쟁 과정에서 비롯된 희생물이었기 때문이다. 뒤에서 더 언급하겠지만 로앙고(Ocoró Loango 2010)의 지적처럼, 흑인들이 더 많은 탄압을 받고 궁극적으로 그 존재가 사라지는 데에 로사스는 역설적으로 상당 부분 기여하였다.

로사스 시대에 와서 흑인들은 자신의 존재를 드러낼 수 있었고 이에 따라 아르헨티나 사회에 보다 많은 영향력을 행사할 수 있게 되었다. 이 시기, 로사스는 하층 계급에 대한 배려 정책을 폈는데, 이로 인해 흑인들의 사회적 신분도 덩달아 상승될 수 있었다. 당시 로사스에게 흑인들은 자신을 떠받치는 주요 기반이었다. 그는 두 번에 걸쳐(1829~1832, 1835~1852) 부에노스아이레스 주지사를 역임하였는데, 그의 집권 시 부에노스아이레스 인구의 30%는 흑인이었다. 많은 아프로 · 아르헨티나인들은 가우초로서 팜파스의 목장 노동을 담당했었고, 그들은 로사스 정부나 군대의 든든한 지지 기반이었다.

로사스는 자신의 목적에 따라 어떤 때는 흑인들을 존중하면서 또 어떤 때는 공포심을 이용하여 이들을 잘 활용했다. 예를 들어, 로사스는 자신의 공포 정치를 강화하기 위한 목적에서 '마소르카(mazorca)'라는 비밀 경찰 기구를 창설해 그에 반대하는 자들을 무자비하게 탄압하였다. 이런 로사스의 흑인에 대한 태도로 인해 흑인 사회는 그에게 충성을 바치고 로사스는 그들로부터 신격화되었다. 한편, 로사스는 흑인들의 축제인 칸돔베에 지속적으로 참가하여 흑인들의 환심을 사는 등, 그들에 대한 정치적 관리를 통해 이들이 연방주의자들의 편에 서도록 만들었다. 로사스 정부하에서 자유 흑인들과 노예들은 쉽게 축제를 열 수 있었고 춤을 출 수 있었다. 로사스 자신과 가족들은 흑인들의 모임에 자주 참석했고 그들로부터 열렬한 환영을 받았다.

그러나 로사스는 흑인과의 이런 특별한 관계를 통해 그의 정치적 기반을 확대했지만 그를 반대하는 단일주의자들은 로사스에 대한 증오심을 흑인과 연결시켰다. 단일주의자들의 눈에 비쳐진 흑인들은 로사스 체제에 봉사하는 '꼭두각시(marioneta)'로서 밀고자, 첩자, 배반자로 간주되었다(Oconó Loango 2010, 57).

아프로 · 아르헨티나 사회 전체가 일치단결해 로사스를 지지했는지는 알 수 없지만 로사스와 흑인 사회가 밀접하게 결속되어 있었고 흑인들 대부분이 로사스의 대의명분에 공감하고 강력한 지지를 보낸 것만은 분명한 사실이었다(Andrews 1989). 앞서 언급했듯이, 흑인들이 로사스의 연방주의자 군대에 들어가 많은 전투에 참가한 것은 많은 사례 중의 하나라고 할 수 있다.

로사스 시대는 대목장주로서 로사스가 지닌 경제적 위치 및 그의 특별한 개인적 성격으로 인해 모순적이었다고 말할 수 있다. 그는 열렬한 연방주의자로 자처했지만 권력을 잡은 후에는 중앙집권을 확립하고 독재 체제를 강화하였다(푸엔테스 1997, 325). 그의 이런 이중적 태도는 노예 제도와 관련해서도 분명히 드러나는데 자신의 통치 전략에 따라 어떤 때는 노예 제도를 장려하기도 하고, 또 어떤 때는 노예 무역을 금지하기도 했다.

흑인들이 연방주의자의 대의에 더 공감하여 입대했지만 단일주의자들의 군대에서도 복무한 것을 보면 이들은 연방주의자나 단일주의자에 의해 공히 이용당했음을 알 수 있다. 그러나 단일주의자들이 흑인들에 대해 일관되게 인종중심주의적 태도를 견지했다면, 연방주의자들은 흑인 노예들의 사회·경제적 상황을 획기적으로 개선하지 않았지만 흑인 문제와 관련해서는 단일주의자들에 비해 훨씬 수용적인 입장을 택했다. 이런 맥락에서 연방주의자들은 1837년에 노예 매매를 법령으로 금지하고 1840년에는 노예 무역을 완전히 철폐하였다.

이렇게 흑인 사회는 로사스가 부에노스아이레스 주지사 시절, 그로부터 보호를 받았지만 로사스가 실각하면서 그들의 처지는 확연히 바뀌게 되었다. 19세기 내내 백인들은 흑인 집단을 경멸하고 무시했으며 로사스 몰락 후 단일주의자들의 흑인들에 대한 혐오감은 더욱 심해져 갔다. 이때부터 단일주의자들은 로사스 시대의 기억들을 지우면서 로사스에 협력한 흑인들을 야만의 상징으로 대치시키고(Kleidermarcher 2012), 로사스와 흑인들 간에 연결된 모든 이미지들을 활용하여 인종차별과 백인종의 우월성을 강조하게 되었다(Ocoró Loango 2010, 57).

1852년, 로사스는 완전히 몰락하지만 아프리카 흑인들이 이 연방주의자 독재자에 보여준 충성심은 이후에도 오래 지속되었다. 로사스가 아프로·아르헨티나인들을 정치적으로 이용했거나 아니면 서로간의 이해관계에 따라 양측이 협력 관계를 구축했는지는 확실하지 않다. 그러나 로사스 체제가 붕괴한 후, 아르헨티나 국가 형성 기간을 전후하여 흑인들이 겪었던 상황을 고려해 보면 로사스에 협력한 대가는 너무도 컸다고 할 수 있다. 왜냐하면 로사스 시대, 흑인들은 보호를 받았지만 그것이 역으로 단일주의·자유주의자들이 흑인을 탄압하고 보복하는 데 중요한 원인을 제공했기 때문이다.

## :: 아프리카 흑인 집단의 은폐[4]

### (1) 국가 이데올로기와 인종차별

19세기 중반, 아르헨티나는 1852년에 제정된 헌법을 통해서 국가 형성의 단계로 진입하게 되었다. 이 헌법으로 아르헨티나에서 태어난 모든 사람들은 법과 제도에 근거해 평등하고 자유로운 시민으로 간주되었다. 그러나 이 헌법은 유럽 이민의 선호를 명문화하면서 유럽 이민과 비유럽 이민 간의 차이를 명백히 하고 있다. 이런 유럽 이민과 비유럽 이민간의 구별은 총 7차례에 걸친 헌법 개정(1860, 1868, 1898, 1949, 1957, 1972, 1994)으로 확립되었다. 당시에 제정된 헌법 25조는 "연방정부는 유럽 이민을 장려한다. 땅을 경작하고, 산업을 촉진시키고 학문과 예술을 가르치기 위해 아르헨티나 땅에 들어오는 외국인들을 어느 누구도 막을 수 없다."고 되어 있는데 여기서 핵심적인 것은 아르헨티나는 모든 사람들에게 문호를 개방하지만 실제로는 유럽 이민만을 장려했다는 점이다(Contarino Sparta 2011). 다시 말해서, 아르헨티나의 유럽 백인 우대와 인종차별주의는 헌법에 이미 그 합법적 근거를 두고 있다고 할 수 있었다.

이민 정책에 있어서 사르미엔토는 교육을 받고 숙련된 기술을 지닌 서구 선진국 이민자들을 대거 받아들여 인구가 희소한 내륙에 정착시

---

4  원래 은폐에 해당하는 스페인어는 'invisibilización'이다. 한국어로는 '보이지 않게 하는 것', 즉 '비가시화'의 의미를 띠고 있으나 내용이나 문맥상으로는 '감춤', 또는 '은폐(ocultamiento)'라는 의미를 담고 있다.

켜야 한다고 주장하였다. 즉 개발을 위한 인력과 문명의 전도사를 동시에 확보해야 한다는 것이 그의 생각이었다. 그러나 이민자를 끌어들이기 위해서는 사회적 안정이 절대적으로 중요했기 때문에, 정책 수행 과정에서 가우초나 인디오를 더 한층 핍박하게 되는 결과를 낳았다(우석균 1997, 170).

그러나 같은 유럽인이라도 하더라도 스페인, 이탈리아인들은 비호감 그룹에 분류되어 제외되어 있었고, "아르헨티나의 인구를 개선할 인종"은 유럽 북부, 다시 말해서, 당시 가장 발전한 영국이나 프랑스 사람들이었다. 이 점은 아르헨티나의 정치비평가이자 1853년 공화국 헌법을 초안했던 알베르디(Juan Bautista Alberdi)의 생각에 잘 담겨져 있다. 그는 "300만 명의 인디오나 기독교인, 가톨릭인들이 공화국을 만들 수는 없다. 마찬가지로 400만 명의 이베리아 반도의 스페인인들도 그것을 실현할 수는 없다. 왜냐하면 순수 스페인인들은 공화국을 만들 능력이 없기 때문이다. 우리가 우리의 정부를 위해서, 그리고 우리가 천명한 체제를 위해서 사람들을 정주시키고자 한다면 앵글로색슨인들의 정주를 장려해야만 한다. 진보와 문명을 이룩한 이 인종의 능동적인 협력 없이 우리들 홀로 이런 과업을 실현하기란 불가능할 것이다." 심지어 알베르디는 스페인어 대신 프랑스어를 국어로 삼자고 제안하기도 했다. 왜냐하면 그가 볼 때, 스페인 기독교 전통은 진보를 방해하는 장애물로 간주되었기 때문이다(Contarino Sparta 2011). 다시 말해서, 초기의 공화국 지도자들이나 자유주의자들이 원했던 것은 "영국의 자유, 프랑스의 문화, 미국의 근면"이었다(Contarino Sparta 2011). 그러나 이미 세계 곳곳에 식민지를 가진 프랑스나 영국이 인종도 문화도 다른 아르헨티나에 이민을 보낼 이유가 없었고, 한편 팽창주의 시기에 자국도 노동력이 부족한 미국이 이런 이민에 관심을 보일 리가 없었다. 이렇게 원래 원했던 이민 계획이 실패하자, 아르헨티나 정부는 초기에는 배척했던 이탈리아인, 스페인인들을 대거 받아들이면서 이들 남부 백인 유럽인 집단이 아르헨티나 인구 구성의 대부분을 차지하게 되었다.

당시, 아르헨티나 엘리트들은 광대한 땅의 빈 공간을 채우는 것이 통치의 근본이라고 생각하였다. 이런 맥락에서, 알베르디의 "통치는 사람을 정주시키는 것이다(gobernar es poblar)"[5]라는 유명한 이데올로기가 나왔다. 그에 따르면, "정주라는 것은 교육시키고, 도덕적 인간으로 만들며, 인종을 개선하는 것이다." 그러나 "중국인, 인도인, 아프리카 흑인들을 정주시키는 것은 문명화가 아닌 야만으로 가는" 길로 간주되었기 때문에 아프리카 흑인을 포함하여 비백인계 사람들의 이민은 오랫동안 금지되었다.

한편, 헌법에 명시된 국가 이데올로기로서의 백인·유럽의 우월감과 인종차별 조장은 교육을 통해 강화되었다. 교육자이자 철학자로서 뒤에 아르헨티나 대통령을 역임했던 사르미엔토나 알베르디는 교육의 중요성을 그 누구보다 일찍 깨달아 그 방면에 많은 노력을 기울인 인물이었다. 그러나 흑인들은 교육의 수혜에서 제외되는데, 왜냐하면 아르헨티나 엘리트들의 눈에 흑인 같은 "예속적인 인종들(las razas serviles)"

---

5 "정주하는 것은 미국이 했던 것처럼 교육하고, 개선하고, 문명화를 이루고 부유하게 하며, 영토를 확장하는 것이다. 이런 의미에서 통치라는 것은 사람을 정주시키는 것이다. […] 우리들의 아메리카를 자유롭고 산업화된 나라로 만들기 위해서는 보다 자유롭고 산업화된 유럽 인구들을 정주시켜야만 한다."(Alberdi 2006).

은 아무리 교육을 시켜봐야 문명 사회에는 합류할 수 없는 인종으로 고려되었기 때문이다. 그들은 흑인들이 열등한 것은 흑인종의 사회 심리적 요소에서 기인하는 것이고, 그 열등 인자는 유전을 통해 대대로 전해진다고 믿었다.

한편, 이 시기 흑인들에 대한 왜곡된 이미지 및 담론이 정치, 사회, 문화 등 여러 분야에서 광범위하게 생산되고 고착화되었다. 인디오에 살인자, 도둑이라는 고정적인 이미지가 늘 따라다녔던 것처럼(Fuentes 1997, 351-352), 흑인들은 난잡하고 도덕적인 관념이 없는 인종이라는 부정적 인식이 널리 확산되었다. 흑인들의 이런 부정적 이미지 확산에는 문학작품의 기여도 상당히 컸었다. 예를 들어, 에체베리야(José Estebán Echverría)의 「엘 마타데로(El Matadero)」, 마르몰(José Marmól)의 「아말리아(Amalia)」, 로페스(Vicente Fidel López)의 「이교도의 애인(La Novia del hereje)」 같은 소설들은 그 대표적인 예였다. 이런 백인 엘리트들의 논리만 보면 새로운 국가 건설을 위한 최선의 방책으로 흑인들을 배제하고 유럽 이민을 고려한 것은 그들의 입장에서는 충분히 이해될 수 있었다.

그러나 이런 사실에도 불구하고, 헌법에 명기된 "누구라도 아르헨티나에 들어올 수 있다"라는 조항으로 인해서 아르헨티나는 "인종의 도가니(crisol de raza)"(Geler 2004)이고 이곳에서는 "차별이 없다"라는 신화가 널리 퍼지게 되었다. 그러나 아프로 · 아르헨티나인들은 헌법에서도 예외적으로 취급되어 오랫동안 이등 국민으로 남게 되었다. 그리고 헌법이 보장하고 국가가 장려하는 이런 백인 우대 이민 정책으로 유럽 이민들이 아르헨티나에 들어오면서 흑인들은 아르헨티나 사회의 변방으로 밀려나고 잊혀져 갔다. 이렇게 해서 아르헨티나의 구성원이었던 인디오 원주민이나 아프로 · 아르헨티나인들에 대한 역사적 기억은 지워지고 아르헨티나라는 이름의 근대 국가에서 인종적인 차이는 해결됐다는 허구가 탄생하게 되었다(Contarino Sparta 2011).

## (2) 문명화 및 배제의 신화

19세기 독립 이후 라틴아메리카 지배층의 주요 논쟁 중의 하나가 문명을 어떻게 정의할 것인가에 있었다고 할 때, 라틴아메리카의 엘리트들이 범한 오류는 푸엔테스가 지적하듯, 농산물이나 토지의 공유 제도에 기반을 둔 고대 아메리카의 생활 양식, 공동체 정신에 입각한 인디오나 흑인들의 대체 문화 등 기존의 모든 모델들을 배제한 채 오로지 사르미엔토의 '문명과 야만'이라는 이분법 안에서 하나만 선택했던 데에 있다. 그들의 문명화 개념은 19세기 실증주의 철학의 모토인 '질서와 진보'에 입각한 것이었다. 당시 풍미했던 콩트의 실증주의 철학에 의하면 인류 역사는 예측 가능하고 보편적인 단계로 발전한다. 그리고 라틴아메리카의 나라들은 오로지 진보를 향한 전 세계적인 흐름에 합류하기 위하여 자국이 지금 어떤 단계에 와 있는지를 '과학적'으로 알기만 하면 족하게 되었다. 이런 점에서 실증주의의 모토인 '질서와 진보'는 근대화를 목표로 삼고 있던 19세기 라틴아메리카 모든 정부의 발상의 원천이 되었고(Fuentes 1997, 351), 이에 따라 진보를 방해하는 모든 장애물은 제거되어야 하는 논리가 탄생하였다.

아르헨티나의 자유주의자들은 유럽의 주요 나라들, 특히 미국이 성취한 경제, 사회 및 문화 부문의 발전과 영토의 지리적 확대에 감탄하면서 인디오나 아프리카 흑인 및 비백인 인종은 열등하다는, 다시 말해서 유럽이 발전하고 성공을 거두게 된 것은 백인 유럽인들이 유전자가 타인종에 비해 우월하다는 프랑스의 고비노(Arthur de Gobineau)나 영국의 챔벌레인(Houston Stewart Chamberlain) 등이 주창한 '과학적 인종주의(racismo científico)' 이론을 열렬히 받아들였다.

사르미엔토는 『문명과 야만』에서 유럽의 주요 선진국들의 성공은 백인 인구의 인종적 우월감에서 비롯되었다는 진화론에 근거하여 인디오, 가우초 등 야만인들이 문명화를 가로막는 것이 국가적 문제라고 주장하였다. 이렇게 해서 자유주의자들의 이상을 방해하는 인종이나 계층은 국가적 통합의 대상이기보다는 뿌리 뽑혀야 할 사회악으로 규정되면서 아르헨티나에서 '배제의 신화'가 탄생하게 되었다(우석균 1997, 157-158). 이런 믿음은 유럽인이나 그들의 후손들을 많이 정주시키면 자연적으로 유럽의 진보 모델이 이식될 것이라는 자유주의자들의 믿음에서 비롯되었다.

이렇게 아르헨티나 인구를 유럽 백인들로 구성하자는 국가적 계획에 따라 '백인화(blanquear)' 정책이 나오게 되는데(Gomes 2005), 이의 일환으로 1875년 아베자네다(Nicolás Avellaneda) 대통령은 인디오를 제거하고 변경 지방을 점령하는 것은 사람들을 정주시키는 것이라고 천명하면서 그 구체적 조치로 1876년에 법령 817조를 공포하였다. 이민과 식민과 관련해 '아베자네다 법(Ley Avellaneda)'으로 알려진 이 법조문에 근거하여 아르헨티나 정부는 대표단을 유럽에 파견하여, 유럽 이민들이 아르헨티나에 많이 들어올 수 있도록 유치 활동을 벌였다.

1879년, '사막의 전쟁(Campaña del Desierto)'으로 명명된 로카(Julio

Argentino Roca) 장군의 아르헨티나 남부의 인디오 토벌은 바로 이런 자유주의자들의 이상과 계획을 실천에 옮긴 대표적인 예였다. 이 전쟁을 통해서 마푸체족은 전멸했고 인디오들은 자신들이 살던 땅에서 쫓겨났다. 결과적으로 아르헤티나 공화국 초창기 지도자들이 인디오 땅을 '사막'으로 간주한 것은 원주민 존재의 은폐에 다름이 아니었고, '사막의 전쟁'이라는 용어 역시 인디오를 상대로 벌였던 전쟁을 미화한 말에 지나지 않았다.

이런 맥락에서, 바르톨로메(Bartolomé 2003)는 사막이라는 공간에는 백인과는 전혀 양립 불가능한 인디오 인종이 살았기 때문에 사람을 정주시키는 것(poblar)은 역설적으로 사람을 죽이는 것(matar)이었다고 정확히 지적하고 있다. 이런 인디오 박멸의 정당화와 은폐의 메커니즘은 당연히 흑인 집단에도 적용되었고 결국 아프로 · 아르헨티나인들은 아르헨티나 사회에서 '사라진 존재(desaparecido)'로 간주되었다.

1880년경이 되면 '동질성(homogeneidad)' 차원에서 국가적으로 추진되었던 인종적, 종족적 결합은 더 이상 논의의 주제에서 사라지게 되었다. 왜냐하면 흑인들은 이미 피의 혼혈을 통해서 아르헨티나 사회에서 사라졌기 때문이다. 이제 소수를 제외한 아프로 · 아르헨티나인들은 사회 최하층으로 전락하였고, 이제 피부색은 각각의 사람이 어느 사회 계층에 속해 있는지, 경제 상태는 어떤지를 가늠할 수 있는 척도가 되었다.

## :: 은폐, 사라짐, 허구

### (1) 아프리카 문화의 은폐: 칸돔베의 사례

유럽 백인으로 이루어진 동종사회를 건설하려는 아르헨티나의 국가 계획에 따라 이곳의 흑인 문화는 무시되거나 은폐로 나타났다. 아르헨티나 정부는 인종의 다양성은 심각한 사회적인 문제를 야기할 수 있다고 생각해 모든 것을 유럽적인 것에 맞춘 '동질성' 추구를 국가적 목표로 삼았다. 이에 따라 문화 역시 다양성을 배제하는 방향으로 나아가게 되었다. 식민 시기 이래, 흑인들에게 정체성을 부여해 주었던 칸돔베 춤이나 카니발에 대한 탄압도 당연히 이런 국가적 이데올로기하에서 이루어졌다.

아메리카 대륙의 노예 식민 시기, 각각의 흑인 사회는 정치, 사회, 문화적으로 그들만의 집단을 조직하고 결집하여 식민자들에 대한 저항을 표출했다. 전술한 것처럼, 아르헨티나의 흑인 사회 역시 지리적, 언어적으로 같은 기원과 동질성을 가진 공동체 '나시온'을 곳곳에 세웠다. 이 흑인만의 공간에서 노예들은 칸돔베 춤을 통해 그들의 아프리카 정체성을 표현할 수 있었다.

한편 카니발 역시 칸돔베 춤이 수행했던 역할을 했는데, 흑인들은 매년 1월 5일, 발타사르(Baltasar) 흑인왕의 날을 맞아 축제를 벌였고, 그 기간을 이용하여 노예 신분에서 벗어나 자유를 사기 위한 기금을 거두어들이고는 했었다. 이들은 이런 문화적 행동이나 집회를 통해서 정규적으로 모일 수 있었고, 아르헨티나 법이 부정한 흑인 집단의 친교나 정체성을 유지하고 강화시킬 수 있었다(Cirio 2003).

칸돔베 춤[6]은 앙골라 출신 등 아프리카 노예들로부터 유래한 춤으로서 우루과이, 아르헨티나, 브라질의 흑인 사회에서 주로 유행하였다. 이 춤은 1750년에서 1850년 사이, 로사스 시대를 제외하고는 오로지 흑인 공동체나 그들의 주거지에서만 허용되었던 춤으로, 그들의 문화적 활동은 아르헨티나 사회에는 전혀 동화되지 않았다. 아프로 · 아르헨티나인들은 칸돔베라는 춤을 통해서 노예 공동체 사회 안에서만 통용될 수 있는 절대적 삶의 자유를 누릴 수 있었다. 그런데 이 춤을 추는 것은 분명 문화적 행위라고 할 수 있지만 그것은 규모와는 관계없는 일종의 정치적인 행동이었다. 흑인 공동체와 식민 당국 간에 이 춤의 허용을 두고 오랫동안 논란을 벌이거나 아르헨티나 정부가 이 춤을 반복해서 금지시킨 것을 보면 그들의 문화적 행위는 분명히 정치적 의미를 띠었다고 할 수 있다(Andrews 1989). 식민지 당국은 이 춤을 통해 아프로 · 아르헨티나인들이 하나로 단결되어 폭동을 일으키지 않을까 늘 두려워했다(Ocoró Loango 2010, 51).

이렇게 아프리카 문화가 정치적 의미를 띠게 되는 것은 아메리카 대륙에 노예로 들어온 흑인 사회에서 흔히 볼 수 있는 현상이었다. 특히 보두(Vodú) 신앙에서 이 점이 뚜렷하게 드러난다. 아이티의 도망노예(cimarrón)들은 라쿠(Lakou) 공동체를, 브라질의 흑인들은 킬롬보(Quilombo) 공동체를 세웠다. 이 중에서 특히, 아이티의 경우는 종교와

---

6  이 춤은 '야마도르(Llamador)'라는 둔중한 소리를 지닌 베이스 북과 '레피카도르(Repicador)'라는 날카로운 음을 지닌 북에서 나오는 리듬에 맞춰 추는 집단 군무였다.

정치의 결합을 보여주는 좋은 예로서 라쿠 흑인 공동체에서 신봉된 보두 신앙은 1804년 아이티의 독립을 이루는 데 결정적인 역할을 하였다. 이런 맥락에서 부에노스아이레스에 거주하는 백인들은 이 춤이 음탕하고 관능적이라는 이유로 비난을 하면서 노예 주인들로 하여금 금지시키라는 압력을 가했다. 이런 상황에서 칸돔베 춤은 비밀스러운 장소에서 은밀히 행해지고, 1825년에는 아르헨티나 정부의 명령에 따라 공공장소에서 이 춤을 추는 것은 전면적으로 금지되었다(Goldberg 1995).

한편, 카니발은 흑인 사회 고유의 축제는 아니었지만 흑인들은 이 행사에 능동적으로 참여했고 거기서 중요한 역할을 하였다. 이 카니발은 유럽, 인디오, 흑인 요소가 융합된 축제로서 각각의 인종은 이를 통해 자신들의 정체성을 보여줄 수 있었다. 바흐친의 카니발 개념을 염두에 두면, 아르헨티나 카니발에서도 가장 하층 계급인 흑인이 주연으로 등장하는 데서 보듯, 식민지 당국이 부과한 위계 질서에 대한 전복, 인종 구분의 철폐 및 사회 계급에 대한 일시적인 정지라는, 카니발의 본래 의미가 잘 살아 있음을 볼 수 있다. 이 카니발을 통해 서로 다른 인종, 종족, 집단간의 경계는 허물어지고, 흑인 사회는 음악과 춤을 통해서 그들의 존재를 드러낼 수 있었다.

로메로(Romero 2005)에 의하면, 부에노스아이레스 카니발은 당시 가장 대중적인 축제였다고 하는데 식민지 당국은 주기적으로 이 축제를 규제하고 금지시켰다. 그리고 교회와 행정 당국은 서로 합세하여 이 축제가 사회 질서나 관습을 어지럽히고 문명화나 진보에 역행하며 기독교 윤리에 어긋난다는 구실로 지속적으로 이 축제를 공격하였다. 이렇게 부에노스아이레스에서 행해졌던 이 카니발은 식민 시기 이래 비판과 금지의 대상이었고, 아르헨티나 독립 이후 계몽주의에 입각한 국가 건설과 근대 시민주의의 확립 차원에서 계속 탄압을 받았다.

특히 이 카니발에서 흑인들이 표현했던 춤이나 음악은 더더욱 탄압을 받고 금지되었다. 당시 백인들에게 흑인들의 춤은 "악마의 것(cosa del diablo)"으로 비쳐졌고, 난잡하고, 관능적이며 비도덕적인 것으로 간주되었다. 1770년 베르티스(Vértiz) 주지사는 흑인들의 춤을 금지하고 이를 어기는 자에게는 극한 벌을 내릴 것이라고 공포하였다. 그러나 몇몇 경우, 식민지 당국은 흑인 공동체의 항의나 청원, 또는 흑인들이 여러 전쟁에서 참가하여 국가에 공헌한 것을 보상하는 차원에서 흑인들의 행사에 대한 규제를 풀고 허용하는 경우도 있었다. 아프리카 흑인들은 축제 마당에서 주로 판당고(fandango) 춤을 추었는데, 부에노스아이레스 시의회(cabildo)는 식민 당국의 이런 조치에 격렬히 항의하였다. 그들이 이렇게 반대한 이유는 정치적, 사회적 성격을 띤 이런 집회에서 흑인들이 결집해 폭동을 일으킬까 두려워했기 때문이다(Ocoró Loango 2010, 53). 아무튼 이런 주기적인 규제와 허용은 리바다비아(Bernardino Rivadavia) 정부 시대에까지 이어졌는데, 이런 춤을 공개적으로 허용한 경우에도 당국이 흑인들에 대한 감시와 경계를 게을리 하지 않았던 것은 물론이다.

칸돔베는 아르헨티나 혁명 후 금지되었다가 로사스 시대에 들어와 다시 출현하고 활기를 띠게 되었다. 로사스의 칸돔베 춤에 대한 배려는 그가 흑인 사회의 민속 축제에 자주 참여했다는 사실에서 명백히 드러난다. 로사스는 1820년과 1838년, 이 춤에 취해진 금지 조치를 해제하고 1838년 5월, 독립기념일을 맞아 흑인들을 초청해 광장에서 춤추도록 하였다. 그러나 당시 로사스를 반대했던 아르헨티나 엘리트는 이를 경건해야 할 국가행사를 모독하는 것으로 간주해 분노했다. 이후 로사스가 몰락하면서 흑인들을 하나로 결집시켰던 칸돔베 춤 역시, 그동안 누려왔던 힘을 잃게 되었다(Cirio 2003).

1852년, 로사스 연방주의 체제는 붕괴하였고 단일주의자들은 흑인 공동체 사회를 탄압하였고 아프리카인들의 축제를 금지시켰다. 이렇게 아프리카 흑인 사회가 제 기능을 발휘하지 못하고, 또 아프로 · 아르헨티나 젊은 층 사이에서 새로운 스타일의 춤이 유행하면서 칸돔베는 19세기 후반에서 사라지게 되었다. 이제 흑인들은 아르헨티나 사회에 통합되기 위하여 그들 아프리카 선조와 밀접한 관계를 가진 이 춤을 포기해야만 했다. 그들은 이 춤을 숨겨야만 할 부끄러운 춤으로 간주하였고 그들 역시 이제는 왈츠나 폴카 등 백인 사이에서 유행하던 춤을 추게 되었다.

사회적 위협 세력으로서 아프리카 흑인 사회가 사라진 후, 칸돔베를 비롯한 흑인 예술은 특정한 한 인종 집단의 해방적 표현이라는 것을 버리고 '아르헨티나성(argentinidad)'에 통합되면서 새로운 의미를 갖게 되었다. 20세기에 들어와서 무르가(Murga), 파야다(Payada),[7] 탱고는 백인들로부터는 배척을 받았지만 예술을 통한 대사회적 움직임으로써 아르헨티나 사회에 흡수되었다. 앤드류스(Andrews 1989)가 지적한 것처럼, 무용학교에서 가난한 백인과 흑인들간의 인종적 접촉을 통해서 백인

---

7 무르가는 스페인에서 유래한 대중음악으로서 아르헨티나를 포함하여 남미 여러 나라의 축제에서 많이 불려지고, 파야다는 가우초의 민속 음악이다.

젊은이들이 흑인들의 고유한 춤인 칸돔베를 자기 식으로 모방하면서 새로운 밀롱가 춤이 탄생하게 되고, 또 이 아프로 · 아르헨티나 춤인 밀롱가는 변형 과정을 겪으며 후에 탱고로 발전하게 되었다.

### (2) 인구조사는 흑인들을 서류상으로 학살하였다

앞서 언급했듯이, 아르헨티나 정부가 그들의 백인 · 유럽 정체성을 확고히 유지하기 위해서 제일 먼저 취했던 조치는 백인 · 유럽 범주 안에서 고려 대상이 될 수 없는 문화를 없애고, 또 그들 아프리카 인종을 사라지게 하는 것(invisiblizar)이었다.

식민 시기, 아프리카 흑인들의 노예 무역은 합법보다는 밀 무역에 더 의존하고 있었던 이유로, 아프리카 흑인들이 부에노스아이레스에 얼마나 유입됐는지 정확한 통계는 없다. 그러나 밀 무역으로 들어온 노예 수가 월등히 많았음은 쉽게 추론할 수 있다. 스튜더(Studer 1958)에 의하면 1602년에서 1625년 사이 12,778명의 아프리카 흑인들이 부에노스아이레스에 들어온 것으로 되어 있다. 이 중 스페인 왕실의 허가를 받은 노예는 고작 288명에 지나지 않는다.

그러나, 지난 2세기 동안, 아프리카인들의 아르헨티나 유입은 부족한 노동력을 메우기 위한 차원에서 더욱 중요성을 띠게 되었다. 이런 맥락에서 스페인 왕실은 1778년 외국 상인들에게 부에노스아이레스 항구를 개방하게 되고, 이로 인해 노예 무역은 성행하게 되었다. 당시 카를로스 3세의 명령으로 1778년에 리오 델라 플라타 부왕령에서 실시된 인구조사 결과를 보면 아르헨티나 북부의 투쿠만 지역의 흑인 인구는 42%,

산티아고 델 에스테로 54%, 카타마르카 52%, 살타 46%, 코르도바 44%, 멘도사 24%, 라리오하 20%, 산후안 16%, 후후이 13%, 산루이스 9%로 되어 있다(Gomes 2005). 특히, 산티아고 델 에스테로, 카타마르카, 투쿠만, 코르도바, 살타 지역의 흑인 인구는 전체 인구의 50%를 상회하거나 육박하는 것으로 나와 있다. 부에노스아이레스의 경우는 총인구 24,363명 중 흑인은 7,236명으로 29.7%를 점한다([표 1] 참조). 아르헨티나 전체로 보면 흑인 인구는 9만 4000여 명으로 총인구 21만 명 중 44.5%를 점했다.

그런데 이렇게 많던 흑인 인구가 1795년에 행해진 인구조사를 보면 20년도 채 안 되는 기간에 흑인 인구는 현저히 감소하고, 전체 인구에서 흑인이 차지하는 비율은 16%로 급격히 떨어졌음을 알 수 있다. 단도직입적으로 말해서 이 통계는 여러 정황을 고려했을 때 스파르타(Contarino Sparta 2011)가 지적한 것처럼 허위라고 할 수밖에 없다. 왜냐하면 여러 다양한 인종간에 혼혈이 이루어지면서 순수 아프리카인은 그 수가 줄었지만 아프리카 피를 지닌 혼혈인들의 수는 결코 감소하지 않았기 때문이다. 예를 들어, 스페인 반도인들은 라틴아메리카 독립운동의 아버지인 산마르틴 장군의 비서였던 몬테아구도(Bernardo de Monteagudo)를 '흑인 자식(hijo de la negra)'이라고 경멸적으로 불렀고, 아르헨티나 초대 대통령이었던 리바다비아에게는 물라토를 지칭하는 '초콜릿 박사(el doctor Chocolate)'라는 별명을 붙여주었다(Tur Donatti 2005).

**[표 1] 부에노스아이레스 인구조사 통계(1778-1887, 총 8회)**

| 연도 | 백인 | 인디오/<br>메스티소 | 아프로·아<br>르헨티나인 | 자료 불명 | 총인구 | 흑인 비율 |
|------|------|--------|--------|--------|--------|--------|
| 1778 | 16,023 | 1,104 | 7,236 | 0 | 24,363 | 29.7% |
| 1806 | 15,078 | 347 | 6,650 | 3,329 | 25,404 | 30.1% |
| 1810 | 22,793 | 1,115 | 9,615 | 0 | 32,558 | 29.5% |
| 1822 | 40,016 | 152 | 13,685 | 0 | 55,416 | 24.7% |
| 1827 | 34,067 | — | 8,321 | 0 | 42,540 | 19.5% |
| 1836 | 42,445 | — | 14,906 | 5,684 | 63,035 | 26.0% |
| 1838 | 42,312 | — | 14,928 | 5,717 | 62,957 | 26.1% |
| 1887 | 425,370 | — | 8,005 | 0 | 433,375 | 1.8% |

출처: Andrews(1980, 66). Frigerio & Lamborghini(2011)에서 재인용

　　이렇게 아프리카 출신의 인구가 실제로 줄지 않았는데도 인구조사 결과에서 그것이 감소된 결과로 나왔다면 이는 아르헨티나의 인구를 구성하는 인자로서 흑인들이 갑자기 '사라졌음'을 의미한다. 물론, 이는 고메스(Gomes 2005)가 적절히 표현한 대로 흑인 인구의 "인위적인 사라짐(desaparición artificial)"이었다. 이런 점에서 18세기나 19세기에 '순수(pura)' 아프리카 출신의 아르헨티나인들의 숫자가 하향 추세를 보였다고 언급하는 것은 전혀 이치에 맞지 않는다. 예를 들어, 투쿠만 도시의 경우 1778년에 인디오, 메스티소, 흑인, 물라토의 수가 25,507명이었다면 백인들은 5,809명으로 나온다. 후후이의 경우, 인디오나 메스티소의 인구가 14,470명이었던 데 반해 백인들의 수는 923명으로 통계가 나온다.

다만, 부에노스아이레스에 거주하는 백인들의 수는 [표 1]에서 보듯 흑인이나 메스티소에 비해 훨씬 많지만 이는 예외적인 경우였다. 예를 들어, 1744년에 부에노스아이레스 인구 6,035명 중에서 백인은 73%, 흑인과 물라토는 17%, 나머지는 인디오나 메스티소였다. 1778년에는 비백인의 수가 증가하여 총 24,451명 중 백인은 67%, 흑인, 물라토는 29%, 인디오, 메스티소는 5%를 차지하였다. 이 시기 비백인 인구 중에서 수적으로 가장 우세했던 인종은 흑인으로서 물라토, 인디오, 메스티소가 그 뒤를 따르고 있었다. 다시 말해서, 부에노스아이레스의 경우에만 한정해 말하면 흑인들은 소수자였지만 전체적으로 아르헨티나 독립전쟁을 전후하여 흑인, 인디오, 메스티소의 숫자는 여전히 높았다.

1838년에서 1887년, 이 기간은 흑인 인구의 위상, 다시 말해서, 그들의 '인위적 사라짐' 과정에서 중요한 시기였다. 이 기간 중 행해진 1869년의 인구조사부터 통계에 인종의 구분이 사라지게 되었다. 이 인구조사는 순전히 인디오들을 대상으로 시행되었는데 그 조사의 목적은 군사적으로 인디오의 거주 지역을 공격하기에 앞서 인디오의 인구수를 탐지하기 위한 것이었다. 이후 로카 장군에 의한 '사막의 전쟁'이 일어나고 1884년에는 인디오 거주지였던 차코를 점령하였다. 이에 따라 [표 1]에서 보듯, 1887년의 인구조사에서는 오로지 아프로 · 아르헨티나인만 통계에 나오고 인디오나 메스티소는 제외되었다(Guzmán 2006). 그리고 아프로 · 아르헨티나인들의 비중은 현저하게 감소하였다.

물론, 흑인들이 독립전쟁과 국경전쟁 및 인디오 소탕 작전 등 여러 전쟁에 참전하면서 많이 죽어 전체 아르헨티나 구성원 중에서 흑인 남성들이 차지하는 비율이 줄어들게 되었다. 이런 이유로 19세기 초 흑인 인구 중에서 여성들의 비율은 남성에 비해 훨씬 높았는데, 1827년의 통계 자료를 보면 흑인 여성 100명당 흑인, 물라토 남성의 숫자는 58명의 비율이었다. 이런 상황에서 당시 부에노스아이레스에 있었던 여러 흑인 조직들이나 단체는 여성들의 수중에 있었다(Contarino Sparta 2011). 한편, 흑인들의 감소에 영향을 준 또 다른 요소로는 앞서 말한 바 있듯이, 노예 제도의 폐지로 해방은 됐지만 흑인들의 열악한 환경 및 처지에서 기인한 높은 사망률이었다. 특히 부에노스아이레스 변두리의 빈민 구역을 휩쓴 전염병으로 유아 사망률이 높아진 것도 그 이유 중의 하나였다(Kleidmarcher 2012).

그러나 전쟁, 전염병 등으로 흑인 인구가 감소하기는 했지만 아르헨티나 지배 계층이 선전하듯 그것이 결정적인 이유는 아니었다. 백인 지배층은 아르헨티나에는 더 이상 흑인이 없다는 것을 입증하기 위해 원래 소수였던 흑인들이 독립전쟁과 내전을 거치면서 완전히 사라졌다는 논리를 펼쳤고, 이는 백인 엘리트의 주도적인 담론으로 오랫동안 자리를 잡았다(Morasso 2011, 6). 여기서 보다 중요한 것은 아르헨티나라는 나라가 백인으로 이루어진 동종사회라는 것을 보여주기 위해 아르헨티나 정부(및 인구조사 담당 기관)가 의도적으로 인종 분류를 자의적으로 했다는 점이다(Contarino Sparta 2011). [표 1]에서 보듯 1838년에는 부에노스아이레스에 거주하는 흑인들의 수가 14,928명으로 이 도시 인구의 26%를 차지하였다. 그리고 아프로·아르헨티나인 인구는 1838년 이래 지속적으로 성장하였다. 그러나 40년 뒤인 1887년에 흑인 인구는 8,005명으로 감소하고 전체 인구 중에서 흑인이 차지하는 비중이 갑자기 1.8%로 뚝 떨어지는 기현상을 보이게 되었다. 1887년에 전체 인구에서 흑인의 비중이 떨어진 것은 분명, 유럽 이민의 대거 유입에 기인한 결과지만, 흑인 인구가 8,000여 명으로 축소된 것은 인구조사 때 인종적으로 '파르도(pardo)'나 '모레노(moreno)'로 불렸던 흑인들을 백인으로 분류하면서 일어난 현상으로서(Andrews 1989), 이는 분명히 정부의 고의적인 의도에서 비롯된 것이었다(Ocoró Loango 2010). 여기서 또 한 가지 간과할 수 없는 것은 스파르타(Contarino Sparta 2011)가 지적한 것처럼, 흑인 인구의 수가 아니라 흑인이 전체 인구에서 차지하는 비중이라는 점이다.

로페스(López 2006)에 의하면 당시 인구조사를 담당했던 기관은 아프로·아르헨티나인들을 '미지의 인종(población desconocida)'으로 분류했고, 이 명칭의 사용을 통해 그들이 아프리카 출신이라는 흔적을 감추고 동시에, 그와 관련한 아프리카 선조들의 등록 기록을 의도적으로 폐기하였다. 이런 맥락에서 당시의 공식 문서에는 이제까지 흑인을 지칭했던 '네그로(negro)', 파르도, 모레노, '유색인종(de color)'과 같은 용어는 사라지고 이들을 유색인을 하나로 묶는 "중간적 분류"(Guzmán 2006), 때로는 전혀 다른 인종집단으로 간주되거나 아니면 어느 인종도 특정하지 않는 애매모호한 '트리게뇨(trigueño)'[8]라는 새로운 인종 분류 용어가 등장하였다. 다시 말해서, 아르헨티나 정부가 흑인들을 피부색에 근거하지 않고 그들의 아프리카 선조와는 아무런 관련이 없는 트리게뇨라는 용어로 지칭함으로써 아프로·아르헨티나인들은 그들의 아프리카 정체성을 잃게 되었다. 그리고 인구조사 통계상 트리게뇨가

---

8  트리게뇨(trigueño)라는 용어는 밀이라는 뜻의 '트리고(trigo)'에서 유래한 것으로서, 직역하면 트리게뇨는 밀의 색을 지닌 인종이 된다.

백인으로 분류되면서 흑인 인구는 공식 서류상으로 사라지게 되었다 (López 2006, 7).

부연하자면, 1887년 이후의 인구조사부터 인종 분류에 아프리카 출신의 흑인에 상응하는 분류는 더 이상 존재하지 않게 되었고, 이에 따라 피부가 깨끗한 흑인은 유럽 백인과 함께 묶여지고, 그렇지 않은 흑인은 거무스레한 남부 유럽 출신의 사람들과 함께 분류되었다. 이런 맥락에서 20세기 초에 카보 베르데(Cabo Verde) 및 남아프리카에서 상당수의 흑인들이 아르헨티나에 들어왔음에도 불구하고 이들은 인구조사 대상에서 제외되었고 이런 상황은 20세기 내내 지속되었다.

그러나 공식적인 인구조사에서 흑인들은 지워지지만 흑인 사회는 여전히 존재하고 있다. 그 증거는 그 시기에도 흑인 공동체나 상부상조 조직은 여전히 기능을 발휘했고 흑인 언론이나 아프로 · 아르헨티나인들의 문화적 움직임이 지속적으로 전개되었다는 사실에서 찾아볼 수 있다. 1880년에서 1890년 사이, 흑인 사회가 발간한 신문 기사나 또는 흑인 작가들이 쓴 책자들에는 정작 흑인 인구의 감소에 대한 우려는 없고, 단지 흑인들의 낮은 경제적 위치에 대한 개탄만 언급되어 있는데, 이런 정황은 흑인들이 사라진 것이 아니라 여전히 존재하고 있음을 보여주는 하나의 증거였다(Ocoró Loango 2010, 58).

상기 언급한 데서 보듯, 흑인 인구를 은폐하려는 기도가 국가 차원에서 이루어졌음은 명백한 사실이었다. 이런 배경에서 아르헨티나의 인구 통계는 백인 국가의 이미지를 유포, 선전하기 위한 도구로 이용되었다. 이런 은폐 기도는 인디오에 먼저 적용되어 그들은 흑인보다 앞서 인구조사 통계에서 사라지게 되었고, 이후에 행해진 인구조사에서는 흑인과 마찬가지로 아예 인구조사 대상에서 제외되었다(Otero 2006, 335).

물론, 이런 통계 장치는 엘리트 지배층이 추구한 백인화의 염원을 반영하고 있다. 다시 말해서, 문명과 야만이라는 이분법에 의거하여 문명화 추진의 장애물로 간주된 흑인들을 제거하여 백인만으로 이루어진 동종사회를 건설코자 했던 지배층의 희망은 바로 이 인구조사에서 잘 드러나 있다(Ocoró Loango 2010, 60). 그리고 이런 은폐 과정은 흑인들이 자신의 아프리카 선조를 부정하거나 흔적을 지우면 지울수록 사회적 신분의 상승 기회는 더 많이 주어진다는 '백인화(blanqueamiento)' 이데올로기에 입각해 추진되었음은 두말할 나위가 없다.

요약하자면, 아르헨티나에서 흑인 인구는 완전히 사라지지 않았다. 다만 19세기를 통해 흑인 인구는 여러 다양한 이유로 인해서 분명히 감소했고, 19세기 유럽에서 온 대량 이민으로 인하여 아르헨티나 전체 인구 중 흑인이 차지하는 비율이 급속히 낮아졌다. 그러나 아르헨티나 지배층이나 사회가 통상적으로 언급하듯 아프로 · 아르헨티나인들은 결코 사라지지 않았다. 다만 아르헨티나 백인 신화를 건설하려는 인구조사 담당자들, 통계학자, 역사학자, 저술가들에 의해 완벽하게 지워졌을 뿐이다(Andrews 1989, 131). 솔로미안스키(Solomiansky 2003)의 표현을 따르면, 아프리카 흑인들의 사라짐은 사르미엔토로 대변되는 일군의 집단이 '은폐 작전(operativa de invisiblidad)'을 통해서 자행한 '서류상의 학살(genocidio discursivo)'이었다.

## :: 아르헨티나는 결코 백인 동종사회가 아니다

이 글을 통해서 우리들은 흑인들의 존재가 아르헨티나 지배 엘리트가 만든 상상된 동종사회의 건설이라는 신화 속에서 인위적으로 은폐되고 조작되었으며, 이를 통해 획득한 백인·유럽이라는 아르헨티나의 정체성은 허구라는 사실을 알 수 있었다.

아르헨티나가 동종사회라는 믿음은 아르헨티나 과두 계급이 지배한 공화국 정부 시절에 퍼진 것으로서, 여기에는 지난 과거의 역사적 사실을 은폐하고 이상적 유토피아를 건설하고자 했던 당시의 시대적 상황을 반영하고 있다. 우리가 보아온 것처럼, 아르헨티나는 19세기 국가 형성 기간 중, 인종적으로는 백인, 문화적으로 유럽이라는 개념을 하나의 국가적 이데올로기로 삼아 인디오를 말살했고 인종차별과 은폐화 정책을 통해서 흑인들을 아르헨티나 역사 속에서 지워버렸다.

그들이 이런 은폐를 구체화시키기 위해서 국가적 차원에서 동원한 도구가 인구조사라는 메커니즘이었다는 것은 이미 살펴보았다. 이런 맥락에서, 아르헨티나 정부의 자의적이고 인위적인 인종 분류법에 따라 흑인들은 '미지의', '알 수 없는' 인종으로 바뀌고, 어떤 때는 어느 인종도 특정하지 않는 애매모호한 '트리게뇨'로, 심지어는 백인으로 분류되면서 그들은 문화를 포함한 모든 아프리카 정체성을 잃게 되고 공식적으로 아르헨티나 사회에서 사라지게 되었다.

이렇게 아프리카 흑인들은 백인 우선의 문명화 정책과 인종차별주의로 인한 인위적 은폐로 인해 아르헨티나 사회에서 잊혀졌다. 이들은 백인 국가로 정의된 아르헨티나 국민으로 통합되기 위해 타의적으로 흑인임을 포기했어야 했고 아르헨티나 사회에 수용되기 위하여 그들의 출신을 감출 수밖에 없었다.

지금, 부에노스아이레스 같은 대도시에서 검은 피부의 아르헨티나인들을 찾기란 그리 쉽지 않다. 그러나 흑인 사회는 과거에도 존재했고 지금도 존재한다. 그들은 갖가지 고난과 역경에도 불구하고 여러 방면에 걸쳐 아르헨티나에 지울 수 없는 흔적을 남겼고, 특히 음악, 예술, 춤과 같은 문화면에서 많은 기여를 했다. 현재 아르헨티나인들이 사용하는 스페인어에도 그들의 유산은 깊게 남아 있다. 특히, 1990년대 이래, 새로운 아르헨티나의 이민법이 개정되면서 나이지리아, 말리, 시에라레온, 라이베리아, 가나, 콩고 등 상당수의 아프리카인들이 정치적 박해를 피해서 그리고 경제적인 이유로 아르헨티나에 들어오고 있다. 한편, 페루, 브라질, 쿠바, 콜롬비아, 도미니카 공화국, 온두라스에 살던 아프리카 흑인 후손들도 아르헨티나로 유입되고 있다. 이렇게 최근 아프리카 및 중남미의 흑인 후손들이 아르헨티나에 들어오는 것을 보면서 과연 아르헨티나가 '백인 · 유럽인'으로 구성된 '동종사회'인지 근본적인 질문을 던지지 않을 수 없다.

우리가 아르헨티나의 흑인의 존재를 부정하게 되면 그들의 역사, 사회, 문화, 삶 모두를 부정하게 되는 셈이다. 반복하지만 아프로 · 아르헨티나인들은 결코 사라지지 않았다. 다만, 그들은 우리가 이 연구에서 살펴본 것처럼, 19세기 아르헨티나 국가 형성 이래 지배 엘리트가 추구한 문명화 계획 및 고착된 백인 신화에 따라 지금까지도 의도적으로 무시되고 있거나 지속적으로 은폐되고 있을 뿐이다. 이런 점에서 "아르헨티나에 흑인은 없다"라는 말은 결코 성립될 수 없는 허구라고 할 수 있다.

# 과테말라 인디오들의 '허락된' 자치권력: 원주민 시정부의 제도적 역설

정이나

## :: 과테말라 다문화주의의 등장

과테말라 인구의 절반 이상은 스페인 정복 이전의 토착 원주민으로 이루어진 곳이다. 현재 라틴아메리카에서는 경멸과 사회적 멸시를 담아 이들을 가리켜 '인디오'라고 부르기도 한다. 현재 과테말라 원주민 인구수는 약 800만 명 정도일 것으로 추정하고 있다. 볼리비아 다음으로 가장 많은 수로, 이들 대부분은 과거 마야 종족의 후손들이다. 과테말라는 1996년 36년 내전을 종식하는 평화협정(Acuerdo de Paz) 체결 이후 마야 원주민들의 문화와 전통을 포함한 22개의 마야 언어를 공식적으로 인정하였다. 이 같은 국가 차원의 원주민 정책이 구체적인 제도로 정착된 것은 과테말라 내전 중에 이루어진 1985년 개헌과 1996년 평화협정 체결이라는 두 번의 계기를 통해 가능할 수 있었다. 1996년 내전 종식 이후 과테말라 지배 계층은 원주민 통합이라는 이른바 다문화주의 정책을 국가 전략으로 삼고, 그동안 외면했던 원주민 사회를 국가 제도권으로 통합시키고자 하였다.

그러나 이 과정에서 주목해야 하는 것은 마야 원주민에 대한 '인정'의 범위는 여전히 '문화적' 권리에 국한되어 있다는 점이다. 그들의 정체성, 언어, 관습법 등과 같은 문화적 요소만을 인정했을 뿐 정치나 경제적 권리와 같은 문제를 해결하기 위한 실질적인 방안에 대한 구체적인 협의는 이루어지지 않았던 것이다. 과테말라 사회의 심각한 양극화와 빈곤화는 대부분 원주민들에게 해당하는 것이었고, 36년간의 오랜 내전의 직접적인 원인이기도 했던 모순적인 사회경제 구조는 여전히 유지되고 있다. 과테말라를 비롯한 다른 라틴아메리카 국가의 원주민들은 대체적으로 사회경제적으로 열악한 처지에 놓여 있다. 과테말라, 멕시코, 페루, 파라과이 등을 비롯한 국가들의 원주민 빈곤 지수는 전체 국민 대비 약 3배에서 크게는 7배까지 높은 것으로 나타나고 있는 현실이다.

이에, 원주민 시정부 제도는 마야 원주민 사회와의 '공존'을 위한 과테말라 국가 정책의 새로운 패러다임으로 등장하였다. 1996년 평화협정이 마야 원주민의 문화적 권리를 과테말라 근대 국가의 틀에서 공식적으로 인정받는 계기를 마련했다면, 원주민 시정부 제도는 문화적 권리를 인정받는 수준을 넘어서 마야 원주민 사회의 자치권을 제도적으로 보장하는 것이었다.

원주민 시정부는 2002년 지방자치법 법령(12-2002)에 따라 마야 원주민의 자치 권력 기관으로 공식적으로 인정되었으며, 형식적으로는 중앙 정부 산하, 즉 선거에 의해 선출되는 시장이 관할하는 시정부

(Municipalidad Oficial)와 평행적인 지배 구조를 이루고 있다. 다문화주의를 형식적으로 표방하는 과테말라 사회의 '화해' 분위기와 함께, 2002년 원주민 시정부를 인정한 법안 등은 원주민들의 사회정치적 지위가 향상된 제도적 결과로 해석하기에 충분해 보인다.

그럼에도 불구하고, 과연 이 같은 변화가 과연 기존의 마야 원주민 사회의 물질적 조건이나 생산 수단의 개선 없이도 가능한 일인가. 거꾸로 마야 원주민의 열악한 사회경제적 상황이 마야의 문화나 전통을 인정하지 않았던 결과인가. 그렇다면 문화와 전통을 인정받는 것으로 물질적 조건의 개선을 가져올 수 있을까. 아이러니하게도 마야 문화는 이미 과테말라의 국가 이미지를 대표하는 상징이 되었으나 원주민들의 사회적 위치나 경제적 상황은 예전과 비교하여 크게 달라진 것이 없다.

원주민 시정부 제도가 한편으로는 마야 원주민의 조직적인 자치권력으로서 작용할 수도 있지만, 다른 한편으로는 제도의 본질적인 목적이 왜곡되고 모순적인 사회경제 구조를 은폐할 수 있는 가능성도 배제할 수 없다는 가정에 무게가 실리는 이유이다. 물론 현재 원주민 시정부의 제도화가 과테말라와 원주민 사회 전체에 미치는 영향이나 발전 과정, 그리고 세세한 변화 등을 밝혀내기 위해서는 앞으로 많은 조사와 연구가 필요하다. 게다가 이 제도가 국가에 의해 공식적으로 인정된 것은 불과 10여 년에 불과하고, 과테말라 지역의 마야 공동체들은 언어와 지역에 따라 조금씩 다른 문화와 전통을 가지고 있어 원주민 시정부의 역할, 기능, 그리고 구성 등이 조금씩 차이가 날 수 있기 때문에 아직 성급한 결론은 무리가 있다. 그럼에도 불구하고 원주민들의 물질적 생활 조건의 개선이 필요한 계급적 요구가 배제된 문화적 권리를 보장하는 수준에 한정되어 있는 다문화주의 정책의 본질에 대한 성찰은 필요해 보인다.


## :: 과테말라 원주민 시정부 제도의 기원

현재 과테말라 원주민 시정부(Municipalidad Indígena)의 기원은 원주민 까빌도(Los Cabildos Indígenas) 제도에 기원하고 있다. 스페인 정복 이전의 마야 사회는 제전을 중심으로 하는 계급 사회였다고 알려져 있다. 실제로 과테말라 지방의 마야 사회의 통치 구조를 알아내는 중요한 단서가 되고 있는 고문서는 16세기 라틴 문자로 기록된 원주민들의 문서를 통해 내용을 유추할 수 있을 뿐이다. 그리고 이마저도 키체(k'iche), 칵치켈(kaqchikel), 쭈힐(tzujil)족 등에 대한 기록이 대부분이다.

이에 따르면 마야 사회는 부계제와 계급을 바탕으로 귀족, 평민, 노예의 구분이 있는 신분 사회였다. 이 같은 위계질서와 신분이 엄격했던 마야 사회는 1524년 페드로 데 알바라도(Pedro de Alvarado)의 과테말라 정복으로 큰 변화를 겪게 되는데, 스페인 정복자들은 당시 마야 최고 통치자를 비롯하여 귀족의 혈통을 가진 이들을 모두 제거했기 때문이다. 이것은 과테말라 정복 초창기 마야 사회의 왕족 혹은 귀족 출신의 수장급 지도자들을 모두 제거하여 원주민 정통 사회 질서를 무너뜨리는 것이 피정복민들의 결집을 막고 저항을 차단할 수 있는 효과적인 방법이었기 때문이다. 그러나 얼마 지나지 않아 마야 사회의 통치 질서,

즉 부계 계승(patrilinaje)을 중심으로 형성되었던 위계적인 공동체 질서는 원주민 시정부(Alcaldía Indígena)의 모태가 된 원주민 까빌도(cabildo indígena)를 통해 스페인 정복자들에게 유리한 통치 수단이 되었다.

　원주민 까빌도는 스페인 식민 통치 이후 시기적으로는 가장 늦게 도입된 원주민 지배 기구라고 할 수 있다. 15세기 말부터 16세기 초반까지 유지되던 카치케(cachique), 까치케-통치자(gobernador), 원주민 통치자(gobernador indígena) 제도 등이 있었으며, 16세기 초에 이르러서는 원주민 까빌도(Los cabildos Indígenas) 제도가 본격적으로 정착되기 시작한다. 카치케 제도부터 까빌도에 이르는 다양한 이름으로 진화한 원주민 통치 제도들은 점차적으로 소멸하였으며, 현재는 까빌도의 조직 형태만이 남아서 지금의 원주민 시정부의 모태가 되었다. 이 제도가 만들어지기 시작한 것은 1550년대 이후로, 대부분의 과테말라 마야 부족들은 까빌도를 조직하고 있었다. 조직의 구성은 마을의 규모와 인구수에 따라 적게는 1명에서 많게는 30명까지 다양하게 이루어졌으며, 시장(alcalde), 통치자(regidor), 재산 관리자(mayordomo de propias), 서기(escribano), 치안 담당(alguacil) 등으로 이루어져 있었다.

　원주민 까빌도가 처음으로 만들어지는 곳에서는 당시 스페인 신부들이 구성원을 직접 임명하거나 선택할 수 있었다. 신부들이 지명한 원주민들은 대부분 과거 위계 서열이 가장 높았거나 살아남은 귀족 혈통의 후손들이었기 때문에 자연스럽게 스페인 정복 이전에 유지되었던 마야 사회의 정통적인 질서가 다시 만들어질 수 있었다. 비록 임기는 1년으로 제한되어 있었으나 최고 수장격인 시장은 자신의 후임을 지명하였기 때문에 세습적인 권력 구조가 형성될 수밖에 없었다.

당시 과테말라의 스페인 출신 관료이자 연대기 작가였던 푸엔테스 이 구스만(Fuetes y Guzmán)의 기록에 따르면 식민지 당시 원주민의 지배 기구인 까빌도에 참여하는 것은 명예로운(ad honorem) 것으로 인식했던 것으로 보인다. 그리고 원주민 까빌도 제도와 분리시킬 수 없는 것이 바로 스페인의 통치 전략인 '두 개의 정부(Dos Repúblicas)' 정책이었다. 이것은 스페인 정복자들이 아메리카의 원주민들을 손쉽게 지배하기 위한 수단인 동시에 자신들의 정부와 변별력을 갖기 위해 고안해 낸 이른바 이중적 식민지 지배 통치 전략이었다. 16세기에 도입된 이 새로운 전략은 이미 수적으로나 '문화적'으로도 열세일 수밖에 없는 소수의 정복자들이 다수의 피정복민을 통치하기 위해 선택한 수단이었다.

1549년 스페인 왕실은 원주민 까빌도 조직을 공식적으로 명령하면서 그들의 통치 전략인 '두 개의 정부' 정책을 본격적으로 정착시켰다. 스페인 정복자들이 고안해 낸 두 개의 정부 정책은 한편으로는 다수에 속하는 원주민에 대한 지배를 수월하게 하기 위한 것이었으며, 다른 한편으로는 스페인 백인 계통의 지배층과 엄격한 신분적 질서와 계급적 차이를 각인시키기 위한 것이기도 했다. 예를 들어, 원주민 공동체의 수장들을 일컫는 용어인 '카치케' 혹은 'principal(주요한)'을 사용하도록 한 것은 스페인 귀족들을 부르는 '세뇨르(señor)'를 사용하지 못하도록 하려는 의도였다(Melecio 2007, 40). 스페인 식민지 기간 동안 원주민들의 정부는 까빌도로, 스페인 사람들의 통치 정부는 시청(ayuntamiento)으로 부르며 각각 분리되어 운영되었다.

이처럼 원주민의 통치 기구였던 까빌도는 스페인의 식민지 통치 전략인 두 개의 정부를 구성하기 위해 반드시 필요했던 조직이었으며, 정복민들의 권위와 힘으로 복종시킬 수 있는 피정복민의 지배 그룹을 통해 마야 사회 전체를 관리하고 지배하기 위한 것이었다. 이를 위해 무엇보다 '시급'했던 것은 스페인 정복 초기 상당수 제거되었던 귀족(nobleza) 혈통을 다시 '부활'시키는 것으로, 까치께스(cachiques)와 프린시팔레스(principales)라는 지위로 식민 통치에 협조하고 있었던 귀족 혈통들로 하여금 원주민 카빌도를 구성하도록 장려하였다.

스페인 식민지 통치 전략인 '두 개의 정부' 정책으로 만들어진 까빌도는 원주민 사회의 자치적인 운영이나 권한을 부여하기 위한 제도와는 다른 것이었다. 식민지 시대 피정복민을 이용한 피정복민을 수탈하는 이중적인 착취 구조의 중요한 한 축을 이루었을 뿐이다. 펠라에스(Peláez 2013)는 '인디오들을 착취하는 인디오(el indio explotador de indios)'의 존재를 식민지 시기 부유한 인디오(indios ricos)들로 빗대어 표현하였는데, 이들 대부분은 당시 세금 징수를 담당했던 까빌도의 구성원들인 수장(alcalde)이나 원로(principales)들이었다. 이들은 권력 남용뿐만 아니라 스페인 통치 관료였던 꼬레히도르(corregidor)와 결탁하여 자신들의 부족 원주민들을 착취하는 데 앞장서기도 하였다. 또한 몇몇 역사학자들은 이들을 "원주민 갈취자들의 도당(camarilla de extorsionadores del pueblo)"이라고 표현하기도 하였다. 스페인으로부터 독립하는 19세기 이후 까빌도는 이제 알깔디아 인디헤나(Alcaldía Indígena) 혹은 원주민 시정부(Municipalidad Indígena)라는 이름으로 현재에 이르고 있다.

## :: 근대 국가의 국민, 원주민

스페인으로부터 독립하는 19세기 초 과테말라는 새로운 딜레마에 빠질 수밖에 없었다. 과테말라 사회는 최초 헌법이 지정되는 1825년 이후 실적 변화를 겪을 수밖에 없는데, '근대화' 이데올로기에 따라 과테말라 지배 계층은 이제 인구의 다수를 차지하는 원주민을 모두 '국민(ciudadanía)'화해야 하는 역사적 '사명'과 300년 동안 식민지 경제의 근간이 되어준 원주민의 노동력을 착취할 수 있는 '권리'를 동시에 만족할 수 있는 방안을 내놓아야 했기 때문이다. 즉 한편으로는 근대 국민국가의 '평등' 이데올로기를 내세우고, 다른 한편으로는 '무지'하고 '게으른' 원주민의 후견인(tutela)임인을 자처하며 식민지 경제의 기존 질서(status quo)를 유지해야 했던 것이다.

19세기 초반 근대 국가 형성 과정에서부터 끊임없이 제기된 원주민의 '처리' 문제는 과테말라의 급진적인 사회 · 경제 개혁이 시작되는 1945년에 이르러서야 처음으로 원주민의 '문제'로 언급되었을 뿐이다. 과테말라 정권이 바뀔 때마다 원주민에 대한 정책은 집권한 정치 세력의 이데올로기와 이해관계에 따라 변화되었으며, 원주민 시정부에 대한 태도도 이와 별반 다르지 않았다.

과테말라 독립 이후 약 100여 년 동안 지속된 보수파와 자유파 정권의 원주민 정책이 근대 국민국가의 틀을 다지기 위한 정치적 경제적 이해관계의 틈바구니에서 형성되었다면, 1944년 혁명 정부는 원주민들의 '문제(problemas indígenas)'에 집중하고 있었다. 1944년 혁명정부의 헌법에는 라디노와 원주민을 구별하지 않고 과테말라 최초로 '국민'이라는 용어로 통일하여 표기하였던 것이다.

혁명 정부 시기 원주민의 문제를 어떻게 인식하고 해결하고자 했는지는 1945년에 세워진 국립인디언협회(Instituto Indigenista Nacional)에서 다루어진 의제들을 보면 쉽게 짐작할 수 있다. 국립인디언협회(IIN)가 공식적으로 파악하여 발표한 원주민의 주요 문제는 다음과 같다. 첫째, 원주민들의 '낮은' 문화적 사회경제적 수준, 둘째, 그들의 '고립(aislamiento)'적인 경향, 셋째, 현재 과테말라의 지배적인 문화(de corte occidental)와는 너무나 다른 그들의 전통 문화를 고수하려는 태도 등이었다. 따라서 원주민의 문제를 해결하기 위해서는 '진보'적인 근대 서양 문명으로 동화되어야 한다는 것이었으며, 결국 '라디노'가 되어야 한다는 것을 의미하는 것이었다.

이는 결국 원주민이 과테말라의 근대적인 국가 체제로 얼마만큼 편입하느냐에 따라 그들의 물질적 생활 조건뿐만 아니라 사회경제적인 위치도 변할 것이라는 전제가 수반되는 것이었다. 혁명 정부가 원주민의 문제를 바라보는 시각은 여전히 지난 100여 년 동안 크리오요 독재 정권과 과두 세력이 원주민 '문제'를 다루었던 태도와 크게 다를 것이 없었다. '사회주의'식 '진보'적인 국가 개혁을 주장하며 정권을 잡은 혁명 정부도 지난 오랜 시간 보수파와 자유파 정권에 의해 만들어진 인종주의적 이데올로기의 무게를 극복하기에는 아직 많은 한계를 가질 수밖에 없었다.

과테말라 근대 국가 형성 과정에서 원주민의 존재는 항상 '문제'로 인식되었으며, 해결책은 언제나 이들의 '문명화'에 있었다. '법' 앞에 만인이 평등하다는 인류의 보편적 가치는 과테말라 원주민에게 적용될 수 있는 것은 아니었고, 이들은 다른 인종 집단으로 분리되어 다루어져 왔다. 전혀 다른 국가 이데올로기와 정책을 내세우며 과테말라를 지배 했던 정권들은 원주민의 정책에서만큼은 일관성 있는 모습을 보여주고 있었다.

한편 과테말라의 근대화 과정에서 지배 엘리트 계급들이 보여준 원 주민에 대한 이중적 태도는 1960년대 본격적으로 시작된 내전(interno conflicto)으로 큰 전환점을 맞이하게 되었다. 원주민이 참여한 내전은 지금까지 그들을 '국민'화 해야 하는 대상으로 여겼던 지배층의 태도 를 '안티인디헤나(antiindígena)'로 바꾸어 놓는 계기가 되었기 때문이다. 36년 내전은 1996년 유엔의 중재로 체결된 평화협정(Acuerdo de la Paz) 으로 종식될 때까지 약 20만 명이 넘는 희생자를 냈으며, 90% 이상이 마 야 원주민이었다. 오랜 내전의 상처와 전쟁 트라우마의 기억 역시 이들 이 감당해야 할 몫이 되었다. 공식 자료에 따르면 과테말라 내전 기간 동 안 진행된 대규모 학살(masacre)과 제노사이드(genocide) 성격의 민간인 학살은 총 626건에 달하고 있으며, 개인이 아닌 공동체를 대상으로 했 을 뿐 아니라 내전에 참여하는 정황이 없는 원주민에 대한 학살도 함께 자행되었음은 물론이다.

과테말라 근대사에서 원주민 운동이 정치적 행위자로서 등장하기 시작 한 것은 70년 이상 지속된 자유주의 독재 정권이 교체되는 1940년대 이 후부터라고 할 수 있다. 당시의 사회적 분위기는 이전과 다르게 원주민 에게 상대적으로 개방적이었고, 동시에 다양한 개혁 정책들이 도입되 는 시기였다. 특히 마야인들은 스스로의 정체성을 마야 '종족(pueblo)' 으로 규정하기 시작했으며 과테말라의 '국민(ciudadanía)'으로서 당당하게 권리를 요구하는 움직임이 태동하는 시기였다. 그러나 이 같은 분위기는 군부와 결탁한 과두 세력의 쿠데타로 이른바 혁명 정부였던 아르벤스(Arbenz) 정권이 무너지면서 새로운 국면을 맞이할 수밖에 없었다. 바로 과테말라 원주민 운동의 '급진화'이자 '정치화'가 되는 계기가 되었던 것이다.

1970년대는 비로소 마야 원주민들이 과테말라 사회에서 자신들의 요구와 권리를 주장하며 강력한 국가 권력에 직접적으로 맞서는 집단적 정치적 행위자(actor político)로 처음 등장한 시대였다. 과테말라 과두 지배 계급들은 언제나 착취와 수탈의 대상이었던 이들이 20세기 중반 이후 '적극적인' 정치적 행위자로 등장하는 현실을 받아들이기가 쉽지 않았을 것이다. 당시 원주민 세력이 조직화되는 양상은 과거 식민지 시기와 19세기 있었던 크고 작은 인디오 '반란'과는 질적인 차이가 있었으며, 이것이 바로 정부군에 의한 무자비한 진압과 학살이 자행될 수밖에 없었던 이유였을 것이다.

원주민 공동체에 대한 제노사이드와 민간 학살에 대한 군부의 무자비한 폭력이 절정에 이른 것은 1978년 루까스 가르시아(Lucas García) 정권부터 1983년 리오스 몬트(Ríos Montt) 정권 시기로, 1년이 조금 넘는 1979년부터 1981년 사이 10만 명 이상이 죽거나 실종이 되었다. 특히 루까스 가르시아 정권(1978-1982) 당시 마야 원주민 공동체를 대상으로 자행된 무차별적인 민간 학살과 폭력적인 제노사이드를 국제적으로 알리고자 약 30여 명의 마야 원주민 농민들이 과테말라 주재 스페인 대사관을 점령한 사건이 있었다. 이때 군부의 무자비한 대응으로 37명의 희생자를 내며 일단락되었으나 과테말라의 국가 이미지는 국제적으로 크게 실추되었으며, 스페인과는 5년 동안 국교 단절이라는 극단적인 외교 문제로까지 확대되었다. 결국 이 사건은 국제적으로 과테말라의 인권 유린 문제가 도마 위에 오르며 과테말라 군부를 압박하는 계기로 작용하여 1996년 평화협정으로 이어지게 되는 수순을 밟게 된다.


## :: 원주민 시정부의 '부활'


과테말라의 공식적인 평화 협상은 1991년 멕시코에서 열린 것을 시작으로 1993년까지 지속되었다. 하지만 이 기간 동안 기본적인 '민주주의' 원칙에 관한 합의만을 보았을 뿐, 여전히 인권 문제와 같은 예민한 의제에 대해서는 협의 방안을 찾지 못한 채 협상은 번번이 결렬되었다. 결국 내전의 평화협상은 1996년에 이르러서야 유엔의 중재로 겨우 마무리가 될 수 있었다. 비록 36년의 오랜 내전은 끝이 났지만, 과테말라의 고질적이고 모순적인 사회 구조의 급진적인 '개혁'만이 해결책이라는 믿음으로 무장투쟁에 가담했던 수많은 희생에 비하면 평화협상으로 얻어낸 결과는 다소 초라한 것이었다. 마야 원주민들은 이 협상을 통해 오직 '문화적' 권리만을 얻는 데 그쳤기 때문이다.

엄격히 말하자면 과테말라 내전 종식의 주요한 원인은 군부가 내전 상태를 지속하기 위한 이데올로기적인 '정당성'이 구소련의 해체로 인한 냉전의 종식과 함께 퇴색하면서 평화를 '종용'하는 국제 사회의 압력으로부터 자유로울 수 없는 상황이 만들어낸 결과였다. 오랜 전쟁 기

[사진 1] 과테말라 치치카스테낭고 시(市) 원주민 시정부 구성원(2013년)

간 소모된 국력으로 경제적 부담을 갖게 된 지배 계층이 더 이상 군부와 공조하기 어려웠던 국내의 상황을 감안하더라도 과테말라 내전 종식의 일등 공신은 국제 사회의 '압력'이었다고 해도 과언이 아닐 것이다.

이후 과테말라의 마야 원주민들은 NGO 단체나 국제 협력 기관 등의 지원을 받으며 원주민 운동과 문화 회복이라는 슬로건 아래 국제 사회의 관심과 적극적인 지지로 성장할 수 있었다. 이처럼 당시에 형성된 국제 사회의 환경이 원주민 시정부 제도의 부활이라는 부분적 '성과'를 만들어낼 수 있었던 과테말라 국내 조건의 기반이 되었다고 할 수 있다.

1996년 평화협정은 마야 사회의 전통이나 언어 등과 같은 문화적 권리를 인정하는 수준에 그쳤을 뿐 원주민들의 삶을 실질적으로 개선시킬 수 있는 개혁이나 과거 내전의 희생자들에 대한 진실 규명 등에 대한 문제는 여전히 해결되지 않고 있다. 이 같은 상황에서 2002년 원주민 시정부 제도가 부활되었다. 형식적으로는 원주민의 전통, 관습, 언어를 포함하여 자치권을 보장하기 위한 목적이었다.

평화협상의 과정에서도 드러났듯이, 과테말라 군부를 비롯한 지배 엘리트 계층은 원주민의 권리를 인정하는 문제에 대해서는 여전히 보수적인 입장이었고 소극적인 자세로 일관하였다. 내전은 종식되었으나 여전히 원주민의 권리가 보장될 수 있는 국가 차원의 제도적 마련은 여전히 미흡하였다. 과테말라 국가 제도권 내에서는 여전히 불완전한 '합법적' 보장만을 받고 있을 뿐 충분한 재원이나 예산 지원을 받을 수 있는 조건이 마련되지 않았기 때문이었다. 따라서 과테말라 원주민 운동은 국제 NGO 단체나 국제 협력 기관의 관심과 지원이 불가피할 수밖에 없었으며, 마야 문화 회복 운동이라는 국제적 관심과 지원 없이는 운동의 동력을 찾기란 쉽지 않은 일이었다.

그런데 2002년 원주민 시정부(Alcaldía Indígena)를 합법적으로 인정하는 지방자치법(Código Municipal) 법령 12-2002(Decreto 12-2002)이 발표가 되었다. 물론 1996년 평화협정 체결이라는 국제적 '구속력'이 없었다면 원주민의 정치적 '참여'에 대한 권리를 제도적으로 마련하는 것은 쉽지 않은 일이었을 것이다. 이 조치의 제55조 조항에 따라, 과테말라의 시정부(Municipalidad Oficial)는 "원주민 시정부의 고유한 방식의 행정 기능을 인정하고, 존중하며, 권장해야 한다"고 밝히고 있다.

하지만 원주민 시정부가 '합법적' 인정을 받았다고는 하나 법적 해석의 문제와 현실적으로 적용 가능성에 대한 논란 등 여전히 적지 않은 논쟁들을 불러일으키고 있다. 과테말라 전문 법률 연구가 로페스(López 2008)는 "과테말라 정부는 평화 협정문을 제대로 준수하고 있다는 보고서를 제출하기에 급급한 나머지 원주민 시정부의 합법화에 대한 제도적 절차나 그 의미에 대해 제대로 이해를 하지 않은 채 법을 통과시켰다"고 강하게 비판하기도 하였다. 뿐만 아니라 법이 보장하는 '참여'와 '지방 분권'의 법률적 해석들이 오류와 모순으로 가득 차 있어 이 법률에 대한 시정이 시급하다고 지적하고 있다.

한 예로 치치카스테낭고 시(市)에서는 원주민 시정부를 의미하는 개념으로 'Alcaldía Indígena' 대신 'Municipalidad Indígena'로 자신들의 법적 지위를 주장하고 있으며, 이는 라디노들에 의해 구성된 시정부와 대등한 위치를 갖기 위한 것으로서 자신들의 조직만이 과테말라에서 유일하게 'Municipalidad'이라는 이름으로 기관을 대표하고 있다고 강조하고 있다. 그 외 다른 시에서는 원주민 시정부를 여전히 'Alcaldía Indígena'라는 이름으로 부르고 있으며, 이는 "라디노 시정부와 동등한 관계가 아닌 하위 개념에 속하는 기구로 원주민 시정부를 분류하려는 의도가 담긴 것"이라고 설명하였다.

이와 같이 2002년 원주민 시정부가 합법적으로 제도화되었다고 하지만 여전히 법령 해석의 문제들로 인해 많은 혼란을 일으키는 것 또한 사실이다. 오초아(Ochoa 2013)는 지방자치법 법령 56조와 58조에 대해, "원주민 시정부는 (원주민) 커뮤니티를 대표하는 기관으로서(여전히 '정부(gobierno)'의 성격을 갖는 것으로는 볼 수 없지만) 지역의 전통, 관습이나 관례에 따라 운영하는 것을 인정하는 조항은 '정부'의 기능을 가능하게 하고 있다"라는 '모호한' 해석을 하기도 하였다. 이처럼 원주민 시정부의 법적 지위와 실효성에 대한 문제는 여전히 산재해 있으며, 과테말라 현실에 실질적으로 가능한 법적 기능인가에 대한 논란도 많은 것이 사실이다.


## :: 원주민 시정부 제도 부활의 사회정치적 함의

계급간 이념적 갈등이든 오랫동안 축적된 모순적인 사회 구조가 만들어낸 비극이었든 과테말라 근대사에서 36년 내전은 여전히 끝나지 않은 전쟁이다. 내전의 근본적 원인이었던 불평등한 사회경제 구조는 크게 변한 것이 없으며, 내전이 야기한 전쟁의 상처들만이 과테말라 사회를 지배하고 있는 듯하다. 과테말라 통계청에 의하면 인구의 약 41%가 원주민들이라고 밝히고 있지만, 범미보건기구는 인구의 66% 이상이 원주민이라고 말하고 있다. 과테말라 사회에서 원주민 인구가 차지하는 비율이 40%이든 60%이든 중요한 것은 원주민들의 인구 비중이 아니라 그들이 과테말라 사회에서 차지하고 있는 사회적·정치적 위치의 현주소일 것이다. 과테말라 통계청의 발표를 인용했을 때 원주민 인구의 약 74%가 빈곤층이었으며, 이중 20% 이상이 극빈층을 차지하고 있다. 더욱이 2013년과 2014년 사이 과테말라 주요 일간지 사회 1면과 칼럼에 빠짐없이 등장했던 것이 영양실조로 인한 사망사고 관련 기사들이었다.

[사진 2] 과테말라 마야 키체족 원주민의 전통 의식(2014년)

　이처럼 과테말라 사회에서 원주민 계층이 대면하고 있는 사회적 현실은 여전히 차별적이고 소외된 집단으로, 더럽고, 폭력적이며 편협하고 저열한 문화를 가진 '인종'이자, 동시에 신비로운 마야 문명과 문화, 전통을 담지하는 '종족'으로서 존재하고 있는 것이다. 과테말라 사회의 마야 원주민에 대한 이 같은 이중적 삿대는 한편으로는 사회적 차별과 배제를 정당화하는 기제로 작용하고 있으며, 다른 한편으로는 '찬란한' 마야 문명과 문화를 국가 이미지화하는 전략으로 나타나기도 한다. 과테말라의 지배 계층은 마야 문화를 국가 이미지화하는 전략으로 삼고 있지만, 정작 마야 원주민들은 여전히 과테말라 지배 계층이 인정할 수 없는 인종으로 인식하고 있는 것 같다. 이 같은 사실이 2002년 원주민 자치 기구로서 제도화된 시정부의 존재만으로는 과테말라 원주민의 객관적인 사회적 조건을 변화시킬 수 있는 근본적인 해결책이 될 수 없는 이유이기도 하다.

일각에서는 스페인 통치 시기부터 현재까지 시대에 따라 변화를 겪으며 명맥을 유지해 온 원주민 시정부의 생존 전략이 원주민 공동체의 문화와 전통을 지금까지 유지하는 데 기여를 했다고 주장하기도 한다. 하지만 원주민들'만'의 원주민들을 위한 시정부가 과테말라 사회에 존재하는 계층간 갈등을 넘어설 수 있게 하는 동력이 될 수 있을지는 여전히 미지수다. 오히려 마야 원주민의 '어설픈' 로컬 정부의 제도화는 그들의 정체성을 고려하지 않은 국가 제도권 내 정치적인 편입에 불과할 수 있다는 점을 간과할 수 없다.

과테말라 근대사에서 마야 원주민들은 자신들의 인종적 정체성이나 문화가 온전하게 인정되었던 적은 없었던 것 같다. 과테말라를 대표하는 문인이자 노벨문학상 수상자이며, 마야 문화의 대변자로 알려진 미겔 앙헬 아스투리아스(Miguel Ángel Asturias)조차도 마야 원주민의 객관적 처지를 개선시킬 수 있는 방법을 혼혈(mestizaje)에서 찾고자 하였다. 뿐만 아니라 현재 과테말라 정부의 광산 및 댐 건설과 같은 메가 프로젝트를 추진하는 신자유주의 발전 모델은 원주민 공동체들의 삶의 방식과 터전을 위협하고 있으며, 이에 저항하는 많은 원주민 단체의 활동가나 주민들이 테러와 폭력의 대상이 되고 있다.

비록 평화협정 체결은 과테말라 원주민 문제를 해결하는 데 있어 국제적 구속력을 높였고 당시 성장하던 원주민 운동의 동력이 시정부의 합법화를 가능하게 한 것은 사실이다. 그러나 이것이 과테말라 지배 엘리트 계층의 의도를 반영한 '성과'로 이해하거나, 과테말라 정부가 다문화주의를 적극 수용하여 마야 원주민 공동체의 자율적 통치권과 그들의 문화, 관습, 전통 등을 보호하고 보장하기 위한 유용한 제도적 장치가 되었다는 판단을 하기에는 아직 이르다. 원주민 시정부 제도의 법률적 오류나 내용적으로 미흡하다는 것을 논외로 치더라도 이 제도의 부활에 대해 '화합'과 평화로운 '공존'을 강조한 메히아(Mejía 2004) 관점의 분석은 원주민 시정부 제도와 같은 이중적인 로컬 정부의 구조는 식민지 시기 피정복민에 대한 지배를 수월하도록 만든 통치의 수단이었다는 점을 간과하고 있다.

스페인 식민지 당시 정복민과 피정복민 간의 계층 간 차별을 구조화하기 위해 고안해 낸 두 개의 정부(Dos Repúblicas) 전략이 21세기 과테말라 사회에서 재현되어야 하는 필연성이 무엇인지 우려되는 대목이다. 게다가 비록 평화협정 체결은 마야 원주민의 권리와 문화를 보호한다는 텍스트를 얻어냈지만, 과테말라 사회에서 마야 원주민의 현실은 여전히 차별받고 소외되어 있는 계층이다. 이 같은 상황에서 원주민 '단독'의 시정부 제도의 부활로 얻은 법적 권한은 여전히 '문화적 권리'에 국한되어 있다는 것이다. 과테말라 사회로의 제도적 통합이 아니라 거꾸로 국가로부터의 '고립'을 자초하는 역설에 처하게 될지도 모를 일이다.

# 제5장

# 브라질의 연립대통령과
# 의회의 정치권력

김영철

## :: 브라질 대통령의 성공 조건

브라질은 지난 2년간 정치적 혼란이 계속되었다. 그동안 정치는 딜레마, 탄핵, 부정부패 스캔들, 의회, 쿠데타 등의 단어로 설명될 수 있을만큼 큰 소용돌이가 일었고 그 결과 미셸 테메르(Michel Temer) 부통령이 딜마 호세프(Dilma Rousseff) 전대통령에 이어 대통령직을 승계했다. 이런 소용돌이는 정부 여당인 노동자당(PT)과 정당연합이 붕괴되고 의회 내의 정당연합의 변화로 이어졌다. 결국 연립정부 붕괴가 대통령 탄핵으로 이어지는 데 결정적인 역할을 했다. 1992년에 부정부패 스캔들로 탄핵 정국을 맞이했던 페르난도 콜로르(Fernando Collor de Melho) 전대통령도 의회 내의 정당연합의 변화로 인해 탄핵이 가결되었다. 이와 같이 민주화 이후 탄핵은 공통적으로 부정부패 스캔들로 촉발되어 정당연합이 붕괴되는 과정을 거치면서 부통령이 정권을 승계하는 '탄핵 정국 정치 전통'을 만들었다. 또한 이러한 정치 변혁이 부정부패 스캔들 때문에 촉발되었다는 점에서 후진 정치라는 비판을 받는다.

그러나 탄핵 과정 전체가 헌법이 정하는 절차에 따라 민주적으로 진행되고, 탄핵 이후 정권 인수 과정도 법률에 근거해서 이루어졌다는 것은 최소한 절차적·제도적 민주주의가 안정화 단계를 거쳐 성숙한 민주정치 체제로 자리매김하고 있다는 것을 보여준다. 탄핵 과정에 당사자인 대통령이 직접 개입해서 해결하거나, 국민들의 의사가 직접적으로 전달되지 못하는 의회에서 의원들의 정치적 타협과 협상으로 의회 표결이 진행되었기 때문에 딜마 전대통령이나 일부 남미 정치인들이 의회 쿠데타(parliamentary coup)라고 주장하기도 한다. 브라질과 같이 과반수 의석을 차지하기 어려운 상황에서 특정한 정당이 탄핵을 주도하기는 매우 어렵다. 그렇기 때문에 의회 내에서 정치적 타협은 정치를 안정화시키는 데 있어 필수적인 요건이기도 하지만, 정치적 타협을 잘 이끌어내지 못하면 정치 혼란은 가중될 수밖에 없다. 대신에 정치적 타협은 헌법이 정하는 제도와 절차 내에서 이루어져야 한다.

그래서 대통령의 성공 여부는 의회의 협력 여부, 관료제 추동 여부, 대중적 지지에 의해 결정된다고들 한다. 브라질과 같이 선거에서 과반수 이상을 차지하지 못하는 구조에서 의회의 협력 여부는 국정 운영에 있어서 결정적인 요소라고 할 수 있다. 민주화 이후 대통령은 안정적인 국정 운영을 위해서 정당연합을 기반으로 연립정부를 구성해 왔다. 따라서 정당연합의 붕괴는 곧 행정부의 통치력 부재로 이어진다. 딜마 전대통령의 경우에는 브라질민주운동당(PMDB)를 비롯한 많은 다른 정당 소속의 정치인들을 행정 부처 장관에 임명했다. 이것 때문에 대통령을 중심으로 한 행정부가 탄핵 정국에서 관료들을 효율적으로 추동하기 어려웠다. 통치 구조가 흔들린 것이 탄핵의 결정적인 원인이라면 배경에는 부정부패 스캔들, 인프라 부족, 물가상승에 불만을 가진 시민들의 저항이 또 다른 측면이라고 할 수 있다.

그동안 민주화 이후 브라질 정치에 대한 평가는 다양하게 진행되었다. 민주화 초기에는 낮은 통치 능력으로 인한 불확실성 때문에 비관주의였고, 1990년대 중반 이후 대통령의 권한 강화와 입법 절차의 집중화를 거치면서 낙관주의적인 평가로 전환되었다. 그러던 것이 2010년을 기점으로 브라질 정치에서 가장 허약하다고 비판받던 정당 정치가 정당연합의 성공적인 안착으로 매우 긍정적으로 보였다. 사실 다당제 대통령 시스템이 정치 불안의 가장 큰 원인이라는 지적이 있었다. 또한 리츠(Linz), 메인워링(Mainwaring), 슈가트(Shugart)와 캐레이(Carey)는 행정부의 통치 능력 부재가 문제일 수 있다고 지적했다.

이와 같이 여소야대의 정치 환경에서 어떻게 안정적인 수준을 유지하고 있는가를 밝히는 데 주력했는데, 아모림 네토(Amorim Neto)는 연립정부 구성의 수단인 정부 부처 장·차관의 효율적 배분이었다고 강조했다. 이에 대해 페레이라(Pereira)는 대통령이 통치력을 높이기 위해 포크 배럴(Pork Barreling)를 효과적으로 사용했다고 평가했다. 세부브(José Antonio Cheibub)는 대통령과 의회의 관계를 제도적인 측면에서 분석했는데, 대통령이 지니고 있는 입법권이 의회를 장악하는 데 결정적인 요인이었다고 보았다. 이를 뒷받침하듯 타케오(Takeo Hiroi)는 대통령과 의회의 관계가 대통령과 국민과의 관계보다 딜마 전대통령의 거버넌스에 더 크게 작용했다고 주장한다. 이러한 연구들은 브라질의 제왕적 대통령제, 연방주의, 다당제, 양원제와 비례대표제가 정치적 안정과 발전에 어떻게 작용하고 있는가를 설명하고 있다. 위의 논의들을 탄핵 과정에 대입해서 분석해 보면 연립대통령의 정치적 성공은 의회와 어떤 관계를 설정하는가가 매우 중요하다는 것을 알 수 있다.

## :: 브라질의 연립대통령제와 의회의 권력

### (1) 연립대통령제의 권력과 협상력

전 세계 국가들의 정부 형태는 대통령제, 의원내각제, 이원집정제, 왕정제 등으로 구분된다. 대통령제는 고전적 권력 분립사에 입각하여 통치 기관의 조직 및 기능의 분리와 권력에 대한 견제·균형의 원리를 충실히 실현시키기 위한 정부 형태를 의미하기 때문에 통치 기구의 조직, 활동, 기능상의 독립성이 최대한 보장되는 권력 분립주의의 실현 형태이다. 이런 관점에서 보면 의원내각제는 상호 의존적(mutual dependence)이고, 대통령제는 상호 독립적(mutual independence)이다. 이런 차이점이 행정부와 입법부 권력 관계를 특징짓는다. 그리고 이러한 관계는 헌법이 정하는 범위 내에서 결정된다. 즉, 상호 의존성은 정의한 체제 내에서 헌법적 한계성과 협력이 결정되고, 상호 독립성은 정의한 시스템 내에서 초헌법적 행위와 대립을 발생시킨다.

양현모와 박기관은 대통령제의 네 가지 특징을 정의하고 있다. 첫째,

의례적 권력과 정치적 권력이 융합되어 있다. 즉 대통령은 단독 집행권자이면서 동시에 국가의 원수이다. 둘째, 입법부와 행정부는 분리됨에 따라 의원과 각원은 상호간에 겸직이 금지된다. 셋째, 내각은 연대적 책임을 지지 않는다. 내각은 대통령에 대한 개인적 고문들인 각원들로 구성되고, 이들 각료들은 대통령에 대해 개별적으로 책임을 지며 대통령을 통해서만 국민에게 책임을 진다. 넷째, 행정부 수반은 일정한 임기를 보장받는다. 대통령제 정부 형태란 의회와 대통령이 모두 정치의 중추 기관으로서 상호 독립과 공화(즉 견제와 균형)를 그 구조적 · 제도적 특징으로 하는 정부 형태일 뿐이다. 따라서 대통령은 독립적인 권력을 지닌 헌법 기관이다.

브라질은 1889년 미국 헌법에 기초한 공화제 헌법을 수용하면서 대통령제를 도입했다. 브라질의 대통령제는 과두 체제, 독재 체제, 민주 체제와 군부 독재 체제를 거치면서도 120년이 넘는 기간 동안 유지되었다.[1] 현재 대통령제는 민주화 이후 제정한 1988년 헌법이 기본 틀이고, 매우 강한 사전적 권한과 사후적 권한을 가진다. 부분적 법안 거부권(partial veto), 포고권(decree power), 긴급 법안 요구권(bill urgency requests)과 예산권(exclusive initiative on budgetary) 등의 특권을 지니고 있다. 사후적 권한은 입법부가 통과시킨 법안에 대한 대통령의 법률안 거부권이다. 1988년 헌법 제66조 제4항은 이 요건을 완화해 양원합동회의의 재적 과반수 이상의 찬성으로 재의결할 수 있도록 했다. 의회가 재의결권

---

1  1889년 공화 혁명을 통해 공화정이 들어설 때 미국의 헌법에 기초해 행정부, 입법부와 사법부를 구분하면서 연방제와 대통령제를 도입했다.

행사를 용이하게 할 수 있게 됨으로써 대통령의 거부권 행사가 상당 부분 무력화되었다.

사전적 권한은 대통령의 명령제정권을 의미한다. 1988년 헌법 제84조는 대통령에게 명령제정권을 부여하고 있다. 또한 대통령은 의회의 입법 질차와 무관하게 국가의 의제를 설정할 수 있게 되어 있다. 헌법 제62조는 대통령이 중요한 위기 상황 시 긴급명령권을 행사할 수 있도록 하고 있다. 이는 법률과 동일한 효과를 가지며 하원의 사후 승인을 60일 이내에 얻어야 한다.

헌법적인 측면에서 보면 브라질 대통령은 제왕적 권력을 지니고 있지만, 민주화 이후 대통령은 연립정부를 구성해야만 입법부와의 관계를 원활하게 형성할 수 있었다. 따라서 어떤 연립내각을 조직하고, 어느 수준까지 정책적 공감대를 형성하고 있는가가 대통령의 정책 성공을 달성하는 데 매우 중요한 요소였다. 즉, 다른 정당 의원들이 행정부에 많이 입각해서 연립도의 객관적인 지표는 높을 수 있었지만, 정책적 공감대가 높다거나 연립도의 질적인 수준이 높지 않아 정책 추진에 어려움이 있었다는 것이다. 또한 초기에는 제왕적 대통령제가 권위주의 체제로 회귀할 위험성, 길지 않은 다당제 경험 그리고 협치보다는 일방적인 통치 경험 등이 연립정부를 구성하고 유지하는 데 장애 요인이었다.

이와 같은 민주화 초기 상황은 대통령제와 다당제의 양립 가능성에 대한 의구심이 많았다. 동시에 대통령제, 다당제와 양원제가 공존하는 정치 환경에서 정치 안정과 성공적인 정책 추진을 위해 선택한 것이 연립대통령제(Presidencialismo de Coalizão)라고 할 수 있다. 세르지오 아브란시스(Sérgio Abranches)는 이와 같이 대통령제, 다당제, 양원제와 여소

야대의 환경에서 형성된 브라질만의 독특한 대통령제를 연립대통령제
로 규정했다.

> "브라질은 조합된 비례제, 다당제, 제왕적 대통령제 외에 거대한 연립에 토
> 대를 둔 행정부를 조직하고 있는 유일한 국가이다. 나는 이러한 독특한 브라질
> 의 제도에 적절한 용어가 없어서 연립대통령제(Presidencialismo de Coalizão)
> 라고 부른다."라고 정의한다.

이미 제2공화정 기간인 1946년에서 1965년까지 다른 정당 정치인을
부처 장관에 임명하는 연립정부를 경험했다. 당시 연립내각 구성은 다
당제 대통령제에서 가장 중요한 기능이었다. 이런 경험에 근거해서 정
당과 지역을 우선적으로 고려하여 통치 가능성(governabilidade)을 높이
기 위해 다수 의석을 확보한다. 필요에 따라서는 정당 간의 연합이 임시
적(ad hoc)으로 이루어지기도 하고 지역 정치를 고려해서 후원주의적
(clientelista)으로 직책과 재원을 배분하기도 한다. 이 과정에서 대통령이
연립을 구성하는 주체가 되지만 정당연합에 속한 구성원들의 합의에
따라 내각은 순차적으로 바뀌게 된다. 이렇게 만들어진 정당연합은 내
부의 불만과 갈등이 고조되면 행정부의 통치력과 정책 추동력은 사라
지고 심지어 권력투쟁으로 이어질 수 있다.

이와 같은 브라질의 '제도적 딜레마(Brazilian Institutional Dilemma)'는
연립정부 형태를 헌법에 어떻게 규정할 것인가라는 문제와 다수결 원
칙의 정치 체제와 합의제인 대의제를 어떻게 정책 결정 과정에 효과적
으로 통합시킬 것인가라는 문제이다. 제도적 딜레마는 아이러니하게도

1980년대 사회 집단들이 새로운 민주적인 규칙을 수용하지 못한 상태에서 대통령제, 연방제, 양원제, 다당제와 비례대표제가 또다시 권위주의 정권의 등장으로 이어질 수 있다는 위험성에서 비롯되었다. 대부분의 국가에서 민주화 초기에는 자국의 정치 제도와 상황에 대한 우려와 선진 민주주의 국가들의 제도와 경험에 비추어 허약하다는 입장과 새로운 도전에 직면해 있다는 위기 의식이 동시에 나타난다.

브라질도 민주화된 국가들과 마찬가지였으며, 2007년 이후 브라질의 민주주의가 안정적인 수준임을 인식했다. 동시에 브라질 민주주의가 선진 민주주의와 동일한 수준에 진입했다는 측면에서 특수성을 강조하던 이전과 달리 보편적인 민주주의의 가치를 추구했다. 그러나 브라질 헌정 체제가 규정하고 있는 선거 제도, 정당 체계 등 정치 제도들의 부조응성은 입법 과정에서 견제와 균형이라는 민주적 운영 원리보다 거래와 협상이라는 비민주적 결과를 양산할 수 있는 환경을 제공하고 있다. 의회에서 연립정부의 구성원이 아닌 의원들도 의사진행 방해, 거부권 행사와 야당 연합을 통해서 얼마든지 입법 과정을 방해할 수 있다. 이런 과정 때문에 대통령이 절대 권력을 지니고 있다 하더라도 의회와의 관계에서 특정한 영역에서 취약할 수 있는 구조이다.

## (2) 브라질 의회와 의결권

의회주의는 국민에 의해서 선출되는 다수의 의원으로 구성되는 합의체 의사결정 기관인 의회가 국정 운영의 중심 기구로 기능하여야 한다는 정치 원리이다. 즉, 국가의 중요 정책 특히 국민의 기본권을 제한

하거나 국민에게 부담을 지우는 정책은 국민에 의하여 선출된 의원으로 구성된 의회에서 결정되어야 하고, 결정된 정책의 집행을 의회가 통제·감시하여 의회가 국정 운영의 중심이 되어야 한다는 정치 원리를 의미한다. 이런 논리는 대통령제가 지향하는 국정 운영 책임론과 상당 부분 마찰을 빚고 있는 부분이다.[2]

브라질은 양원제를 오랫동안 채택하여 운영하고 있다.[3] 양원제의 장점은 첫째는 입법상 합의 과정이 둘로 나누어져 있으므로 신중하게 처리할 수 있다. 객관적으로 볼 때 부적절한 사안임에도 불구하고 하원에서 가결되었을 경우 상원에서 거부권을 행사하거나, 반대로 하원에서 부결된 사안을 상원에서 통과시키거나 혹은 가결할 것을 촉구하는 등 여러 단계로 처리할 수가 있다. 둘째, 연방제의 경우 각 주(州) 등 지방 자치 단체의 주권을 대변하는 데 큰 도움이 된다. 인구 면에서 작은 주라고 해도 다른 의회에서 일정 비율의 의원을 배출할 수 있기 때문에 각 주의 의견을 대변할 수 있는 것이다. 셋째, 하원의 파행적인 운영을 방지하고, 하원의 극단적인 우경화나 좌경화 같은 비정상적인 행태를 견제할 수 있으며 이를 통해 국가의 안전을 보장하는 역할을 한다. 넷째, 내각제 국가의 경우 입법권과 행정권을 모두 의회가 장악하기 때문에 삼권분

---

2 의회주의는 국민에 의하여 선출된 대표자로 하여금 국민을 대신하여 국가 정책을 결정한다는 대의민주주의 실현 기능, 민주주의 실현 기능, 국민 통합 기능과 국정 통제 기능, 권력분립 원칙 실현 기능 등이 있다. "제2절 의회주의원리", http://www.kangwonlaw.ac.kr/board_download.asp?boardCode=material01&boardnumber=256(검색 일자, 2017. 5.13)

3 양원제의 유형은 제2원(상원)의 구성과 성격에 따라 보수적 양원제와 민주적 양원제로 대별된다. "양원제", http://m.blog.daum.net/jongwon111/15681618(검색 일자, 2017. 5.13)

립이 깨지고 의회의 권력이 과도해진다. 양원제를 통해서 권력을 분산시킬 수 있게 된다. 브라질은 각 주에는 하원, 각 지방에는 시의회를 구성하고 있다. 하원은 각 주와 연방자치구에서 비례대표제에 따라 선출되며 총수를 법률로 정하고 있다. 각 주와 연방자치구를 대표하는 의원의 수는 선거가 있기 직전 해의 인구에 따라 법률로 정하며 어떤 선거구도 8명에 미달하거나 70명을 초과해서는 안 된다. 의회에서 법안이 통과되기 위해서는 보통법은 과반수의 찬성, 보충법은 절대 과반수 찬성, 헌법수정안은 5/3의 찬성을 얻어야 통과되는데 민주화 이후 어떤 정당도 과반 의석을 차지하지 못했다. 결국 대통령이 입법에 성공하려면 상당한 의석을 차지해야 하고 그 과정에서 성격이 다른 정당과도 연합해야 하는 상황이 발생하기 때문에 연립정부 내의 이질성이 매우 높아진다고 할 수 있다.

[표 1]은 지난 2014년에 실시한 선거 결과에 따라 딜마 정부와 테메르 정부의 정당연합을 비교한 것이다. 브라질 하원은 전체 513석으로, 딜마 2기 정부의 노동자당은 70석을 차지하고 있는데 전체 하원 의석의 14%에 불과하다. 이런 정도의 의석으로는 정책 추진에 필요한 법안을 통과시키는 것이 거의 불가능하다. 결국 안정적인 국정 운영을 위해서는 과반수 이상의 의석이 필요한데, 현행 선거 제도로는 과반수 의석을 확보하지 못하기 때문에 선거 과정에서 정당연합을 구성한다. 2014년 선거에서 딜마 대통령과 테메르 부통령은 9개 정당으로 '국민의 힘(a Força do Povo)'이라는 연합을 구성해 의석을 304석으로 늘렸다. 정당연합을 통해 국정 운영에 필요한 의석은 확보했으나, 정강과 정책을 달리하는 9개의 정당이 참여함으로써 정당연합 내부의 이질성이 매우 높아졌고, 동시에 정부 여당의 정책적 일관성을 유지하기 어려워졌

다. 또한 행정부를 운영하는 과정에 발생하는 대립들을 해결하는 조정 과정이 훨씬 다층적인 구조를 지니면서 정책 결정 과정에 상당한 노력을 소모하게 되었다.

**[표 1] 딜마 정부와 테메르 정부의 정당연합**

| 정부 | 여당 | 2014년 | | 2017년 | | 정당 | 정부 |
|---|---|---|---|---|---|---|---|
| | | 하원 | 상원 | 하원 | 상원 | | |
| 딜마 정부 | 노동자당(PT) | 70 | 12 | 54 | 10 | PSDB | 테메르 정부 |
| | 브라질 민주운동당 (PMDB) | 66 | 18 | 66 | 18 | PMDB | |
| | 민주사회당(PSD) | 37 | 3 | 37 | 3 | PSD | |
| | 진보당(PP) | 36 | 5 | 36 | 5 | PP | |
| | 공화당(PR) | 34 | 4 | 34 | 4 | PR | |
| | 브라질공화당(PRB) | 21 | 1 | 21 | 1 | PRB | |
| | 노동민주당(PDT) | 19 | 8 | 8 | 1 | PV | |
| | 사회질서공화당 (PROS) | 11 | 1 | 34 | 7 | PSB | |
| | 브라질의 공산당 (PCdoB) | 10 | 1 | 25 | 3 | PTB | |
| | | | | 10 | 0 | PPS | |
| | 소계 | 304 | 53 | 325 | 52 | | |

자료: 위키피디아 재구성

딜마 행정부와 테메르 행정부의 정당연합 구성을 살펴보면 의회의 표결권이 얼마나 큰 영향을 미치는지 알 수 있다. 딜마 행정부와 테메르 행정부는 공통적으로 브라질민주운동당, 민주사회당, 진보당, 공화당과 브라질공화당이 연립을 구성하고 있어서 194석은 변함없이 동일하다. 브라질민주운동당은 테메르 대통령 소속 정당이기 때문에 함께 움직이는 것이 당연하지만 나머지 정당들은 정치적 계산에 따라 정당연합을 옮긴 것이다. 반면, 딜마 전대통령의 노동자당과 이데올로기적인 유사성을 지닌 좌파 정당인 노동민주당과 브라질의 공산당만은 테메르 정부의 정당연합으로 이동하지 않았다. 두 행정부 간의 의석 차이도 21석에 불과한데도, 탄핵 표결에서는 찬성 367표, 반대 137, 기권 7, 불참 2표로 가결되었다.[4] 이런 결과가 나온 것에는 탄핵 정국의 전체적인 분위기, 개인적인 정치적 성향 등의 여러 가지 요인들이 있겠지만, 정당 차원에서 보면 정책적·이데올로기적 확장성이 결정적인 영향을 미쳤다. 브라질 정당들은 대부분이 정강과 정책이 다소 모호한 경우가 많을 뿐 아니라 보수적인 경향을 띠고 있다.

하원에서와 마찬가지로 상원에서도 동일한 결과를 찾아볼 수 있다. 이런 과정에서 딜마 전대통령이 정치권력을 유지하기 위해서는 정당연합의 결속력을 높이고, 연합에 속하지 않는 다른 정당들을 확보해야 하는데 충분한 정치적 리더십과 협상력을 보여주지 못했다. 또 하나는 이미 2014년 대통령 선거에 대통령과 부통령으로 출마해 동일한 연합 속에 있었던 것도 위험을 회피하는 데 어려운 요소로 작용했다.

---

4  딜마 전대통령의 탄핵 투표 결과에 대해서는 "A votação do impeachment na Câmarah", http://especiais.g1.globo.com/politica/2016/processo-de-impeachment-de-dilma/a-votacao-do-impeachment-na-camara/(검색 일자, 2017. 5.12.) 참조.

이와 같이 의회의 의결권은 정치 전체를 바꿀 수 있는 힘을 지니고 있다. 의원 개인이 가진 의결권이 영향력을 지니려면 앞에서 언급한 것처럼 최소한 전체 의석의 과반수를 확보해야 한다. 다당제와 선거 제도의 특성상 어떤 정당도 과반수를 차지할 수 없기 때문에 정당연합을 통해 내각을 구성하고 의회에서 안정적인 기반을 확보하지만 정당연합 내의 정치적 대립이 발생하면 행정부의 운영도 어려워지고, 입법부의 법안 통과도 거의 불가능해지기 때문에 대통령은 통치력을 거의 상실하게 된다.

## :: 연립대통령과 의회의 협상 수단

### (1) 내각 분배를 통한 연합

행정부가 의회에서 정책 결정, 입법화와 헌법 개정 등의 아젠다를 실현하는 데 필요한 의석을 확보하지 못하면 추진하고자 하는 정책이나 입법 과정이 지나치게 길어지거나 혹은 거부되는 경우가 많이 발생하여 원활한 정책 실현이 어려워진다. 이런 문제들을 극복하기 위해 먼저 선택하는 것은 연립정부를 구성하는 것이다. 따라서 정부 여당과 정치적 목적을 같이 하는 정당과 어떻게 연합을 구성할 것인가가 매우 중요하다.

연립정부는 기본적으로 다른 정당 정치인들이 정부 부처에 입각하는 것을 전제로 한다. 행정부 입각은 브라질 정치인들에게 활력소(fluido vital)이며 많은 정치인들이 높은 가치를 두고 있다. 부처 장관이 되면 정책 결정과 포크 배럴(Pork Barell)에 접근하기가 더욱 용이해진다. 때문에 연립정부는 입법의원들에게 지지를 받는 대가로 공기업과 장차관직을 공매하는 것으로 표현하기도 한다. 또한 선거에 패배했거나, 정당 권익을 위해 희생한 사람들에게 보상으로 제공하기도 한다.

**[표 2] 미셀 테메르 행정부의 내각 구성**

| 부처 | 장관 | 정당 |
|---|---|---|
| 농업, 목축 및 공급부 | Blairo Maggi | PP |
| 도시부 | Bruno Araújo | PSDB |
| 과학, 기술, 혁신과 커뮤니케이션부 | Gilberto Kassab | PSD |
| 문화부 | Roberto Freire | PPS |
| 국방부 | Raul Jungmann | PPS |
| 사회 발전과 농지부 | Osmar Terra | PMDB |
| 인권부 | Luislinda Valois | PSDB |
| 교육부 | Mendonça Filho | DEM |
| 체육부 | Leonardo Picciani | PMDB |
| 재무부 | Henrique Meirelles | PSD |
| 산업, 무역과 서비스부 | Marcos Pereira | PRB |
| 국민통합부 | Helder Barbalho | PMDB |
| 사법과 공공치안부 | Osmar Serraglio | PMDB |
| 환경부 | Sarney Filho | PV |
| 광업 및 에너지부 | Fernando Coelho Filho | PSB |
| 기획, 발전과 관리부 | Dyogo Oliveira | — |
| 외무부 | Aloysio Nunes | PSDB |
| 보건부 | Ricardo Barros | PP |
| 노동과 사회보장부 | Ronaldo Nogueira | PTB |
| 투명, 검토 및 연방관리부 | Torquato Jardim | — |
| 교통, 항만과 공항부 | Maurício Quintella Lessa | PR |
| 관광부 | Marx Beltrão | PMDB |

자료: 위키피디아 재구성

위의 표에서 보는 바와 같이 탄핵 이후 정권을 인수한 테메르 대통령의 행정부에도 정당연합에 참여한 정당 소속 정치인들이 참여하고 있는 것을 볼 수 있다. 이런 직접적인 혜택을 통해 정당연합을 구성하고 있다. 또한 행정부는 예산과 행정 입법을 할 수 있는 헌법적인 권리를 지니고 있다. 예산법은 매년 예산 편성 과정을 조정하고 결정할 수 있는 행정부의 독점적 권리이다. 이와 더불어 행정 입법은 새로운 정부 부처와 청, 공기업과 공공 부문의 새로운 자리, 공공 기관 임원의 임기, 공공 기관의 임금 결정 등을 입법부와 사법부와의 협의 없이 진행할 수 있다. 현재 브라질 대통령이 임명할 수 있는 공공 부문의 일자리가 50,000개 이상에 달한다는 것은 의원들이 행정부의 요구를 무시할 수 없는 이유라고 할 수 있다.

정당연합이 형성된 이후에는 연립정부 운영의 문제가 발생한다. 연립정부는 교환상품(exchange goods)과 연립상품(coalition goods)을 통해 운영되는데 어떤 방법을 선택할 것인지를 결정해야 한다. 교환상품은 정치인 개인의 예산 수정을 통해 진행하는 방법이고, 연립상품은 연립정당의 당원을 행정부 부처 장관으로 임명하는 방법이다. 거대 정당일 경우에는 연립상품을, 군소 정당일 경우에는 예산 조정을 통해 연립을 구성하는 경우가 많다. 내각의 보직과 같은 연립상품은 대통령이 활용가능한 전략적인 재원이다. 따라서 의회의 지원을 최대한 끌어낼 수 있는 방법으로 연립을 구성한다. 소속 정당이 없는 정치인의 장관 임명을 최소화하고 연립구성원들을 적절하게 배분하여 가장 많은 수의 내각을 구성할 때 지지를 더 받을 수 있도록 한다. 또한 행정부는 대통령 스스로 내부 조직을 재편성하고 각 부처 장관을 분배하는 조직적인 개혁도 추진한다.

## (2) 선심성 예산 지원

브라질은 불구속 명부식 비례대표 선거 제도와 연방 체제 때문에 정당이 파편화되어 있다. 따라서 정당 중심의 정치보다는 개별 단위의 정치인들의 인지도가 선거 결과에 더 많은 영향을 미친다. 이런 선거 시스템 때문에 의원 후보자들은 다양한 자원을 확보해서 인지도를 높이고자 하는데 행정부는 이런 과정에 직접적인 지원을 할 수 있는 도구를 가지고 있다. 가장 먼저 고려되는 것이 포크 배럴(Pork Barrel)이다.[5] 지역구의 선심 사업을 위해 정부의 예산을 남용하는 것을 뜻하는 것으로 선거에 임박한 의원들이 득표를 위해 사용한다.

실제 행정부가 의원들이 요청하는 개별 예산 수정을 수용하는 전략을 활용할 수 있을 뿐만 아니라 이미 사용한 것들을 확인할 수 있다. 대통령이 개별 의원들에게 보상이나 징벌적인 용도로 내용을 검토할 수도 있기 때문에 현안에 대해 의원들의 투표 의지를 바꿀 수 있다. 그러므로 행정부의 예산권이 정부가 안정적인 다수 지배연합을 만들고 유지하기 위한 핵심적인 수단이 될 수 있는 것이다. 이런 개별 의원들에 대한 포크 배럴뿐만 아니라 집단적인 예산 수정안도 의회에서 의원들의 지지를 얻기 위한 것이다.

이런 특성 때문에 예산 수정에 대한 법률적인 변화도 다양하게 진행되었다. 1993년까지는 개별 의원들의 수정안만 반영되었으나, 1993년

---

5 포르투갈어 표기로는 Orçamento impositivo이다. 로이스터(Michael Royster 2015)는 포크 배럴로 집행된 예산이 2014년 연방 예산의 2%에 달한다고 주장한다.

이후 의회 결의안 06/93호(Resolution n°1 06/93-CN)가 통과되면서 상임위원회, 지역 블록, 주정부 블록을 통해 집단적으로 예산안을 수정할 수 있게 되었다. 그러던 것이 1994년과 1995년에는 상임위원회, 정당, 주정부 블록과 개별 의원을 포함하는 네 가지 형태로 진행되었으나 의회 결의안 2/95호(Resolution n°2 2/95-CN)가 발효되면서는 정당의 예산 수정권은 취소되었다.

1988년 민주화 이후 모든 대통령은 동일한 제도적 틀에서 움직이고 있었지만, 상이한 협상 조건과 전략으로 입법부의 지지를 이끌어냈다. 페르난도 콜로르(Fernando Collor) 전대통령은 하원에서 일시적인 연립과 소수의 지지로 통치했다. 콜로르의 전략적 선택은 성공적이지 못했기 때문에 궁극적으로는 탄핵으로 이어졌다. 페르난도 엔리케 카르도소(Fernando Herique Cardoso) 전대통령은 의회 아젠다 카르텔을 재편성했다. 취임 첫해에 하원의 75%를 아우르는 중도우파 연립을 만들었다. 그러면서 내각 장관들을 연립 보상으로 제공했고 연립정부에 속하지 않는 의원들에게는 소규모의 포크 배럴만을 주었다. 이나시우 룰라 다실바(Inacio Lula da Silva) 전대통령은 매우 어렵게 다양한 방법을 활용했다. 노동자당이 좌파적 편향성 때문에 정당연합을 조직하기도 어려웠을 뿐 아니라 노동자당 내부의 파벌도 있었기 때문에 정당연합의 형성과 유지에 많은 노력이 필요했다. 그래서 룰라 전대통령은 정당연합의 주요 파트너였던 브라질 민주운동당(PMDB)이 요구하는 내각을 조정할 수 없어서 2003년 12월 이후 많은 규모의 포크 배럴을 정당연합과 개별 정치인들에게 줄 수밖에 없었다.

이런 포크 배럴이 가능한 이유는 브라질이 지니고 있는 독특한 예산

책정, 의회 승인과 행정부의 거부권 행사, 예산 집행으로 이어지는 절차에서 찾을 수 있다. 먼저 예산은 행정부에서 책정하고, 이 예산안은 행정부에서 법령으로 채택되기 전에 의회에서 수정안을 추가할 수 있는 기회가 있다. 이 과정에서 의원들은 자신의 지역구에 필요한 예산을 편성하는데, 문제는 행정부가 다시 항목별 거부권을 가지고 있다. 그래서 특정한 의원의 예산 수정안을 반영시킬 수도 있고 거부할 수도 있다. 재선을 바라는 대부분의 의원들은 이 과정에서 정부와 협력하게 된다. 이때 행정부는 예산법(Lei Orçamentária Anual)이 승인한 지출을 일부분 혹은 전체를 중지시키거나 재정 상황을 평가해서 동결시키는 예산 지출 통제법(Decretos de Contingenciamento)을 엄격하게 적용함으로써 의원들의 요구를 조절할 수 있는 권력이 생긴다.

사실 포크 배럴도 연방과 지역이라는 서로 다른 수준에서 추진하는 것이 가능하다. 법률에 따르면 의원은 연방(전국) 법률 제정과 정책 결정을 할 수 있고, 동시에 주정부와 지역구민들을 위한 권익을 보호하고 중재할 수 있다. 실제 레모스와 리치(Lemos e Ricci)가 실시한 서베이에서 의원들은 유권자들의 요구를 수용할 수밖에 없다고 밝히고 있다. 실제 예산 조정은 의원들의 선거 과정에 영향을 미친다. 1998년 하원의원 선거 결과 분석에서 긍정적인 관계가 있는 것으로 나타났다. 또한 대통령이 의회에서 정책 개혁을 통과시키는 교환 조건으로 정치적 화폐인 포크 배럴을 활용했다. 카르도소 전대통령과 룰라 전대통령이 헌법 수정안을 통과시키기 위해 포크 배럴을 이용했다. 행정부는 자금 계획에 공적 자금을 지원할 것인지를 결정할 수 있는 자유재량권과 같은 금권을 지니고 있다. 투자 자금은 의원들이 포크 배럴을 위한 재원을 확보하는 데 매우 중요한 요소이다.

의회의 예산 수정안은 개별 의원이 요구하는 것보다 의원들이 모여서 제출하는 집단 수정안(Collective Amendments)이 더 많아서 2007년 기준으로는 수정안의 67%를 차지한다. 행정부 입장에서 의회의 지지를 확보하는 데 개별 수정안보다 비효율적이다. 그러나 집단 수정안은 성격상 특정하기 어렵고, 또한 정치 세력화할 수 있는 가능성이 매우 높다. 반면, 특정한 정당과의 협약은 안정적인 의석을 확보할 수 있다는 측면에서 효과적이다.

포크 배럴의 경우는 사안별 접근이 가능하다. 행정부가 발의한 특정한 법안이나 정책을 승인해 주는 대신에 포크 배럴을 받을 수 있다. 행정부의 입장에서는 특정한 의원에 구속되지 않는다는 장점이 있지만, 매번 새롭게 관계를 설정해야 하는 어려움이 있다. 의원들은 소속 정당의 정책 방향성을 크게 훼손시키지 않고 선택할 수 있다는 점에서 장점이 있다. 그러나 지속적인 관계를 기대하기 어렵다는 측면에서 군소 정당들이 선호한다.

### (3) 정당을 통한 지도자의 리더십과 협상력

브라질을 비롯한 라틴아메리카는 전통적으로 과두제 체제를 경험하면서 정치 활동이 특정한 정치 엘리트의 리더십에 좌우되는 경우가 많다. 또한 지역 단위에서는 지역 정치 지도자를 중심으로 정치 활동이 이루어진다. 이런 관계 때문에 특정한 정치 엘리트 혹은 정당 지도자들의 영향력이 매우 크게 작용한다. 대통령은 입법 절차의 집중화, 운영위원회(Mesa Diretora), 원내 대표자 회의(Board of Leaders) 등의 제도적 메커니즘을 통해 아젠다를 공유하고 정책 시행에 필요한 입법 과정을 진행한다.

제도적으로도 브라질 정치는 탈중앙집중화와 중앙집중화로 구분하는 것이 가능하다. 선거제도, 연방주의와 다당제는 정치인들의 권한을 탈집중화하는 경향성을 지니고 있고, 대신 의회 내의 정책 결정 절차, 재정과 정치 재원의 분배와 규칙을 정하는 대통령의 헌법적 권한은 중앙집중화하는 경향이 있다. 이런 구조 때문에 선거연합은 느슨한 형태로 이루어지지만, 유권자의 표를 확보할 수 있는 의회의 정당 결속력은 매우 높게 나타난다.[6]

이와 같은 결속력은 정당 지도자들의 리더십이 결정적인 역할을 한다. 1988년 이후 당원들의 충성도는 정당보다는 정당 지도자들에 대한 것이 더 높은 것으로 나타났다. 정당 지도자의 정치적 영향력에 따라 행정부와 위원회의 요직을 차지하는 규모나 내용이 결정된다. 이것이 결정권을 확보하는 과정으로 이어지기 때문에 의회 내의 정치력으로 연결되고 종국에는 행정부와 협상을 이끌어내는 데 크게 작용한다.

이와 같은 정치 지도자의 리더십이 영향을 미치는 분야는 네 가지로 구분된다. 첫째, 정당 지도자의 리더십은 연방정부에 대한 협상력을 결정한다. 정당 대표가 자신들이 원하는 것을 갖기 위해서 행정부와 협상할 때 결집된 힘을 보여주어야 한다. 이 과정에 당원들을 결집시키고 좋

---

6 "A votação do impeachment na Câmarah", http://especiais.g1.globo.com/politica/2016/processo-de-impeachment-de-dilma/a-votacao-do-impeachment-na-camara/(검색 일자, 2017. 5.12.)

은 협상 결과를 내기 위해서는 리더십이 매우 중요하다. 둘째, 정당 지도자가 의회 내의 주요 보직에 누굴 앉힐 것인가를 결정하기 때문에 의원들은 지도자의 요구를 수용한다. 그렇지만 동료들의 반발이 생길 수 있어 대표들은 하향식 리더십을 지양한다. 셋째, 정당 대표가 위원회에 의원을 임명하고 해임하는 권한을 지니고 있다. 브라질 의회에서 의원들이 욕심을 내는 위원회는 헌법, 정의와 시민권 위원회(Committee of Constitution, Justice and Citizenship)와 재정위원회(Committee of Finance)이다. 넷째, 의회에 상정된 주요 법안과 행정부 정책에 투표하는 방향성을 결정하는 역할을 하고, 동시에 소송 절차의 긴급성을 평가하고 결정한다.

정당의 리더십이 많은 영향을 미치기 때문에 여당은 연합의 다른 정당 대표나 지도자가 상·하원의 대표가 될 수 있도록 배려한다. 이때 대통령과 의회가 마찰을 빚을 경우에는 정치적 위기를 맞을 수 있다. 딜마 전대통령이 2기 집권 초기에 정치력을 강화하기 위해 기존의 관례를 깨고 하원 의장 선거 과정에 공개적으로 개입해서 노동자당 출신을 앉히기 위해 노력했으나 브라질민주운동당(PMDB)의 에두아르도 쿤냐(Eduardo Cunha)가 당선되었다.[7] 그 결과 딜마 전대통령과 에두아르도 쿤냐의 관계가 급격하게 나빠졌고, 덩달아 연립정부의 안정성도 크게 훼손되었다. 이처럼 특정한 정당 지도자의 리더십과 협상력은 정치 전반에 영향을 미친다.

---

7 Silvio Navarro, Laryssa Borges e Marcela Mattos, "Câmara elege Eduardo Cunha para desespero do Planalto", Veja, 2015. 2.1 참고.

그렇지만 대통령과 의회 관계가 항상 대립적인 것은 아니다. 어떤 특정한 아젠다와 정치적 현안에 대해서 협력 관계를 보이기도 한다. 또한 대통령과 의원 개개인이 지니는 관계에 따라 입장을 달리하는 경우도 있기 때문에 대통령과 의회의 관계는 행정부와 입법부, 중앙집중화된 권력과 탈집중화 권력, 중앙정부와 주정부의 관계, 정치인 대통령과 정치인 상원과 하원, 개인과 집단이라고 하는 매우 복잡한 구조를 지니고 있다.

그러나 파편화된 정당이 행정부와의 협상에서 제약 요인이 되고, 브라질 정당들이 대체적으로 시민사회와의 관계가 약하고 지지도도 낮아 독자적인 영향력을 가지기 어려울 때가 있다. 그래서 자신들만의 리그인 의회에서 강력한 정치적 유대감을 형성하고 있다.

### (4) 경쟁적 입법권 행사

위에서 살펴본 바와 같이 행정부와 입법부 간에 복잡한 거래 게임이 있는 것을 알 수 있다. 행정부는 안정적인 정책 아젠다를 수행하기 위해 내각 인사권 조정, 예산 수정과 정당 지도자들을 장악하는 등 모든 수단을 동원하는 '도구상자(caixa de ferramentas)'를 지니고 있다. 도구상자를 얼마나 효과적으로 활용하는가에 따라 국정 운영을 안정적으로 할 수 있다는 측면에서 행정부와 입법부 간의 균형점을 찾을 수 있다.

1988년 신헌법은 대통령에게 부분적 법안 거부권, 포고권, 긴급 법안 요구권과 예산권 등의 입법권을 인정했다. 대통령이 강력한 권한을 가지고 있다고 반드시 대통령제 민주주의에 위협이 되지는 않는다. 독립적인 사법부와 의회의 감시로 견제와 균형이 중요한 역할을 하고 있으며, 행정부 균형추로서 검사가 있기 때문에 비교적 잘 유지되고 있다.

강력한 대통령제가 지니고 있는 위협은 의회 법안에 대한 거부권 행사이다. 산토스(1997)는 대통령들이 거부권 행사를 점진적으로 줄이고 있다고 평가했다. 피게이레도와 리몬기는 1988년 이후 행정부가 전체 연방 법률의 88%를 발의했다고 주장한다. 그러면서 사르네이 행정부부터 룰라 행정부까지 모든 정부가 강력한 대통령의 정치 아젠다가 지지를 받는 협력 체제를 이루고 있었다고 강조한다.

2011년 2월에 딜마 전대통령이 의회에 조세와 정치 개혁안을 제출했으나 통과되지 않았다. 반면 브라질 의회는 딜마 전대통령이 반대하는 반환경 규제를 담고 있는 산림법을 발의해 2012년 5월에 통과시켰다. 이에 대통령은 의회가 통과시킨 법안의 12개 조항을 거부했다. 또한 대통령령을 통해 자신이 거부한 조항들을 유지할 것을 발효했으나, 연립정부를 구성하고 있는 의회 농촌위원회 의원들이 대통령령을 무산시키고자 했다. 이런 일련의 과정들은 대통령과 의회의 협력 관계가 무너졌을 때 국정이 원활하게 진행될 수 없다는 것을 보여준다.

페르난도 리몬기는 대통령이 정치적 지지를 확보하고 연립을 형성하기 어려운 이유는 정당의 숫자보다는 연방주의, 주지사의 정치력(Power of Governor), 브라질 사회의 다양성과 이질성에서 찾아야 한다고 주장한다.

"정당과 지방이 연립을 구성하는 두 가지 축이다. 이것이 반복적으로 연립이 형성되는 이유를 설명해 준다. 정부 지지 기반은 정당뿐만 아니라 지역에서 비롯된다."

그러나 최근 페르난도 리몬기는 이런 개념적 정의와 원인 규정을 부정한다. 브라질도 다른 서구의 민주주의와 동일한 패턴으로 움직이고 있다고 주장한다. 그는 1988년 헌법이 출발할 때와는 달리 행정부와 입법부 권력 관계를 조직하는 제도적인 토대가 바뀌었다고 주장한다.

선거법과 후보에 대한 정당의 통제권 부재가 개인적인 투표와 정당 정책을 규정하는 자율성을 주고 있다. 행정부의 제도적인 권력과 입법부에 집중된 정책 결정 체제가 엄격한 아젠다를 강요하고 입법부가 정책 결과에 미치는 역할을 제한하고 있다.[8] 이런 입법권 행사 과정에서 정치인들이 개인의 이익을 위해 탈당하면서 정치와 정당에 대해 부정적인 이미지로 인식되기도 한다. 즉 정치인들은 권력을 창출하려는 자신들의 개인적 야망에 따라 움직이는 것으로 폄하되고, 반대당에 던지는 찬성 투표(Floor Crossing)로 대의민주주의에서 가장 중요한 정치적 대표성의 의미를 왜곡시켰다는 비판을 받기도 한다. 이런 행위는 유권자들이 뽑아준 의사에 반할 뿐만 아니라 선거 결과를 바꿈으로써 정당의 권력 배분을 바꿔버린다. 또한 탈당은 정치 제도를 불신하게 만들고 정치인과 유권자의 관계를 왜곡시키기도 한다. 이런 과정 때문에 시민들의 역할이 매우 약해지고, 의회가 지니는 견제와 균형 기능이 작동하지 않게 된다.

경쟁적인 입법권 행사는 대통령과 의회가 정치력을 발동시키는 과정이다. 대통령의 입법권이 강화될 경우에는 연립대통령제를 뒷받침하

---

8  멜루(Melo, 2011)는 헌법이 선거와 행정 절차에서 각 정당들의 역할을 규정하면 거래 비용이 줄어든다고 본다. 정치인들의 활동 반경이 제한되면 비합리적인 행태를 피하려고 하는 시도로 해석된다.

고 있는 정당연합이 약해질 수 있는 가능성이 높아지고, 반면 의회의 입법권이 강화되면 대통령의 정책 기조가 변화될 수 있어 행정공무원들에 대한 추동력을 상실할 수 있고, 국민들의 기대에 부응하지 못할 가능성이 높다. 따라서 대통령과 의회의 입법권은 특정한 제도를 통해 조율되어야 한다.

## :: 대통령과 의회가 나눈 권력

브라질의 대통령은 같은 연방국가인 미국과 비교했을 때 훨씬 강력한 권한을 지니고 있다고 평가되었다. 또한 헌법에서도 대통령의 권한이 충분히 보장되었다. 그러나 선거 제도로 인해 의회 내에서 국정 운영을 위한 과반수 의석을 차지하지 못하는 구조 때문에 연립정부를 구성해야 한다. 안정적인 국정 운영을 위해서는 정치적 목적과 이데올로기를 달리하는 정당과 연합해야 하고 이 과정에서 행정부를 나누어야 하는 현상들이 발생한다. 대통령의 권력에 대해 견제와 균형을 추구할 수 있다는 측면에서 매우 긍정적이지만, 어떤 정권도 과반수 의석을 차지할 수 없다는 것은 정당과 정치인들의 이합집산을 만들어낸다는 점에서 부정적이다. 특정한 정당의 정치인들이 탈당하는 것은 대표자로 뽑아준 유권자들의 민의를 저버리는 것이기 때문에 선거를 통해 운영되는 대의제 민주주의의 기틀을 흔드는 것이라 할 수 있다. 이런 문제들이 정치적인 현상으로 국한된다면 참여와 심의민주주의로 극복될 수 있겠지만, 글로벌라이제이션으로 다변화되는 사회를 반영하는 데 한계가 있어 보인다.

헌법적으로 제왕적 권력을 지닌 대통령이 선거 제도 때문에 의회에서 과반수를 차지하지 못하는 정치 상황을 어떻게 극복하고 안정적인 국정 운영을 수행할 것인가는 결국 두 권력 간의 협상력의 문제인 것을 알 수 있다. 대통령이 지니고 있는 도구들은 연립정부 구성, 포크 배럴, 정당 간 협상과 경쟁적인 입법권을 행사하는 것이었다. 특히, 연립정부 구성은 다른 정당과 행정부 요직을 나누어 가져야 한다는 부담과 대통령에게 지지를 보낸 국민들의 민의를 온전히 수용하지 못한다는 문제가 있음에도 불구하고 브라질 정치 공학적인 측면에서는 가장 안정적인 선택일 수 있었다. 반면 의회는 대통령의 권력 집행에 대해 견제와 균형을 유지하기 위해서는 정당 간의 연합과 더불어 정치인 개인의 선택이 직접적인 견제의 방식이 될 수 있다는 것도 알 수 있었다. 정치인들이 선거 과정에서 정당의 이익보다는 정치인 개인의 이익을 우선시 하는 정치 문화 때문에 균형이 유지되는 측면이 있다. 이런 과정에서 가장 많이 활용되는 전략이 탈당과 전당이며 포크 배럴과 같은 재정적인 지원이었다. 이와 같이 브라질 연립대통령제와 의회는 선거 제도로 구조화된 환경 속에서 끊임없이 협상을 추구해야 하는 권력 관계를 형성하고 있다는 것을 알 수 있다.

제3부

# 라틴아메리카의 갈등과
# 폭력의 현재성

# 제1장

# 식민 시기 멕시코의 종교재판과 유대인 박해

서성철

## :: 스페인과 포르투갈 출신의 유대인

스페인의 아메리카 식민 시기, 누에바 에스파냐의 유대인들의 삶과 디아스포라의 역사를 살펴보고자 할 때, 늘 다가오는 문제는 자료의 빈곤이다. 그 이유는 스페인의 종교박해를 피해 신세계에 온 유대인들은 자신들의 생존을 위해서 어떠한 기록도 남기지 않았고, 또 자신의 신분을 감추고, 스페인식으로 이름을 바꾸거나, 아니면 기독교인들과 결혼해 현지 사회에 동화되었기 때문이다. 이런 이유로 인해 지금 그들의 삶을 짐작할 수 있는 유일한 자료로는 종교재판소의 기록밖에 없다.

그러나 종교재판소의 기록이나 문서들은 많은 부분 유실되거나 왜곡되어 그 실상을 제대로 파악하기란 그리 쉽지 않다. 여기서 보다 본질적인 것으로서, 종교재판소의 기록들은 주로 이단으로 처형되거나 단죄된 유대인만을 언급하거나 강조하고 있기 때문에 유대인이나 유대인 사회의 참 역사를 조망하는 데는 지극히 한계가 있다는 점도 지적할 수 있다. 메츠(Metz 1992)의 지적대로 유대인 모두가 믿음과 신앙이라는 종교적 이유로 그들의 삶을 희생시킨 것은 아니었다. 여기서 중요한 것은 유대인들이 누에바 에스파냐에서 자신의 전통 신앙을 고수하는 것과 새로운 삶의 개척이라는, 둘 중에서 어떤 것을 선택하느냐 하는 것은 누구의 강제가 아닌 그들의 자발적인 결정에서 이루어진 것이라는 점이다.

당시 유대인들은 '확신 유대인', '의심스러운 유대인(crypto-judíos)', '신기독교인(cristianos nuevos)', 개종자를 의미하는 '콘베르소(converso)', '마라노스(marranos)'[1] 등 다양한 이름으로 불렸는데 이들 모두가 '확신 유대인'처럼 유대 전통과 신앙을 고수한 것은 아니었다. 많은 유대인들은 경건한 기독교인이 되었고, 어떤 이들은 '구기독교인(cristianos viejos)'과 결혼하였고, 어떤 이들은 심지어 가톨릭 성직자가 되기도 하였다. 다시 말해서, 이들은 종교재판에 회부되어 죽기보다는 기독교로 확실히 개종하면서 식민지 라틴아메리카 사회에 통합되는데, 이 부분은 적어도 스페인 출신의 유대인의 경우에는 진실이라고 말할 수 있다.

필자는 방금 언급한 이 점에 주목하여 식민 시기, 유대인 디아스포라의 역사를 본 글에서 다루고자 한다. 서두에서는 유대인의 추방 배경과 누에바 에스파냐에서의 유대인 정주 역사를 간략하게 설명하고, 누에바 에스파냐에 1571년 종교재판소가 설립되기 이전까지 초기 선교사들이나 사제들이 담당한 이단심문의 성격과 특징에 대해 기술하고자 한다.

---

1 이 용어는 유대인을 돼지에 빗대어 경멸적으로 부르던 말이다.

당시, 누에바 에스파냐에는 스페인의 지속적인 금지령에도 불구하고 상당수의 유대인들이 그곳에 건너갔지만, 초기 유대인 문제는 스페인 왕실이나 식민 당국의 입장에서 그리 심각한 것이 아니었다(Metz 1992, 212). 왜냐하면 다른 면은 논외로 하고 오로지 종교적인 것만 국한해 볼 때 식민 당국이 보다 더 중시했던 것은 유대인에 대한 이단심문보다는 원주민에 대한 기독교 개종이었기 때문이다. 이는 초기 이단심문의 재판에서 많이 나왔던 죄목이 유대인보다는 간음, 중혼, 신성모독, 불경죄처럼 사소한 것들에서 잘 드러난다. 유대인에 대한 박해가 본격적으로 이루어지는 것은 종교재판소가 설립되고부터인데, 필자는 이 점에 유의하여 뒷부분에서는 종교재판의 희생자, 그리고 이런 재판을 담당한 종교재판소의 역할과 기능에 대해서 기술하고자 한다. 여기서 특히 '이단심문회(Auto de Fe)'[2]의 성격을 규명하는 것은 일정 부분 중요하다고 생각한다. 왜냐하면 광장과 같은 대규모 공간에서, 재판의 이름으로 벌어지는 거대한 종교적 행사라 할 수 있는 이 메커니즘은 이단자의 고백을 듣는 자리임과 동시에 그곳에 참가한 일반 사람들에게는 올바른 기독교 신앙에 더 몰두해 체제에 순응할 것을 암묵적으로 요구했기 때문이었다. 이런 점에서 종교재판소는 궁극적으로 사회 통제라는 억압적 기능을 가지고 있었다고 말할 수 있다.

마지막으로, 17세기 이래 누에바 에스파냐에 상인으로 들어온 포르

---

2 '아우토 데 페(Auto de fe)'를 문자 그대로 번역하면 '신앙의 판결', 또는 '신앙의 재판'이지만 이 의식이 대규모 대중이 모인 앞에서 죄인의 고백을 듣고 또 공개재판이라는 행사적 성격을 가지고 있음에 비추어 필자는 이 용어를 '이단심문회'로 번역해 쓰고자 한다.

투갈 유대인에 대한 박해와 관련해서는 유대인의 재산 몰수라는 종교
재판소의 경제적 동기와 결부시켜 살펴보고자 한다. 이 부분은 어쩌면
본 글에서 가장 핵심적인 부분일 수도 있는데 이는 17세기에 일어난 종
교재판과 처형은 포르투갈 유대인을 대상으로 이루어졌고 또 이들이
사라지면서 누에바 에스파냐의 유대인 사회도 더 이상 존재하지 않기
때문이다.

## :: 유대인 디아스포라

### (1) 유대인 추방의 배경

스페인에 있어 1492년은 중요한 해이다. 이 해는 주지하다시피
콜럼버스가 신대륙을 발견한 해이고, 8세기에 걸친 국토회복전쟁
(Reconquista)을 통해서 스페인이 마지막 아랍 왕국인 그라나다를 무너
뜨리고 이베리아 반도를 통일한 해이다. 그리고 같은 해, 백인 순혈주의
와 정통 기독교 신앙에 입각한 기독교 왕국은 아랍인과 유대인들을 추
방시켰다. 1492년 3월, 스페인의 가톨릭 양왕인 이사벨 여왕과 페르난
도 왕에 의해 내려진 유대인 추방령에 따라 유대인들은 이 법령이 공포
된 날로부터 3개월 내에 스페인을 떠나야만 했다. 이에 따라 유대인들은
포르투갈, 터키, 아프리카, 네덜란드, 이탈리아 등으로 흩어지게 되었다
(Laikin Elkin 2014, 2-3).

한편, 스페인에 불기 시작한 반유대주의 분위기에 따라 유대인들은 생존을 위해 강제로 개종할 수밖에 없었고 이에 따라 개종자를 의미하는 '콘베르소'가 늘어만 갔다. 그러나 여기서 주목할 만한 사실 하나는 이들 '콘베르소'의 처지가 유대교를 신봉하는 사람보다 더 나아진 것은 아니라는 사실이다. 개종자들의 의사에 반한 대대적인 개종을 통해서 반유대주의를 부추겼던 사람들은 이전에 유대인에게 씌웠던 모든 죄나 악행의 책임을 이제는 '신기독교인', 즉 '콘베르소'에 돌렸고, 개종자들은 이단이나 사교 행위를 하는 '의심스러운 유대인'으로 의심받게 되었다(Fuentes 1997, 94).

한편, 스페인은 '피의 순수(limpieza de sangre)' 정책에 입각하여 유대인이나 '콘베르소'를 탄압하고 감시하기 위해 여러 법령을 공포하는데 이를 조직적, 체계적으로 뒷받침한 기관이 종교재판소였다. 이런 목적을 위해서 그동안 교황이나 주교에만 의지했던 기존의 종교재판소는 스페인 국왕의 칙령에 의하여 강력한 재판 기관으로 탈바꿈하였다. 이런 권력의 변화에 따라서 교회가 실제적으로 충성을 바칠 대상이 로마 바티칸 대신 스페인 왕실로 바뀌게 되는 것은 이런 배경에서이다. 이렇게 종교재판소는 이단자뿐만 아니라 개종자에게까지 탄압 대상을 확대하면서 점점 더 비대한 힘을 갖게 되었다. 이런 사회적인 분위기 속에서 스페인에 남아 있던 개종자들이 선택할 수 있는 길은 '구기독교인'과 결혼을 해서 동화되든가 아니면 새롭게 발견된 아메리카로 떠나는 것밖에 없었다.

## (2) 유대인 디아스포라의 형성

유대인들의 신대륙에의 유입은 1492년 콜럼버스의 항해와 함께 시작되었다. 당시 콜럼버스의 원정대에는 유대인들이 여러 명 참가했다 (Metz 1992, 210). 이제까지 밝혀진 바에 의하면, 콜럼버스를 따라 신대륙에 들어와 최초로 정주했던 유대인은 루이스 데 토레스(Luis de Torres)로 알려져 있다.

여기서 한 가지 흥미로운 것은 콜럼버스 역시 유대인이었다는 사실이다. 콜럼버스가 유대인 출신이라는 것은 몇몇 학자들에 의해서 주장되고 있는데 이 이론은 상당히 신빙성이 있어 학계에서도 점점 수용되고 있는 추세다. 그들에 따르면 콜럼버스는 14, 15세기 이탈리아에서 유대인에 대한 종교박해가 있었을 때 개종했던 유대인 가문 출신이라고 한다. 콜럼버스 또한 기독교로 개종했고 그의 부인도 유대인이었으며, 1차 항해 때 그와 함께 갔던 6명의 선원들도 유대인이었다. 이는 콜럼버스가 훗날 스페인으로 송환되어 종교재판에 회부된 뒤 그곳에서 제독(almirante)의 칭호를 빼앗기고, 그가 누렸던 특권이 박탈된 데에서 그의 유대인 설을 추정해 볼 수 있다. 그가 유대인이었다는 증거는 이것 말고도 많다. 1492년, 콜럼버스의 동생 하나는 화형에 처해졌으며, 또 콜럼버스가 아들에게 남긴 편지에서 "사람들 앞에서는 기독교식으로 행동해야 하지만 우리끼리 있을 때는 우리들의 관습을 지켜야 한다"는 문구도 이를 뒷받침한다. 콜럼버스가 그의 항해 원정을 지원했던 개종한 유대인 루이스 데 산탕헬(Luis de Santángel)과 스페인 왕실의 재정관 이삭 아바르바넬(Issac Abarbanel)과 밀접한 관계를 가졌던 것도 콜럼버스가 유대인 출신이라는 것을 추측게 하는 대목이다(Laikin Elkin 2014, 6).
한편, 콜럼버스의 아버지는 직조공이었는데 이는 중세 이래 유대인들
에게만 허용되었던 직업이었다(Telias 2009). 또 다른 학자는 콜럼버스
가 스페인을 떠난 날짜를 들어 그가 유대인이었음을 설명한다. 1492년
8월 3일, 그는 스페인의 팔로스 항구를 떠났는데 이 날은 히브리 달력에
의하면 '압(Ab)'의 10일, 다시 말해서, 가톨릭 양왕에 의해서 유대인들
이 추방되기 전 그들이 스페인에 머물 수 있는 마지막 날이었다(Núñez
Sánchez 2004, 8-9).

한편, 신세계 최초의 정복이나 식민 사업에도 유대인들이 참여하였
다. 예를 들어, 알바레스 카브라우(Alvarez Cabral)의 브라질 원정대에 참
가한 가스파르 다 가마(Gaspar da Gama)는 브라질에 들어온 최초의 유대
인이었고, 페르난두 노로냐(Fernando Noronha)는 브라질 최초의 식민자
로 알려져 있다. 피사로의 페루 정복에 3명의 유대인이, 그리고 코르테
스의 멕시코 정복에도 에르난도 알론소(Hernando Alonso), 곤살로 데 모
랄레스(Gónzalo de Morales), 디에고 데 오카냐(Diego de Ocaña)라고 하는
3명의 유대인이 참가하였다.

텔리아스(Telias 2009)는 신세계 발견이나 정복에 유대인 선원이나 항
해사들이 많았던 이유를 두 가지를 들어 설명하는데, 첫째로 이 직업은
원래부터 전통적으로 상업이나 무역에 종사했던 유대인들의 직업이었
고, 둘째 배를 타게 되면 종교적 박해가 있을 때 언제든지 도망칠 수 있
었기 때문이라고 말한다.

신대륙 발견 이후 스페인 왕실은 유대인의 이민을 엄격히 금지했고
지속적으로 이민 금지령을 공포했다. 그러나 이런 금지령에도 불구하

고 유대인들은 돈으로 면제부를 살 수 있었고 이를 통해 아메리카 대륙에 갈 수 있었다. 스페인 왕실이 이렇게 주기적으로 이민 금지와 허용을 반복한 것은 스페인 왕실의 재정 수입과 밀접한 관련이 있었다. 스페인 왕실이 이민 규정을 강화할 때마다 유대인 신분을 세탁할 증명서의 값도 상승했고 이에 따라 국고 수입도 늘어갔다. 당시 가톨릭 양왕은 유대인의 신세계 이민을 금지하는 법령을 지속적으로 공포하였다. 그럼에도 불구하고 이주 여부는 금전으로 해결할 수 있었다. 이민 금지령으로부터 면제되기 위해서 유대인들은 현금을 준비했고 그 돈은 왕실의 금고를 주기적으로 채워주었다. 1509년에 유대인들이 자신의 신분을 벗어나기 위해 지불했던 돈은 2만 두카트(ducats)까지 올라갔다. 이런 점에서, 당시 유대인의 이민은 전적으로 국왕의 손에 달려 있었다.

그러나 당시 군인, 선원 그리고 종들은 이런 증명서가 없이도 스페인을 떠날 수 있었기 때문에 유대인들은 이런 직업으로 바꿔 신세계에 갈 수 있었다. 한편, 많은 수의 유대인 후손들은 자신들의 정체성을 드러내지 않기 위해 스페인식으로 개명한 뒤, 16세기 중반 누에바 에스파냐에 정착하게 되었다. 당시 스페인 유대인들은 유대교를 버리고 이베리아 반도를 떠나면서 스페인이나 포르투갈에 남아 있던 가족의 안전을 지키기 위해 자신들의 이름을 바꾸었다. 카스트로(Castro)나 플랑코(Flanco) 같은 성은 분명히 스페인 성이지만 대부분 이 이름들은 추방당한, 또는 기독교로 개종한 '콘베르소'의 성들이었다. 개종 과정에서 데 세비야(De Sevilla)나 산타 마리아(Santa María) 같은 기독교 성들이 유대인들에게 많이 보이는데, 이 성은 실제로는 유대인의 '후견자(patrocinador)' 또는 '보호자'의 성이었다. 한편, 유대인의 성에는 D',

Da, De와 같은 소유의 접두사가 이름 앞에 붙는데 예를 들어 '아빌라 가문의'라는 뜻의 D'Avilada는 D'Avila로, 그리고 Dávila로 바뀌었다. 이런 예는 지금 아메리카 대륙에 사는 유대인 후손의 성이나 이름에서 많이 보인다(Núñez Sánchez 2004).

그러나 당시 기독교에 충실한 유대인이 얼마였는지, 누가 '의심스러운 유대인'이었는지, 얼마나 많은 사람들이 종교재판에서 살아남았는지 현존하는 자료로는 그것들을 명확하게 알 수 없다. 다만 확실한 것은 1571년 누에바 에스파냐에 종교재판소가 설립되어 이단심문의 박해가 본격적으로 시행되기 전까지 유대인들이 비교적 안전했다는 사실만은 분명하다.

그러나 16세기 말, 누에바 에스파냐에 있던 스페인 유대인들은 대부분 현지 사회에 동화되고 소수자로 전락하면서 유대인 사회는 사라지게 되었다. 그리고 17세기 포르투갈 출신의 유대인들이 이곳으로 대거 유입되면서 누에바 에스파냐의 유대인 디아스포라는 새로운 국면으로 접어들게 되었다. 당시 이곳으로 흘러들어온 사람들의 대부분은 스페인의 포르투갈 합병(1580-1640)으로 야기된 유대인 박해를 피해 도망쳐 온 포르투갈 유대인들로서, 이들 대부분은 브라질, 아르헨티나, 페루 및 누에바 에스파냐에 거주하고 있었다.

포르투갈 유대인들은 여러 분야에서 상업 활동을 했었는데 이들로 인해 누에바 에스파냐에 살았던 유대인들의 직업은 다양한 모습을 보인다. 이들이 지녔던 직업이나 종사했던 일은 상인, 탄광 소유자, 배 목수, 고기 납품업자, 승려, 장의사, 울타리 장인, 신발 제조업자, 행상인, 목수, 광부, 재단사, 참모, 여관 주인, 양돈업자, 약제사, 성직자, 공공 서기관, 과자 제조인, 중국과의 무역상인, 도미니크 교단 수도사, 아프리카 노예상인, 비서, 시장, 사탕공장주, 의사, 군인, 주교대리, 목축판매업자, 농민, 은세공인, 가게 주인, 마술사, 직공, 보석상, 아시엔다 소유자, 치안 책임자 등이었다.

당시, 포르투갈 유대인들이 대규모로 종사했던 분야는 노예 무역이나 갤리언 무역과 같은 국제 해양 무역이었다(Quiroz 1986, 244). 이런 무역은 스페인의 새로운 경제 정책에서 나온 것으로서 대서양이나 태평양을 통한 이런 국제 무역 시스템에 가장 적응을 잘했던 사람들이 바로 이 포르투갈 유대인들이었다. 뒤에서 보다 상술하겠지만 포르투갈 유대인들은 17세기 중반에 일어난 종교재판에서 가장 많이 희생되었다. 그들이 종교재판의 주 대상이 된 것은 첫째, 상업 분야에서 새로운 경쟁자의 등장으로 인한 스페인 상인들의 질시, 둘째, 이교도라는 종교적 죄목으로 유대인을 단죄하기는 했지만 실제로는 이들의 재산을 몰수해 부를 늘리고자 했던 종교재판소의 경제적 동기, 그리고 마지막으로, 스페인 또는 누에바 에스파냐 부왕령의 식민 체제 유지라는 정치적 이데올로기가 하나로 결합하면서 비롯되었다.

## :: 종교재판

### (1) 종교재판의 배경 및 역사

발견 및 정복의 시기, 스페인 왕실과 교회는 이베리아 반도를 넘어 새로운 식민지에서도 종교적 박해를 확대해 나가기 시작했다. 물론, 여기서 종교재판의 목적은 아메리카에 건너간 유대인이나 '콘베르소' 유대인들이 그곳에서 이단 행위나 유대 신앙을 신봉하지 못하게 하는 것이었다. 이런 상황에서 스페인의 최고이단심문관이었던 시스네로스(Cisneros) 추기경에 의해서 누에바 에스파냐를 비롯하여 스페인 식민지에 최초로 이단심문이 시작되었다. 1511년, 그는 아메리카의 주교들에게 이단심문관(inquisidor)의 자격을 부여하고 이단자들을 탄압하라는 교시를 내렸다. 이에 따라 아메리카의 주교들은 성직자로서 그들에게 통상적으로 부여되었던 정의의 심판자 역할을 구현하게 되었다. 한마디로 그들은 종교재판소가 설립되고 공식적인 '이단심문관'이 도래하기 전까지 일종의 중간 다리 역할을 했었다.

스페인 왕실은 상기 언급한 것처럼, 16세기 내내 아메리카의 주교들에게 이와 유사한 교시를 내렸는데, 그 배경에는 아메리카 대륙에서 이단심문이 느슨해진다는 보고를 받고서부터였다. 당시 스페인 국왕이 내린 칙령을 보면 "루터파 개신교도나 무어인, 유대인이 있으면 단죄할 것"을 지속적으로 요구하고 있다. 이에 따라 그 구체적 조치로 나온 것이 '인디아스제도의 총사도이단심문관(inquisidor apostólico general de Indias)' 제도였다. 1519년, 스페인의 최고재판소장이었던 울트레츠트(Adriano de Ultrecht) 추기경이 아메리카 대륙에 두 명의 '특별수사관'을 임명하였고, 이를 시작으로 수사의 전권을 부여받아 이단 행위를 조사할 수 있는 '사도심문관'들이 등장하게 되었다.[3] 누에바 에스파냐의 최

---

3 특별 수사관 중의 한 사람은 산후안 데 푸에르토리코의 알론소 만소(Alonso

초의 '사도이단심문관'은 1524년에 임명된 마르틴 데 발렌시아(Martín de Valencia)였다. 그는 1522년 기독교 선교를 위해 12명의 프란시스코 교단 신부들과 함께 멕시코에 온 사람이었다.

1521년 정복이 끝나자 아메리카에서 이단심문이 시작되었다. 최초의 희생자는 원주민이었던 마르코스 데 알코아우아칸(Marcos de Alcoahuacán)으로 알려져 있다. 그는 축첩을 했다는 죄목으로 코르테스와 함께 멕시코에 온 성직자들에 의해 단죄를 받았다. 당시 이단심문은 오로지 주교만 할 수 있었다. 그러나 1521년 교황이 공포한 '알리아스 펠리세스(Alias Felices)'라는 칙서를 통해 주교 관구가 이틀 이상이 소요되는 먼 거리에 있는 경우, 수도사들도 주교를 대신해 종교재판을 행사할 수 있었다.

1524년에 마르틴 데 발렌시아 신부가 이끄는 프란시스코 교단은 1522년에 공포된 새로운 교황 칙서 '엑스포니 노비스(Exponi nobis)'에 근거하여 보다 강력한 이단심문의 권한을 행사하였다(Soberanes Fernández 1998, 285).

종교재판소가 정식으로 개설되기 전, 누에바 에스파냐에서 이단심문이 본격적으로 시작된 것은 1526년부터였다. 당시 도미니크 교단의 토마스 오르티스(Tomás Ortiz) 신부는 산토도밍고의 아우디엔시아로부터 '제1수사관(Primer Comisario)'의 지위를 지닌 '사도이단심문관'으로 임명받아 본격적으로 종교재판을 시작하였다. 그 이래 이단심문은 통

---

Manso) 주교와 에스파뇰라 섬에 거주했던 도미니크 교단의 수사인 페드로 데 코르도바(Pedro de Córdoba)였다. 특히, 후자는 라스 카사스 신부와 함께 인디오의 권익을 위해서 싸운 신부였다.

상적으로 도미니크 교단의 수도사들이 맡게 되었다. 1527년 이후, 종교 재판을 담당했던 신부는 도밍고 데 베탄소스(Domingo de Betansos)로서, 그는 재임 중 가톨릭 교회에 불경죄를 저지른 19개의 사건을 처리하였다. 1528년에 누에바 에스파냐 최초의 '이단심문회'가 거행되었고, 여기서 앞서 언급한 코르테스의 원정대에 참가한 두 명의 유대인, 에르난 도 알론소와 곤살로 데 모랄레스가 화형에 처해졌다.

1535년, 스페인 최고종교재판소장인 만리케 데 라라(Afonso Marique de Lara)는 멕시코의 수마라가(Zumárraga) 주교를 '사도이단심문관'으로 임명하고 그에게 자금을 지원하면서 관구 내에 종교재판소를 세울 것을 지시하였다. 그러나 수마라가는 종교재판에서 테스코코 왕국의 네사우알코요틀(Nezahualcoyotl) 왕의 조카로서 카시케(cacique)였던 인디오 카를로스 치치메카테코틀(Carlos Chichimecatecotl)을 화형에 처했는데 이로 인해 스페인 본국과 마찰이 일어나게 되었다. 왜냐하면 스페인 교회 당국의 입장에서 볼 때 원주민들은 이단자가 아닌 기독교 신참자로 간주되어 박해의 대상이 아니었기 때문이다. 뒤에 누에바 에스파냐에서 일반 교회가 종교재판소로부터 분리된 것은 바로 이런 이유에서였다.

한편, 이단심문과는 별개로, 문명사적 입장에서 볼 때 이들 기독교 심문관들이 범한 최대의 죄악은 아스테카나 마야 등 고대 문명의 흔적을 송두리째 없앴다는 점이다. 멕시코 최초의 주교였던 수마라가는 아스테카 제국의 모든 기록이나 서류 등 흔적을 파괴하였고, 유카탄의 사제였던 디에고 데 란다(Diego de Landa)는 '사도심문관'으로서 마야의 기록들을 불살라 없애 버렸다.

## (2) 종교재판소와 이단심문회

공식적으로 누에바 에스파냐의 종교재판소는 1571년에 설립되었다. 이 종교재판소(Santo Oficio)는 누에바 에스파냐 부왕령 안의 모든 지역을 관할했고 제1대 종교재판소장으로 페드로 모야 데 콘트레라스(Pedro Moya de Contreras) 신부가 임명되었다. 그리고 누에바 에스파냐의 '이단심문회'는 1574년에 거행되었다.

이단심문은 종교재판소 내의 최고심의회(Consejo de la Suprema)가 주도하는데, 이 심의회는 재판과 관련된 모든 교시나 지침을 내리고, 이단자에 대한 조사를 명령하며, 재판이 열리면 종교재판소의 구성원들 중에 범죄에 연루된 사람이 없는지 자질을 평가한다. 이 심의회의 의장은 종교재판소장이 맡고 그 밑의 심의위원들로서 고위 성직자, 변호사 그리고 국왕이 임명한 지방의 재판관들이 있었다.

종교재판소는 '세속성직자(cléricos seculares)'가 대부분인 세 명의 이단심문관, 검사, 서기관, 행정관리(alguacil), 공증인, 죄인의 변호인(defensor)으로 구성되었다(Miranda Ojeda 2008). 여기서 세속성직자는 교회가 아닌 세속 권력에 의해서 임명된 성직자를 말하며, 주교와 대수도원장 등 고위 성직자와 수도자는 지위에 따라 토지를 소유할 수 있었고 세속 직무도 수행하였다. 그리고 변호인은 주로 주교와 함께 살면서 그를 보좌하거나, 봉사하는 하급 성직자나 일반인들이었다.

종교재판소의 이단심문관들은 신학이나 법률 지식에 능통한 사람들이었다. 이들은 '세속교단(ordenes seculares)' 소속으로서 스페인 또는 누에바 에스파냐에서 태어난 사람들이었다. 그들은 교회 언어인 라틴어를 구사하는 사람을 제외하고는 모두 스페인어를 모국어로 사용했다. 서기관들은 고발당한 사람들의 진술을 듣고 중요한 부분을 기록해 재판에 회부하였다(Hidalgo 2011, 74).

한편, '가족'이라는 의미를 지닌 '파밀리아(familiares)'라고 불리는 특권을 가진 사람들이 종교재판소의 일원으로 협력하였다. 이들은 종교재판소로부터 보수를 받지는 않았지만, 단지 종교재판소에 소속되어 있다는 이유만으로 자신들의 기독교 백인 피의 우월성을 증명할 수 있었다. 이들은 '신기독교인'이나 유대인 개종자들을 감시하고, 탄압하는 데 일조하는 것만으로 권력을 행사할 수 있었다. 그들은 세금을 면제받았고 무장할 수 있었으며, 법적으로 특혜를 누렸다.

유대인이나 정통 가톨릭 신앙을 신봉하지 않는 사람들은 종교재판소의 관리들에 의해 고발당했는데, 이를 주로 담당했던 사람들이 수사관이나 '파밀리아'였다. 종교재판소는 '파밀리아'와 수사관, 그리고 첩자들로 구성된 완벽한 감시 체제를 구축하고 있었다. 이에 따라 먼 거리에 사는 이단자일지라도 그들의 감시망을 벗어나기는 어려웠다. 한편, 종교재판소는 이단자가 출현하면 즉각 고발할 것을 당부하는 법령을 지속적으로 공포하였다.

당시, 스페인 왕실은 이교도와 금서가 아메리카 대륙으로 유입되는 것을 상당히 우려했다. 원주민의 기독교 개종에 몰두했던 스페인 왕실의 입장에서 이 두 요소는 그들의 목적을 방해하는 '커다란 위협'으로 다가왔다. 이에 따라 종교재판소는 누에바 에스파냐로 들어오는 책을 검열, 조사할 수 있는 권한을 가졌고 공공 사회의 적으로 간주되는 사람들의 재산을 몰수할 수 있었다. 물론, 재판관들은 스페인 본국의 최고종교재판소의 이단심문법에 의거하여 죄인에게 선고를 내릴 수 있었다.

누에바 에스파냐의 종교재판소 역시 죄인들로부터 고백이나 증언을 듣기 위해 고문이라는 수단을 보편적으로 사용했다. 당시 이단자 죄인들에게 가해진 형벌은 태형, 모욕 주기, 추방, 투옥, 종신형에서 화형, 교수형에 이르기까지 다양했다. 교수형은 '은총(gracia)'이라는 이름으로 불렸는데, 이는 이교도가 마지막에 기독교로 개종했을 때 화형 대신 처해진 형벌이었다.[4] 그리고 종교재판에 회부된 사람들이 장기간 구금되고 재판을 받는 동안, 그들의 재산은 몰수되었다(Gini de Barnatán 1993).

'이단심문회'는 종교재판소가 조직한 공적인 행위, 또는 행사로서 이단의 범위나 경중에 따라서 광장과 같은 대규모 공간에서 재판의 이름으로 벌어졌던 거대한 종교 행사였다. 종교재판에 회부된 사람들은 여기서 자신들의 죄를 인정하고 자신의 잘못을 공개적으로 고백하였다.

'이단심문회'는 그 규모와 성격에 따라 네 가지로 나뉜다. 첫 번째로, 모든 종류의 범죄자들, 다시 말해서 참회자든 아니든, 상습범이든 아니든, 갖가지 죄목으로 회부된 사람들을 한 군데에 모아 다수를 대상으로 행해졌던 심문회를 '대이단심문회(Auto de fe general o grande)'로 불렀다. 이 심문회는 구성 인원이나 참석자 등에서 대규모적이었다. 예를 들어, 1574년에 거행된 '대이단심문회'의 의식은 11시간 동안 진행되었고 부왕의 입회 아래 종교재판관 및 300명의 사제가 참석하였다(Gringoire

---

4 유명한 예로 잉카제국의 마지막 황제인 아타우알파의 경우를 들 수 있는데 그는 죽기 전 기독교로 개종하고 후안이라는 새로운 이름을 얻은 뒤 곧바로 피사로에 의해 교수형에 처해졌다.

1982, 164). 죄인들은 포승줄에 묶여 일종의 낙인이라고 할 수 있는 '삼베니토(sambenito)'를 옷에 달고 일렬로 입장하였다. 기록에 의하면 이 이단심문회에 약 3만여 명의 구경꾼들이 몰려들었다고 한다. 두 번째로, '특별 이단심문회(Auto de fe especial)'를 들 수 있는데 이것은 몇몇 소수의 범죄자들을 대상으로 하는 이단심문으로서 '대이단심문회'에 비해 의식도 성대하지 않고 행사에 소요되는 도구들도 그리 많지 않았다. 이런 이유로 사람들도 많이 몰리지 않았고, 단지 종교재판소나 부왕령의 재판관들만이 참석한 조금은 느슨한 이단심문회였다. 세 번째로, '일인 이단심문회(Auto de fe singlular)'가 있는데 이는 말 그대로 한 사람의 죄인을 두고 하는 이단심문회로서 상황에 따라 광장이나 아니면 교회에서 행해졌다. 마지막으로, '이단심문회'보다 규모가 작은 것으로서 광장이 아닌 종교재판소의 법정에서 행해졌던 일종의 '소이단심문회'라고 불리는 '아우티요(autillo)'가 있었다. 이 재판은 원하는 사람에게는 공개되기도 하고 아니면 재판에 관련된 사람들만이 참석한 가운데 비공개로 열렸다(Miranda Ojeda 2008, 65-73).

그런데 이단심문의 목적은 범죄자의 영혼을 구원하는 것이 아니라 사실은 이단 제거를 통해 공동체의 선을 구현하는 데 있었다. 이에 따라 종교재판소는 이단심문회를 엄숙하게 거행하고 이단자들을 처형했다. 다시 말해서, 종교재판소는 미래의 잠재적인 위반자들을 격리시키려는 공공적 기능을 갖고 있었다(Hidalgo 2012, 75). 이런 맥락에서 '이단심문회'는 공동의 선을 구축하고 한편으로는 공포심을 불러일으키기 위해 공공장소에서 공개적으로 이루어졌다. 대중이 모인 앞에서 죄인들은 자신의 잘못을 고백하고, 재판관은 죄를 선고했는데 이는 대중들로 하여금 자신의 기독교 신앙을 재삼 확인케 하는 교육적 목적을 띠고 있었다(Miranda Ojeda 2008, 61). 한편, '이단심문회'는 기독교 신앙에서 일탈하면 어떤 끔찍한 결과를 맞게 되는지 참석한 사람들에게 공포심을 불러일으켜 체제에 순응하게끔 하는 정치적 목적도 아울러 가지고 있었다. 누에바 에스파냐의 종교재판소가 '이단심문회'를 개최하면서 진정으로 목적했던 바는 바로 이것이었다.

화형식에는 죄인의 가족이나 친척, 종교재판소 근처에 살고 있던 사람들, 또는 이런 구경거리에 관심이 있는 사람들이 모여들었다. 사람들은 자신들의 신앙이나 종교적 행위, 일상 삶과는 이질적인 이 기이한 광경을 보러 '이단심문회'에 몰려들었는데. 이 행사가 대중성을 띠게 된 것은 명망 있는 사람들이 참석하면서 더욱더 그 도를 더해 갔다.[5] 흥미로운 것은 '이단심문회'는 죄의 고백과 참회에서 보듯, 종교적인 행사로 시작은 엄숙했지만 끝은 투우 경기나 불꽃놀이로 마무리되었다는 점이다. 이런 점에서 '이단심문회'는 종교적인 의식과 동시에 당대의 사람들한테는 볼거리를 제공한 대중적인 축제였다.

---

5 스페인의 경우, 1559년 이래 국왕이 '이단심문회'에 참석하였다. 이를 통해 '이단심문회'는 보다 더 엄숙하고 장중하게 행해졌다.

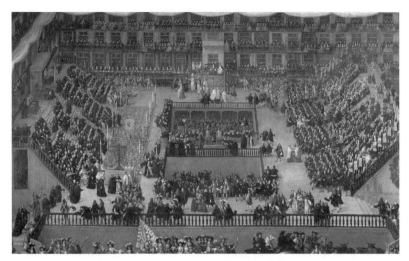

[사진 1] 이단심문회를 묘사한 프란시스코 리치의 회화(1683년)

## :: 유대인과 종교재판

### (1) 종교재판의 희생자들

누에바 에스파냐의 종교재판에서 특징적인 것 중의 하나로서 앞서 언급했듯이 원주민은 이단심문에서 제외되었다. 페루에서도 리마의 부왕은 종교재판소장의 자문에 따라 유럽인들뿐만 아니라 인디오들의 이교 신앙을 규제하는 각종 조치를 취했다. 그중의 하나로 1571년, "방문객을 위한 새로운 지침(Nuevas Adiciones a la instrucción General para los visitados)"이 나왔고, 이 법령을 통해 인디오들은 종교재판소의 이단심문에서 제외되었다.

당시 식민자들은 원주민들을 종교적으로 탄압하는 대신 그들의 기독교 개종에 열중하였다. 왜냐하면 스페인이나 식민 당국에서 볼 때 원주민은 이단자가 아니라 개종의 대상이었기 때문이다. 초기 '사도이단심문관'이었던 수마라가가 스페인 본국의 이런 방침을 어기고 인디오 '카시케'를 화형에 처하면서 스페인 종교 당국과 빚어졌던 갈등은 앞서 언급한 바 있다. 이런 맥락에서 인디오에 대한 종교적 제재는 종교재판소 본연의 일이 아니었고 이에 따라 그들의 이교도 신앙에 대한 규제는 종교재판소와는 별도로 교회가 직접 담당하게 되었다. 궁극적으로 아메리카 종교재판소의 설립 목적은 기본적으로 유대인, 신기독교인, 개종자, 개신교도 등을 아메리카 대륙에서 축출하는 것이었다 (Núñez Sánchez 2004, 11).

이런 분위기 속에서 제일 먼저 종교 당국의 눈에 띈 것은 외국인들이었다. 그들이 이단으로 쉽게 의심받았던 것은 그들의 용모나 언어에서 기인하였다. 1536년 이래, 식민 시기 초기부터 누에바 에스파냐에 들어오기 시작한 외국인들은 상인, 여행가, 선원들이었고 뒤에 들어온 사람들은 금광이나 은광과 같은 광산업이나 상업에 종사하였다. 이들 대부분은 개신교도였고 그들 중에는 개신교 전도를 목적으로 들어온 사람도 많이 있었다. 유럽 개신교도들은 유럽에서 종교개혁이 시작되고 나서 얼마 안 된 시점인 16세기 이후 신세계에 들어왔다. 1529년에는 베네수엘라에 독일인 개신교도들이 들어와 포교 활동을 펼쳤고, 브라질에는 프랑스 개신교도들이, 특히 브라질이 네덜란드의 일시적 지배를 받았을 때 칼뱅주의 선교사나 기독교인들이 많이 들어왔다.

이들 외국인 중에서 영국인들이 수적으로 가장 많았고, 프랑스인, 네

덜란드인, 독일인도 다수 있었다. '엘아베세다리오(El Abecedario)'[6] 자료를 보면 독일어, 영어, 프랑스어, 그리스어, 아일랜드어, 이탈리아어 등 유럽어를 사용하는 사람들이 74명으로 나온다. 이 자료에는 종교재판에 회부된 총 850명의 사람들을 출신지별로 6개 집단으로 기록하고 있다. 즉, 1) 스페인, 카나리아 제도, 필리핀에서 출생한 사람, 2) 누에바 에스파냐나 다른 스페인 식민지에서 출생한 사람(여기에는 메스티소도 포함됨), 3) 출생지는 명시되어 있지 않지만 종교 교단에 속한 성직자나 주민으로서 누에바 에스파냐에서 거주하는 사람, 4) 스페인-포르투갈 출신의 유대인이나 개종자, 5) 스페인이나 포르투갈을 제외한 유럽 국적이나 기타 유럽어를 사용하는 사람들, 6) 어느 지역인지 확인은 어렵지만 아프리카어를 말하는 사람들로 되어 있다(Hidalgo 2012, 76).

당시 스페인 왕실이나 종교재판소는 개신교도들의 아메리카 출현과 그들이 가지고 온 금서 책자를 두려워하였다. 유대인과 마찬가지로 이들은 칼뱅주의자 및 루터 신봉자 등 이교도로 고발당해 종교재판에 회부되는데, 16세기에서 18세기, 누에바 에스파냐에서 거행된 총 305건의 종교재판 중 58건 이상이 루터파 개신교도에 대한 재판이었다. 다음 [표 1]을 보면 1527년에서 1571년, 다시 말해서 누에바 에스파냐에 종교재판소가 설립되기 이전의 통계를 보면 개신교도로서 종교재판에 회부된 사람들은 20명으로 나오고 이는 전체적으로 3.4%를 차지하였다. 그러

---

6  '엘아베세다리오(약칭 ABC)'는 18세기 초 멕시코에서 작성된 문서로서 1571년 누에바 에스파냐에 설립된 종교재판소에서 이단으로 의심받거나 처형된 사람들, 그리고 고발당한 사람들의 이름, 출신지, 그리고 직업 및 관련 자료를 알파벳 및 시간적 순서로 정리한 기록이다.

나 18세기 말까지 133명의 개신교도들이 종교재판에 회부되었고 전체에서 차지하는 비율도 7.6%로 높아졌음을 알 수 있다.

**[표 1] 1527년에서 1820년 사이 종교재판에 회부된 사람들**

| 죄목 | 멕시코 | | | | | |
|---|---|---|---|---|---|---|
| | 1527–1571 | | 1527–1795 | | 1646–1649 | |
| | 수 | % | 수 | % | 수 | |
| 신성모독 | 204 | | | 260 | | |
| 이교도적 언행 | 79 | 296 | 51.7 | 189 | 499 | 28.6 |
| 간음 | 13 | | | 50 | | |
| 중혼 | 76 | | 13.3 | 250 | | 14.3 |
| 마녀(마법) | 36 | | 6.3 | 114 | | 6.5 |
| 간원 | 31 | | 5.4 | 139 | | 8.0 |
| 유대교 | 23 | | 4.0 | 378 | | 21.7 | 136 |
| 우상숭배 | 22 | | 3.8 | | | |
| 개신교 | 20 | | 3.4 | 133 | | 7.6 |
| 교회 모욕 | 17 | | 3.0 | 67 | | 3.8 |
| 기타 이교도 행위 | 8 | | 1.4 | | | |
| 근친상간 | 3 | | 0.5 | | | |
| 죄목 미상 | 40 | | 6.9 | | | |
| 총 | 572 | | 100 | 1,744 | | 100 | 136 |

출처: Quiroz(1986)의 도표에서 재인용한 것으로 멕시코 부분만 따로 정리한 것이다. 원출처로서 1527–1571년의 자료는 Liebman(1932)의 "Los judíos en la Nueva España"(1932)에서, 1527–1795년 자료는 같은 저자의 "Los judíos en la Nueva España"(1964)에서 따온 것이다.

한편, 아메리카 종교재판의 역사를 볼 때 재판에 회부된 대상은 주로 마녀와 중혼이었다(Martínez Barrios 1995, 105). 게다가 많은 사건의 경우는 기독교 성직자에 대한 재판이었다. 왜냐하면 "성직자들의 단정치 못한 행동거지나 처신을 교정하는 것"도 종교재판의 주요한 목적 중의 하나였기 때문이다(Metz 1992, 212). [표 1]에서 보이는 신성모독, 이교도적 언행, 간음은 모두 성직자나 정통 기독교인들에 해당되는 것이며, 이를 다 합치면 총 296명으로 종교재판에 회부된 전체 수의 반을 넘는다. 이런 죄목으로 종교재판에 회부된 사람들의 수는 종교재판소 설립 이후에도 다수를 점하게 되었다.

'피의 순수' 정책에 따라 1528년 누에바 에스파냐에서 최초로 거행된 '이단심문회'에서 유대인 첫 희생자들이 나왔다. 그중의 하나인 에르난도 알론소[7]는 포도주로 자식에게 유대교로 다시 세례를 하고 부인에게는 월경 중에 교회에 가지 말라고 했다는 죄목으로 고발되어 1528년 화형에 처해졌다. 그러나 알론소에 가해진 처형의 진짜 이유는 그가 유대 관습을 따랐기 때문만은 아니었다. 실제로 그가 유대 신앙을 견지했다는 증거는 아무데도 없고, 그 자신이 종교재판에서 유대인이었다고 고백했다는 증거도 현존하는 자료로서는 알 수 없다. 다만 우리들이 추측할 수 있는 것은 그의 처형은 종교적인 이유라기보다는 정치적인 이유에서 나온 것으로서, 이는 당시 식민 당국과 종교재판을 주도한 도미니크 교단이 결탁하여 이제 막 득세하기 시작한 정복자들을 길들이기

---

7 그는 대장장이 및 배 목수였다. 그는 코르테스가 테노시티틀란을 공격할 때 필요한 배를 만드는 것을 도와준 사람이었다. 그 뒤 그는 목장을 경영했고, 스페인 군대에 고기를 납품하였다.

위한 것이었다(Laikin Elkin 2014, 7).

　이와 관련해 누에바 에스파냐에서 일어났던 종교재판사에서 가장 잔혹하기로 유명했던 예로서, 정복자였던 루이스 데 카르바할(Luis de Carvajal)의 경우도 같은 맥락에서 이해될 수 있다. 그는 독실한 가톨릭 신자로서 멕시코 북부 국경을 평정했고, 누에보레온 주의 지사였다. 그는 멕시코시티의 북서부 방대한 지역을 정복한 뒤 그곳에 정주하기 위해 많은 사람들을 모집하고 계약을 체결하는데 그들 중에는 유대인도 많이 있었다. 당시 유대인들은 멀리 떨어진 새로운 땅에서 경제적으로 부를 쌓고, 선조들의 종교로 다시 돌아갈 수 있으리라는 희망에서 이 주지사의 원정대에 동행했다. 그러나 이 사실을 알게 된 종교재판소는 카르바할 가족을 체포하고 고문을 가했으며 그들을 화형에 처했다. 그들 중에는 주지사의 두 조카가 있었는데 같은 이름의 루이스 데 카르바할(세칭 小카르바할)은 유대교를 믿었다고 해서 희생되었고, 또 다른 조카로서 도미니크 교단의 수도사였던 가스파르(Gaspar)는 유대인을 부추기고 보호했다는 죄목으로 고발당했다. 물론 카르바할 주지사는 관직에서 쫓겨났고 재산 및 명예를 잃은 채 감옥에서 죽었다.

　상기 언급한 것들을 종합하자면 종교재판소는 메츠의 언급대로 사회 통제 기구로서의 기능을 가지고 있었다. 물론 종교재판소의 종교적 기능을 부정할 수는 없지만, 스페인이나 포르투갈에서 이단심문 기관이 그랬던 것처럼 아메리카 식민지에서도 종교재판소는 늘 비종교적, 정치적인 의제에 종속되어 있었다.

　그러나 아메리카에서의 이단심문은 스페인과는 달리 그렇게 "잔인하고 엄격"하지 않았다. 다시 말해서, 250여 년간 이단심문이 존재했던 아메리카에서는 우리가 생각하듯이 그렇게 많은 수의 사람들이 종교재판에 회부돼 화형에 처해지지는 않았다(Metz, op. cit, 212). 이는 통계 숫자에서도 여실히 드러난다.

**[표 2] 1540년에서 1700년간 누에바 에스파냐의 종교재판 횟수 및 처형자 수**

| 종교재판 (1540-1700) | 종교재판에 회부된 사람의 수 (기록상) | 종교재판에 회부된 사람의 수 (추정치) | 처형자 수 (기록상) | 실제 처형자 수 |
|---|---|---|---|---|
| 인원 | 950 | 2,400 | 17 | 38 |

출처: "Inquisición en América", http://es.wikipedia.org/wiki/Inquisición_en_América. 아메리카의 이단심문 통계 중 누에바 에스파냐의 경우만 필자가 재정리한 것이다.

헤닝스(Hennings)와 콘트레라스(Contreras)는 1540년에서 1700년에 걸쳐 스페인 식민지 각지에 세워진 종교재판소가 스페인의 최고 이단심문 기관에 보낸 보고서를 근거로 통계 자료를 만들었는데, 160년에 걸친 종교재판 건수에서 실제로 화형이나 교수형으로 처형된 사람은 [표 2]에서 보듯 그리 많지 않다. 총 38명이 실제로 처형되었다고 하는데 이마저도 종교재판소에 나온 기록은 고작 17명에 불과하다. 물론 이 숫자도 유대인만을 의미하는 것은 아니다. 다른 출처에서 나온 자료를 보더라도 설사 기록에서 누락됐거나 또는 종교재판소의 은폐 기도가 있었다고 하더라도 우리가 통념적으로 알고 있는 것과는 달리 결코 많은 수는 아니다. 오브레곤(González Obregón)은 누에바 에스파냐에 종교재판소가 설립된 이래 처형된 사람을 51명으로 계산하고 있고, ABC 자료에는 41명의 유대인이 처형된 것으로 되어 있다.

다시 [표 1]로 돌아가 보면, 1527년 이래 종교재판소를 대신해서 멕시코의 이단심문을 담당했던 성직자들에 의해 단죄를 받은 572명 가운데 유대인은 고작 23명으로 전체 4%를 차지했을 뿐이다. 그러나 종교재판소가 설립되고 난 뒤 식민 시기 내내, 유대교도라는 이유로 재판에 회부된 사람들은 378명으로서 이 숫자는 전체 인원의 22%를 차지하게 되었다.

이렇게 종교재판소가 본격적으로 가동을 하면서 유대인들의 희생자는 증가하였다. 1646년에서 1649년까지 단지 3년 동안에 행해진 4회에 걸친 '이단심문회'(특별이단심문회 3회, 대이단심문회 1회)에서 유대교도라는 이유로 136명이 처형되었는데 이들 대부분은 포르투갈 출신의 유대인들이었다. 다시 말해서, 1642년에서 1649년까지 식민지 멕시코에서 '모세의 율법'을 신봉하는 유대인 중, 약 1/3(35.9%) 이상이 체포되고 처형을 받았다. 이 시기가 바로 종교재판소 설립 이전이나 이후와 비교해 유대인 탄압이 가장 극심했던 시기였다(Quiroz 1986, 238-239).[8]

물론, 리브만 같은 학자의 지적을 굳이 따르지 않더라도 처형된 사람의 숫자는 훨씬 많았으리라 추측된다. 그러나 본 연구를 진행하면서 느꼈던 것 중의 하나는 서두에서도 언급했지만 유대인의 종교재판과 관련해서는 자료도 부족하기도 하지만 '이단심문회'가 얼마나 개최되었는지,[9] 종교재판으로 희생된 사람이나 처형자 수는 얼마고, 그들은 무슨

---

8 스페인 본국에서는 거의 비슷한 시기인 1635년에서 1641년 사이, 카르타헤나에서는 1636년에서 1638년 사이에 유대인에 대한 탄압이 가장 심했다.

9 1574년에서 1795년 사이, 누에바 에스파냐에서는 11번에 걸쳐 '이단심문회'가 개

죄목으로 종교재판에 회부되었는지 학자마다 서로 틀려 정확한 수나 통계를 헤아릴 수 없다는 점이다. 그럼에도 불구하고 스페인의 종교 박해로 수만 명이 죽어간 것에 비해 누에바 에스파냐의 경우는 위에서 보았듯이 아무리 그 수를 최대로 잡는다고 하더라도 100명 미만 정도일 것으로 추정된다고 보면 희생자는 그리 많지 않았다는 결론에 도달하게 된다.

그러나 신세계의 이단심문이 거칠고 잔인한 이미지를 갖게 된 데에는 이단심문의 박해 대상이 기본적으로 유대인이고 또 이단심문으로 희생된 사람들은 주로 유대인이었다는 몇몇 학자들의 연구에서 기인한다. 메츠에 의하면, 그들은 연구 방향을 유대인 박해로 상정해 놓고 거기에 따라 자신들의 논리를 정당화하기 위해 몇몇 특수한 사례들을 꼽아 결론을 도출해 냈는데 이것이 아메리카 식민지에서의 이단심문에 대해 그릇된 인상과 오해를 불러일으켰다고 한다(Metz 1992, 212).

우리가 앞에서 살펴보았지만, 식민 시기 초기 유대인에 대한 집단 박해는 없었다. 그것이 대대적으로 드러난 것은 17세기 중엽, 포르투갈 유대인을 대상으로 한 이단심문에서였다. 이후 유대인에 대한 대규모적인 탄압은 종교적인 것에서 기인하기보다는 정치, 경제적인 것과 밀접하게 연결된다.

### (2) 포르투갈 유대인과 종교재판

1580년에 포르투갈은 스페인에 복속되었고, 1640년에 다시 스페인

---

최되었다고 한다(Hidalgo 2012, 75).

의 속박에서 벗어날 수 있었다. 이 기간 동안에 포르투갈인들의 스페인 식민지로의 이주는 금지되었고, 특히 포르투갈 유대인 상인들의 이주는 더욱더 엄격히 규제되었다(Delfin Guillaumin 2011). 리브만(1970)에 의하면 포르투갈 유대인들은 1521년 이래 집단적으로 몰려 들어오지는 않았지만 지속적으로 누에바 에스파냐에 들어와 거주하였다. 그리고 이런 이주는 1580년에서 1640년 이 기간 동안에도 끊임없이 이어졌다. 이들의 출신 지역은 포르투갈을 비롯하여 유럽, 카나리아 군도, 아소레스 제도 및 중동 등이었다. 한편, 1600년에서 1625년 사이 포르투갈에 거주하고 있었던 스페인 유대인들이 포르투갈에서 추방되면서 그들은 다시 아메리카로 향하게 되었다.

초기에 이들 포르투갈 유대인 상인들은 누에바 에스파냐에 정주하면서 노예 무역에 종사하거나 임대업, 그리고 멕시코 남부에서 '아시엔다(hacienda)' 대농장을 운영하였다. 지금 남아 있는 자료를 보면 1622년경, 약 500명의 유대인들이 멕시코시티에 살았다고 전해진다. 1625년에서 1649년, 포르투갈 유대인에 대한 대규모 탄압이 있기까지 포르투갈 유대인들은 노예 무역, 갤리언 무역 등 대규모 무역 사업에 종사하였고 그들이 일군 부를 통해 식민지 사회에서 중추적인 위치를 점하고 있었다. 당시 '포르투갈인(portugués)'이라는 용어는 유대인과 동의어였다(Laikin Elkin 2014, 5). 그들이 이렇게 불리게 된 이유는 그들의 경제적 활약과 밀접한 연관이 있었다.[10] 그들이 설립한 공동체는 규모나 수적으로

---

10 한편, 포르투갈인은 유대인, 유대인 후손, 또는 '신기독교인', 유대 의식을 실천하는 사람을 뜻하는 광범위한 의미로 쓰였다(Delfin Guillaumin 2011).

증가하고 확대되어 갔다. 그러나 17세기 중반 이들은 '모세의 율법'을 믿는 이단자로 고발당하고 대대적인 탄압을 받으면서 포르투갈 유대인 사회는 종말을 맞게 되었다(Liebman 1970, 262 & 265). 누에바 에스파냐 부왕의 통치 시기, 멕시코에는 약 2천 명의 유대인이 있었는데, 이들 대부분은 종교 당국의 탄압으로 가톨릭으로 개종하였다.

1649년 누에바 에스파냐에 거행된 '대이단심문회'는 한 성직자의 고발로 촉발되었다. 이 성직자는 이단심문관에게 "자기가 맡아 키우는 두 소년이 늦은 밤, 4명의 포르투갈인들이 하는 이야기를 우연히 엿듣게 되었는데 그 내용은 자기들처럼 건장한 남자 4명만 더 있으면 종교재판소에 불을 지르고 그곳 관리들은 불에 태워죽이겠다는 것이었다"(Medina 1991, 199). 이것이 도화선이 되어 1642년부터 포르투갈 유대인 상인들에 대한 대대적인 체포와 검거가 조직적으로 이루어졌다. 당시 '의심스런 유대인'이었던 한 젊은 상인은 자발적으로 자신이 '확신 유대인'이라고 고백을 하면서 사건은 일파만파로 퍼져 그와 가까운 가족, 친척, 멕시코시티의 상인 가문이 여기에 대거 엮이게 되었다. 1642년에 150명이 체포되었고 그들에 대한 일련의 종교재판이 시작되었다. 이들 개종 유대인들은 여전히 '유대교를 믿는 사람들(judaizantes)'로 기소되었는데 이들 대부분은 상인들이었다. 1649년 누에바 에스파냐 부왕은 유사 이래 가장 대규모적인 '이단심문회'를 개최하였다. 여기서 12명이 교수형에 처해진 뒤 그 시체는 다시 불태워졌고, 한 사람은 이단심문에서 자신의 유대 신앙을 버리지 않은 죄로 산채로 화형에 처해졌다. 당시 '이단심문회'는 이미 기독교 묘지에 묻힌 죽은 유대인들의 유골을 끄집어내 그들을 기소했다. 그리고 죽은 유대인들의 인형을 만들어 화형에 처했는데, 그 수가 99명에 달했다(Hidalgo 2012, 75).

포르투갈 유대인에 대한 이 탄압은 표면적으로는 종교적인 것으로 보이지만 이것은 명백히 정치적인 사건이었다. 왜냐하면 1642년까지 유대인에 대한 대대적인 박해는 없었고, 이 시기는 어떤 의미에서 종교적 관용이 베풀어지던 시대였기 때문이다. 다시 말해서, 이 사건은 종교와 정치를 결합시킨 식민 당국의 음모에서 나온 사건으로서, 이를 이해하기 위해서는 이와 유사한 페루의 '대음모(Complicidad grande)' 사건을 살펴볼 필요가 있다.

페루 종교재판의 역사에서 유대인 박해의 최정점이라고 할 수 있는 이 사건에서 1635년, 81명의 포르투갈 유대인이 체포되었는데 그들 대부분은 '신기독교인' 신분의 부유한 상인들로서 리마 사회의 상층부를 구성하고 있었다. 그들 중 67명은 종교재판소에 의해 유대교로 복귀하려 한다는 혐의를 받아 고문을 받았고 거기서 살아남은 11명의 유대인들은 개전의 정이 없는 '확신 유대인'으로 낙인찍혀 말뚝에 박혀 화형을 당했다. 화형을 면한 나머지 사람들은 감옥에 투옥되거나 태평양 횡단의 갤리언 무역선에서 강제 노동을 해야만 했다. 당시 처형받은 유대인 중 대표적인 인물로서 바우티스타 페레스(Manuel Bautista Pérez)가 있었다. 그는 노예 무역 상인이자 은광 소유자로서 기독교식으로 자식들을 교육시켰고, 열렬한 기독교 신자로서 유대인들부터 '대장님(Capitán Grande)'으로 불렸다. 그러나 그는 결국 고문에 못 이겨 자신이 유대교 신봉자라는 고백하고, 감옥에서 자살을 시도했지만 실패하고 최후에 화형에 처해졌다.

페루의 '대음모' 사건도 1627년에서 1635년에 완결되었듯이, 누에바 에스파냐에서도 이 사건은 1642년에 시작되어 7년이 경과한 뒤인 1649년에 '대이단심문회'가 열렸다.[11] 메츠는 아마도 누에바 에스파냐의 종교재판소는 유대인들을 보다 강력하게 응징하기 위해서 스페인으로부터 명령을 받아 적당한 때를 기다렸을 것이라고 추론한다(Metz 1992, 215). 왜냐하면 누에바 에스파냐의 포르투갈 유대인에 대한 대대적인 탄압은 1640년의 포르투갈의 스페인에 대한 반란의 연장선상에 있었기 때문이다. 다시 말해서, 이베리아 반도에서의 스페인과 포르투갈의 전쟁은 이제 무대를 바꾸어 누에바 에스파냐에서 스페인(또는 누에바 에스파냐 부왕령)과 포르투갈 유대인 간의 전쟁으로 바뀌었다. 이렇게 유대인들이 부왕령을 위협하는 불온한 집단으로 판명되면서 이 이교도 집단은 가혹한 탄압을 받게 되었다. 결국 누에바 에스파냐의 종교재판소는 식민 당국과 연합해 이베리아 반도에서의 포르투갈인들의 반란 사건을 재판에 효과적으로 활용했다(Quiroz 1986, 258).

여기서 1649년의 '대이단심문회'를 주재한 사엔스(Juan Sáenz de Mañozca)라는 인물을 주목할 필요가 있다. 그는 바로 1635년에서 1641년 진행되었던 페루의 '대음모' 사건 때 종교재판을 주도했던 마뇨스카(Mañozca y Zamora)의 사촌동생이었다. 사엔스는 바로 이 마뇨스카로부터 페루의 '대음모' 사건을 잘 알고 있었고, 종교재판과 관련해 많은 노하우를 배웠다.

페루의 종교재판관들은 포르투갈 유대인들에 대한 탄압을 시작하

---

11 물론, 1649년의 이 '이단심문회' 이전에 1646년에서 1648년간 매년 사전 성격의 예비 '이단심문회'가 있었다.

기 훨씬 전, 이미 사전에 충분한 증거들을 가지고 있었다. 그럼에도 불구하고 그들에 대한 재산 몰수 절차는 적절한 시점에 집행되었다. 마뇨스카는 유대인들의 죄를 입증할 자료를 확보한 뒤, 이 대규모 사건을 언제 터뜨리면 가장 효과적일지 그 시기를 잘 알고 있었다. 그는 이 사건을 잘 처리한 공로를 인정받아 1636년 스페인 최고종교재판소장(Consejo de la Suprema y Santa Inquisición)으로 승진하였고 후에 누에바 에스파냐에서 '대음모' 사건이 일어났을 즈음, 멕시코 대승정으로 임명되었다. 1641년에서 1649년간 사엔스는 마뇨스카가 페루에서 했던 것처럼 유대인에 대한 대대적인 탄압에 나섰고 그들로부터 528,255페소 가치의 재산을 몰수하였고, 그중에서 18만 페소는 공금으로 비축해 두었다(Quiroz 1986, 254).

페루의 대음모 사건에서 희생된 사람들 대부분이 부유한 상인들이었던 것처럼, 누에바 에스파냐에서 처형된 136명 역시 대부분 포르투갈 출신의 '신기독교'인으로서 상인이었고 부유층이었다. 포르투갈 유대인 상인들은 국제 무역 및 스페인 식민지 간의 무역에서 종사하면서 남미 교역의 대부분을 장악하고 있었고, 그들의 부가 눈에 띄게 증대하면서 경쟁자인 스페인 상인들은 그들을 종교 당국에 고발하였다. 종교재판소 역시 이들 유대인의 재산을 지속적으로 몰수했는데, 이것을 보면 포르투갈 유대인에 대한 박해는 종교적인 이유라기보다는 종교재판소의 경제적 동기가 더 컸음을 알 수 있다. 여기에는 그럴 만한 사정이 식민지 체제에 이미 존재하고 있었다.

1633년 스페인 왕실은 아메리카 식민지 내 종교재판소의 운영 자금을 지원하고 있었다. 그러니 식민지의 종교재판관들은 부왕이나 식민지 관리들의 횡령이나 관료주의로 인해 제때에 급여를 받지 못하는 등 어려움에 처해 있었다. 게다가 식민지에서의 종교재판소의 권한은 다른 기관과 비교해 낮은 위치에 있었다. 이론적으로 보면 식민지에서의 종교재판소의 권력은 국왕 직속에 속했지만 식민지 부왕령 체제에서는 그 처지가 달랐다. 이런 이유에서 식민지의 종교재판관들은 자신들의 문제를 해결하기 위해 종교재판소에 회부된 죄인들의 재산을 몰수하였고 그것을 비축해 자체적인 운영 자금을 마련하였다.

누에바 에스파냐에서 벌어진 이 사건으로 1640년부터 1646년 말까지 6년 사이에 종교재판소에 429,389페소가 들어왔고, 그리고 1646년 '이단심문회'가 유대인들로부터 몰수한 금액은 38,732페소, 1647년에는 148,562페소로 증대하였다. 그리고 1646년 11월 20일부터 1648년 4월 24일까지 234,000페소의 금액이 종교재판소로 유입되었다. 1649년의 이단심문회에서 유대인들로부터 몰수한 재산의 가치가 정확히 얼마인지는 지금으로서는 알 수 없지만 물경 300만 페소에 달했을 것으로 추정된다(Delfin Guillaumin 2011, 8).

1649년의 '대이단심문회'는 일반 시민이나 대중이 모인 광장에서 시종일관 장엄하게 진행되었다. 종교재판소는 재산을 약탈하는 것 외에 사회 구성원들에게 공포심을 조성하였고, 이를 통해 궁극적으로 식민지 지배 체제를 견고히 하려는 목적을 달성했다.

이 사건을 계기로 누에바 에스파냐에서는 종교재판은 외견상 종식되었다. 그리고 이 시기 이후에 일어나는 유대인에 대한 종교재판은 지극히 개별적이고 "고립된 수많은 건수 중의 하나"로 자리 잡았다. 이제 남아 있던 포르투갈 유대인은 2대, 3대로 내려가면서 그들의 정체성은 사라졌고 그들의 디아스포라도 소멸하게 되었다. 포르투갈인들은 당시의 위험한 상황 속에서 단신으로 아메리카로 건너왔다. 이들은 동족인 포르투갈인과 결혼을 했고 또 다른 사람들은 메스티소, 또는 구기독교인들과 결혼했다(Metz 1992, 216). 이렇게 이들은 소수자로서 동화의 과정을 밟았다. 그리고 멕시코에 유대인들이 다시 이주하게 된 것은 멕시코가 독립한 19세기 이후였다.

## :: 이단심문회는 '거대한 쇼'

우리가 서두에서 전제했던 것처럼 식민 시기 초기, 누에바 에스파냐의 종교재판에서 유대인의 희생은 그리 두드러지지 않았음을 본 연구를 통해 알게 되었다. 실제로, 신생 식민지에서 식민 당국이나 종교 당국이 보다 치중했던 것은 인디오의 개종이었다.

유대인들이 본격적으로 종교재판에 회부되거나 박해를 받은 것은 누에바 에스파냐에 포르투갈 출신의 유대인들이 대거 누에바 에스파냐로 들어와 상권을 장악하면서부터였다. 당시의 종교재판소는 종교적인 이유보다는 정치, 경제적인 동기에서 유대인들을 박해하고 그들로부터 재산을 몰수하여 자신들의 종교재판소 운영 자금으로 썼고 또 그것으로 대부업을 하여 식민지에서 가장 부유한 기관으로 성장하였다.

이제까지 우리가 보아왔던 것처럼 포르투갈 유대인들을 단죄하기 위해 종교재판소가 했던 노력은 단순히 종교재판관들이 주장했던 것처럼 식민지에 이교가 퍼지는 것을 막기 위해 가해진 종교적 우려에서 기인한 것은 아니었다. 모든 관료 체제가 그렇듯 누에바 에스파냐의 종교재판소 역시 그것이 작동하기 위해서는 어느 특별한 집단이나 사회에 의해 물질적으로 지탱되어야만 했다(Quiroz 1986, 250). 그것의 주체가 바로 다름아닌 상업과 무역으로 부유했던 포르투갈 유대인들이었다는 것은 앞에서 이미 살펴본 바와 같다.

결론적으로 누에바 에스파냐에서 종교재판소가 식민지 체제 유지를 위해 사회 통제적 역할을 했던 것은 명백히 드러난다. 그들은 유대인을 비롯한 이단자들에게는 공포심을 불러일으키고 기독교인들에게는 기독교 정통 신앙에 더 몰두하라는 메시지를 던졌다. 그것을 주기적으로 보여주기 위해 종교재판소가 활용했던 것이 바로 '이단심문회'라는 메커니즘이었다는 것은 의심할 수 없는 사실이다. 한편, 엄숙하고 장엄하게 진행된 이 심문회는 흥미진진한 볼거리를 제공하면서 동시에 사람들을 기독교 이데올로기로 계도하고 훈육했던 '거대한 쇼'였다. 이 종교 행사의 최대 희생자가 바로 경제적으로 부유했던 유대인이었다는 것은 두말할 필요가 없다.

# 제2장

# 페루-볼리비아 접경 푸노 지역 아이마라 원주민의 갈등

차경미

## :: 아이마라 원주민의 영토

안데스 산맥 지역은 다양한 원주민 종족이 분포되어 있다. 이들 중 케추아(Quechua)족과 아이마라(Aymara)족은 가장 대표적인 원주민 종족 집단을 구성한다. 특히 아이마라 원주민은 페루와 볼리비아 양국이 접경을 형성하고 있는 티티카카(Titicaca) 호수를 중심으로 분포되어 있다. 아이마라 원주민은 고대 도시 티아우아나코(Tiahuanaco) 문명을 형성하였다. 티아우아나코 문명은 현재 볼리비아의 라 파스(La Paz)을 중심으로 성장 발전하였다. 아이마라인들은 타완틴수요(Tawantinsuyo)와 티와나쿠(Tiwanaku)라는 중앙 행정 체계를 통해 영토를 정비하였다. 그리고 정치적으로 안틴수요(Antisuyo), 쿤티수요(Kuntisuyo), 친차수요 (Chinchasuyo)와 구야수요(Cullasuyo) 등 4개의 연방으로 분리하여 운영하였다. 각 연방은 선출된 대표자에 의해 통치되었다.

타완틴수요는 잉카제국과 경쟁 관계를 형성했다. 그리고 현재 콜롬비아 남쪽, 에콰도르, 페루, 아르헨티나 북서쪽 그리고 칠레의 중앙 지역까지 연방을 건설하였다. 아이마라 원주민은 사회 관계에 기초하여 공간을 효율적으로 통제하였다. 원주민의 행정 체계는 아이유스(ayllus), 마르카스(markas), 수유스(suyus)로 구성되었다. 가족 단위를 중심으로 구성된 아이유스는 타완틴수요의 기본적인 행정 조직이다. 아이유스는 원주민 공동소유 토지로서 가족과 혈연 관계에 기초한 집단노동을 통해 운영되었다. 아이유스는 자급자족 경제 활동의 토대가 되었다. 티티카카 호수의 코파카바나(Copacabana) 섬에는 식민 시대 이전 이미 42개의 아이마라 원주민 공동체가 체계적으로 형성되었다.

스페인 식민 시기 아이마라의 영토는 페루 부황령(Virreinato)에 의해 통제되었다. 그리고 차르카스 아우디엔시아(Audiencia de Charcas)가 관할하였다. 식민 시대 라틴아메리카의 영토는 부황령(Virreinato)을 중심으로 행정 체계가 정비되었다. 부황령은 스페인 왕실이 식민 영토의 통치 영역을 분리한 것으로서 하부구조로 11개의 아우디엔시아가 운영되었다. 16세기 말 식민 영토는 멕시코를 수도로 한 누에바 에스파냐(Nueva España) 그리고 리마를 수도로 한 페루(Perú) 부황령으로 양분되었다. 이후 안데스 산맥을 중심으로 누에바 그라나다(Nueva Granada)와 남부 지역의 라 플라타(La Plata) 부황령이 형성되어 18세기 라틴아메리카의 식민 영토는 4개의 부황령으로 분리되어 운영되었다.

차르카스 아우디엔시아 북동쪽에는 이미 케추아족이 정착하여 아이마라 원주민과 공생하였다. 아이마라 원주민은 케추아족과 경쟁 관계를 형성하였다. 1780-1782년 페루 부왕령 차르카스 아우디엔시아에서

투팍 아마루(Túpac Amaru) 원주민 혁명이 시작되었다. 케추아족은 식민 체제에 대한 저항을 주도했으며 아이마라 원주민도 저항 운동에 적극적으로 참여하였다. 이러한 과정에서 케추아와 아이마라 원주민 지도자 사이의 갈등 구도가 형성되었다. 그러나 식민의 상황에서 원주민은 피정복자로서의 정체성을 바탕으로 단결하였다.

19세기 라틴아메리카 독립 과정에서 엘리트들은 새로운 단일 국가 건설을 시도했다. 그러나 이는 실패하였으며 경쟁을 통해 지속적인 탈중앙집권화의 역사를 만들었다. 그 결과 지역 엘리트들의 분열을 통해 라틴아메리카 지역은 다양한 국가로 분리되었다. 전쟁은 국경 형성 혹은 변경의 주요 요인으로 작용하였다. 이러한 역사를 통해 차르카스 아우디엔시아의 아이마라 원주민은 서로 다른 국적 아래 양분되었다. 1836년 페루와 볼리비아연방이 형성되었다. 1841년 페루의 가마라 메시아(Agustín Gamarra Messía) 군사정권은 아이마라 원주민의 통합을 시도하였다. 1879-1882년 페루와 볼리비아가 칠레와의 전쟁에서 패하게 되자 아이마라 원주민 영토의 일부는 칠레로 병합되었다. 페루의 모케가(Moquegua) 지역은 분리되어 남쪽의 아리카(Arica)가 칠레 영토로 편입되었다. 당시 아타카마(Atacama) 사막 지역은 이미 칠레 자본에 의해 통제되었다. 이와 같이 정치적 결과물인 영토 경계선을 통해 아이마라 원주민은 분리되었다. 그리고 원주민은 각국의 정치, 경제 그리고 사회 · 문화적 상황에 따라 서로 대립할 수 있는 상황에 놓이게 되었다.

## :: 원주민의 정체성

인종이 생물학적인 특성을 강조한 데 비해 종족은 문화적 차이를 표현하는 의미로 사용된다. 최근 들어 종족성은 자원이나 정치권력을 통제하기 위해 자신의 배타적인 집단 형성을 목적으로 이용되는 문화적 산물로 이해되고 있다. 종족의 정체성은 고정적인 것이 아니라 시대와 상황에 따라 형성되는 인간의 심리 구성과 관련된 특징을 나타낸다. 따라서 종족의 정체성은 정치·경제적 목적을 위해 자신들의 권리를 주장할 때 실현된다고 볼 수 있다.

정체성은 특정 개인으로부터 집단에 이르기까지 삶의 의미와 그 가치 판단에 있어 중요한 문제이다. 타 집단과의 관계는 정체성 형성 과정에서 매우 중요하게 작용한다. 타 주체와 상호작용에서 자신과 대립되는 이해관계가 분명할 때 자신만의 문화는 형성되며 타인과의 관계 속에서 자신의 차별성과 특수성은 확인된다. 따라서 정체성은 타 주체와의 끊임없는 상호작용을 통해 개인의 동일성을 확인하고 나아가 국가를 포함한 집단의 이해관계의 동일성을 확인하는 과정이다.

아이마라 종족의 정체성은 역사와 문화적 특수성을 바탕으로 타 종족과의 차별성과 함께 시간을 통해 형성되었다. 그리고 같은 공간에 공존하는 케추아 원주민과의 세력 갈등 관계에서 정체성은 강화되었다. 또한 아이마라 원주민의 정체성은 종족 내부의 상호 관계에서도 형성되었다. 경제적으로 열악한 상황에 놓여 있는 볼리비아 아이마라 원주민의 경우 칠레 아이마라 원주민의 차별의 대상이 되었다. 영토 분리 이후 칠레 아리카 지역 거주 원주민은 볼리비아 아이마라 원주민을 자신과 동일한 종족으로 인정하지 않았다.

한편, 국경 형성 과정에서 원주민은 국가 정체성 확립에 동원되었다. 국경을 통해 분리된 아이마라 원주민은 각 정부의 교육 과정을 통해 백인 엘리트 규범에 동화되어 갔다. 공식 문화 속에서 원주민 문화는 구별되었으며 이러한 과정을 통해 아이마라 원주민의 정체성은 약화되었다. 도시에 거주하는 원주민은 자신을 문명인이라고 인식하며 원주민과 거리를 유지하였다. 이러한 과정에서 원주민은 자신의 전통으로부터 단절되어 종족과의 유대감을 상실하였다. 동시에 사회의 지배적인 문화로부터 거부당하는 이중적 입장에 직면하였다.

스페인의 300년 식민 통치는 상호 대립의 관계로 발전하였다. 1532년 이후 원주민은 강압적인 노동력 착취의 대상이 되었다. 그리고 사회 최하위 계급에 배치되었다. 식민 권력은 영토 확장과 함께 가톨릭 교황청의 지원으로 2만 년 동안 진화해 온 안데스 산맥 원주민 문명을 우상 숭배로 재판하며 파괴하였다. 그러나 아이마라 원주민은 정복자의 종교를 외형적으로 수용하면서도 전통 종교의 맥을 이어가며 자신의 차별성과 특수성을 확립해 나아갔다. 그 결과 원형 그대로는 아니지만 와이뇨스(Wayños), 라 윌란차(la Wilancha), 파차얌페스(Pachallampes), 차타스(Challtas), 투루카야스(Trukayas), 푸아스 데 코카(P'uas de Coca)와 같은 전통 종교가 아이마라 원주민의 일상을 여전히 지배하고 있다.

식민과 공화국 건설의 경험을 통해 원주민 문화는 변형되거나 일부 기능화되었다. 또한 원주민의 역사는 부분적이거나 단절되었다. 페루, 볼리비아, 칠레 그리고 아르헨티나에 이르기까지 광활한 영토에 분포되어 있던 아이마라 원주민은 20세기 초 각국의 새로운 문화 정책에 동원되었고 그 권위와 조직은 축소되었다. 그럼에도 불구하고 이들은 동일 언어를 바탕으로 정서적 유대감을 유지해 왔다. 아이마라 사회에서 언어는 종족의 정체성을 구성하는 가장 중요한 요소로 작용하였다. 동일한 언어 사용은 종족의 근원적 유대를 유지하는 데 있어서 매우 중요한 근거로 작용하였다.

원주민 언어는 원주민이 집중적으로 분포되어 있는 지역에서만 주로 사용되고 있다. 볼리비아의 아이마라어 사용자는 현재 160만 명에 이른다. 페루의 경우 아이마라어 사용자는 대략 30만 명에서 50만 명으로 추정된다. 칠레의 아이마라 언어 사용자는 국경 지역 아리카, 이키케(Iquique) 그리고 안토파카스타(Antofagasta)를 중심으로 4만 8천 명에 이른다. 또한 아르헨티나의 살타(Salta)와 후후이(Jujuy) 지역 소수의 원주민이 아이마라 언어를 사용하는 것으로 알려져 있다.

결국 종족의 정체성은 단지 기억의 재생산에만 의지하는 것이 아니다. 기본적으로 자기가 속한 집단과 타 집단과의 상호작용에 의해서 결정된다. 인간은 통상적으로 주어진 상황에 따라 자신에게 가장 합당한 정체성을 선택한다. 따라서 인간은 다양한 정체성의 경계 내에 위치할 가능성이 있다. 정체성은 고정적인 것이 아니라 국가와 시대적 상황에 따라서 달라지는 특징을 나타낸다. 그리고 자신 스스로의 판단에 따른 심리적인 것이다. 따라서 원주민의 정체성은 경우에 따라 지속적으로 재정의된다. 그리고 원주민은 자기 판단을 통해 자신의 정체성을 규정할 수밖에 없다.

## :: 푸노 지역의 특징

국민국가의 경계선이 명확하게 형성된 이후에도 접경 지역 사람들은 동일한 문화권 속에 공존하며 살아가고 있다. 세계 도처의 접경 지역은 공동의 문화 공간 위에 놓여 있는 것이 일반적이다. 페루와 볼리비아 양국에 걸쳐 밀집되어 있는 아이마라 원주민 역시 각각 국가의 소속을 달리하지만 하나의 삶의 터전 속에 살아가고 있으며 동일한 문화권 속에서 공통의 정체성을 지향할 가능성이 높은 종족이다. 이들은 식민 체제와 새로운 공화국 건설 과정에서도 단일 언어를 바탕으로 종족의 정체성을 유지하며 생존한 대표적인 원주민 집단이다.

식민의 경험을 통해 아이마라 원주민의 경제와 사회 그리고 문화는 혼종적 특징을 유지하며 발전하였다. 그러나 원주민이 집중적으로 분포되어 있는 접경 지역의 경우 원형은 아니더라도 원주민의 전통적인 가치는 여전히 종족을 상징하는 생활방식을 통해 생명력을 유지하고 있다. 푸노 지역 아이마라 원주민의 문화와 관습은 혼종성이 강하게 나타나지만 그럼에도 불구하고 토지 운영 및 상품 유통 등 경제 활동에서 여전히 전통적 삶의 방식이 유지되고 있다. 또한 가족과 혈연 중심의 아이유스 공동체는 역시 아이마라 원주민의 일상을 지배하고 있다.

19세기 식민 체제의 위기에도 불구하고, 푸노 지역의 경제 활동은 기본적으로 원주민 공동체를 중심으로 운영되었다. 오늘날에도 이러한 생산 방식은 많은 변화 없이 존속되고 있다. 페루의 역사학자들은 푸노 지역의 경제는 자본주의 체제의 특징보다는 전통적인 원주민 경제 운영 방식에 가깝고, 이 지역 원주민은 항상 전 자본주의적 생산 방식을 통해 생존하였다고 주장한다. 볼리비아의 푸노, 푸카라니(Pucarani), 코파카바나, 데사과데로(Desaguadero) 지역과 페루의 모케과(Moquegua), 세피타(Zepita) 그리고 야베(Ilave) 지역 원주민 공동체의 경제 운영 방식은 전통적인 아이유스 체제에 기초하고 있다. 식민 시대와 공화국 건설 과정에서 아이마라 원주민의 영토는 재편되었다. 그럼에도 불구하고 현재까지 푸노 지역을 중심으로 아이마라 원주민은 혈연 관계에 기초한 문화와 사회 조직을 유지하고 있다.

그러나 최근 푸노 지역이 아이마라 원주민 분쟁의 중심지로 변모하고 있다. 신자유주의와 세계화의 진행 과정 속에서 아이마라 원주민은 다른 원주민 집단과 구분되는 고유한 종족임을 증명하기 위한 종족의 정체성을 강화시켜 나아갔다. 이들은 외부와의 경쟁에서 자신들을 하나의 단일한 종족으로 인식하며 단결하는 동시에 경제적 이해관계를 둘러싸고 종족 내부의 갈등과 대립 관계를 역시 형성하였다. 2004년 코야오(Collao)에서 발생한 시장 페르난도 시릴로(Fernando Cirilo) 암살 사건은 종족 내부 공동체 간의 경제적 갈등의 결과였다.

종족 간의 갈등은 대개의 경우 같은 지역을 공유한 여러 민족이나 서로 다른 종족 간의 갈등에서 비롯되는 경향이 있다. 원주민 공동체 지역이 국경과 인접한 경우 또한 원주민들이 국경을 인접한 양국에 동시에 존재할 경우 민족통일로 인한 국가 분열을 가져올 수 있다는 우려까지 야기되었다. 그러나 페루와 볼리비아 양국 접경 푸노 지역 아이마라 원주민은 동일한 종족이 서로 다른 국가의 틀에 묶이면서 발생하는 새로운 종족 갈등을 유발하고 있다.

## :: 접경 지역 아이마라 원주민

아이마라 원주민은 언어뿐 아니라 대지의 어머니 파차마마(Pachamama)
에 대한 숭배를 통해 종족의 정체성을 유지한다. 잉카제국 형성 이전 알
티플라노 지역에서는 로스 코야스(los Collas), 로스 파카헤스(los Pacajes)
그리고 로스 루파카스(los Lupacas)와 같은 아이마라 왕국이 발전하였다.
아이마라 왕국은 우이라코차(Huiracocha) 통치 시기 영토를 확장하던 잉
카족의 침략에 패하여 결국 잉카제국에 합병되었다. 이후 아이마라어
사용은 엄격하게 금지되었다. 그러나 로스 코야스와 같은 아이마라 왕
국은 티티카카 호수 주변에 생존하며 종족의 특수성을 지켜 나아갔다.
또한 아이마라족은 알티플라노 지역을 중심으로 1540-1560년 사이 타
키 옹케이(Taki-Onqoy) 종교-정치 운동을 통해 반식민 저항 운동을 주
도하였다.

독립 이후 페루와 볼리비아 공화국은 평등 사상에 입각하여 원주민
공동체 토지 소유에 대한 자유화 정책을 추진하였다. 그 결과 원주민 공
동 경작지에 대한 양도 불가 원칙이 폐지됨에 따라 원주민의 토지 소유
권도 소멸되었다. 이러한 과정에서 원주민의 토지는 체계적으로 사유
화되었다. 독립은 백인 엘리트의 또 다른 전략적 침략이었다. 원주민은
또다시 투쟁해야 했고 멸종했으며 자신의 토지로부터 추방되었다.

원주민 토지에 대한 양도 자유화 정책은 페루와 볼리비아 양모 산업
의 절정기에 추진되었다. 농장주는 양모 생산 증가를 위해 토지를 매입
하여 농장을 지속적으로 확장해 나아갔다. 푸노 지역의 농장은 30년 동
안 두 배로 증가하였다. 원주민의 저항은 오히려 토지 강탈과 함께 생산

성이 낮은 토지로 추방되는 결과를 초래하였다. 평등주의 사상에 입각하여 개정된 신헌법은 원주민의 공동 경작지에 대한 소유권 박탈과 함께 백인 엘리트에 대한 원주민의 종속을 심화시키는 결과를 초래했다.

새로운 국가 발전 추진 과정에서 원주민은 완전히 소외되었다. 식민 시대 보호지를 통해 그나마 유지되었던 원주민의 법적 권리마저도 소멸되었다. 1895-1925년 사이 원주민은 보호지에 대한 소유권을 주장하며 저항하기 시작했다. 1915년 아이마라와 케추아 원주민을 중심으로 토지 소유권을 둘러싼 저항 운동은 전개되었다. 그 결과 페루 정부는 1920년 헌법 개정을 통해 원주민 공동 토지에 대한 소유를 재인정하였다.

현재 양국 접경 푸노 지역의 토지는 아이마라 원주민에 의해 통제되고 있다. 전통적으로 푸노 지역 아이마라 원주민은 아이유스 공동체에 기초한 토지 운영을 통해 종족으로서의 동질감을 유지해 왔다. 따라서 푸노 접경 지역 원주민은 역사적 근거를 바탕으로 인접국 토지에 대한 법적 소유권을 주장할 수 있었다. 페루 볼리비아 접경 지역은 양국의 원주민이 경제 활동을 통한 삶의 공간으로 활용되고 있으며 동시에 종족 간 갈등의 불씨를 안고 있는 분쟁적 공간으로 발전하고 있다.

최근 종족 간의 갈등이 전개되고 있는 푸노 주의 산티아고 데 욱시 (Santiago de Ojje) 마을은 페루와 볼리비아 양국의 국경선 형성 과정에서 최초로 분리 대상이 되었던 공동체였다. 1932년 양국이 영토를 직선으로 분할하는 데 합의함으로써 이 마을 원주민은 가족과 혈연 관계임에도 불구하고 하루아침에 서로 다른 국적을 소유하게 되었다. 양국 정부의 협정에 따라 볼리비아의 코파카바나(Copacabana)에 위치했던 산티아고 데 욱시 공동체는 페루 영토로 인정되었다. 그리고 그동안 페루가 관할하던 타푹시(Tapojje) 공동체는 볼리비아의 영토로 편입되었다.

국경선이 형성되고 변경된 이후에도 페루와 볼리비아 양국의 아이마라 원주민은 국경을 자유롭게 이동하며 전통적인 사회 조직에 기반한 경제 활동을 지속하였다. 볼리비아의 입장에서 접경 지역은 원주민의 경제와 사회 그리고 문화 활동의 중심지 기능을 담당하였다. 그러나 페루의 접경 지역은 국내에서 가장 소외된 지역에 해당된다. 원주민 분쟁의 중심이 되었던 페루의 산티아고 데 욱시 마을은 정부로부터 공공 서비스조차 제공되지 않아 인근 융구요(Yunguyo) 지방 정부의 지원에 의존하고 있는 형편이다. 더욱이 국경 지역이 밀수와 범죄자 이동 경로로 이용되자 1938년 페루 정부는 주도적으로 볼리비아 정부와 국경선 재협상을 진행하였다. 이를 계기로 타푹시와 산티아고 데 욱시 마을 관할 국가도 다시 변경되었다.

이후 볼리비아의 수도 라 파스에는 산티아고 데 욱시 마을로부터 유입된 원주민 이주자들이 증가하였다. 도시노동자로 성장한 원주민은 자신의 권리 주장을 위한 수단으로 사회 운동을 전개하였다. 1945년 볼리비아 국적을 재획득한 원주민은 의회 활동에 참여하였고, 이후 산티아고 데 욱시 농민조합을 결성하였다. 1952년 볼리비아 혁명과 함께 산티아고 데 욱시 출신 아이마라 원주민의 정당 가입이 활발해졌다. 동시에 원주민의 정치 활동도 활성화되었다. 원주민은 정권과의 협력과 갈등이라는 이중적 행동 전략을 통해 자신의 경제 사회적 목적을 추구해 나아갔다.

1960년대 후반 접어들어 페루 정부는 원주민 경제 활동의 중심지로서 접경 지역의 중요성을 인식하기 시작하였다. 1969년 페루의 알바라도(Juan Velasco Alvarado: 1968~1975) 군사정권은 접경 지역 원주민 토지를 대상으로 농지개혁을 추진하였다. 개혁을 통해 원주민 공동체는 농민 공동체로 변모하였다. 이를 계기로 페루의 원주민은 사회계급의 성격을 내포하게 되었다. 이와 같은 페루 정부의 농지개혁은 볼리비아 아이마라 원주민 공동체와 갈등의 원인이 되었다. 국경을 자유롭게 왕래하여 조상으로부터 물려받은 토지에 대한 권리를 바탕으로 경제 활동에 전념했던 볼리비아 원주민은 페루 정부의 농지개혁에 반대하여 페루 영토인 아나피아(Anapia) 섬 인근 마을을 점령하였다. 양국은 긴장 관계를 유지했으나 이후 각국 정부의 노력으로 문제는 해결되었다. 그러나 종족 갈등의 씨앗은 싹트기 시작하였다.

## :: 푸노 지역 아이미라 원주민 갈등 원인

### (1) 토지 소유권 분쟁

최근 들어 페루와 볼리비아 양국 접경 지역을 중심으로 아이마라 원주민은 토지 소유권을 둘러싸고 종족 간의 갈등을 전개하고 있다. 접경 지역은 양국에 걸쳐 아이마라 원주민이 밀집되어 있다. 볼리비아의 경우 접경 지역 인구의 65.3%가 아이마라 원주민으로 구성되어 있으며, 페루는 26.6%의 원주민이 분포되어 있다. 페루의 입장에서 접경 지역은 경제와 사회적으로 가장 소외된 지역이며, 이와는 달리 볼리비아의 접경 지역은 수도 라 파스와의 지리적 근접으로 인하여 원주민의 경제 활동의 중심지이다. 상업에 주력하는 볼리비아 원주민은 도시를 왕래하며 안데스 산맥 지역 밀수시장을 통제하는 상인으로 성장하였다. 그러나 대부분의 주민은 여전히 전통적인 경제 운영 방식을 유지하며 살아가고 있다.

푸노 주에서 발생한 아이마라 원주민 갈등은 볼리비아 원주민이 페루 영토 내의 자신의 토지 소유권을 주장하면서 전개되었다. 양국의 국경선은 새로운 영토 질서 확립과 함께 아이마라 공동체의 성격을 변화시켰다. 국경선 변경을 통해 분쟁 대상 지역의 소유권도 여러 차례 수정되었으며 주민의 국적 역시 수차례 변경되었다.

76세의 볼리비아 아이마라 원주민 아라티아(Guillermo Arratia) 씨는 페루 푸노 주 남쪽에 위치한 융구요 지역을 대상으로 자신의 토지 소유권을 주장하고 있다. 현재 그는 국경선 변경으로 인해 볼리비아 인으로 살아가지만, 그의 조상과 부모님은 페루 인이었다. 아라티아 씨는 1958년 페루 정부가 발행한 토지 소유 증명서를 근거로 융구요 지역에 소재한 자신 가족 명의의 토지 소유권을 주장하는 것이다. 자신은 볼리비아 인으로 살아가지만 페루 정부가 소유를 인정한 부모님 명의의 토지에 대한 자신의 소유권 주장은 정당하다고 언급했다. 페루 정부는 사태 파악을 위해 카아나 섬으로 정부 관료 루보미르 페르난데스(Liubomir Fernández)를 파견하였다. 그리고 갈등의 책임을 볼리비아측에 전가하여 타국 영토에 대한 개인 소유권 주장은 불법이라고 강조했다.

국경선으로 분리된 이후 페루와 볼리비아 푸노 주 아이마라 원주민은 서로 다른 국적 아래 경쟁하며 종족의 생존과 발전을 도모하였다. 이들은 경쟁과 협조라는 큰 틀 속에서 문화적 유사성과 동시에 차이를 강조하기도 했다. 현실적으로 양국의 아이마라 원주민은 이해관계에서 충돌할 때 서로가 고유의 문화적 전통을 상실했다고 비난한다. 토지 소유권을 중심으로 전개되는 경제적 이해관계는 종족 갈등을 심화시키고 있다.

볼리비아 원주민의 페루 영토 토지 소유권 주장에 대해 페루측 원주민은 강경한 입장을 취하며 대응하고 있다. 볼리비아 협상 대표 코아키라(Alejandro Coaquira)는 조상으로부터 물려받은 토지에 대한 소유권 주장은 정당하다고 강조했다. 그는 국경선으로 인해 부모님의 유산으로부터 자신이 분리되었을 뿐, 이러한 상황이 조상 대대로 이어온 삶의 터전에 대한 권리 상실을 의미하는 것은 아니라고 주장했다. 페루 융구요 지방의회 의원 로메로(Gumercindo Romero)는 문제의 심각성을 인식하며 정부의 개입을 촉구했다. 그는 톨레도(Alejandro Toledo: 2001-2006) 정부에 의해 개정된 헌법을 근거로 산티아고 데 욱시 마을에 대한 볼리비아 원주민의 토지 소유권 주장은 일부 설득력이 있음을 인정했다. 그러나 페루 정부는 이러한 문제에 대해 책임 있는 답변 대신 침묵으로 일관하고 있다. 아이마라 원주민의 종족 갈등은 언제든지 양국의 심각한 정치 문제로 확대될 가능성이 매우 높아지고 있다.

### (2) 지방 분권화 정책

지난 10년간 라틴아메리카 지역 각국의 경제 위기는 헌정 중단 위기를 초래했고 신자유주의 세계화에 대한 지지 기반은 상실되어 갔다. 신자유주의의 누적된 폐해 그리고 좌파 정권의 확산과 같은 역사적 조건 아래 라틴아메리카 지역은 그 어떤 지역보다 탈신자유주의 통합 구상이 적극적으로 제시되고 실천되어 왔다. 미주볼리바르 동맹(ALBA)은 지역 동맹의 정치적 성격을 분명히 나타내며 미국 주도의 세계 정치경제 질서에 대응했다. 그리고 라틴아메리카 개도국의 이익을 옹호하는 남미국가연합(UNASUR)도 지역 내의 통합을 주도하며 선진국 중심의 세계 질서에 대응해 나아갔다.

이러한 상황 아래 라틴아메리카 지역 각국 정부는 세계적 차원뿐만 아니라 지역적 국가 및 국지적 단계에서 자치를 확장하는 탈중앙집권화를 추진하였다. 각국 정부는 헌법 개정을 통해 지방 정부의 자율성이 낮은 수직적 국가 권력 구조에 대한 개혁을 시도하였다. 유럽의 지방 분권화 추진 배경과는 달리 라틴아메리카 지역 정부는 1980년대 경제 위기로 정부 재정 운영의 어려움에 봉착하자 지방 분권화에 관심을 기울였다.

라틴아메리카 지역 각국 정부는 민주주의 공고화 그리고 시민 참여 확대라는 시대적 요구 앞에 자율성이 낮은 지방 정부의 수직적 국가 권력 구조에 대한 개혁을 가속화하였다. 아르헨티나, 볼리비아, 칠레 그리고 페루를 중심으로 정치와 행정 분권화를 위한 다양한 개혁이 시도되었다. 중앙집권주의가 약화된 정치적 공간에서 라틴아메리카 지역 각국 정부는 적극적인 헌법 개정 및 시도를 통해 '자치'와 '협치'에 입각한 지방 분권화를 전개하였다. 지방 분권화는 아래로부터의 발전을 통한 빈부 격차 해소, 평등한 시민 참여 제공, 국가 기구의 축소 및 가장 효율적인 공공 업무 처리 등 경제와 사회 조건 개선에 역점을 두고 추진되었다.

페루와 볼리비아는 원주민의 정치와 문화적 요구를 반영하여 원주민 권리 회복을 위한 새로운 법안을 마련하였다. 그리고 원주민의 전통 문화 유지 발전을 통한 공존의 중요성을 인식하며 지방 분권화를 추진하였다. 칠레와 아르헨티나 정부는 원주민의 사회 참여 확대 및 권리 회복 그리고 공공 영역에서의 기회 부여를 바탕으로 지방 분권화를 시도하였다. 지방 분권은 중앙과 지방이 동반자 혹은 상호의존적 관계로 전환하자는 의미에서 그 필요성이 제기되었다.

지방 분권화는 경제, 정치 그리고 법적 권위가 항상 복수 주체들 사이에서 유효한 경쟁 속에서 존재할 때 비로소 건강성을 유지할 수 있다는 것이 핵심이다. 그러므로 지방 분권형 헌법 개정은 기능적 권력분립과 함께 공간적 권력분립의 헌법 제도화를 고려한다. 라틴아메리카 지역에서 볼리비아는 지방 분권화가 상대적으로 성공한 사례로 평가된다. 모랄레스(Evo Morales) 정권의 등장과 함께 원주민 거주 지역을 중심으로 지방 분권화가 전개되었다. 볼리비아는 다문화주의를 헌법적으로 인정하고 탈중앙집권화를 위해 지방에 다양한 자치권을 부여했다. 헌법 개정을 통해 국가 차원에서 아이마라 원주민의 권리를 인정하였고, 원주민 공동체의 문화적 자치권도 부여하였다.

볼리비아 지방자치단체에 대한 중앙 정부의 자원도 다른 국가보다 활발하게 이전되었다. 원주민 대표로 구성된 원주민 연맹과 시 협의회 조직은 전통적인 원주민 공동체 아이유스 체계에 보다 용이하게 접근할 수 있는 매개체가 되었으며 국가 정치 체제에서 그 중요성이 부각되었다. 원주민이 집중적으로 거주하고 있는 라 파스와 오우로 그리고 포토시(Potisí) 3개 주 연맹조직은 지방 분권화의 중추적 역할을 담당했다. 그러나 해양 영유권을 둘러싼 칠레와 국경 분쟁을 의식한 볼리비아 정부는 접경 지역을 중심으로 지방 부처 역할 강화에 역점을 두었다.

2006년 이후 지역화를 겨냥한 개혁이 시행되어 접경 지역 아이마라 문화 공동체의 특성이 강화되었다. 그리고 사회와 경제적으로도 분권화를 위한 지역의 제도적 기반이 마련되었다. 모랄레스 정부는 원주민 자치 지역과 언어 공동체 그리고 중앙 정부의 역할이 중복되지 않도록 분리하였다. 라틴아메리카 역사에서 전례를 찾아볼 수 없는 새로운 행정 체제의 도입이었다.

중앙 정부는 역사적 상호관계를 고려하고 지방자치 구조를 인정하는 차원으로 행정 체계를 정비하였다. 아이유스 원주민 자치 영토와 아이마라 공동체에 대한 법적 효력을 부여하였다. 전통적인 아이유스는 지방 행정 조직의 토대가 되었다. 또한 지방 분권화 추진 과정에서 정부는 경제와 정치 부문에서 원주민 참여의 확대와 전통 문화 유지에 무게를 두고 지방 정부로 권력을 이양하였다.

답보 상태에 머물렀던 페루의 지방 분권화는 선거를 통한 지방의회 기능의 정상화로 진전되었다. 그러나 후지모리(Albero Fujimori: 1990-2000) 정권의 등장과 함께 페루의 정치 체제는 급격하게 중앙집권체제로 복귀하였다. 지방 분권형 행정 개혁은 중단되었고 시의회 기능도 약화되었다. 그러나 지역에 바탕을 둔 정치 문화와 지역 엘리트들의 권위는 강화되었다.

2001년 출범한 페루의 톨레도(Alejandro Toledo: 2001-2006) 정부는 페루-볼리비아-칠레 삼국 접경 지역의 중요성을 인식하며 접경 지역을 중심으로 지방 분권화를 재추진하였다. 선거를 통해 25개 지방 정부가 선출되었다. 그러나 지방 분권화를 통한 지방 정부의 역할과 기능은 6개의 광산 지역을 제외하고는 별다른 진전이 없었다. 페루의 지방 분권화 정책은 광산 지역을 중심으로 전개되었으며 지방 분권화 추진은 중앙 정부로부터 보다 많은 지원을 유치하기 위한 원주민 공동체 간의 경쟁 과 갈등 구조를 형성하였다.

빈곤과 사회적 불평등이 원주민에게 극단적으로 나타나는 상황 아 래 지방 정부는 공공 예산 확보를 위한 세입 부족으로 인해 여전히 중앙 정부에 의존할 수밖에 없었다. 건강, 초등교육 등 지역민에게 제공해야 하는 기초 서비스조차도 지방 정부는 중앙 정부의 재정적 지원 약화로 실질적인 권한을 행사하지 못했다. 그 결과 경제적 이해관계를 중심 으로 원주민 공동체 간의 대립은 심화되었다. 지방 분권화를 전개하 는 과정에서 다양한 원주민 종족의 이해와 통합은 중요한 문제로 대두 되었다.

전통적으로 중앙집권주의 통치 체제를 유지해 온 칠레는 1990년대 말 지방 분권형 헌법 개정을 시행하였다. 특히 아이마라 원주민이 자 치 공간 확보를 위해 지속적으로 투쟁해 온 아리카(Arica)와 발디비아 (Validivia) 두 지역을 대상으로 개혁은 급속화되었다. 이러한 과정에서 아이마라 원주민의 영토인 칠레 북쪽 아리카(Arica), 타파라카(Tarapaca) 와 아리카-파리나코타(Arica-Parinacpota) 지역 및 페루의 탁나 그리고 볼리비아의 오우로 주와 서쪽 지역을 중심으로 지역주의가 등장하였 다. 칠레의 노르테 그란데(Norte Grande)에 주민의 10%가 아이마라 원주 민으로 구성되어 있으며 이들 대부분이 아리카와 이키케(Iquique), 타파 라카와 아리카-파리나코타 지방에 거주하고 있다.

세계화의 확산과 접경 지역 칠레의 푸트레(Putre), 콜차네(Colchane)

와 카리키마(Cariquima) 같은 주요 도시에 아이마라 원주민 이주자들이 증가하였다. 그 결과 원주민의 자치권과 접경 지역 주민의 권리가 중요하게 대두되었다. 이러한 상황에서 시영화(Municipalización) 과정은 탄력을 받아 진전되었다. 최근 10년 동안 페루-볼리비아-칠레 접경 지역은 아이마라 원주민 토지, 자원, 법 그리고 행정 등 모든 영역에서 자치적 공간 확보를 위한 운동이 전개되었다.

그러나 지방 분권화 정책은 중앙 정부로부터 보다 많은 지원을 유치하기 위한 원주민 공동체 간의 경쟁을 유발하였다. 그 결과 경제적 이해관계를 중심으로 원주민 공동체 간의 대립 구도가 형성되었다. 지방 분권화는 현실 정치 속에서 경제적으로 철저한 분배의 원칙으로 받아들여졌고 아이마라 원주민의 종족 정체성은 자신의 권리를 주장하기 위한 합법적 수단으로 이해되었다.

아이마라 원주민은 외부와의 경쟁에서 자신들을 하나의 단일한 종족으로 인식하고 단결하지만 자신들 내부에서의 갈등과 경쟁을 완전히 제거할 수는 없었다. 원주민은 정부의 자원을 끌어들이기 위한 무한 경쟁 속에서 자신의 정체성을 다시 강화시키는 현상을 보여주었다. 분권화는 공평한 권리 요구를 위한 수단으로 인식되면서 원주민 종족 내부에서도 자신이 다른 아이마라 집단과 구분되는 고유한 집단임을 증명하기 위한 정체성을 드러내기 시작하였다. 중앙 정부에 대해 독자적인 지방 정부를 가져야 할 명분을 주장하기 위해서 자신들이 주위의 다른 원주민 집단과는 문화와 역사적으로 구분되어 왔다는 점을 강조할 필요가 있었다. 이에 따라 집단 간 경계를 만들고 드러내는 과정에서 동일 종족 간의 분쟁은 발생하고 있다.

### (3) 국경 없는 아이마라 원주민의 전략적 동맹

세계화의 진행 과정 속에 라틴아메리카 원주민 공동체의 전통적인 삶의 방식은 붕괴되어 갔다. 그 결과 빈곤과 사회적 불평등은 원주민에게 극단적으로 나타났다. 1990년대는 형식적으로나마 자유민주주의 틀을 유지한 라틴아메리카 지역에서 반세계화, 신사회주의 운동을 중심으로 원주민 운동이 확산되었다. 문화적 성격을 띤 저항 운동으로 발전한 원주민 운동은 토착적 문화에 기반을 둔 대안적 발전 모델에 관심을 기울였다. 이를 계기로 전통은 또다시 새로운 의미를 지니게 되었다. 이와 함께 1989년 국제노동기구(ILO)가 원주민 인권을 규정한 169조항을 발표함에 따라 원주민 운동은 더욱 확산되었다. 원주민에 대한 국제 사회의 관심 확대는 라틴아메리카 지역 각국 정부가 다양성에 기초를 둔 새로운 국가 발전 비전을 제시하는 계기가 되었다.

원주민 운동 조직은 원주민의 정치적 대표성 확보를 위한 수단으로 '자치' 개념을 부각시켰다. 자치는 토지, 자원, 법 그리고 행정 등 거의 모든 영역에서 원주민의 자치적 공간 확보를 의미했다. 그리고 주민의 참여와 자치를 확대하고 국경을 넘는 지역 간 경쟁에 효과적으로 대처하기 위한 방안이 모색되었다. 이러한 과정에서 페루, 볼리비아 그리고 칠레 접경 지역을 중심으로 새로운 정치 공동체가 구상되었다. 그리고 접경에 걸쳐 광범위하게 분포되어 있는 아이마라 원주민의 동맹을 통해 하나의 종족 통합의 공간 형성이 시도되었다. 삼국 접경에 걸쳐 집중적으로 분포되어 있는 아이마라 원주민의 역사 문화적 조건은 페루-볼리비아-칠레 지방 정부가 새로운 공동체 구상의 토대가 되었다.

지방 정부는 삼국 접경 지역을 개방하고 공용어로서 아이마라어를 바탕으로 국경을 하나의 종족 통합의 공간으로 활용하려는 시도를 하였다. 2001년 삼국의 지방 정부는 미주개발은행(Banco Interamericano de Desarrollo: BID)이 지원하는 지역공공복지 프로그램의 재정적 후원을 받아 '국경 없는 아이미라 원주민의 전략적 동맹(Alianza Estratégica Aymaras sin Fronteras)'이라는 슬로건 아래 지역 원주민 공동체의 통합을 시도하였다. 원주민의 전략적 동맹은 지역동맹을 통한 권위적인 중앙 집권적 권력 구조에 대한 실험적 대응책이었다.

2001년 안데스 지역 박람회(la Feria Regional Andina(FERAN)) 개최를 시작으로 페루, 칠레 그리고 볼리비아 접경 지역 지방 정부 대표들은 칠레 푸트레(Putre)에서 회합하여 56개 시를 대상으로 통합 추진을 결의하였다. 칠레 시 정부는 박람회 참석을 계기로 지방도시협의회를 조직하였다. 그리고 볼리비아에서 형성된 라 파스와 오우로시협의회 및 페루의 탁나시협의회와 공조로 원주민의 전략적 동맹에 참여하였다.

'국경 없는 아이마라 원주민의 전략적 동맹'은 볼리비아 서쪽 접경 지역의 25개 중소 도시, 페루 남쪽의 14개 도시 그리고 칠레 북쪽 아리카 주의 중소 도시들을 중심으로 구체화되었다. 삼국 지방 정부는 51개의 아이마라 원주민의 공동체를 중심으로 국제 기구 및 다양한 NGO의 지원을 받아 전략적 동맹을 추진하였다. '아이마라 원주민의 전략적 동맹'은 '소지역 통합'의 특수한 사례이며 '아래로부터 통합'이라는 점에서 많은 국가들이 주목하였다.

원주민의 전략적 동맹은 아이미라 원주민 사회의 자본과 자원 그리고 전통 문화를 토대로 지역 경제 개발을 목표로 전개되었다. 최근 몇 년 동안 이러한 경향은 칠레에서 가장 두드러졌다. 칠레는 지방 분권화로 공공 개발 문제를 해결하고 세계 시장으로의 진입을 희망하는 지방 자치 단체의 이해를 반영한다는 취지 아래 전략적 동맹에 적극 동참하였다.

원주민의 전략적 동맹은 아이마라 원주민 공동체가 집중적으로 분포되어 있는 페루의 탁나와 푸노, 볼리비아의 라 파스, 오우로, 포토시 그리고 칠레의 아리카와, 파리나코타 및 타라파카 주를 중심으로 전개되었다. 취약한 제도 마련에도 불구하고, 미주개발은행과 같은 국제기구와 비정부 단체 그리고 중앙 정부와 지방 정부의 협력으로 원주민 문화 공동체 통합은 진행되었다. 아이마라 원주민의 전략적 동맹은 원주민 자치 지역을 중심으로 영토적 논리에 따라 공용 정책을 포함하는 지역 경제 발전, 환경, 교육 그리고 지방 정부의 통상 정책 추진 등에 대한 관할권을 부여한다는 목적을 지니고 있었다. 전략적 동맹은 페루, 볼리비아 그리고 칠레 삼국 정부가 문화 언어 정책, 교육과 보건 정책과 같은 분야에서 국제 협력을 공동으로 모색한 시도였다.

그러나 국제 금융 기관과 국가의 주도로 시도된 원주민 통합 정책은 원주민을 시장경제로 편입시키는 정책적 수단에 불과했다. 통합 정책은 실제로 원주민 문화적 정체성을 희생시키는 결과를 초래했다. 원주민과 공동체는 일정 부분 물질적 이윤을 획득할 수 있었으나 신자유주의 확산 이후 사회적 불평등은 원주민에게 극단적으로 나타났다. 일부 학자들은 세계화의 습격으로 영토가 사라져 간다고 주장한다. 문화와 영토를 공유하고 있는 전통 공동체는 단지 현실만을 건설한다는 것이다. 새로운 변화 앞에 주어지는 기회는 결코 지역 원주민에게 돌아가지 않는다. 지방 분권화의 일환으로 정부와 국제 기구의 지원을 받아 추진된 지역 경제 발전 프로젝트는 지역민을 시장경제로 편입하고 있다. 또한 원주민에게 이전되지 않는 부는 원주민 공동체가 국가로부터 보다 더 많은 지원과 협력을 얻어내기 위한 경쟁과 갈등 관계를 형성하는 계기가 되었다.

민간 정권의 등장과 함께 원주민의 정치 참여는 확대되었다. 원주민 지도자들은 전통에 기반한 지역적 특성을 부각시키는 동시에 도시화와 전문 기술 도입을 통한 지역 발전을 추구하며 지역을 통제하였다. 원주민 자치 단체는 국제 협력 기구의 지원으로 추진되는 지역 개발 정책 프로그램을 통해 당면한 경제와 사회 문제를 해결하고자 했다. 이러한 과정에서 추진된 아이마라 원주민 통합은 정책적 부재로 난관에 봉착했다. 원주민의 사회, 경제, 그리고 문화적 자본에 기초한 국경 통합 경제 개발 전략은 오히려 이전과 다른 의미의 종족주의를 등장시키고 있다. 원주민의 전략적 동맹은 원주민 토지 개발을 위해 필요한 정치적 전략이었다. 원주민 공동체의 시장경제로의 편입을 통한 전통적인 생산방식의 단절은 전통적 방식에 의존하여 경제 활동에 주력한 원주민 공동체의 해체를 가속화했다.

원주민은 지역 개발을 목표로 국제 기구 지원하에 추진된 원주민 통합 정책을 경제적 분배의 원칙으로 이해하였다. 따라서 아이마라 원주민은 종족 내부에서도 구분되는 고유한 집단임을 증명하기 위해 경쟁하였다. 이들은 자신의 정체성을 더 많은 경제적 지원을 받기 위한 합법적 권리 주장 수단으로 활용하였다. 중앙집권주의가 약화된 정치적 공간에서 국제 기구의 지원을 받아 추진된 원주민 통합은 이전과 다른 의미의 종족주의를 등장시키고 있다. 그리고 오히려 지역 파워 엘리트들의 권력이 강화되는 결과를 초래하고 있다.

# 제3장

# 브라질의
# 인종 아비투스와
# 상징적 폭력

김영철

## :: **일상화된 인종 아비투스**

브라질은 다인종 사회이다. 이를 부정하는 사람들은 그렇게 많지 않다. 브라질에는 다양한 민족 출신의 다양한 인종이 함께 공존하고 있기 때문이다. 그런데 '브라질인'이라는 하나의 민족적 개념에서 보는 브라질은 하나의 인종 즉 민족이어야 존재론적 의미를 지닐 수 있다. 즉 민족 국가 혹은 국민국가로 번역되는 nation-state, 즉 근대 국가의 의미에서는 더욱 그렇다고 할 수 있다. 여기서 말하는 민족국가는 혈통 관계를 중시하며 동시에 문화적 특성으로 뒷받침한다. 이런 측면에서 볼 때 '브라질인'들은 혈통적 유사성을 지니고 있는가? 혈통적 유사성보다는 문화적 동질성으로 묶여 있다. 그렇지만 '브라질인'이라는 민족주의적인 접근을 통해 브라질 사회가 지니고 있는 특성을 이해하려고 한다. 이 때문에 브라질인들을 어떤 특정한 인종 집단으로 정형화하려고 한다.

브라질인을 대표하는 인종적 분류는 물라토이다. 인구통계학적으로 보면 백인이 1995년 50%에서 2008년에는 38%로 나타났다.[1] 13년 동안 전체 인구의 12%가 자신이 백인이 아니라고 선택했다. 이 짧은 기간에 인종 분포가 변화되었을까? 그것보다는 민주화 이후 인종차별 철폐 정책들이 실시되면서 백인이 아닌 물라토나 흑인으로 자신을 동질화시키는 경향이 좀 더 빠르게 확산되었기 때문이다. 사회 제도의 변화가 사람들에게 어떤 변화를 가져오는가를 잘 보여주는 경우이다. 그동안 정부를 비롯한 많은 기관에서 실시하는 인구조사가 잘못되어 있다는 말인데, 그것보다는 브라질인들이 선호하고 희망하는 자신의 인종이 백인이기 때문이다. 백인을 자신의 정체성으로 규정한 많은 브라질인들은 외형적으로나 문화적으로 백인 또는 유럽 문화적 특성보다는 다른 인종의 특성을 많이 띠고 있지만 사회구조적인 보이지 않는 요인으로 인해 백인을 선택하게 된다. 이 때문에 혈통적으로나 문화적으로 물라토에 속함에도 불구하고 스스로를 백인으로 동질화시킨다.

왜 브라질인들은 모두 백인이 되기를 희망하는 것일까? 왜 성공한 흑인 혹은 물라토 옆에는 금발의 백인 여자가 서 있는 것일까? 왜 브라질인들은 성형수술을 많이 할까? 어떤 사회구조 때문에 자신의 정체성을 부정하고 타자의 정체성을 체화하려고 하는 것일까? 여러 가지 이유가 있겠지만 외형적인 변화가 자신의 정체성을 변화시킬 수 있을 것이라는 기대 때문이다. 이를 설명하는 거대 담론으로는 서구 중심주의 사

---

1 《폴랴 데 상파울루(Folha de São Paulo)》의 여론조사에서 나타난 결과이다. 이런 변화는 엥히끼 페르난두 까르도주 정권 기간 실시된 인종차별 철폐 정책들을 통한 인식의 변화에서 비롯되었다.

회, 백인 남성 중심주의, 가톨릭 중심적인 종교 체제, 과학적인 인종주의 등이 유용하다. 이런 논의들을 통해 반복되는 원인 분석과 문제 해결 방법들이 제시되었다. 그럼에도 불구하고 브라질인들의 태도와 행동, 사회적 조건들은 변하지 않고 있다. 브라질인들이 일상생활에서 구조 변화의 필요성은 인식하고 있지만 어떤 또 다른 구조에 의해 벗어나지 못하는 한계성을 지니고 있다고 예측해 볼 수 있다. 그래서 여기서는 나와 다른 타자들이 나보다는 훨씬 더 나은 사회·경제적 조건을 갖추고 있기 때문이라는 결과론적 논의에서 벗어나, 비백인들이 자기 자신에 대한 존재론적 가치를 저평가하고 자신을 버리고 다른 사람의 정체성을 추구하게 만드는 구조화된 구조를 분석하고자 한다.

이를 위해 구조화된 구조로서 부르디외의 아비투스 개념을 브라질 인종 관계를 설명하는 데 활용하고 인종 관계를 재생산하는 의식적·무의식적인 상징적 활동인 상징적 폭력 개념을 적용하여 일상생활에서 브라질의 많은 비백인들이 왜 더 밝은 피부색을 선택하게 되는지를 구조화하는 구조들을 통해 밝혀보고자 한다. 2절에서는 인종 아비투스와 상징적 권력이 어떻게 연결되어 있는가를 이론적으로 검토해 보고자 한다. 3절에서는 브라질의 인종주의인 인종 민주주의와 백인화가 어떤 선택을 강요하는지를 살펴볼 것이다. 4절에서는 미디어의 상징적 폭력이 어떻게 작용하고 있는가를 「시다데 데 데우스(Cidade de Deus)」에 나타나는 이미지를 통해서 분석해 보고자 한다. 이런 과정들은 브라질인들이 자신의 인종 정체성을 선택하는 과정에서 더 밝은 피부색 혹은 백인만을 선택하는 이유를 밝히는 데 유용할 것으로 판단된다.

## :: 인종 아비투스와 상징적 폭력

### (1) 아비투스와 인종 관계

아비투스는 인간의 육체에 각인된 기질(bodily disposition), 혹은 체화된 성향, 혹은 체질 같은 것을 의미한다. 따라서 객관적 사회구조로서의 계급과 개인적 자율성이 고려된 집합적 무의식적 성향이다. 집합적 무의식의 성향으로서의 아비투스는 구성원으로 하여금 세상을 유사하게 표상하게 만드는 인지적, 정서적 방향타이며, 선택과 분류, 평가와 행위의 기준점을 제시한다. 때문에 아비투스는 실천과 실천의 지각을 조직하고 구조화하는 구조일 뿐만 아니라 동시에 구조화된 구조이기도 하다. 사회 체계의 논리적 계급 구분 원리는 자체가 사회 계급 구분이 체화된 결과들이다. 때문에 부르디외가 말한 것처럼 아비투스는 역사의 산물로서 개개인과 집단의 실천을 생산한다. 이와 같은 구조화된 혹은 구조화하는 구조는 구조-기능주의적인 관점에서 말하는 것과 유사한 패턴을 지니고 있지만, 구조가 권력 관계에 의해 교육되고 형성된다는 측면에서 다르다.

교육은 권력 관계를 구조하는 데 유용할 뿐만 아니라 무의식의 세계에 특정한 성향들을 각인시키는 데도 이상적인 도구이다. 이런 과정은 사회적 성향과 개인적 성향을 형성하게 되는데 두 성향은 끊임없이 상호작용 하면서 변화한다. 그렇지만 의식적·무의식적 교육을 통해 습득한 성향들, 즉 음식을 먹거나, 옷을 사 입고, 음악을 들으며, 영화를 보는 행동 등이 사회학적 계급 분석의 중요한 대상이 될 수 있다. 이러한 개인적인 행동들은 개인적인 취향이라고 단순하게 생각하지만 교육이나 기타 이미지화된 어떤 상징으로 통해 일정한 방향으로 유도하는 부르주아의 문화적 지배 논리에 따라 움직인다. 따라서 문화적 지배는 정치·경제적 지배와 다른 측면에서 보아야 하는데 마르크스가 말하는 경제 구조를 바꾸는 것이 사회 변혁이라면 부르디외는 문화적 취향을 바꾸는 것이 곧 사회 변혁이 된다. 따라서 자본주의 경제 구조를 대체할 수 있는 것이 사회주의라고 한다면 자본주의 사회에서 부르주아의 문화적 지배에서 벗어난 해방된 개인의 욕망과 습관이란 무엇인지, 그것을 획득하는 과정이 어떻게 가능한지를 쉽게 말할 수 없을 것이다.

개인이나 집단의 아비투스는 장(field)에 의해 결정되는데 어떤 환경, 상황과 조건의 총합을 의미한다. 따라서 구조화된 구조와 구조화하는 구조가 만나는 장은 그 사람이 처해 있는 개인적, 사회적 관계 속에서 결정된다. 따라서 장은 개인의 문화적 취향과 그 취향이 구조화되어 있다. 장을 이분법적으로 구분하면 구조화된 상부구조와 구조화하는 하부구조로 구분하는 것이 가능하다. 구조화된 구조는 권력 집단에 의해 지배되고 있지만 구조화하는 구조는 피지배 권력 집단으로 정의할 수 있다. 따라서 장이라는 특수한 상황에도 구조화된 틀을 지니고 있음을 알 수 있다. 이런 환경에서 형성된 아비투스는 의식의 내면에 잠재하다가 어떤 상황을 만나면 자동적으로 표면화된다. 무의식적으로 반응하기 때문에 조건반사적이기도 하다. 아비투스는 습관처럼 구조화되어 있기는 하지만 습관보다는 문화적이며, 기질과 연관이 있지만 기질보다는 구조적이다. 아비투스는 무의식에 내면화되어 있으나 규칙과 질서가 있다. 이처럼 아비투스는 성장 과정, 직업, 교육 수준, 출신 지역, 인종, 경제적 상황, 문화, 기질 등이 복합적으로 작용된 결과다. 이와 같이 아비투스는 장이라는 특정한 환경과 조건에서 발현된다. 아비투스는 개인적 취향과 집단적 취향을 동시에 포함하고 있다. 집단적 취향 속에는 개인적 취향이 녹아 있고 반대로 개인적 취향은 집단적 취향으로부터 자유롭지 못하다. 때문에 아비투스는 집단성을 가장 잘 드러내주는 계급적 아비투스가 일반적인 것이라 할 수 있다. 계급적 구분 때문에 아비투스도 계층화되어 있다는 주장이 있는데, 여기서 말하는 '하위 문화 아비투스'란 하위 문화 구성원들의 문화 의식이나 해독 성향을 그저 순수한 그룹 의식이거나 정치적, 헤게머닉한 이데올로기의 문제로 보지 않고 '몸의 통제'에 연관된 그룹 의식으로 본다. 따라서 어떤 집단의 행동은 일정한 방향으로 흐르는 성향을 지니게 된다.

이러한 아비투스는 다양한 계층에서 나타나기도 하지만 다른 한편으로는 특정한 사회에서 인종에 대한 개인적 취향과 집단적 취향이 나타날 수 있다. 특히, 각각의 인종 집단이 특별한 공통의 경험과 사회 계급으로서의 동질성을 유지하고 있다면 특정한 집단에 대한 취향은 더욱 뚜렷하게 나타난다. 따라서 어떤 사회에서 인종에 대해 개인이나 사회가 개인적으로나 집단적으로 지니고 있는 취향은 인종 아비투스(habitus racial)[2]라고 할 수 있다. 인종 아비투스는 인종주의라는 차별적인 개념이 오랫동안 인종 집단에 가해졌을 때 공식적·비공식적 교육과 직·간접적인 경험을 통해서 습득되고 발현된다. 따라서 사회가 어떤

---

2 콰그리노(Quaglino)가 브라질의 대표적인 작가인 몬테이로 로바토의 작품과 생애를 분석하면서 인종 아비투스(habitus 'racial')를 정의했다.

인종주의적인 특성을 지니고 있는가에 따라 인종 아비투스가 결정된다고 할 수 있다. 이렇게 정의할 수 있는 것은 인종주의가 지니고 있는 사회적 관계 때문이다. 인종주의는 권력 분배의 구조, 세계를 인식하는 형태, 모든 가치의 총합을 의미하기 때문에 인종이라는 개념에 기초하고 결정된 어떤 사회 집단의 일상생활과 제도가 특권화되어 있는 사회 관계 시스템이다. 이런 측면에서 브라질의 인종 관계는 아비투스를 통해 분석할 수 있다.

브라질에서 인종 분리는 흑인들에게는 배제라는 부정적인 과정으로 연결되고, 백인들은 특권적 통합에 기반한 권력을 능동적으로 발휘하는 것으로 연결된다. 따라서 백인들은 권력을 축적하고 흑인들은 점점 약화되는 과정을 재생산하게 된다. 이런 과정은 권력 관계의 변화에 따라 역동적으로 변화하는 것 같지만 실상은 큰 변화 없이 유지된다. 즉 브라질의 인종 관계가 상징 자본, 경제 자본과 사회 문화 자본의 소유와 권력 관계에 의해 결정되어 왔기 때문이다. 이런 관계에서 인종을 본다면 역시 변하지 않는 모습을 유지하고 있다. 즉 브라질의 인종 계층화 시스템은 역사적으로 결정된 것이며 매일 이 관계는 재생산된다.

브라질의 구조적인 인종주의는 재생산하는 주관적 · 개관적인 구조에 대한 필연적인 투쟁에서 인종 행위자와 제도적 관성이 나타난다. 브라질의 인종주의는 두 가지에 뿌리를 두고 있기 때문에 인종주의가 모든 사회 관계에서 어떻게 독사(doxa)로 작용하고 있는가를 알아야 한다.[3] 독사는 인종차별의 일반화는 인식하지 못하는 암묵적인 합의로 작

---

3 내면에 체화된 습관적 인식을 독사(doxa)라고 한다. 부르디외는 믿음이나 신념

동하는 것을 말한다. 키아노(Quiano)가 말하는 것처럼 우리 사회와 제도
는 식민주의적이고, 유럽 중심주의적이며 인종주의적인 논리와 지배에
기초하고 있는데 브라질도 이와 동일한 구조를 이루고 있다. 예를 들어
백인들이 자신들이 인지하지 못하는 경우가 많지만 대부분이 일상적으
로 재생산되는 인종적 분리 현상을 재현시키고 있다. 이렇게 일반화하
고 분리시키는 인종주의는 각각의 행위자, 관계와 제도에 통합되어 하
나의 독사가 된다. 따라서 백인들이 흑인들을 열등한 사람이라고 놀리
는 것이 자연스러운 일이 되며, 백인들은 지배인, 교수와 학생이 되는 것
이 당연하고 흑인들은 종업원이나 청소부인 것이 자연스럽게 받아들여
지는 것이다. 거의 모든 브라질인들은 인종적 분리를 양산하는 진정한
아비투스로써 종족-인종적 관계의 식민주의 시각인 식민성을 지니고
있다. 또한 브라질 사회가 구성하고 있는 권력 분배의 개념과 구조를 수
용하는 것이 브라질 사회와 사회인의 필수 조건이기 때문에 존재론적
합의를 형성하고 있다고 할 수 있다. 때문에 현존하는 문화와 제도들은
구조적으로 인종주의적이다. 이런 측면에서 인종주의가 개인적인 의지
의 문제만으로 이루어지는 것이 아니라는 것이다.

　이처럼 인종주의가 어떤 사회에 각인되면 다양한 루트를 통해 교육
이 이루어지고 재생산되기 때문에 아비투스로 발전할 수 있는 가능성
이 높다. 즉, 아비투스가 가정과 학교 교육을 통해서 사회화 과정에서 특
정한 계급의 사고와 행동 및 성향 체계를 재생산하는 것과 마찬가지로

---

을 의미하는 그리스어 독사를 차용하여 개인이나 사회가 가진 절대화된 인식이라는
뜻으로 사용했다.

인종에 대해서도 동일한 과정을 통해서 인종 집단의 특성과 취향이 재생산된다. 이것이 곧 인종 아비투스의 전형이라 할 수 있다.

### (2) 상징적 폭력과 피부색

부르디외의 상징적 폭력은 부르주아의 문화적 지배라는 문제의식에서 출발한 것이다. 따라서 상징적 폭력이란 구성원들의 지배/피지배 관계를 자연화/정당화/보편화/필연화하는 취향이나 평가 기준의 적용, 혹은 그것들의 재생산을 도모하는 일체의 의식적, 무의식적 상징 활동을 의미한다. 따라서 상징적 폭력은 문화적인 메커니즘을 통해 간접적이고 은밀하게 행사되기 때문에 일반적으로 대중은 비가시적인 문화 권력을 행사하는 사회적 관습 체계 속에서 권력을 그 자체로 인식하지 못한 채 살아가는 경우가 대부분이다. 왜냐하면 상징적 폭력이 오인(stigma)의 메커니즘을 통해 작동하는 권력의 효과로 나타나기 때문이다. 즉 상징적 폭력은 부드러운 폭력이며, 그 피해자들에게조차 보이지도 느껴지지도 않는 폭력이다. 본질적으로 커뮤니케이션, 인식, 또는 더 정확하게는 오인, 인정, 종국에는 감정이라는 완전히 상징적인 경로에 의해 행사되는 폭력이다. 따라서 상징 폭력의 기반은 지배구조에 맞게 조정된 성향 속에 있다. 그 성향은 지배와 피지배의 관계와 같은 구조의 산물이기도 하다.

상징적 폭력의 전개 방식은 일상생활의 취향이 선택되는 방식으로 구별짓기 전략이라고 한다. 계급적 신분 질서는 타인과 구분되는 취미 생활의 방식을 통해 성립되며, 이것을 통해서 일정한 동류 의식이 형성된다. 그렇다면 계급적 신분 질서에 의해서만 구별짓기가 이루어지는가? 동류 의식을 이미 형성하고 있는 민족이나 인종 집단에서도 동일한 구별짓기 전략은 가능하다. 다양한 인종 집단으로 구성된 사회에서는 사회 성원들 간의 경계가 관습과 제도를 통해서 형성되게 된다. 이런 것들은 역시 문화 권력을 지니고 있는 지배 인종이나 집단에 의해 만들어진다. 이러한 차별화 양식은 계급적 구분을 만들어내는 일종의 적대 관계 혹은 지배 계급이 피지배 계급을 억압하는 폭력의 한 양식이다. 부르디외의 아비투스에서는 문화 자본이 사회적 배제의 과정이나 지배의 과정을 잘 설명해 준다. 문화 자본인 학력 자본, 인적 자본, 가족의 계층적 지위와 같은 상징 자본의 소유 여부에 따라 결정된다는 것이다. 그렇지만 대부분의 사회구성원들은 스스로가 어떤 지배 계급의 논리에 포섭되어 있다는 사실조차 인지하지 못한다는 것이다.

상징적 폭력이 구별짓기 혹은 차별화 전략이라면 인종 관계에서만큼 확실하게 발현되는 경우도 찾기 어려울 것이다. 인종 관계의 출발점은 나와 너는 피부색, 혈통, 가계, 문화 등이 다르다는 구별짓기에서 출발한다. 따라서 상징적 폭력이 가장 많은 영향력을 행사할 수 있는 사회적 관계이기도 하다. 이 과정에는 문화 자본이 결정적인 역할을 한다. 인종주의에서는 백인과 유럽 문화라고 하는 문화 자본을 지닌 집단이 지배 집단으로 작동하기 때문에 그 과정은 어떻게 보면 단순한 과정으로 일별할 수 있다. 이런 측면에서 보면 인종주의 자체가 하나의 상징 폭력의 도구로 작동하고 있다. 인종주의는 정치적, 법적인 질서를 통한 국가의 헤게모니적 동기에서 유지된다. 권력과 폭력이 명령과 복종의 사회적 역할을 재생산하는 국가의 법과 정책을 양산한다. 그러므로 국가의 도구들은 물질적인 폭력의 집행자로 등장하게 되고 계층화와 분리하는 방법을 지탱하는 제도가 된다.

브라질에서 인종 문제에 대해 인식할 때 백인이나 물라토가 브라질의 인종적 발전을 가져다주고 선한 것이라고 믿고 교육하고 설명하는 환경적인 요소들이 곧 브라질에서 흑인들에게 가해지는 인종적 상징 폭력의 형태이다. 이분법적인 접근을 통해서 인종 관계를 이해할 수 없다는 것은 엘리트들이 과학적 인종주의 혹은 인종 발전론적 시각에서 브라질의 인종적 특성을 설명하는 것이며 동시에 각각의 인종 집단이 집단적 정체성을 형성하지 못하게 하는 폭력이라 할 수 있다. 이런 현상은 언론 매체를 통해서 다양한 형태로 보여진다. 또한 정부가 스펙트럼을 통해 인종을 구분함으로써 구별짓기를 거부하는 것처럼 보이지만, 사실은 동일한 집단의 정체성 형성을 저해함으로써 인종 정치와 해방 운동을 전개할 수 없도록 하는 기제로 활용되고 있다. 브라질 사람들이 특정한 피부색에 대해서 가지고 있는 무형적인 편견, 선입견과 차별이 비공식적으로 혹은 암묵적으로 표현되는 것과 무관하지 않다. 예를 들어(백인의 이미지/흑인의 이미지-미디어 또는 문학) 브라질이 차별 철폐 정책으로 실시하고 있는 연방대학 내의 쿼터제는 긍정적인 측면에서는 흑인들에게 교육의 기회를 확대하면서 차별을 줄여나가지만, 흑인들이 사회적으로 배제되어 있으며 교육을 받지 못하는, 그래서 특별한 보호가 필요한 인종 집단으로 인식하게 하는 부정적인 측면을 지니고 있다. 제도적인 측면에서는 분명히 많은 부분에서 흑인들에게 기회를 제공하고 있지만 그동안 브라질 사회가 교육과 사회적 관습을 통해서 형성한 흑인의 이미지는 여전히 부정적인 의미로 전달된다. 이것이 곧 인종 부분에서 아비투스가 상징 폭력으로 작용하는 사례라고 할 수 있다.

브라질 사회는 피부색이 인종간 관계를 이해하는 중심적인 요소이다. 피부색이 다르다는 것은 권력에서 차이가 난다는 것을 반증한다. 피부색은 상징적으로 관계에서 재생산되고 형성되는 계층 구조의 위치와 일치한다는 것을 나타낸다. 각각의 피부색이 지니고 있는 특성들은 문학작품, 대중 매체를 통해 끊임없이 반복적으로 표출됨으로써 피부색이 지니고 있는 의미를 고착화시킨다. 특히 흑인들의 이미지는 범죄, 추악함, 타락한 사람과 악, 파벨라에 거주하는 사람으로 미디어들이 반복적으로 보여줌으로써 흑인 스스로도 이러한 이미지와 동일시함으로써 재생산 관계에서 벗어나지 못한다.

## :: 브라질 인종주의의 두 가지 측면

### (1) 구조화된 구조로서의 인종 민주주의

브라질인들에게 가장 크게 영향을 미치고 영향을 받고 있는 인종과 관련된 개념은 인종 민주주의와 백인화이다. 이 두 개념은 브라질인들이 지향하는 인종적 이상향의 세계라고 할 수 있으며 동시에 브라질 인종이 진행해야 할 방향이며 진행되고 있는 현상을 그대로 드러내 준다. 인종 민주주의는 인종 관계가 폭력적이지 않은 조화로운 관계임을 나타내는 말로써 엘리트들이 국가 이미지 제고를 위해 선택한 개념이다.

민주주의라는 정치 제도적인 측면의 의미 분석을 떠나서 조화로운 관계임을 나타내는 것이다. 이런 가치와 관념들은 교육과 전승을 통해서 브라질인 누구에게나 체화되어 있다. 이 때문에 각각의 인종들이 지니고 대립적일 수 있는 인종적 · 문화적 특성들은 약화되거나 점차 소멸되고 인종 혼혈이 현대 사회가 지향하는 민주주의를 위한 것이며 선인 것처럼 보여진다. 이 과정에서 인종 정체성을 주장하는 집단은 브라질 사회의 발전을 저해하는 요인으로 인식된다.

브라질인들은 생물학적 차이, 정치적 차이, 문화적 차이, 사회적 차이를 부정한다. 따라서 모든 인종 집단이 가지는 생물학적, 문화적, 사회적, 정치적 차이를 혼합적이고 잡종적인 매트릭스(matrix)로 통합해 버리는데, 매트릭스가 인종 민주주의의 실체를 이루고 있다. 따라서 인종 민주주의는 백인과 흑인의 사회적 · 경제적 차별을 극복하기 위한 노력을 의미하지 않는다. 이것은 브라질이 근대화 과정에서 인종적 정체성을 물라토로 규정하면서 만들어낸 정치 · 사회적인 개념이다. 브라질은 흑인의 피가 섞인 백인은 피부색의 밝기에 따라 구분되는데 대부분의 경우 흑인으로 분류되지 않는다. 그렇다고 명백한 백인으로 분류되는 것도 아니다. 브라질에는 혼혈인들이 독립적인 인종적 정체성을 형성하고 있다. 이런 면에서 혼혈인들이 인종 민주주의를 대변하는 실체라고 주장한다. 인종 민주주의는 대외적인 관계에서 브라질 사회의 특성을 설명하는 도구이다. 그렇기 때문에 물라토가 인종적 정체성을 흐리게 함으로써 인종적 지배를 원활히 하는 측면이 있다.

때문에 인종 민주주의가 사회적 민주주의가 실현되었다는 오인을 낳게 되고 개개인도 인종차별로부터 자유롭다고 인식하려고 한다. 사회적 분위기가 민주주의의 실현이라는 이상적 모델에 고정되어 있는 구조로 작용하기 때문에 많은 사람들은 민주주의의 구현을 위해서 지금의 인종 관계는 인내되어야 한다고 인식하고 있다. 이런 인식의 결과를 잘 보여주는 것이《폴랴 데 상파울루(Folha de São Paulo)》의 여론조사이다. 여론조사에서 인종적 편견을 가지고 있다고 응답한 비율은 3%에 불과하다. 반면 브라질인들은 인종주의자인가라는 물음에는 91%가 그렇다고 대답했다. 브라질에서 인종주의는 전혀 다른 것으로 인식되고 있다는 것을 보여준다. 인종 민주주의는 평등주의 담론에서 광범위한 특권적 구조를 유지하고 있고, 인종적 위계질서가 경제적 요인에 의한 것이라고 암시하면서 대립적인 현실을 인식하지 못하게 한다. 동등한 기회가 주어졌음에도 불구하고 흑인들의 사회적 지위가 낮은 것은 그들의 노력, 노동과 의지가 부족하기 때문이라고 정당화시킨다. 흑인의 태생적인 나태와 게으름으로 발생한 불평등이기 때문에 굳이 해소할 필요가 없다고 본다.

만약 브라질이 인종 민주주의를 실현하고 있다면 현실적인 측면에서 민주주의적이거나 차별이 사라진 현상들이 나타나야 한다. 또한 혼혈이 인종 민주주의를 상징적으로 나타내는 것이라면 인종간 혼혈이 어느 정도 균형이 이루어져야 한다. 그러나 현실은 여전히 극복되지 못하고 있다. 최근 조사에 따르면 동종 결혼 비율을 보면 흑인들은 84.3%, 백인 75.6%, 물라토는 72.2% 순이다. 이것은 사회경제적 조건과 사회적 이동성 부족 때문에 분리되어 있는 것을 의미한다. 인종간 결혼은 22.6%에 머물고 있어서 인종간 혼혈이 자주 발생한다는 주장은 설득력을 잃게 된다.

이와 같이 사회통계적으로 보여지는 결과는 인종 민주주의라고 평가하기 어려운데도 불구하고 왜 브라질은 인종 민주주의로 보여질까? 위에서 언급한 바와 같이 브라질의 지배 계급이 다양한 방법을 통해서 끊임없이 반복적으로 각인시키는 상징적 폭력을 통해 브라질 사회를 인식하는 구조로 작용하고 있기 때문이다. 이런 측면에서 백인 엘리트 집단의 인종 지배 프로그램은 잘 작동하고 있다고 볼 수 있다.

### (2) 구조화하는 구조로서의 백인화

혼혈이 지속되면 브라질 국민이 백인으로 모두 바뀔 것이라는 주장이 백인화의 출발이다. 백인화 논리는 열등한 인종 집단이 혼혈을 통해서 점차 소멸되고 우성 유전자인 백인 집단이 전체를 차지하게 된다고 주장한다. 개인적 수준에서는 백인의 피부색, 머리 색깔, 눈 등의 외형적인 특성을 점차 백인으로 바꾸는 것을 의미하며, 백인의 문화 즉 유럽 문화를 체득하는 것을 말한다. 1889년에서 1914년까지 브라질은 흑인 문제를 해결하기 위해 인종적 백인화를 추진했다. 백인화 이데올로기는 혼혈을 통해 흑인들이 몇 세대 내에서 문화적으로나 유전학적으로 진보하거나 소멸될 것이라는 믿는 데서 출발한다. 이러한 논의는 사회적 다윈니즘과 적자생존론의 과학적 인종주의에서 비롯되었다. 또한 백인 아리안족이 모든 문화보다 우수하다는 아리아니즘의 영향을 받았다. 그리고 백인화는 유럽 단일 문화주의와 동화주의 이데올로기에서 비롯되었다. 브라질 엘리트들은 여전히 동화주의적인 관점을 유지하고 있는데 이들에게 브라질의 유럽화는 포기할 수 없는 과제라고 할 수 있다. 이 때문에 브라질인들은 미국과 같은 인종 문제가 없다고 주장하면서 인종차별주의로부터 벗어나 있다. 하나의 집단으로 흑인이 포함된 민족 프로젝트는 백인 엘리트들이 주장하는 근대성과 문명의 이상형에 장애였다. 이에 공화국은 백인화 이데올로기에 따라 인종적·문화적 정체성을 형성했다. 이런 입장은 브라질인들의 외형이 유럽인들과 더 유사하게 변하게 된다면 브라질은 문명화된 국가의 지위를 획득할 수 있을 것이라는 유럽 지향적인 근대화 모델을 만든 것이다.

1920년대 인종 관계를 다루는 사회학적 분석에서 백인화의 특성을 모두 언급했다. 과학 분야에서도 백인화 사상은 혼혈적인 특성을 지니고 있는 국가의 문제를 해결하는 방안으로 제시되었다. 그 당시의 텍스트에서 백인화는 은유적인 특성을 상실했으며 글자 그대로의 특성만을 지니게 되었다. 흑인들의 육체적 백인화는 다양한 텍스트에서 재생산되었다. 흑인의 몸에 백인의 정신과 문화를 체득하게 하는 것도 백인화의 한 유형이었다. 때문에 1920년대 발표된 많은 아동문학에서도 백인화에 대한 긍정적인 묘사가 이루어진 것들을 발견할 수 있다. 아동문학을 읽은 많은 독자들이 흑인의 문화와 미적 감각을 낮게 평가하고 백인의 문화와 미적 감각을 자신과 동일화시켰다. 이에 따라 흑인이던 백인이던 자신을 우월해 보이는 백인으로 표현하기 위해 자신을 백인화하는 경향이 나타났다. 대표적인 작가인 몬테이로 로바토(Monteiro Lobato)[4]의 작품에서도 브라질 사회를 백인과 흑인으로 구분하고 낙후

---

4 20세기 초반 브라질 문학에 많은 영향을 미친 작가로 특히 아동문학의 선구자로 평가받고 있다.

되고 저급한 문화로 흑인과 문화를 묘사하고 우수한 문화로 백인 문화를 형상화하고 있다. 아동문학 작품에 등장하는 흑인들은 백인화를 해야 하는 대상으로 분석되면서 이데올로기로 전승되었다. 아동문학의 내용을 언급하는 것은 개인이 어떤 집단에서 사회화 과정에서 가장 먼저 만나는 이미지로 기억 속에 오랫동안 내재되며 학습의 효과도 매우 높아 싶게 변하지 않는 특성을 지니고 있기 때문이다.

1950년대 게레이로 라모스(Guerreiro Ramos)는 이미 브라질의 정신세계와 과학의 탈식민화가 필요하다고 주장한 바 있다. 그에게 백인화는 병리학적인 것이었고 백인들에게 병리학적인 효과를 낳는 것이었다. 따라서 식민주의는 인식론적 문제이고 인종주의 사회의 생성 과정은 지배자뿐만 아니라 피지배자들에 의해 만들어진다. 이런 논의들로 인해 백인화 이데올로기와 정책은 1950년대에 끝났지만 백인 중심주의 사회를 구성하고 있던 브라질 사회에 백인의 우월주의를 강화시키는 결과를 가져왔다. 이와 같은 집단적 차원에서의 백인화는 중단되었지만 개인적 수준에서의 백인화 현상은 여전히 지속되고 있을 뿐만 아니라 미의 기준으로서 혹은 선의 기준으로 체화되어 있다. 체화 과정은 역시 다양한 형태의 교육을 통해 이루어지고 있는데, 교육 과정의 유럽 중심주의는 역사, 언어와 예술 교육을 통해 나타나고 있다.

인종 민주주의와 백인화가 제도화되어 있지는 않지만 브라질인들에게 체득된 인종적 취향으로 정착되었다. 백인화를 통해 브라질 국민을 재생산하려는 지식층의 노력들은 개인 수준에서 새로운 유기적인 기억을 만들어냈다. 즉, 혼혈이 백인보다는 낮지만 흑인과 원주민보다는 우월하다는 인식이 고착되었다. 백인화 이데올로기는 백인의 미학적 가치를 높여주는 반면 흑인들의 자긍심을 손상시켰다. 이러한 요인들은 비백인들 간의 내부적 분화를 촉진시키며, 흑인이 처한 사회적 상황이 흑인의 책임인 것으로 전가시킨다. 이런 과정을 통해 르상티망 (ressentiment)[5]과 같은 자기 체념적 인정 단계로 진입하게 된다. 르상티망은 계급적 열등성에 동의하고 인식하는 하나의 형태이며 선과 악을 구분하는 경계를 모호하게 한다. 브라질의 피지배 인종 집단은 인종적 분류에 따른 차별이나 폭력에 대해서 르상티망을 느끼고 있다. 결국 다양한 유·무형의 상징적 폭력을 통해서 인종 아비투스가 유지되고 재생산되고 있으며 르상티망을 경험하면서 구조 변화에 대한 어떤 시도조차도 어려운 상황이라 볼 수 있다. 이는 끊임없이 지속되는 상징적 폭력이 의식적·무의식적 인식의 틀로 작용하고 있기 때문이다.


## :: 영화에 나타난 흑인 이미지

상징적 폭력을 표현하는 가장 일반적인 매체가 미디어이다. 최근 브라질에서 발표되고 있는 시네마노부(Cinema Novo)류의 영화들은 파벨라 지역과 같이 열악한 환경에 처해 있는 사람들의 생활을 표현하고 있다. 그중 아름다운 히우 지 자네이루의 파벨라의 생활을 잘 반영하고 있

---

5 니체는 권력 의지에 의해 촉발된 강자의 공격욕에 대한 약자의 격정을 르상티망 (Ressentiment)이라고 표현하였다. 니체의 르상티망은 사전적으로는 '강자에 대한 약자의 원한·분노·질투 따위의 감정이 되풀이되어 마음속에 쌓인 상태'를 말한다.

는 영화가 2002년 페르난도 메이렐레스(Fernado Meirelles)와 카티아 룬드(Kátia Lund) 감독이 만든 「시다데 데 데우스」이며 동시에 브라질의 현실을 가장 잘 보여주고 있는 영화라는 평가를 받고 있다. 그 이유는 파울로 린스(Paulo Linz)의 자전적 동명 소설을 영화로 만든 작품이기 때문이다. 또한 실제 시다데 데 데우스에 거주하는 사람들을 출연시켰기 때문에 영화의 리얼함이 영화 전체에 배여 있기 때문이다. 이 영화는 사진작가가 되고 싶어하는 로케트(Rocket) 흑인 10대 소년의 눈으로 히우의 서쪽 지역에 위치한 빈민가를 그리는 영화이다. 영화는 전체적으로 현란한 영상미를 과시하며 경쾌한 분위기로 진행되는데, 주인공인 나레이터를 통해 소단락으로 구성된 전체 이야기를 흥미롭게 풀어간다.

영화 「시다데 데 데우스」는 폭력과 과잉성욕자로서 범죄와 흑인 남자들이 있는 곳으로 파벨라를 묘사한다. 이 영화는 흑인들이 대부분을 차지하고 있는 파벨라를 통해서 관광 엽서를 장식하는 화려한 히우의 이면을 투영하고 있다. 정부로부터 통제되고 브라질 대중으로부터 철저히 도외시되는 지역에서 어떻게 흑인들이 사회의 구성원으로 성장하는가를 보여준다. 사회의 일원으로 성장하는 과정은 일반적인 브라질 청소년들과 다른 흑인들만의 성장 과정을 보여주기 때문에 흑인들의 사회상을 보여주지만 다른 측면에서 철저히 흑인과 문화를 어두운 측면을 부각시키고 있다.

대중문화 생산은 도시에서 죽음을 배경으로 흑인 남성성에 대한 의미를 생산하고 강화하고 확산시키는 데 있어 매우 중요한 역할을 한다. 비판적인 인종적 관점에서 출발하고 있는 이 영화는 폭력과 도시 범죄의 구조가 흑인의 인종적 복종을 영속화시키는 백인 인종 헤게모니를 유지시키고 있다고 주장한다. 흑인은 국가 이념에 반하는 것을 나타내는 이국적인 모습으로 그려진다. 따라서 이 영화에서 흑인은 범죄자로서의 대중적 이미지를 지니고 있다. 피부색, 파벨라 공동체는 범죄, 위험과 공포의 공간이 된다. 이러한 영화적 표현은 흑인에 대해 부정적인 이미지를 확산시키면서 흑인 스스로뿐만 아니라 영화를 통해 브라질을 보는 많은 사람들에게 흑인에 대한 두려움과 기피 현상을 나타내게 한다.

「시다데 데 데우스」에서 폭력의 이야기는 탈역사화되고, 탈정치화되어 있으며 동시에 탈맥락적이다. 영화는 내란의 공동체의 레토릭에 투영하고 있고, 시다데 데 데우스가 무법천지라는 것을 설명하기 위해 마약업자의 권력을 지나치게 강조하고 있다. 여기서 흑인 남성의 몸은 죽음이 진부해지고 살인적 폭력이 대립을 해결하는 유일한 방법이 되는 공포의 중심이 된다. 아무렇게나 사람을 죽이는 냉혈적인 범죄자로 묘사되는 흑인 남자는 탐욕스러운 짐승에 지나지 않는다. 이러한 환경에서 흑인의 남성성은 사악한 이미지로 형상화된다. 따라서 영화에서는 폭력이 남자다움을 나타내는 중요한 요소가 된다. 결국 이 영화를 통해 전달되는 것은 흑인이 끊임없이 지속되는 위험과 범죄의 원인이라는 이미지를 고착화시킨다.

영화 중반쯤에 갱단의 두목인 리틀 제의 단짝인 베네는 마약을 사러오는 백인 친구를 보고 그와 똑같이 하고 싶어 한다. 그래서 옷도 그 친구가 사다주는 것을 입고 머리도 백인 친구와 같은 노란색으로 염색하고 나타난다. 폭력과 마약으로 물들어버린 흑인들조차도 백인 지배 엘리트들이 만든 미적 감각을 추정하면서 스스로 흑인 사회로부터 벗어나고자 한다. 동시에 흑인보다는 더 밝은 피부색인 로케트의 여자 친구에게 관심을 보이기 시작한다. 그러면서 스스로 백인화의 길에 접어든다. 이러한 현상을 통해 흑인 남성과 파벨라로 대표되는 사회의 허구성을 드러내고자 한다. 폭력이 일상화되어 있고 모두가 범죄자이며 범죄자가 될 수 있다는 강한 이미지를 전달한다. 또한 흑인들의 폭력이 단순히 한 세대에서 끝나는 것이 아니라 자신들만의 폭력의 방법을 통해 전승되고 있음을 보여준다. 이를 통해 흑인 사회의 폭력성은 지속될 것이라고 상징적으로 보여준다. 그리고 흑인들의 직업은 특정한 안정적인 직업이 아니라 한시적이거나 범죄와 연결되어 있거나 그것을 피하기 위한 일시적인 것으로 치부한다. 흑인의 폭력에 등장하는 두 명의 백인은 이중적인 모습을 그대로 보여준다. 다른 지역 갱단의 리더인 캐롯은 똑같은 파벨라의 갱단이지만 리틀 제와는 다르게 머리를 쓰는 한 마디로 똑똑한 갱으로 등장함으로써 흑인의 우둔함과 감성적인 면을 대조적으로 보여준다. 다른 백인 한 명은 마약 이용자로 이 현장과 전혀 다른 혹은 아무런 관계가 없는 것처럼 등장한다. 그랬다가 흑인들의 마약과 폭력에 물들어 타락하는 백인으로 그려진다. 마치 시다데 데 데우스의 시정부가 아무것도 하지 않는 것과 마찬가지로, 하지만 흑인들이 동경하는 이상적인 모습을 보인다. 영화는 캐롯을 통해 파벨라의 폭력이 백인이 사는 사회 혹은 주류 사회에 어떻게 접목되는가를 보여줌으로써 흑인들의 폭력이 브라질로 확산되고 재생산되는 과정임을 보여준다. 주인공인 로케트가 파벨라를 벗어나 취업한 곳은 자신이 꿈꾸어 왔던 사진기자와는 너무나 다른 신문배달부로 일한다. 그리고 그 속에서 사진이 할 수 있는 한계를 인식하게 된다. 그 한계는 흑인들이 브라질 사회에서 처해 있는 상황과 다르지 않음을 보여준다. 또한 사진 한 장으로 브라질 주류 사회로 통합되는 과정은 어떤 일정한 과정이 아니라 마치 복권과 같은 과정을 통해 이루어진다. 영화의 처음과 끝에 등장하는 장면에서 갱단과 경찰 사이에 놓이게 되는 주인공은 다시 사진을 통해 이미지를 만들어내지만 흑인들의 폭력에 의해 다시 강제되는 현상을 그대로 보여준다.

톰슨은 대중매체는 지배관계를 설정하고 유지시키는 데 이용되는 경우가 많다고 주장한다. 그에 따르면 스티그마는 인종, 계급, 여성, 민족, 성생활에 기초한 지배의 상징적 구성체이다. 스티그마와 스테레오타이프는 물리적인 폭력이 만들어내는 지배의 상징적 형태를 표현한다. 따라서 영화에서 보여지는 끊임없는 부정, 위험과 공포의 원인으로서 흑인의 통제된 이미지는 탈인간화 과정(dehumanizing process)을 정당화시킨다. 이런 측면에서 흑인 남성의 몸은 폭력과 동일시된다. 대중매체의 이미지 레퍼토리는 흑인의 이미지를 규제하고, 상품화하고 탈정치화시키는 지배의 상징적 형태이다. 흑인을 피비린내 나는 살인과 물라타로 표현하는 브라질에서 요부와 하녀로 흑인 여성을 형상화한 미국의 인종주의자들에게 흑인의 몸은 신인종주의(new racism)[6]을 확산시키기 위해 표현되는 것으로 평가하려고 한다. 흑인 남성의 몸은 인종적으로 교육받지 못했고, 폭력적이며, 이국적이며, 성적이면서 착취가능

---

6 노골적으로 인종주의를 드러내는 정책, 제도, 법은 사라졌지만 그로 인해 생겨난 어두운 유산들은 사라지지 않고 신인종주의를 지지하는 기반으로 활용되고 있다. 신인종주의는 신앙이나 비이성적 신념에 기반을 두고 있기 때문에 논리와 과학으로 설득할 수 있는 영역을 벗어나 있다.

하고 무능력한 것으로 묘사된다. 이런 측면에서 식민 시기에 시작된 인종적 지배 구조에 각인된 인종적 위계질서를 갱신한 것이다. 즉 대중매체가 표현하는 흑인성은 여전히 식민적 질서를 다시 새롭게 한 것에 불과하다.

부르디외의 상징적 폭력에 따르면 대중매체는 흑인의 남성성이 상징적으로 형성시킬 수 있는 특권적 위치를 점하고 있다. 상징적 폭력은 지배 계급이 주어진 사회의 사회 구조를 재생산하기 위해 강요하는 신념과 실천이다. 세계에 대한 제도화된 담론은 구조들의 통합과 실천들의 의식 절차로 특징지워지는 변증법적 과정이다. 상징적 질서의 유지와 재생산은 주입과 전용을 통해 이루어진다. 이와 같은 신념과 실천이 만드는 상식적인 사회 질서가 아비투스이며, 객관적인 사회 구조의 주관적인 의식으로 내면화된다. 상징적인 형태인 강압적 권력으로서의 폭력은 사회적 계층화와 개인의 탈인간화의 도구이다. 여기서 아비투스는 지배 관계를 유지시키는 이데올로기가 신화, 사고, 인식, 표현과 행동, 언어 등의 이용과 생산에 기초한다는 메커니즘을 밝혀주기 때문에 중요하다. 대중문화에서 흑인 젊은이들에 대한 체계적인 탈인간화는 지배의 제도화된 방식으로 이해될 수 있다. 이러한 신념과 실천이 당연히 주어진 일상생활과 결부되어 있기 때문에 상징 폭력은 사회 전체에 스며들게 되고 폭력의 물리적인 형태가 파벨라에 살고 있는 흑인들의 몸에 적용되는 것을 합리화시킨다.

## :: 상징적 폭력의 대상, 흑인

아비투스는 간단하게 말하자면 어떤 환경, 상황과 조건으로 설명되는 장에 의해서 결정되는 개인이나 집단이 취하는 취향을 의미한다. 개인의 취향은 상황에 따라 변하기 때문에 집단화하기 어렵다고 할 수 있다. 그러나 개인의 취향의 집합이 집단적 취향이 되고, 집단적 취향에 영향을 받아 개인적 취향이 변하게 된다. 이러한 관계 때문에 아비투스는 취향의 재생산 과정을 끊임없는 반복이라 할 수 있다. 반복되는 것은 어떤 순간의 충격이나 외부적인 영향을 받아 변할 수 있다. 어떤 힘이 외부적인 영향인 교육이나 기타 직·간접적인 경험을 일정한 방향으로 흐르게 한다. 이 힘은 문화 자본, 상징 자본을 지니고 있는 집단에 의해 이루어지는데 이런 과정은 상징적 폭력을 통해 전달된다. 따라서 상징적 폭력이 그 사회의 아비투스를 유지시키고 재생산하는 기제가 된다.

이와 같이 아비투스는 지배 집단의 원칙이지만 피지배 집단의 표면적인 저항의 토대가 된다. 그러므로 아비투스는 지배와 피지배의 관계를 지니고 있는 다양한 형태로 표현된다. 이 글에서 언급한 인종 아비투스는 하위 문화 아비투스의 가장 전형적인 형태라 할 수 있다. 인종주의는 이미 구별짓기에서 시작되고 수많은 상징적 폭력을 통해 재교육된다. 이 관계에서 피부색은 인종과 피부색을 동일시함으로써 고정된 이미지를 양산한다. 따라서 인종 아비투스에서 상징적 폭력으로써 가장 효과적인 전략은 피부색을 통한 구별짓기 혹은 차별화 전략이 된다. 이 때문에 인종 아비투스가 유지되고 재생산되는 것이다.

이런 관점에서 본다면 브라질의 인종 아비투스는 피부색을 통한 상징적 폭력이 일상화되어 있음에도 흑인들은 인식하지 못하는 환경으로 볼 수 있다. 이런 사회 환경은 인종 민주주의와 백인화 논리로 구축된 브라질의 인종주의로 구조화되어 있다. 즉 인종 민주주의가 내재된 구조로 작동한다면, 백인화는 구조화하는 구조로 작용하여 브라질인들의 인종 아비투스를 구성하고 있다. 이 때문에 어두운 피부색을 지닌 많은 브라질인들은 백인이나 서구 문화를 선호하는 취향이 생겼고 자신도 인지하지 못하는 사이 자신의 인종 정체성을 상실했다. 이와 같은 과정은 역시 상징적 폭력을 통해 이미지화되는데 그 대표적인 것이 영화다.

이 글에서 분석한 「시다데 데 데우스」는 영화라는 매체에서 흑인들이 어떻게 이미지화되고 보여지는지를 가장 잘 설명하고 있다. 흑인과 파벨라를 통해 추악함, 폭력성, 과잉 성욕, 무질서, 게으름, 나태함 등이 이미지화되고 있다. 이런 이미지가 흑인들의 사회화 과정에 깊숙이 내재되어 있다고 이 영화는 강조하고 있다. 또한 문학작품을 통해서 부정적이고 문명화되어야 하는 흑인의 이미지가 부각된다. 이와 같이 사회적 관습 체계와 개인적 취향이 브라질인들에게 불평등한 사회구조를 재생산하는 상징적 폭력과 연관되어 있기 때문에 체화된 구조로서의 습성과 태도와 사고라는 인종 아비투스는 브라질 사회에서 효과적으로 작동하고 있다고 할 수 있다.

# 제4장

# 에콰도르 아마존 개발의 역설

이태혁

## :: 들어가며

21세기 새로운 10년의 주요 뉴스 중 하나는 기후변화(Climate Change)와 관련된 전 지구적 이슈다. 즉 온실가스의 주범인 이산화탄소 방출로 인한 기후온난화의 심각성에 대해 범세계적 차원에서 대응하고 있다. 2015년 파리, 제21차 UN 기후변화협약당사국 총회(COP21)는 '파리기후협약'[1]안을 채택하며, 산업혁명 이후 인류 문명을 이끈 동력이었던 화석연료[2]의 퇴출을 의미하는 역사적 분기점(critical juncture)을 마련했다. 그리고, 세계 195개국 대표단이 지구온난화에 대처하기 위한 역사적인

---

1 파리협약은 선진국에만 온실가스 감축 의무를 지우면서 실효성 논란만 키웠던 교토의정서와는 달리, 선진국과 개도국 모두가 책임을 분담하도록 한다.

2 화석연료인, 석유, 석탄 그리고 천연가스의 매장량 가운데, 특히 중남미가 전 세계 석유 매장량의 19.4%를 보유하고 있다(BP Statistical Review of World Energy, June 2015).

합의를 이끌어낸 파리 이 장소에, 에콰도르 원주민들이 등장한다. 에콰도르 아마존 지역에 거주하는 케추아족의 한 리더는 "우리는 아마존 정글을 보호하는 것이 기후변화의 해결책이라고 전 세계에 전하고자 파리에 왔다"고 (에콰도르) 아마존 지역 개발의 불편한 진실을 밝히며, 아마존 정글 지역 보존의 중요성을 강조하고 있다.

자연의 보고(寶庫)인 아마존 지역, 특히 에콰도르 아마존 지역에 어떠한 일들이 일어나고 있는가? 화석연료 사용 감축에 대한 신기후변화 체제의 글로벌 합의가 이루어진 작금, 석유 지대 국가(oil rentier state)[3]인 에콰도르가 아마존 개발, 특히 석유 개발과 얽힌 좌파 정부의 정치경제적 역설(paradox)에 대해 고찰해 보도록 한다. 즉, 이 글은 신채굴주의 (new extractivism) 형태로써 꼬레아(Rafael Corea) 정부가 주장하는 후기 신자유주의적(post-neoliberal) 국가의 모습이 진정성 있게 구현되는가에 대한 연구다. 아울러, 에콰도르 개발의 정치경제 과정 가운데 중국의 등장과 역할에 대해서도 분석한다. 이를 통해, 이 글은 외부 행위자(external actor)인 중국의 에콰도르 아마존 지역의 출현으로 꼬레아 좌파 정부의 '좌파'적 정책의 한계성이 드러난다고 주장한다.

이 글의 구성은 다음과 같다. 첫 번째, 개발의 정치경제 담론을 간략히 살펴봄으로써 중남미, 특히 에콰도르 아마존 지역 개발의 정치경제 발전을 분석하는 개념적 틀을 구현한다. 두 번째, 꼬레아 정부의 등장과 이에 따른 아마존 지역 개발 정책의 변화 과정을 살펴보도록 한다, 세 번

---

3 토착 자원을 외부인에게 지대로 제공함으로써 세입의 전부 또는 많은 부분을 얻고 있는, 그러한 국가들을 지칭한다.

째, 21세기, 특히 2006년 꼬레아 정부 출현과 궤를 같이하며, 에콰도르에 '적극적'으로 등장한 에콰도르 아마존 지역 개발에 대한 중국의 역할에 대해 조명하도록 한다. 덧붙여 원주민으로 구성된 종족 및 지역 단위의 시민사회 그리고 국제 비정부기구(INGO)의 역할을 살펴봄으로써, 이러한 행위자들의 정치 및 사회적 '반작용'의 함의와 한계를 분석한다. 마지막으로, 이 장의 결론으로서 앞서 논의한 바에 대한 정리와 함께, 후속 연구의 필요성과 그 연구의 영역에 대해 소개하도록 한다.


## :: 개발의 정치경제 담론 프레임

개발의 정치경제의 담론의 시작은 식민지 시대와 궤를 같이한다(McMichael 2012). 즉 유럽의 제국 및 팽창주의 일환으로 식민지의 확대와 이에 따른 식민지 국가들로부터의 1차 광물 유입 그리고 2차 상품들을 식민지 국가 등에 수출하며, 유럽은 강한 국가 재건(strong state building)을 추구한다. 이렇듯, 식민지 확보 및 확대에 따른 경제 활동은 정치적인 이유, 즉 강한 국가의 존립이다. 경제는 정치적인 목적을 달성하기 위한 도구(tool)⁴라는 중상주의(mercantilism)의 등장이다. 중상주의

---

4 정치(힘)의 논리에 대한 강조는, 국제 정치학 이론 가운데 현실주의(realism)에 이론적 뿌리를 제공한다. 현실주의도 공세적 현실주의(offensive realism), 방어적 현실주의(defensive realism), 구조적 현실주의(structural realism) 등으로 현실주의 내 다

는 공존, 협업을 지양한다. 즉, 절대적 이득(absolute gains)보다는 상대적 이득(relative gains)을 추구하며, 생존에 관심을 갖는다. 힘, 생존, 즉 강한 국가를 위해 식민지가 필요하며, 그곳에서 채굴된 각종 지하자원, 동시에 재생산된 물품들의 수출 대상국으로써 식민지가 필요하다는 논리이다. 이는 중상주의 시대의 자본 발달이다(Veltmeyer 2013).

한편, 「백인의 짐(the White Man's Burden)」이라는 시는 이러한 유럽의 제국주의적 행태를 찬양했다. 영국 소설가이자 시인인 키플링(Rudyard Kipling)은 이 시를 통해 제국주의적 정치경제 행태의 정당성을 찬양한 것이다(McMichael 2012). 백인들은 미개한 지역 및 미개한 인종들을 대상으로 계몽과 발전을 주도하는, 고결한 일(noble task)을 해야 하는 '짐(burden)'을 지고 있다는 것이다. 즉, 유럽이 미개발 지역에 대한 개발 및 발전을 주도해야 한다는 규범적(normative) 차원의 정당성을 강조한 것이다.

유럽은 중남미 등 식민지 국가에서의 채굴(extractivism) 행태를 통해 산업화의 기틀을 마련했다. 이 시점부터 중남미 등 식민지 국가들은 수탈의 대상 지역이었으며, 역사적 맥락 가운데 종속의 패러다임은 유지되고 있다. 특히, 월러스틴(Immanuel Wallenstein)은 계급(class) 간의 차이로 자본주의 시장의 문제점을 분석한 카를 마르크스(Karl Marx)의 이론을, 국제적 단위(international level)로 끌어올려 세계 자본주의 시장의 구조를 분석했다(세계 체제 이론). 이러한 논의는 실질적으로 1940-1950년대 프

---

양한 스펙트럼이 존재한다. 하지만, 공통적으로 국가라는 행위자의 중요성을 강조하며, 생존(survival)을 주요(primary) 목표로 설정한다.

레비쉬(Raul Prebisch)가 중남미의 교역 조건(terms of trade)이 더욱 악화될 것이라는 종속 이론(path dependent theory)을 설파하게 된다. 즉, 국제경제에서의 1차 산업(광물자원)의 수출에 대한 한계를 극복하기 위해 수입대체 산업(Import Substitution Industralization, ISI)을 주장하기에 이른다.

## :: 개발의 정치경제

중상주의 이론, 세계 체제 이론, 종속 이론 등은 자본주의화가 진행되어 가는 세계 경제의 패턴을 식민지, 특히 1차 자원광물 채굴이라는 공통 변수를 통해 설명하고자 했다. 이는, 유럽 등 선진국이 자국의 산업화의 발전을 도모하고자 주변국(식민지국 포함)에서의 지하자원 채굴활동을 하는 채굴주의(extractivism), 혹은 이를 채굴 제국주의(extractive imperialism)라고 명명한다(Veltmeyer 2014). 제3세계 국가 특히 중남미가 1980년대 초 잃어버린 10년(lost decade)을 통해 1990년대 이후 신자유주의 패턴의 개발의 정치경제로 편입에 이른다. 즉, 앞서 잠시 언급한 종속이론의 설파로 인해 중남미의 산업화(지역 단위)가 보호무역주의와 수입 대체 산업화로 1960년대 이후 진행되지만, 국제적 환경(예: 오일 파동, 미국 이자율 상승) 및 국내적 문제(예: 정치의 불안정성, 과도한 외자도입 등)로 인해 실패로 귀결하게 된다.[5]

---

5 중남미의 경제 발전 이행 과정에서의 수입 대체형 산업화(ISI)에 대한 실패의

1990년대의 워싱턴 컨센서스(Washington Consensus) 처방전과 함께 중남미는 신자유주의 모델의 정치경제로 진입하게 되었으며, 에콰도르도 예외가 아니다. 또 다른 10년의 세월을 보내는 과정 가운데 대중들은 민주주의의 정치 수단인, 종이 돌멩이(paper stone) 즉 투표용지를 통해 의사당 발코니 안으로 본인들의 정치적 의사를 전달했다. 이 과정의 결과로 좌파 정권이 등장하기에 이른다. 신자유주의 개발 정책의 대척점(대안)인, 포스트 신자유주의(post-neoliberal) 정책, 즉 사회통합적인 정치경제 시스템으로, 단순히 국가의 재등장으로 경제의 성장을 주도하는 것이 아니라, 사회와 시민들의 요구와 필요에 '응답'하도록 사회적 합의를 통해 시장과 수출 경제 정책을 정부의 주도하에 진행하는 것이다(Grugel and Riggirozzi 2012, 2-3). 이 정책은 국가 개발의 정치경제의 과정 가운데 사회적 포용(social inclusiveness)을 천명한 것으로, 사회와 국가 가운데서의 새로운 형태의 합의(pact)를 이루며, 지역민들의 전통과 그네들의 필요에 응답(response)하겠다는 새로운 차원의 정치다.

이런 가운데, 메리노 아쿠냐(Roger Merino Acuña 2011)가 지적한 것처럼, 볼리비아와 에콰도르는 신헌법을 제정하며, 국민국가(nation state)에서 다민족 국가(Plurinational state)로의 변화를 천명했다. 이는 지역(community) 단위의 자치권 인정, 인디언들의 정치 참여 독려와 더불어 환경 등 자연보호 등을 전면에 제시하며, 헌법을 개정했다. 특히, 꼬레아

---

낙인이 찍혀 있는 가운데 동아시아는 수출 주도형 산업화(Export-oriented industrialization, EOI)의 경제 발전 모델을 통해 동아시아의 기적을 일궜다. 이에 대해, 피터 에반스(Peter Evans)는 동아시아와 중남미의 경제 발전을 ISI와 EOI로 양분화시켜 분석하는 것에 대해 지나친 단순화라고 주장한다.

좌파 정권하에서 2008년 개정된 에콰도르 헌법 10조에는 자연권(rights of nature)이 명시되어 있다. 이는 신자유주의하 (여전히) 무분별하게 자연을 파괴하며 채굴(extractivism)이 강행되는 현실에 대한 법적 구속력을 표방한 것이다. 에콰도르의 헌법, 특히 자연권과 관련되어서는 다음 섹션에서 좀 더 구체적으로 알아보도록 하자.

개발의 정치경제, 특히 앞서 제시한 이론 및 논의들 가운데서 중남미에 공통으로 투영되는 영역은 자원개발에 대한 부분이다. 식민 유산인 자원개발, 21세기 민주주의적으로 정권을 탈환한 좌파 정치 세력은 신채굴주의(new extractivism)를 주창하며, 자원개발을 정권유지를 위한 '총알(bullet)'로 사용한다. 특히 신채굴주의 경제는 지하자원에 대한 외국의 직접 투자를 통한 1차 산업 형태(primary commodity form)로의 수출로써, 자원 지대(resource rents) 혹은 자원의 국유화 등을 통해 자원의 부(wealth)를, 적극적으로 재분배하는 정책 추구를 통한 보편적 사회 정책 모델이다(Veltmeyer 2013, 82; 김달관 2013, 6). 이에, 이 글은 앞서 제기한 바대로, 포스트 신자유주의(post-neoliberalism)하 진행되고 있는 신채굴주의 경제가 진정으로 진행되고 있는가? 즉 좌파 정권이 주장하고 있는 포용적 개발(inclusive development)이 진정성 있게 이행되고 있는가? 개발의 정치경제, 특히 중남미는 식민 유산인 자원개발이 구조적 모순의 시발점인 가운데 중남미 정치경제 그리고 사회 내에 깊숙이 내재화되어 있고, 이러한 구조적 모순이 중국과 같은 외부 행위자(자원개발의 투자자 겸 자원의 소비자)의 이해관계와 맞물려 좌파 정권이 추구하는 포스트 신자유주의에 한계가 있다고 본 글은 주장한다.

채굴 산업 경제, 특히 석유 산업에 기댄(dependent) 에콰도르는 꼬레아 좌파 정부가 2006년도 정권 창출을 통해 인디언 등 원주민의 정치, 경제, 그리고 사회적으로 배제된 집단의 '목소리'를 대변코자 등장했다, 앞서 잠시 언급한 2007년도 신헌법을 통과시키며, 자연과 인간의 삶의 조화를 주장하지만, 이내 그 한계성을 아마존 지역 개발 정책을 통해 극명히 드러내고 있다. 다음 파트에서는 꼬레아 정부의 등장 과정과 이에 따른 아마존 개발 정책의 변화에 대한 연구를 진행하며, 에콰도르 좌파 정부의 정치경제적 구조의 한계성을 분석한다.


## :: 좌파 정부의 등장과 원주민 운동 그리고 아마존 개발 정책

꼬레아 좌파 정부의 등장은 에콰도르의 민주화와 궤를 같이한다. 에콰도르 원주민 운동 출현 그리고 그 운동의 정점에는, 1990년대 불안정한 정치경제를 종식시킨 2006년도 좌파 정부의 등장이 있다. 특히, 김달관(2012, 2013)이 지적한 바대로, 1990년대 중반 이후의 원주민 운동이 토지 투쟁에 중점을 둔 '농민적' 성격의 운동에서 원주민의 정체성에 대한 요구로의 무게의 축이 변화된 '종족적' 성격의 운동이다. 이는 원주민 운동이 대항 헤게모니(counter-hegemony)의 중심으로써 1997-2005년 사이의 3명의 대통령 탄핵에 중추적인 역할을 한 행위자(actor) 그룹이다. 즉, 1997년 압달라 부카람 퇴진, 2000년 하밀 마우아드 퇴진, 그리고 2005년 루시오 구티에레스의 퇴진까지 10년이 채 안 되는 기간 동안 3명의 정권의 수장이 강제 해임되는 사태에 원주민 운동을 포함한 시민

사회 운동이 그 중심에 있었다는 것이다. 또한, 1999-2000년 은행 위기로 경제 쇠퇴 및 빈곤 증가로, 종국에는 IMF 구조조정 일환으로 달러를 에콰도르 자국의 화폐로 채택한 신자유주의적 조치는 시민들의 반발을 일으키게 되었다(원영수 2015).

특히, 꼬레아 정권이 들어서기 직전의 루시오 구티에레스 정부는 2002년 대선 당시 원주민의 지지로 승리했다. 하지만, 신자유주의로의 정책의 선회 및 대법원 판사 임명 스캔들 등과 맞물려, 구티에레스는 민중 운동을 주도한 원주민 운동 단체인 '에콰도르 원주민 연합(CONAIE)'의 지지로 당선돼 에콰도르의 차베스라고 불렸지만, 종국에는 2005년 민중들의 저항으로 축출당했다(원영수 2015). 이러한 신자유주의적 국제 경제 환경 가운데 정치적 좌파 이념의 스펙트럼을 '장착'한 꼬레아는 조국동맹(Movimiento Alianza PAIS)을 결성하며 민중들의 지지를 업고 2006년 키토의 대통령궁으로 입성하게 된다.

꼬레아 정부의 정치적 정체성(identity)과 그 뿌리는 민중이다. 특히, 원주민 운동의 지지로 당선된 만큼 꼬레아 정권은 원주민들의 이익을 대변코자 했다. 이에, 2007년 9월 헌법 개혁을 위한 제헌의회가 소집되었고, 2008년 신헌법이 통과됨으로써 그 정점에 이르게 된다. 김달관(2011)이 지적한 것처럼, 신헌법 전문에 원주민들의 가치관과 세계관이 녹아들어간 내용들이 신헌법에 명시되어 있다. 특히, 신헌법 전문은 "다양한 부족의 여성과 남성 국민들에 의해 형성된 수천 년의 역사를 인정하면서"[6]라고 서두에 시작하는데, 이는 "에콰도르의 정통성을 에콰도

---

6  2008년 신헌법 전문 첫째 문단, "RECONOCIENDO nuestra raices milenarias,

르 원주민의 역사에서 이어받은 것으로써 원주민의 역사와 문화"(김달관, 22)에 신헌법의 존재 이유와 가치를 부여한다. 또한, 신헌법 전문 둘째 문단에는, 파차마마(mother of the Earth, 자연의 모)[7] 그리고 신헌법 일곱 번째 전문에는, 수막 카우사이(Sumak kawsay)[8]를 명시하고 있다. 이는, 원주민의 가치관과 세계관이 신헌법 전반에 투영된 것으로써, 파차마마의 의미인 자연의 중요와 조화 그리고 수막 카우사이는, 좋은 삶(buen vivir)으로 문자 그대로(literary) 번역할 수 있는데, 이는 "인간과 자연 사이의 통합과 조화로운 관계"(김달관, 14)를 강조한다. 헌법 조항 총 444조 가운데 수막 카우사이와 직간접적으로 내용 등을 포함해 관련 조항이 161항에 이르고(김달관 2012, 189), 수막 카우사이라는 용어의 사용은 신헌법 전반에 걸쳐 20회 이상 기록되어 있다(Leon, 105). 에콰도르 신정부의 정체성과 방향성 그리고 정당성이 함축적이고 또 응축적으로 결집된 2008년 신헌법에 원주민의 가치관과 세계관을 전면에 밝히고 있다는 것은, 에콰도르의 새로운 대안은 원주민 그리고 자연이라는 점을 드러낸다. 대지(자연)와 이 대지에서 조화롭게 삶을 영위한 인디언들이 지난 500년(half-millennium) 이상 배제당하고 수탈된 역사에, 역사적 정의를 세우며 새로운 역사를 써 내려가겠다는 의지와 결단이 신헌법을 제정한 꼬레아 정부의 정신이고 철학인 것이다.

특히 본 신헌법에는 세계 최초로 자연권(rights of nature)을 헌법 제

---

forjadas por mujeres y hombres de distintos pueblos"라고 밝히고 있다.

7  2008년 신헌법 전문 둘째 문단, "CELEBRANDO a la naturaleza, la Pacha Mama, de la que somos parte y que es vital para nuestra existencia."

8  2008년 신헌법 전문 일곱 번째 문단, "Una nueva forma de convivencia ciudadana, en diversidad y armonia con la naturaleza, para alcanzar el buen vivir, el sumak kawsay."

7장에 명시하고 있다. 노벨상의 대안으로 일컬어지는 '올바른 생활상(Right Livelihood Award)'의 수상자이자, 생태 운동에 투신한 활동가인, 인도 출신의 반다나 시바(Vandana Shiva)[9]는 에콰도르 FLACSO에서 주관하는 학회에 참석해(2010. 11. 26) 자연권이 헌법상에 명시된다는 것은 단순히 일개 국가의 역사적 중요성을 넘어, 세계 역사의 중요한 이정표라 밝힌다. 즉, 시바는 지난 500년간의 식민주의 그리고 발전이라는 명목하의 또다시 50년간의 신식민주의 그리고 10-20년간의 세계화라는 미명 아래 또다시 자행되고 있는 식민주의 행태에, 자연권을 헌법상으로 설정한다는 것은 역사적 분기점을 맞는 것이라고 주장한다(Shiva, 164). 이는 에콰도르가 자연을 권리의 주체로 격상시키면서 권리의 역사에 새 장을 연 것으로써, 인간 중심적 권리인 인권만 존재하는 것이 아니라, 자연권이 요구되는 시대에 우리가 살고 있다는 것이다(조영현, 김달관 2012, 143). 즉 자연과 인간의 공생, 융화 그리고 조화이다.

이렇듯, 자연 그리고 인간, 특히 원주민에 대한 권리 옹호에 적극적인 꼬레아 정부이지만, 자연과 원주민의 공통분모라 볼 수 있는 아마존 지역의 개발 정책에 대해서는 이중적인 모습(dual identity)이 보인다. 먼저, 다국적 기업인 쉐브론 텍사코(Chevron Texaco)의 아마존 열대우림 서쪽 끝자락에 위치해 있는 라고 아그리오(Lago Agrio) 석유 시추 과정에서 환경 및 인권 침해 부분에 대한 소송에 에콰도르 정부의 대응은 신헌

---

9 그녀의 대표적인 도서는, 『누가 세계를 약탈하는가』(2003), 『물전쟁』(2003), 『테라 마드레』(2009) 등이 있다.

법 제7장 72조를 충실히 따르고 있다. 즉, 자연은 복구의 권리를 가지고 있으며, 자연이 심각한 피해를 입었을 경우, 복구에 대한 책임은 국가에 있음을 명시한다.[10] 에콰도르 우파 정권 때 발생한 텍사코 유전 개발 폐해에 대해 라고 아그리오 지역 원주민들이 지난 1993년 최초 제기한 소송이, 꼬레아 정부가 들어서면서 새로운 국면을 맞게 되었으며, 소송을 제기한 지 20여 년 만인 2011년에 에콰도르 법원에서는 원주민들의 손을 들어주었다.[11] 2013년 대법원 최종심에서 95억 1천만 달러로 지불 판결이 내려지게 되었다. 에콰도르 좌파 정부의 자연환경, 그리고 자국민 인권 보호 차원의 적극적 대응의 결과이며, 또한 Public Citizen, Amazon Watch 그리고 Rainforest Action Network 등, 국제 환경단체인 시민단체들의 국제적 여론몰이에도 한 몫을 한 것이다(강병근 2015, 164). 이는 에콰도르라는 국가 단위와 국제 사회, 특히 국제 비정부기구(INGO)라는 국제적 행위자와의 공동 노력이 긍정적인 성과를 이룬 케이스가 된 것이다.[12]

자연권에 대한 에콰도르 정부의 또 다른 차원의 노력이 있다. 석유수

---

10  헌법 7장 72조의 명시된 내용, "La naturaleza tiene derecho a la restauracion. Esta restauracion sera independiente de la obligacion que tienen el Estado[…]En los casos de impacto ambiental grave[…]el Estado establecera los mecanismos mas eficaces para alcanzar la restauracion[…]"

11  텍사코는 1967년부터 1992년 사이, 라고 아그리오 지역에 1000여 개의 유해물질 구덩이를 남겼으며, 유독성 폐기물과 원유를 제대로 처리하지 않아, 심각한 수질 및 토양오염이 발생하게 되었다. 이에 이 지역의 환경뿐만 아니라, 지역 내 거주하는 원주민들의 삶에 치명적 영향을 끼치게 되었다.

12  국내에 국한되어 성장한 기업들이, 생산이득(예: 값싼 노동력 등)과 수출 대상국의 접근적 편리성 그리고 환경 유해 시설에 대한 법적 규제 등의 이유로 타 국가로 그 생산망을 옮겨가고 있다. 특히 개발도상국으로 공장들의 이전 등을 통해 제조 및 영업 거점화시키는 다국적 기업들의 반환경, 반생태적 횡포가 만연하다.

출기구(OPEC)의 회원국으로써 원유(Crude Petroleum) 수출이 전체 수출의 50%대에 육박한 2007년도[1314]에 돌연 코레아 정부는 야수니 공원 내 에콰도르의 최고 원유 매장지인, 이스삥고(Ishpingo)-땀보꼬차(Tambococha)-띠뿌띠니(Tiputini) 즉, Yasuni-ITT 지역의 석유 개발을 포기하는 대신 국제 사회로부터 경제적 보상(환경 분담금)을 요구하는 것을 골자로 하는 Yasuni-ITT initiative를 2007년 9월 유엔총회에서 공포했다. 꼬레아는 아래 전문에서 언급한 것처럼, 유엔총회에서 Yasuni-ITT initiative를 제안하며, 환경 보전의 명분으로 국제 사회의 동참을 요구했다.

국가 수입원의 1/3이, 석유 채굴 산업인 본국에서,

인류의 안녕과 공정한 문명(fair civilization)을 위해

이 수입원을 포기하고자 합니다.

지구온난화라는 전 지구적 문제에 대해, 에콰도르처럼 가난한 나라에서

엄청난 희생(enormous sacrifices)을 하는 만큼,

국제 사회가 함께하기를 제안합니다.

(출처: 라파엘 코레아 에콰도르 대통령의 UN 총회 연설 전문 가운데서)

---

13  MIT대학의 http://atlas.media.mit.edu/en/profile/country/ecu/에서 관련 자료 확인 가능하다.

14  2007년도는 에콰도르 석유 산업에 중요한 해이기도 한다. 1992년 50억 달러 이상의 채무로 인해 OPEC 회원 중지가 된 에콰도르가, 15년이라는 시간이 지난 후인 2007년도 OPEC 회원으로 복귀한 해이기도 하다(US Energy Information Administration report, 17 March 2015).

〈Friends of the Earth〉라는 국제 환경단체에 따르면, 야수니 국립공원은 1989년 유네스코(UNESCO) 생물권보전지역(Biosphere Reserve)으로 지정된 곳으로, 야수니 ITT 지역에는 에콰도르의 전체 석유 매장량의 20% 정도인 약 9억 2천만 배럴이 매장되어 있다(Alier 2007, 4227; Martin 2011, 22).

석유 등 자원 수출에 기댄 에콰도르 무역 수출 수익 구조상, '커다란' 변혁이었으며, 또한 모험이었다. 포스트 석유 문명을 향한(towards a post-oil civilization)을 뜻하는 야수나이즈(yasunize), 야수니제이션(yasunization)이라는 신조어가 파생했을 정도로 화석연료의 대표인 석유를 땅 속에 '놓아둠'으로써 세계를 '야수니화'하는 것이야말로 기후변화를 늦추고 자원 전쟁을 예방하며 그리고 자원개발의 지속적 종속관계 등에서 벗어나는 가장 효율적 방법으로 여겨졌다(Temper and others 2013). 원주민 표심과 관련된 꼬레아 정부의 재집권이라는 국내 정치적 이해관계, 남미의 약소국이 기후변화라는 전 지구적 이슈의 적극적 '응답자'라는 국제 정치적 위상을 차치하더라도, 또한 ITT 지역의 석유가 경질유(Light Crude Oil)가 아닌, 중질유(Heavy Crude Oil)로 인해, 석유 채굴이 경제적이지 못할 것이라는 전망(Alier 2007, 4227)이 있다손 치더라도, 꼬레아 정부의 결정은 화석연료 감축을 통한 생태환경 보호라는 전 지구적 통치(global governance) 시대의 사명에 적극적 순응한 것이다. 해외 언론 등에서는 꼬레아의 Yasuni ITT Initiative에 대해 제3의 길, 혹은 패러다임 시프트라며 극찬을 했다.

하지만, "세계는 우리를 좌절시켰다(the world has failed us)"고 Yasuni ITT Initiative 제안을 철회하며, 2013년 8월 15일에 꼬레아 대통령이 행정명령(executive decree) 74호에 서명함으로써 ITT initiative의 포기를 공

식화했다(Hill 2013; Valencia 2013). 꼬레아 정부는 2020년까지 유전 개발 시 예상되는 원유 시장 가격의 50% 수준인 36억 달러의 국제 사회 지원을 요청했었다. 그러나 2013년 8월 당시, 6여 년간 마련된 기금은 목표한 수준에 크게 못 미치는 3억 3000만 달러가 약속되었고, 실질적으로 0.13억 달러만 모금이 되었다. 꼬레아 정부는 기금이 정상적으로 모금이 된다면, 10억 달러 상당의 부채 감축으로 일부 소진하고, 야수니 지역 보호 및 타 지역의 사회 환경적 투자 그리고 대체 에너지 등의 발전을 위해 사용코자 했었다(Alier 2007, 4228). 그리고, 야수니 ITT 이니셔티브 거버넌스 과정에서 선진국들의 간섭으로 인해, 꼬레아 정부가 종국에는 ITT 이니셔티브라는 전략적 '카드'를 내려놓았다. 그리고, 그 '출구' 전략으로 중국을 선택하게 된다.

## :: 에콰도르(야수니 ITT 지역)에 '보이는' 중국의 손

에콰도르에서 유입되는 전체 해외직접투자(FDI) 50% 이상이 중국발 자본이며, 이 가운데 광물 자원, 특히 석유 등 에너지에 집중되어 있다(Gallagher and Myers 2015). 지난 2010-2015년 사이, 중국의 대 중남미 투자국 가운데 에콰도르가 베네수엘라, 브라질 그리고 아르헨티나에 이어 아래 [표 1]에서 제시된 것처럼 4번째 대상국이다. 더욱이, 에콰도르가 중남미 타 국가의 경제 규모 등에 비해 작은 것을 감안한다면, 중국의 대 에콰도르 투자는 지극히 전략적이다.

**[표 1] 중국의 대 중남미 투자액(2010-2015)**

| 국가 | 투자액(US Dollar) |
|---|---|
| 베네수엘라 | 65 billion |
| 브라질 | 21.8 billion |
| 아르헨티나 | 15.3 billion |
| 에콰도르 | 15.2 billion |
| 트리니다드 이 토바고 | 2.6 billion |
| 볼리비아 | 1.6 billion |
| 자메이카 | 1.5 billion |
| 멕시코 | 1 billion |
| 코스타리카 | 395 million |
| 바르바도스 | 170 million |
| 가이아나 | 130 million |
| 바하마스 | 99 million |
| 페루 | 50 million |

출처: Gallagher, Kevin P. and Margaret Myers(2015) "China-Latin America Finance Database", Washington: Inter-American Dialogue.

 

이러한 에콰도르의 중국 '바라기' 양상은, 실질적으로 꼬레아 정부의 집권과 그 궤를 같이한다. 중국 자본은 2006년 중국 국영 정유회사인 CNPC와 Sinopec이 Andes Petroleum과 PetrOriental이라는 현지화한 법인을 통해 캐나다 정유회사, EnCana가 소유한 에콰도르 석유 채굴 지불권을 구입(Ray and Chimienti 2015)하면서, 에콰도르 아마존이 중국 자본

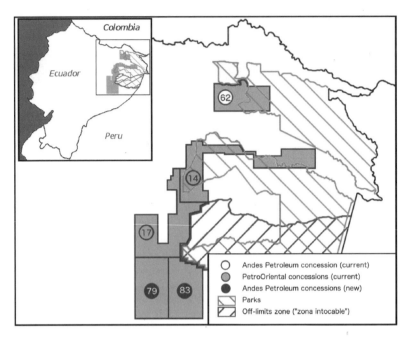

[그림 1] 에콰도르 아마존 지역 내 중국 자본 하 석유 채굴(양허)권 이행 정도
출처: Ray and Chimienti 2015,20.


에 잠식되기 시작했다.

[그림 1]에서 보듯 중국 국영 정유회사들(Andes Petroleum 및 PetroOriental)
은 에콰도르 아마존 내에서 전방위적 채굴 활동을 자행하고 있다.

더욱이, 2013년 철회된 Yasuni ITT Initiative 안이 종국에는 이(근방)
지역에 대한 채굴권이 중국으로 진행되고 있는 양상이다. 가디언(2014)
등 해외 언론 보도에 따르면, 실질적 Yasuni ITT 지역에 대한 채굴권은
에콰도르 국영 석유회사인 Petroamazonas가 소유하고 있지만, 이 지역
개발에 대해 중국의 자본($1 billion)이 유입되고 있는 정황이 있다.

중국의 야수니 지역 석유 채굴권에 대한 일련의 정황 등이 2016년 1월

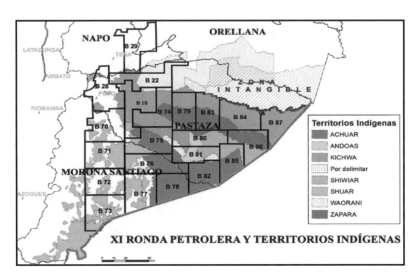

[그림 2] 아마존 지역 석유 채굴 지역과 원주민 거주영토(지) 도식
출처: beforeitsnews.com

26일에 현실화되었다. 에콰도르 정부는 [그림 1]에서 보듯, 79와 83블록에 대한 채굴권을 중국 자본의 현지화 석유 기업인 Andes Petroleum에게 양도했다(Amazon Watch, 26 January 2016). 특히 이 지역은 [그림 2]에서 확인할 수 있듯이, Sapara와 Kichwa 아마존 원주민들의 거주지와 중복되는 지역이다. 더욱이, Sapara는 UNESCO에서 인류무형문화유산(Intangible Cultural Heritage of Humanity)으로 채택되어 있으며, 단지 현재 남아 있는 종족수가 300여 명이다. 에콰도르 정부가 석유 개발 지역 확보 및 확대를 위해 북부 지역에서 점차 남쪽으로 옮겨가고 있는 모습을 확인할 수 있으며(김기현 2011, 34), 이는 에콰도르 헌법상 보호를 명시한 자발적 고립(voluntary isolation) 지역의 대상인 원주민들의 삶을 위협하는 행태이다.

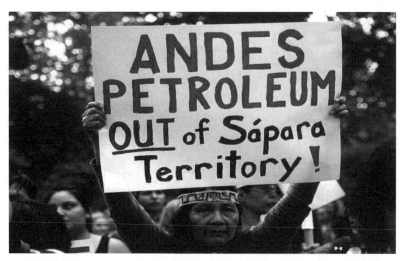

[사진 1] 아마존 지역 석유 개발의 무분별함에 항의하는 야수니 지역 원주민들
출처: beforeitsnews.com

에콰도르 정부는 자원개발이라는 미명하에 post-extractivism 형태
인 포용적 개발(inclusiveness development)보다는, 에콰도르 아마존 원주
민들 등을 배척하는 이중적 모습을 보이고 있다. 이에 앞서 언급한 바대
로 에콰도르 아마존 지역 원주민들이 자국의 영역을 넘어, 국제 사회에
아마존 지역 석유 개발의 무분별함을 호소하고 있다. 특히, [사진 1]을
통해 확인할 수 있듯이, '아마존 워치'라는 국제 환경 단체 등과 함께, 아
마존 원주민들이 서로 공조하여 중국 등의 자본 유입에 따른 사회적 반
작용이 일어나고 있다. 더욱이, 인터넷 등 네트워크를 통해 세계 시민을
대상으로 하는 범사회적 여론 몰이 및 참여 운동이 진행되고 있다.

앞서 언급한 2008년 개정 헌법이 이전 헌법과 구별되는 점은 자연 그
리고 원주민의 중요성을 그 전면에 두고 있다는 것이다. 하지만, 에콰도

르 정부는 이중적인 모습을 보여주고 있다. 특히, 아마존 야수니 ITT 지역에 대한 중국측 석유 채굴권 양허 등에 대해, 야수니 지역 원주민들은 자신들이 거주하는 지역의 개발 등과 관련해 '자유로우며, 사전에 그리고 적절한 상의(free, prior and informed consultation, FPIC)'가 선행되도록 헌법 4장 57조항에 명시하고 있다고 지목하고, 좌파 정권의 정책에 분개하며 국내외 '거리'로 나오고 있다.

베커(Becker 2013)는 에콰도르 현 좌파 정권을 가리켜, "자신들의 목숨이 위해가 되는 것도 무릅쓰고 사회운동을 진행한 수많은 이들의 희망과 꿈의 실현을 위해 노력하기보다는, 더욱 보수적인 색채로, 배제되었던 집단이나 소수민들을 위한 정치가 아닌, 부유한 자본가들의 이권에 부합한 정책을 펼치고 있다"고 꼬레아 정부의 개발의 정치경제적 이중적 작태에 대해 비난했다. 특히, 에콰도르 좌파 정부의 정치경제적 역설이 아마존 지역 원유 개발 전횡으로 극명하게 드러나고 있으며, 그 외부적 동력은 중국의 개발 논리이다.

## :: 에콰도르 아마존 개발의 역설적 실제

에콰도르 정부는 '석유 등 자원을 활용한 대중인기영합주의(petro-populism)'의 모습을 띤, 석유지대(oil rent)를 통한 위에서 아래로의(top-down) 형태의 개발이다(Becker 2013, 54). 그리고 그 채굴 개발 경제의 과정 가운데 원주민 등 지역민들에 대한 상의 등 적극적 배려보다는 자본주의적 논리로 진행하고 있다. 이에 이 글은 에콰도르 좌파 정부가 등장하게 된 동력이자 기반은 신자유주의 정책하에서 배제되며 배척당했던 원주민들이었다고 밝히며, 그네들의 사회운동을 통해 좌파 정권에 힘을 실어준 과정을 전개했다. 특히, 이 글은 개발의 정치경제 이론의 틀을 바탕으로 에콰도르 등 중남미 국가들은 지하자원이 개발의 주요원이며, 채굴 산업 경제 행태와 관련한 좌파식 프레임인, 신채굴주의를 소개했다. 그리고, 포스트 신자유주의하에서 진행되고 있는 신채굴주의 경제적 행태, 즉 포용적 개발이 수사적 표현에 불과함을 적어도 에콰도르 아마존 지역 개발 정책을 통해 확인할 수 있었다.

특히 본 글은 에콰도르 등 남미 아마존 지역 개발 등에 대한 기존의 연구물에 대한 연속선상에서, 꼬레아 정부가 2008년 신헌법 개정 후 전면에 내세운 자연과 원주민의 권리가 실질적으로 보호되지 못하고 있음을 야수니 ITT 지역에 대한 채굴 확정에 따른 일련의 과정을 통해 그 면모를 확인하였다. 즉, 좌파 정부하 개발의 정치경제에 대한 이중적 모습인 것이다. 앞서 잠시 언급한 바 있는 에스크리바노(Escribano 2013)는 에콰도르 에너지 정책의 개발과 환경보호라는 이율배반적 상황 가운데, 중국의 에너지 관련 투자가 자원민족주의를 제한하고, 실용주의적 행태의 자원 활용의 동인 역할을 한다고 주장한다. 이에, 본 글은 중국이라는 외부적 변수가 꼬레아 정부의 정치적으로 내재화된 '토양' 가운데 채굴 개발 경제의 패턴에 영향을 주었으며, 이는 궁극적으로 좌파 정권의 역설적인 개발의 정치경제 모습을 야기시켰음을 연구했다.

본 연구는 지속가능한 개발(sustainable development)이라는 현 시대의 정신(zeitgeist)이자 방향성(orientation)에, 에콰도르 정부의 아마존 지역 개발에 얽힌 문맥을 통해 개발의 논리가 지극히 자본주의 주도형 (capitalism-oriented)의 양상이 있음을 밝혔다. 이에, 후속적으로 김기현 (2011)이 연구한 바 있는 페루와 에콰도르 아마존 지역 개발의 비교 연구 등, 아마존 지역을 아우르고 있는 브라질, 베네수엘라 등 타 국가와의 비교 연구 등을 통해, 특히 중국이라는 외부적 행위자의 개입이 남미 아마존 지역(에너지) 개발에 어떠한 영향을 미치는지, 그리고 각 국가들은 어떠한 고민과 대응(response)하는지에 대한 확대 연구가 필요하다.

# 제5장

# 콜롬비아의 문화적 폭력과 평화협정

차경미

## :: 문화적 폭력에 대한 고찰

　탈냉전 이후 국가 간 무력 충돌은 감소하고 민족, 종교, 인종, 영토, 자원 및 환경을 둘러싼 국내의 다양한 갈등은 더욱 확산되고 있다. 21세기 접어들어 세계적으로 국내에서 발생하는 무력분쟁이 빈번해짐에 따라 민간인 학대나 대량 학살은 국내만의 문제가 아닌 국제 사회의 안보를 위협하는 주요한 요인으로 등장하였다. 공식 통계에 따르면 냉전 종식 이후 전개된 무력 분쟁 중에서 국내 문제를 중심으로 발생한 내란이 90% 이상을 차지하였다.

　이러한 상황 아래 그동안 북유럽 평화주의자들을 중심으로 논의되어 왔던 폭력과 평화 연구는 주요 관심의 대상이 되었다. 평화론의 대표적인 학자 갈퉁(Johan Galtung)은 폭력과 전쟁의 구조적 원인과 사회적 근원에 관심을 기울이며 평화 연구에 대한 이론적 틀을 마련하였다. 그는 '단순히 전쟁이 없는 상태'만을 평화로 인식하지 않고 '모든 종류의 폭력이 없는 상태'를 평화로 정의하였다.

사전적 의미로 폭력은 '신체적인 손상을 가져오고, 정신적·심리적인 압박을 가하는 물리적인 강제력'을 의미한다. 법은 타인에게 상해를 가하고 협박하는 행위와 함께 타인을 감금하거나, 주거 침입하는 행위 그리고 기물을 파손하는 행위도 폭력으로 간주한다. 갈퉁은 폭력을 특정 사람이나 세력이 행위자로 개입하는 직접적 폭력과 의도하지 않게 구조적으로 발생하는 간접 폭력으로 구분하였다. 간접 폭력에는 사회 및 세계 구조에 의해 비의도적으로 발생하는 구조적 폭력이 해당한다.

갈퉁은 폭력 발생 해당 국가의 문화적 특수성에 대해 주목하여 '문화적 폭력'이란 개념을 도입하였다. 문화적 폭력은 이데올로기, 지식, 신념, 가치관 등 심리적·정신적인 것과 연관을 맺는다. "모든 폭력의 이면에는 문화적 폭력이 존재한다." 그리고 세계의 모든 문화 속에는 "폭력 문화의 요소와 평화 문화의 요소가 공존"하고 있다. 이러한 문화적 요소들은 직접적 폭력과 구조적 폭력을 정당화하거나 혹은 폭력을 잘못된 행위라는 사실을 인지하지 못하도록 만드는 기능을 담당한다. 따라서 폭력에 대한 고찰은 폭력 발생 해당 국가의 정치 체제, 관습 및 가치관 그리고·생활 양식 등 다양한 차원에서 존재하는 문화적 요소들에 대한 깊은 이해를 전제로 하지 않는다면 단순한 현상적 설명에 머물 수밖에 없다.

라틴아메리카 지역에 대한 스페인의 식민 통치는 백인 정복자에 의한 원주민의 억압과 착취에 기반한 구조적 폭력과 직접적인 폭력의 재생산 과정이었다. 독립 이후 새로운 국가 건설 과정에서 라틴아메리카 지역 국가들은 식민의 질서 위에 소수 백인 엘리트 중심 사회로 발전하였다. 이러한 과정에서 백인 엘리트의 권력을 견고히 하기 위한 다양한 가치와 신념이 제공되었으며, 식민 시대부터 유래된 특권은 강화되었다. 그 결과 오랜 기간 동안 문화의 점진적인 변화를 초래하며 라틴아메리카 사회의 직접적인 폭력과 구조적 폭력을 정당화하는 문화적 폭력은 공고화되었다.

라틴아메리카 지역 대표적인 폭력 발생국인 콜롬비아는 지난 60여 년간 정부군과 좌 · 우익 불법 무장조직 3자 구도 속에 장기 내전으로 인한 폭력의 역사를 이어왔다. 다른 어떤 국가보다도 자유와 보수 양당제를 기반으로 문민정부 우위의 전통을 유지해 온 콜롬비아에서 폭력은 사회적으로 권리 수호의 수단으로 수용되어 왔다. 19세기 중반 형성된 콜롬비아의 양당제는 식민 시대부터 유래한 사회경제 구조를 청산하기 위한 것이 아니라 오히려 지배 엘리트들의 특권을 견고히 하는 도구로 활용되었다.

엘리트들은 양당제 기반 위에 폭력을 동원하여 정치적 독점을 안정적으로 유지하였다. 이러한 역사 속에서 배제와 소외는 일상화되었고, 사회는 폭력을 생존의 주요한 행위로 수용하기 시작하였다. 1940년대 중반 자유와 보수 양당의 갈등 격화로 정치 폭력 사태가 확산되고 국가 행정력은 마비되었다. 양당 엘리트들은 전통적인 과두 지배 체제가 위기에 직면하자 자신들의 권력 유지를 위해 정치적 협약체를 형성하였다.

양당이 4년마다 평화적으로 정권을 교체하는 정치적 협약은 엘리트들의 정치적 독점을 공고히 하는 제도적 장치였다. 대중의 정치적 참여의 배제와 소외의 제도화는 농촌 지역을 중심으로 오히려 폭력이 권리 수호의 유효한 수단으로 활용되는 계기가 되었다. 결국 엘리트들의 정치적 협약은 콜롬비아 사회의 폭력 확산과 불법 무장조직 형성의 주요 요인으로 작용하였다. 이후 불법 무장조직은 쿠바 혁명의 영향으로 세력이 확대되고 조직화되었다. 그리고 동구권 붕괴 이후 정치적 신념과 가치로부터 점점 멀어진 무장조직으로 성장하였다.

기존 기득권층을 타파하고 사회주의 정권 수립을 목적으로 활동하던 좌익 반군 FARC(Fuerzas Armadas Revolucionarias de Colombia: 콜롬비아무장혁명군)와 ELN(Ejército de Liberación Nacional, 민족해방군) 조직은 1970년대 중반부터 무력으로 정부를 위협하였다. 또한 이들은 1980년대부터 마약 조직과 연계하여 활동 자금을 지원받아 조직을 유지하고 있다. 납치, 요인 암살과 같은 일상 범죄는 물론 석유, 광산, 금과 같은 지하자원의 약탈 및 마약 거래 등 지하경제를 장악하고 있다.

1990년대 콜롬비아의 무력 폭력은 정부군과 좌익 반군 그리고 반군 소탕을 목적으로 정부에 의해 양산된 우익 무장조직 등 3자 상호 대립 속에 더욱 격화되었다. 지난 30여 년간 콜롬비아 정부는 다양한 반군조직과 정전협정 체결 등 무력 폭력 종식을 위한 다각적인 노력을 기울였다. 그러나 정부의 노력은 별다른 성과를 가져오지 못했다.

이러한 상황 아래 2002년 등장한 우리베(Álvaro Uribe) 보수 정권은 반군과의 평화협상 불가를 선언하고 미국의 군사적 지원 아래 힘에 의한 대 반군 소탕 작전에 돌입했다. 정부의 반군에 대한 강경책은 가시적 성과에도 불구하고 오히려 무력 폭력을 확산하는 결과를 초래했다. 국내 최대 반군 조직 FARC는 유엔 중재안을 거부한 채 정권 교체를 주장하며 무력 분쟁을 일삼았다. 또한 정부의 공격을 피해 국경 지대로 이동한 반군의 활동으로 콜롬비아의 내전이 인접 국가로 확대되는 결과를 초래했다.

2011년 집권한 산토스(Manuel Santos) 대통령은 장기 내전 종식을 목표로 국가 안보 정책을 추진하며 FARC와 평화협상을 진행하였다. 우선 정부는 반군과 대화가 가능한 인사들로 협상 팀을 구성하여 반군의 신뢰 회복을 통한 접근을 시도하였다. 협상은 일부 쟁점 사안에 대한 양측의 견해 차이로 난항을 거듭하였다. 결국 예상보다 3개월 연장된 2016년 6월 23일 정부와 FARC 쌍방이 정전 합의문에 서명함으로써 평화협상이 종결되었다.

그러나 반세기 이상 지속된 내전으로 인한 희생자 및 가족들 그리고 일부 보수층은 여전히 반군에 대한 반감을 지니고 있어서 평화협정은 새로운 사회 갈등 요인으로 작용하고 있다. 또한 평화협정에 반대하여 조직으로부터 이탈한 FARC 대원들은 제2의 반군과 공생을 모색하며 세력을 유지할 가능성이 농후하여 평화협정은 또 다른 형태의 내전을 유발할 수 있다는 우려를 낳고 있다.

위에서 살펴본 바와 같이 20세기 초반 형성되어 현재까지 라틴아메리카에서 유일하게 그 생명력을 유지하고 있는 콜롬비아 불법 무장조직에 의한 폭력에 대한 고찰은 콜롬비아 사회의 특수한 역사와 문화적 요소에 대한 이해 없이는 현상적 설명에 머물 수밖에 없다. 이러한 점에서 갈퉁의 문화적 폭력이라는 개념은 폭력 해당 국가의 폭력을 정당화하는 역사 문화적 요소를 분석함으로써 폭력 발생의 근원적 원인을 이해할 수 있는 기회를 제공한다.

## :: 콜롬비아 무력 폭력의 사회문화적 배경

### (1) 토지 분쟁과 지역 갈등

19세기 중반 보수주의 라파엘 레예스(Rafael Reyes) 정권은 경제개 발과 산업화를 추진하며 수출 상품의 다각화를 위해 노력하였다. 정부 는 전통적인 수출 상품에서 벗어나 커피 중심의 산업화 추진을 통해 토 지 개발에 집중하였다. 이러한 과정에서 커피 재배지 확장을 위해 밀 림과 산악 불모지가 농민에게 분배되었다. 서부 산악 지역 안티오키아 (Antioquia)를 시작으로 확장된 커피 경제는 콜롬비아 경제의 중심이 동 부에서 서부 지역으로 이동하는 계기가 되었다. 커피 재배지 팽창과 이동 은 지역주의 강화와 함께 지역 분쟁의 주요 원인으로 작용하였다.

동부 지역 지주 계급은 카카오 재배와 면직물 수공업을 통해 자본 을 축적하였다. 그러나 1850년 이후 카카오 생산 감소와 면직물 가격 하락으로 인해 지주들은 커피 경제로 전환하였다. 대농장 아시엔다 (Haciesda)가 발전한 산탄데르(Santander)와 쿤디나마르카(Cundinamarca) 지역 지주 계급은 경제적 부를 독점하기 위해 커피 경작과 수출에 몰두 하였다. 콜롬비아의 상인 및 농장주 그리고 수출업자는 근본적으로 대 토지 소유자로부터 파생되었다. 산탄데르를 중심으로 노르테 데 산탄 데르(Norte de Santander), 톨리마(Tolima) 그리고 쿤디나마르카 등 동부 지 역 대토지 소유자들은 커피 농장주에서 자본주의 기업가로 성장하였다.

1870년대 산탄데르와 쿤디나마르카 지역은 국내 커피 생산의 80% 를 담당하며 경제적으로 중요한 위치를 차지했다. 특히 쿤디나마르카 지역은 다양한 방식으로 노예제와 유사한 커피 아시엔다 경제가 정착하였다. 백인 농장주는 비옥한 토지를 독점하였다. 소농은 가족의 노동력을 토대로 산악 지대 불모지 개간을 통해 커피 재배지를 확장해 나아갔다. 이러한 과정에서 커피 경작과 원두 판매권을 둘러싼 지주 계급과 소농 사이에 갈등이 발생하였다. 이것은 콜롬비아의 토지 소유권 분쟁의 기원이 되었다. 19세기 중반 산탄데르와 쿤디나마르카 지역은 토지 소유권을 둘러싼 폭력의 중심지로 변모하였다.

당시 콜롬비아 사회는 문서화된 토지 권리증명서는 존재하지 않았다. 더욱이 미개간 불모지에는 지역 간 분계선이 확정되어 있지 않았다. 이러한 상황 아래 농민은 자신이 개간한 불모지에 대한 사용 권한을 확보해 나아갔다. 그리고 자신이 개척한 토지에 대한 소유권도 주장하였다. 이것은 농민과 불모지 개발권을 소유한 상인 사이에 격렬한 분쟁을 야기하였다. 상인은 국가로부터 일부 지역의 광활한 불모지를 양도받아 토지를 축적하였다. 1920년대 말부터 1930년대 초 불모지 토지 소유권을 둘러싸고 농민과 대농장주 그리고 상인 사이에 무력 폭력이 발생하였다. 그 결과 농민과 불모지 개발권을 소유한 상인 사이에 격렬한 분쟁이 야기되었다. 토지 분쟁은 1934-1936년 국가의 중요한 문제로 변모하였다.

토지 소유권을 중심으로 전개된 갈등은 농민 운동과 공산당 형성의 영향을 미쳤다. 그리고 급진자유주의 세력의 개혁 사상에 토대가 되었다. 또한 지역주의 강화와 함께 자유와 보수 양당주의에 기초한 정치적 분쟁의 주요 동기로 작용하였다. 자유와 보수 양당은 다양한 정치적 이해와 갈등을 조절하고, 통합시켜 나가는 제도적 장치가 아닌 분쟁의 원동력으로 작용하였다. 그리고 지배 계급의 이익을 대표하는 기능을 담당했다. 중상주의를 표방하며 등장한 개혁 세력은 기존 체제 유지를 토대로 성장하였다. 개혁 세력은 새로운 권력 창출을 목적으로 하기보다는 정치와 경제적으로 탈중앙집권화를 지향한 것이었다. 동부 산탄데르와 쿤디나마르카 지역은 자유당 지지 세력의 거점지로 발전했으며, 서부의 안티오키아와 칼다스(Caldas) 지역은 보수당 세력의 중심지로 성장하였다.

한편, 20세기 접어들어 콜롬비아 정부는 경제개발이라는 미명하에 농업의 산업화를 추진하였다. 이러한 과정에서 정부는 농민 토지에 대한 강탈을 합법화하였고 지주 계급의 이해에 충실한 정책을 반영하였다. 소작농은 국가 통제력이 미치지 않는 불모지를 개척하며 폭력을 동원하여 토지를 확보해 나아갔다. 그리고 자신의 재산과 신변 보호를 위해 자위대를 조직하였다. 농촌 지역을 중심으로 무력 분쟁은 확산되었다. 농민 자위대의 거점 지역인 수마파스(Sumapaz), 테켄다마(Tequendama)와 톨리마(Tolima) 그리고 우일라(Huila) 지역은 전통적인 무력 폭력의 중심지로 성장하였다. 오늘날 이러한 지역은 FARC를 포함한 다양한 게릴라 조직의 활동 거점지로 발전하였다.

## (2) 정치적 폭력 사태

1946년 콜롬비아는 대선을 계기로 전통적인 자유와 보수 양당의 갈등은 첨예화되었다. 그리고 국내 소요사태로 인한 정치적 불안이 가중되었다. 대선에서 승리한 보수당은 16년 만에 정권으로 복귀하였다. 그리고 강압 정치로 자유당에 대한 탄압을 시작하였다.

1948년 도시노동자 절대다수의 지지를 받던 급진주의 지도자 엘리에세르 가이탄(Jorge Eliecér Gaitán)이 암살되자 민중의 분노는 폭력으로 표출되었다. 집권 보수당은 대규모의 민중 폭력 사태로 사회 통제 능력을 상실하여 권력 기반이 불안정하게 되자 강도 높은 정치적 탄압을 시작했다. 이러한 상황 아래 자유당파 정치인과 지식인 그리고 대학생을 중심으로 반정부 불법 무장조직이 형성되었다.

자유당파 중심의 불법 무장조직의 활동은 점차 확산되었다. 군부는 도시를 중심으로 확산된 폭력 사태와 불법 무장조직의 활동을 계기로 정치적 개입을 시작하였다. 보수당의 사병으로 전락한 경찰은 자유당에 대한 가혹한 폭력적 탄압에 동원되었다. 또한 집권당은 폭력 사태에 대한 효과적 진압을 목적으로 군과 경찰의 보수화를 진행하였다. 이러한 과정에서 군 내부의 자유당 지지 세력은 집권 보수당의 강압 정치에 대항한 시위 진압에 군이 동원된 사실에 반발하여 훈련된 반정부 무장조직을 형성하였다. 그 결과 군 내부의 갈등 관계는 심화되었다.

민중 지도자의 암살로 확산된 폭력 사태 이후 파면된 자유당파 군부와 경찰 그리고 보수당 독재 체제에 반발한 지식인들의 적극적인 지원으로 조직적인 반군 활동은 본격화되었다. 공산당 역시 농촌을 거점으로 농민 자위대를 조직하여 농민의 급진화를 촉진했다. 1946년 이후 쿤디나마르카, 산탄데르, 안티오키아, 카우카(Cauca), 칼다스(Caldas), 바제(Valle) 지역은 불법 무장조직 거점지가 되었다. 또한 남부 톨리마와 수마파스, 비오타(Viota)는 공산당계 반군 활동의 본거지가 되었다.

1950년 8월 7일 의회는 봉쇄되었고, 집권당은 계엄령을 선포하였다.

이러한 상황 아래 진행된 대선에서 신변에 위협을 느낀 자유당 후보는 사퇴하고 보수당의 라우레아노 고메스(Laureano Gómez) 후보가 단독으로 출마하여 정권을 장악하였다. 자유와 보수 양당의 반목은 심화되었다. 농촌 지역에서는 양당의 이름으로 소모적인 폭력이 지속되었다.

1946년부터 형성된 자유당과 자위 무장집단은 정부군의 공격에 대항할 수 있는 조직적인 반군으로 변모했다. 1952년 로페스(Alfonso López)와 카마르고(Carlos Lleras Camárgo) 자유당 대표는 농촌 지역을 중심으로 확산된 무력 폭력과 이에 따른 혼란 정국 수습을 위해 보수 정권과 협상을 시작하였다. 자유당은 정부와의 협상 내용을 중심으로 반군과 대화를 시도하였다. 그러나 별다른 성과를 거두지 못했다.

### (3) 양당 엘리트들의 정치 협약 체제

1953년 보수 정권은 군부에 대항한 반군의 직접적인 공격으로 7명의 군인이 사망하자 자유당 세력에 대한 폭력적 탄압을 강화하였다. 양당의 정치적 갈등으로 국가 행정력은 마비되었고, 사회는 붕괴 위기에 직면했다. 이러한 상황 아래 군부는 정치적 개입을 시작하였다. 6월 피니야(Gustavo Rojas Pinilla) 장군은 쿠데타로 고메스 보수 정권을 몰아내고 정권을 장악했다. 콜롬비아는 중남미의 다른 국가들에 비해 문민 우위의 전통이 강한 나라지만, 반군에 의한 사회적 불안이 확산되자 군부의 영향력이 증대되었다.

피니야 군사 정권은 반군의 활동을 진압하고 경찰을 군의 일부로 개편하며 국내 치안 회복에 주력하였다. 그 결과 국내 폭력 사태는 일시 소강 상태를 유지했다. 그러나 군부에 의한 강압 정치는 정치적 위기 극복의 근본적인 대안은 아니었다. 오히려 보복적 성격의 양당의 갈등은 반복적으로 발생하고 심화되었다. 농촌 지역은 멕시코 혁명 이후 라틴아메리카 지역 최대 농민 세력이 동원된 시위가 지속되었다. 도시에서도 공산당과 콜롬비아노동조합을 중심으로 군사 정권에 대한 시위와 폭력은 확산되었다.

1948-1953년 사이 전개된 콜롬비아의 사회적 폭력은 보복적 성격의 계급 투쟁적 특징을 나타내며 전개되었다. 불안해진 자유와 보수 양당 지배 계급은 연합전선을 구축하며 위기를 모면하려고 노력하였다. 1948년 이미 보수 정권은 정국 혼란 수습을 위해 자유당 온건파와 제휴하여 연립내각을 구성한 경험을 가지고 있었다. 이러한 과거의 경험은 양당 엘리트들의 정치 협약체인 국민전선(Frente Nacional) 구축의 토대가 되었다.

1958년 자유와 보수 양당 엘리트들은 장기 폭력 사태의 종식을 선언하며 국민전선을 형성하였다. 정치 폭력 사태로 인한 과두 지배 체제의 위기는 정치 협약체인 국민전선 형성의 계기가 되었다. 국민전선은 국민의 정치적 참여를 제한하며 엘리트들의 정치적 독점을 강화하는 제도적 장치였다. 국민전선은 자유와 보수 양당이 4년마다 교체 집권하는 정치 협약체로서 1958-1962년 자유당 카마르고(Alberto Lleras Camargo) 정권을 시작으로 1970-1974년 보레로(Misael Pastrana Borrero) 자유당 정권까지 16년 동안 유지되었다.

국민전선 형성으로 양당의 정치적 폭력은 일시 중단되었다. 그리고 자유당파 불법 무장조직은 무기를 반납하며 사회로 복귀하였다. 그러나 도시 중간 계층과 지식인을 중심으로 형성된 급진 세력에 의한 사회적 갈등은 확산되었다. 급진 세력은 정치적 참여에 대한 권리를 주장하며 폭력 시위를 주도하였다. 이러한 과정에서 좌파 계열 불법 무장조직이 성장하였다. 협약을 통한 엘리트들의 정치적 독점은 무력 폭력 확산의 원인으로 작용하였다. 특히 농촌 지역을 중심으로 폭력은 자신의 권리를 주장하는 유효한 수단이 되었다. 그 결과 콜롬비아에서는 정치적 신념과 가치로부터 더욱 멀어지는 불법 무장조직이 성장하고 확대되었다.

## :: 평화협정 체결 과정

### (1) 콜롬비아 주요 불법 무장조직

안데스 중앙에 위치한 콜롬비아는 국토의 70%가 산악 지대로 구성되어 있다. 이러한 지리적 조건은 불법 무장조직 활동의 유리한 기반이 되었다. 불법 무장조직은 주로 국가 행정력이 재대로 발휘되지 못하는 농촌 지역을 기반으로 정부군을 대신하여 주민을 통제하였다. 더욱이 불법 무장조직 활동 거점지는 사회적 소수자인 흑인과 원주민 밀집 거주지로서 불법 무장조직이 지역민과 협력 관계 형성에 유리하게 작용하였다.

불법 무장조직은 1940년대 중반 보수 집권당의 강압 정치 그리고 민중 지도자의 암살로 확산된 정치적 폭력 사태를 계기로 형성되었다. 이후 1958년 양당 엘리트들의 정치적 협약 체제는 좌파 계열 불법 무장조직 성장의 배경이 되었다. 이러한 과정에서 폭력은 농촌 지역을 중심으로 오히려 확대되는 결과를 초래하였다. 그리고 폭력 희생자 가족은 증오심과 보복에 기초한 폭력을 정당방위 수단으로 인식하게 되었다.

콜롬비아에서 활동했거나 활동 중인 주요 불법 무장조직은 1965년 결성된 것으로 추정되는 ELN, 1964년 결성된 FARC, 1967년 소련과 중국 분쟁의 영향인 공산당의 분열로 형성된 EPL(Ejercito Popular de Liberación: 자유민중군) 그리고 1973년 도시 지식인을 중심으로 결성된 M-19(Movimiento de 9 de Abril: 4월 19일 운동) 등이 있다.

FARC는 콜롬비아 및 남미 최대 규모의 조직적인 불법 무장조직 단체로서 반미주의를 표방하며 기존 정부와 기득권층을 타파하고 좌익 정부 수립을 목적으로 형성되었다. 1920년대 공산주의 사상의 확대와 함께 형성된 대표적인 좌파 계열 불법 무장조직이다. 콜롬비아 남부와 동부 지역 불법 작물 재배지를 중심으로 활동하는 FARC는 군자금과 대외 협상력을 높이기 위해 주요 도로와 공공 건물을 파괴하였다.

또한 FARC는 정부 요인과 민간인에 대한 납치를 통해 막대한 금액의 몸값을 요구하였다. 그리고 마약 단체와 연계하여 자금을 지원받아 조직을 유지하였다. FARC와 마약 카르텔들은 남부 지역을 중심으로 정부의 통치를 벗어나 세력을 확장하였다. FARC의 거점 지역은 아마존(Amazona), 푸투마요(Putumayo) 그리고 태평양 밀림 지역이다. 이러한 지역은 국가의 행정력이 재대로 발휘되지 못하여 FARC가 지역 및 주민에 대한 통제권을 장악할 수 있었다.

FARC는 남부와 동부 지역 불법 작물 재배지를 중심으로 활동하며 마약 조직과 공생하여 조직을 유지하고 있다. 이들은 불법 작물 재배지에서 생산되고 유통되는 모든 작물에 대해 20%의 세금을 징수하고 있다. 그리고 보호비 명목으로 징수되는 세금은 전투 장비 구입용으로 활용되고 있다. 또한 현지의 농민이나 정부군의 월 수입을 상회하는 전투원 월급 지급용으로 이용되고 있다. FARC는 정부의 공격으로 마약 거래의 주요 루트였던 아마존 지역이 폐쇄되자 2002년 이후 태평양 지역으로 이동하였다. 태평양 지역 거주민은 콜롬비아 사회에서 배제와 소외의 대상인 흑인과 원주민으로 구성되어 있다. 가정 폭력, 기회 박탈 그리고 어려운 경제 상황 속에 살아가는 지역민은 FARC 조직과 협력 관계를 형성하였다.

콜롬비아 제2의 반군 ELN은 토레스(Camilo Torres) 신부의 지휘 아래 지식인과 대학생 등 도시 중간 계층의 참여로 조직된 도시 무장조직이다. 마오-마르크스-레닌주의를 기본 이념으로 추종하며 민족주의를 표방한다. 그리고 산업 시설 국유화, 토지 몰수 및 농촌 개혁 등을 통한 인민정부 성립을 목적으로 창설되었다. ELN는 정치 폭력 사태가 확산되었던 1940년대 중반 폭압적인 보수 독재 체제에 반발하여 동부 평원 지역을 거점으로 활동한 자유당파 무장조직을 지원한 세력으로부터 유래한다.

ELN는 1920년대 콜롬비아 국내진출 해외 독점 자본에 대항한 막달레나 메디오(Magdalena Medio) 석유 노동자들의 무장투쟁을 주도하며 라틴아메리카의 주요 불법 무장 세력으로 성장하였다. 이 조직은 국민전선 시기에는 도시 민중 저항 세력을 규합하여 제2의 쿠바 혁명의 가능성을 모색하기도 하였다. 시위 도중 군과 무력충돌로 사망한 토레스 신부의 활동은 1970년대 라틴아메리카 지역 가톨릭 성직자와 학생 운동에 직접적인 영향을 미쳤다.

ELN은 1980년대 초 콜롬비아 정치와 경제의 중심인 안티오키아 주 북동쪽에서부터 아라우카(Arauca) 주 동쪽까지 세력을 확장하였다. FARC가 마약 밀매를 통해 활동 자금을 조달한 반면 ELN은 주로 해외 노동자 및 주요 인물 납치와 고문을 통해 자금을 확보하고 있다. 마약 밀매에도 관여하고 있으며 현재 베네수엘라 국경 지대를 거점으로 활동하고 있다. 특히 석유 자원 해외 유출을 반대하여 석유 송유관 폭발 및 도시 하부구조 파괴와 같은 과격 행동을 서슴지 않고 있다.

### (2) 평화협정 체결 과정

1980년대 접어들어 FARC와 M-19의 무력 공격은 절정에 달했다. 1982년 취임과 동시에 베탕쿠르(Belisrio Betancur) 대통령은 반군에 대한 사면 조치를 통해 무력 분쟁 종식을 위해 노력하였다. 정부는 주요 게릴라 조직과 대화를 시도하며 협상에 적극적인 조직의 안정적인 사회 복귀를 지원하였다. 조직원에 대한 사면 조치와 함께 정치 참여의 기회도 부여하였다. 이러한 정부의 노력에 힘입어 다수의 반군이 정부와 정전 협정을 체결하는 등 세력이 약화되었다.

1989년 M-19는 정부와 평화협정을 체결하였다. 정부는 대부분이 도시 지식인으로 구성된 M-19 조직원에 대한 안정적인 사회 복귀 및 정치참여를 보장하였다. 그 결과 이듬해 총선에서 M-19 사령관 울프(Navarro Wolf)가 나리뇨(Nariñ) 주 지사에 당선되어 제도권 진입에 성공하였다. 그러나 정치에 참여한 전직 반군 출신 정치인이 우익 암살단에 의해 살해되자 세력이 약화되었던 불법 무장조직은 다시 무력으로 정부를 위협하기 시작하였다.

1990년대 접어들어 콜롬비아 정부는 최대 불법 무장조직 FARC 그리고 ELN를 대상으로 평화협상을 적극적으로 추진하였다. 파스트라나(Andrés Pastrana) 보수 정권은 '협상'과 '진압'이라는 이중 전략을 전개하였다. 그는 게릴라와 대화를 시도하는 동시에 미국의 지원 아래 적극적인 좌익 반군 소탕 작전을 지휘하였다. 특히 정부는 FARC의 통제하에 있던 남부 마약 재배지의 5개 자치구를 대상으로 긴장 완화 지역을 조성하고, 공권력 철수를 통해 3년간 협상을 추진했다. 그러나 정부를 신뢰하지 못한 FARC와 ELN의 폭력은 더욱 격화되었다.

2000년 들어 미국은 반마약-테러 정책인 '플랜 콜롬비아(Plan Colombia)'를 통해 내전 종식을 위한 콜롬비아 정부의 정책을 지속적으로 지원하였다. 미국의 지원에 힘입어 2002년 게릴라와 평화협상 불가를 선언하고 마약 퇴치 및 반군에 대한 강경책을 선택한 우리베(Álvaro Uribe) 정권이 등장하였다. 우리베 대통령은 미국의 군사적 지원 아래 힘에 의한 국가 안보 정책을 추진하며 강도 높은 게릴라 진압 작전을 전개하였다. 그 결과 우리베 대통령은 국가 안보 정책의 가시적인 성과에 힘입어 2006년 재집권에 성공하였다. 콜롬비아 역사상 114년 만에 등장한 연임 대통령이라는 신화 창조였다.

그러나 남부 마약 재배지를 기반으로 활동하는 FARC는 유엔 중재안을 거부한 채 정권 교체를 주장하며 테러와 무력 분쟁을 일삼았다. 정부의 공격을 피해 국경 지대로 이동한 반군들은 접경 지역 주민에 대한 위협을 일상화함으로써 콜롬비아의 폭력이 인접 국가로 확대되는 결과를 초래했다. 또한 부족한 공권력을 보완하기 위해 정부에 의해 양산된 우익 무장 단체 AUC(Autodefensas Unidas de Colombia: 콜롬비아 연합자위대)가 양민에 대한 무차별적인 폭력을 자행함으로써 강제 실향민 및 난민이 급증하였다.

민병대와 AUC에 의해 자행된 양민 학살과 만행으로 우리베 정권의 국가 안보 정책은 대내외적인 비난에 휩싸였다. 이러한 상황을 고려하여 2006년 우리베 대통령은 AUC와 민병대에 대한 무장해제를 추진하였다. 그러나 해체된 우익 무장 단체들은 과거 거점 지역을 중심으로 신흥 불법 무장 단체를 조직하였다. 더욱이 신흥 조직은 마약 밀거래에 개입함으로써 콜롬비아의 마약 거래량은 오히려 증가하였다.

이러한 상황 아래 2011년 집권한 산토스(Juan Manuel Santos) 대통령은 장기 내전 종식을 목표로 2012년 10월 FARC와의 협상 개시를 공식 선언하였다. 전 정권에서 국방부 장관을 역임한 산토스 대통령은 집권과 동시에 반군과 적극적인 대화를 시도하였다. 산토스 정부는 FARC가 신뢰할 만한 인사들을 협상 팀으로 구성하여 신뢰 회복에 기반한 접근을 시도하였다. 전 부통령 까예(Humberto de la Calle)를 중심으로 구성된 협상 팀은 2012년 9월 4일부터 FARC측 대표 칼라르카(Marcos Calarcá) 그리고 파이스(Andrés París)와 평화협상을 지속해 왔다.

그러나 쿠바의 아바나와 노르웨이 오슬로에서 장기간에 걸쳐 진행된 평화협상은 별다른 성과를 거두지 못했다. 2015년 9월 산토스 대통령은 직접 FARC 사령관 론도뇨(Rodrigo Londoño)와 아바나에서 회동하여 협상을 추진하였다. 결국 양측은 10월 23일까지 평화협정에 최종 서명하기로 합의했다. 그러나 일부 쟁점 사안에 대하여 양측의 입장이 첨

예하게 대립하여 협상은 난항을 거듭했다. 결국 2016년 6월 양측은 포괄적인 정전 합의에 서명함으로써 콜롬비아의 평화협상이 타결되었다.

한편, 산토스 정부는 FARC와 평화협상을 진행하는 동시에 2013년 5월부터 제2의 반군 ELN와 납치자 전원 석방을 조건으로 대화를 시도하였다. 2016년 2월 ELN이 정부와 휴전을 촉구하는 미주기구(OAS)의 의견을 수용하면서 표류하던 양측의 대화는 활기를 띠었다. 콜롬비아 정부와 ELN과의 평화협상은 에콰도르, 베네수엘라, 브라질, 칠레, 노르웨이 그리고 쿠바 등 국제 사회의 지원 아래 베네수엘라 카라카스에서 지속되었다. 그러나 장기간에 걸친 협상 과정에서 ELN측은 정부의 납치자 전원 석방에 대한 요구를 수용하지 않음으로써 양측의 관계는 악화되었다.

2016년 정부와 FARC의 평화협상이 체결되자 ELN는 납치한 정부인사 및 정치인을 석방하고, 정부와의 대화에 적극적인 자세로 임했다. 2017년 1월 ELN측은 전 상원의원 산체스(Odín Sánchez)를 석방하였고 이에 대해 정부는 ELN측 지도자 마르티네스(Eduardo Martínez) 및 구에야르(Juan Carlos Cuellar)에 대한 사면 조치를 단행하였다. 그러나 협상이 진행되는 과정에도 ELN에 의한 외국인 납치 및 까뇨 리몬-코베냐스(Caño Limón-Coveñas) 송유관에 대한 테러는 지속되었다. 결국 대화는 중단되었고, 2017년 9월 교황의 콜롬비아 방문을 계기로 ELN는 정부와 102일간 휴전에 합의하였다.

## :: 평화협정 이행의 한계

콜롬비아 정부는 막대한 재원과 시간을 투자하여 FARC와 평화협정 체결을 위해 노력하였다. 예상보다 지연된 평화협정 체결은 협상 과정에서 정부로부터 더 많은 양보를 얻어내려는 FARC측의 전략에서 비롯되었다. 평화협정의 주요 내용은 토지개혁, FARC의 정치 참여 보장, 마약 근절 및 밀매 퇴치, 내전 희생자 보상 그리고 무장 해제 및 영구적 쌍방 정전으로 구성되어 있다.

산토스 정부는 평화협상 이후 안보, 정의 그리고 민주주의라는 3대 목표를 중심으로 2018년까지 국가발전계획(PND)을 추진한다. 이러한 목표는 무력 분쟁 희생자 권리 회복, 시민 안전 그리고 빈곤 감소를 위한 제도적 장치 마련과 함께 구체화되고 있다. 2012년부터 효력이 발생한 무력 분쟁 희생자에 대한 통합적 보상 및 토지 반환법을 통해 정부는 내전으로 양산된 실향민의 안정적인 귀환 및 정착을 지원하고 있다. 또한 2018년 차기 정권의 평화협정 무효화 가능성을 방지하기 위해 관련 국내법 제정 논의를 지속하고 있다.

쌍방의 정전 합의는 즉각적인 평화를 의미하지 않았다. 7,200명에 달하는 FARC 조직은 최종 평화협상이 타결된 다음날부터 6개월 이내에 점진적으로 무장을 해제하였다. 그리고 협정체결일로부터 90일까지 무기의 30%를 반납하고 120일까지 나머지 30% 그리고 150-180일까지 모든 무기를 반납하였다. 또한 FARC 조직원은 평화 지대 기능을 담당할 23개 소규모 농촌 구역과 8개 캠프로 이동하였다. 농촌 구역은 도시 지역, 불법 작물 재배 지역, 국립공원, 원주민 보호 구역 및 광산과 떨어진 지역에 형성되었다. 캠프는 민간인 출입은 전면 통제되며 최대 4헥타르 규모로서 FARC 조직원들 체류용으로 활용되었다. 콜롬비아 정부군은 반군들이 무기를 반납하고 일상의 삶으로 돌아가도록 보호하는 역할을 했다.

그러나 평화협정에 반대하는 일부 정부군과 우익 민병대가 반군을 공격할 가능성을 배제할 수는 없었으며 실제로 무력충돌이 발생하였다. 보수 세력은 FARC의 무기 반납이 결코 내전 종식을 의미하지 않다고 언급하며 평화협정에 대한 비난 여론을 형성하였다. 그리고 "지나치게 관대한 정부의 희생"으로 성사된 이번 평화협정은 또 다른 무력 분쟁의 시작이라고 주장하며 분쟁 종식에 대한 회의적인 입장을 표명하였다.

국내 방송사를 장악하고 있는 우리베 전 대통령은 평화협정 반대 시위를 주도하며 이번 평화협정은 정부가 반군에게 단지 '면죄부'를 부여한 행위라고 주장하였다. 언론은 산토스 대통령의 정책적 무능과 실정을 집중적으로 부각시켜 평화협정 찬반 국민투표를 산토스 정책 전반에 대한 평가 투표로 변질시켜 버렸다. 결국 평화협정 찬반을 묻는 국민투표는 부결되었다.

평화협정의 주요 쟁점인 농촌 개발 사업은 정부가 도로 확충 및 대체 작물 판매 전략 등에 대한 정책적 고려와 함께 농민들에게 대체 작물 보급 및 금전적 지원을 병행하여 운영하고 있다. 그동안 콜롬비아의 마약 경제는 석유보다 더 많은 이윤을 안겨주었다. 반군은 마약 범죄 집단과 공생 관계를 유지하며 경제적 이윤을 획득해 왔으며 이러한 관계 속에서 농민은 불법 작물 재배를 통해 일정 부분 경제적 이윤을 추구할 수 있었다. 불법 작물 재배 지역 농민들은 코카 재배 이외에 그 어떠한 대안도 없는 실정이다. 현재 농민들은 정부 지원 아래 대체 작물로 커피를 재배하고 있다. 그러나 커피보다 더 많은 수입이 보장되는 불법 작물 재배는 여전히 농민들에게 매력적일 수밖에 없다.

토지 개혁은 토지 소유 불균등 문제 해결과 FARC 사회 복귀 대원들의 일자리 제공을 목적으로 추진된다. FARC측은 정부의 토지 개혁을 통해 독립 공간을 확보하고 자신들이 선출한 지도자 아래 독자적인 집단 농업 경제 체제를 구축한다. FARC와 정부의 협정문에 의하면 800만 헥타르에 이르는 독립 공간은 식량 생산 지역과 함께 형성될 것이다. 농민 영토로 불리는 독립 공간은 정치와 행정, 경제와 사회 및 문화 등 모든 면에서 자치적으로 운영된다. 정부의 토지 개혁 및 개발은 주로 보호지, 미개발지 및 비생산적인 대농장 토지를 대상으로 진행되며 이러한 토지는 소작농과 원주민 경제와 밀접한 관련을 맺고 있다. 협정 이행에 따른 토지 개혁은 토지 문제를 둘러싸고 농민과 원주민 중심의 새로운 사회 갈등 요인이 되고 있다.

'티모첸코'라고 불리는 FARC의 수장 론도뇨는 콜롬비아의 대표 주간지 《세마나(la Revista Semana)》와의 인터뷰에서 평화협정 체결 후 국내 정치에 참여하고 다른 정당과도 제휴를 모색할 것이라고 말했다. 그리고 "콜롬비아에게 기회를 주자"며 FARC가 주축이 된 정당이 2018년 국회의원 선거와 대통령 선거에 참여할 계획이라고 덧붙였다. 정부는 FARC의 정치 활동 지원을 위해 특별 임시제한구역을 설정하고 국가 예산을 증액할 것이다.

산토스 정부는 사회 재통합을 위해 반군 거점 지역을 중심으로 대대적인 캠페인을 통해 반군의 사회 복귀를 적극적으로 지원하고 있다. 개인 안전과 치안 향상은 물론 건강, 교육, 가족 재회와 같은 일상 복귀 프로그램 및 사회 하부구조 재건을 통해 무장해제 반군의 기초 생존권 보장을 위한 투자를 확대해 나아가고 있다. 이와 같은 투자 기금을 조성하기 위해 콜롬비아 정부는 국제 사회의 지원을 요청하고 있으며, 국제 기구 및 많은 국가가 이에 동참하고 있다. 그러나 국제적 지원금만으로는 투자 예산을 충당하지 못함으로써 일각에서는 세제 개편에 대한 필요성을 제기하고 있다.

또한 내전 과정에서 발생한 양측의 전쟁 범죄 심판 특별 전범재판소에 대한 인적 구성에 관하여 양측은 합의하였다. 재판의 공정성을 위해 양측이 공감하는 중립적인 재판관이 선정돼야 한다는 입장을 유지하였다. 또한 양측은 FARC 대원 중 15세 이하 청소년 21명을 평화협정 체결 이전에 사회로 복귀시키고, FARC 대원 중 14-18세 청소년들은 특별한 경우를 제외하고는 모두 사면하기로 합의했다.

현재 협정 이행 과정에서 가장 주요한 사회적 갈등 요인으로 작용하고 있는 것은 희생자 보상과 관련된 문제이다. 과연 내전의 희생자는 누구인가라는 문제를 둘러싸고 무력 충돌로 인한 직접적인 희생자 및 가족뿐만 아니라 FARC 반군 역시도 자신을 내전의 희생자라고 주장하고 있다. 내전 희생자에 대한 범위를 놓고 갈등이 유발되고 있는 것이다.

정부는 피해자 보상 문제 해결을 위해 국제 사회의 지원으로 투자 자금을 조성하고 있다. 그러나 예산을 충당하지 못하고 있는 실정이다. 또한 외부에 취약한 콜롬비아 경제 구조와 경제 위기는 반군의 사회 재통합에 필요한 재원 확보를 더욱 어렵게 만들고 있다. 세제 개편을 통한 증세 정책으로 투자 자금을 마련해야 하는 정부는 차기 대선과 총선에 미칠 영향도 고려해야 하는 입장에 놓여 있다.

한편, 불법 작물을 통한 수입에 의존해 온 FARC는 평화협정 체결 후에도 불법 작물과 무기 거래로 인한 수입을 포기하기란 쉽지 않을 것이다. 만약 FARC 통제 지역에서 불법 작물 생산이 중단된다면 페루, 브라질, 에콰도르, 베네수엘라 등 인근 국가로 생산지가 이동할 것이다. 조직명을 개칭하여 거점지 이동을 통해 조직 활동은 국제화될 가능성이 있다. FARC 최고 위원회 역시 마약 밀매가 조직 운영의 가장 중요한 원천이 되고 있다는 사실을 알고 있다. FARC는 다른 게릴라 동맹 세력과 함께 마약 재배에 대한 통제권을 장악하고 있다. 그러나 거래는 중앙이 아닌 일선 지휘관에 의해 통제되고 있다. 만약 FARC 지도부에서 마약 밀매를 통제한다면 일부 하부 조직들의 불법 조직화는 피하기 어려울 것이다. 이러한 과정에서 무력 분쟁이 발생할 것이다.

실제로 2006년 우리베 정권의 우익 무장조직 AUC에 대한 사면 조치와 사회 복귀 지원으로 무장조직의 무기 반납은 성공적으로 마무리되었으나 해체된 AUC와 민병대는 과거 거점 지역을 중심으로 신흥 반군을 결성하여 마약 밀거래를 주도하였다. 2008-2012년 말 신흥 반군들이 활동하기 시작했으며, 이들은 경쟁 조직과 지배권을 둘러싼 격렬한 전쟁을 통해 세력을 확장하였다. 신흥 조직의 핵심이자 최고 지휘부는 군사적으로 훈련되고 능력 있는 전직 게릴라 출신들로 구성되었다.

최근 FARC와 멕시코 마약 카르텔의 긴밀한 동맹 활동이 표면화되고 있다. 멕시코 카르텔은 미국 시장에 대한 공급권을 장악하고 있으며 현재 콜롬비아 카르텔보다 더 강력한 조직력을 발휘하고 있다. FARC의 무장 해체로 남부 마약 재배지가 폐쇄된다면 조직원들은 신흥 조직을 형성하여 미국 시장 일변도에서 벗어나 유럽 및 브라질과 아르헨티나 등 인접 국가를 대상으로 새로운 시장 확보에 관심을 기울일 것이다. 신흥조직은 범죄 경력과 군사 훈련 및 지역 공동체의 지지 확보 능력을 바탕으로 세력을 확대해 나아갈 것이다.

더욱이 제2의 반군 ELN가 FARC에서 이탈한 새로운 인력을 충원하여 세력을 확대할 개연성도 매우 높다. ELN은 FARC의 공백기에 다른 게릴라 세력과의 동맹도 모색할 수 있으며 이를 통해 대화보다는 무력으로 자신의 입지를 강화할 것이다. 분명 FARC 조직 내에는 정부와의 평화협정에 반대하는 세력이 존재하며 이들은 ELN에 합류하거나 신흥 무장 단체를 조직하여 재무장할 것으로 우려된다. 산토스 정부는 이러한 상황을 고려하여 2017년 3월부터 ELN와 평화협상을 시도했다. 그러나 대화가 진행되는 과정에서도 ELN에 의한 언론인 납치 및 테러는 지속되었다. 위에서 살펴본 바와 같이 콜롬비아의 평화협정은 또 다른 형태의 내전으로 발전할 가능성이 매우 높은 실정이다.

# 제6장

# 브라질 도시 폭력 문제의 실태

임두빈

## :: 무엇이 얼마만큼 위험한가?

우리가 '브라질' 하면 통상적으로 떠올리는 이미지가 있다. 축제, 열정, 축구, 춤 그리고 부패와 빈곤 그리고 폭력[1]이다. 흔히 대조의 나라로 불리듯이 한편으로는 긍정적인 이미지와 다른 한편에는 부정적인 이미지가 상존한다. 브라질의 경우를 살펴보자면, 낙관주의, 개방적인 태도, 인내심과 타인에 대한 배려심이 강하고 밝은 미소로 외부와 소통하는 긍정적인 이미지가 있는 반면에, 치안 부재, 심각한 도시 폭력, 부정부패, 부정의 등 부정적인 측면도 만만치 않다. 현지에서 가질 수 있는 일상적인 경험에서 브라질 사람들이 지닌 까다롭지 않고 유쾌하고 밝은

---

1 '폭력'의 영어 표현인 Violence는 '남자, 남편, 용사, 병사'를 의미하는 라틴어 vir 혹은 '힘, 무력, 폭력'을 의미하는 vis에서 기원했다. 폭력의 접두사 '폭'은 '정도가 지나침', 따라서 폭력은 '지나치게 사용된 힘'을 의미한다.

모습을 보다가 신문이나 TV 뉴스에 심심찮게 등장하는 도시 폭력의 양상을 보면 그 사회가 지닌 극단적인 양면성이 이해하기 어렵기도 하고 현실감도 나지 않는다.

대부분의 우리나라 사람들은 브라질을 비롯한 중남미 지역을 위험하다고 생각한다. 물론 신문지상에 간헐적으로 등장하는 기사 때문일 것이다. 즉, "거긴 그렇다더라."라는 '사회적 증거'와 '동조 현상'을 거친 '편승 효과'에 기인한 '사회적 각인'이 이루어진다. 무엇보다도 그 지역과 사람들을 잘 모르기 때문에 생기는 막연한 공포심이 큰 원인 중 하나이다.

그렇다면 라틴아메리카를 직접 경험하지 못한 우리나라 사람들이 느끼는 두려움은 일단 '불확실성하에서의 판단', 즉 '어림짐작'에 해당될 가능성이 높다. 이런 '어림짐작'이 패턴을 가지고 체계적으로 일어나는 잘못을 '편향'이라고 하는데, 직접적인 경험이 배제된 사실에 대한 편향은 전술한 바와 같이 언론 정보에 의해 형상되기 쉽다. 언론이 보도하기로 결정한 방향은 주로 대중의 기억을 잘 불러들이는 편의성에 의존하기 때문이다.

그렇다면, 브라질을 비롯한 라틴아메리카 지역이 위험하다는 말은 실상은 그렇지 않음에도 불구하고 '사회적 증거'로서 '동조 현상'에 따른 편승 효과에 해당하는 것일까?

브라질을 포함한 중남미 지역에서 수년간 체류했던 사람들에게 물어보면, "위험하긴 한데…… 조심하면 괜찮다."라는 판단하기 어려운 대답만 듣기가 십상이다. 개인적으로 물론 직접적인 위험을 겪었던 사람은 극단적인 평을 할 수밖에 없을 것이다. 이처럼 가본 사람이나 못 가

본 사람이나 둘 다 각각의 후광 효과에 빠져 있을 확률이 높다.

어쨌든 우리나라에서는 자신의 동료나 학우가 어젯밤 총기에 희생되었다는 소식은 듣기 어렵다. 그런 측면에서 브라질이 위험한 장소인 것만큼은 사실이다. 특히, 도시 폭력으로 인한 사망률 통계치를 봐도 아주 위험한 지역인 게 사실이다.

오늘날 브라질은 이제 더 이상 멀기만 한 나라가 아니고 상호 협력해야 할 직접적인 파트너가 된 지 오래다. 이미 적지 않은 재외동포와 국민이 살고 있는 곳이기도 하며 많은 우리나라 기업들이 현지에 생산법인을 세우고 많은 수의 인력이 장단기로 근무를 수행하고 그의 가족들이 살아가고 있다. 이처럼 이제는 '어림짐작'이나 막연한 공포심만으로 대응할 시기는 지났다고 본다. 이제는 브라질에서 도시 폭력 문제의 실태는 어떤지, 주요 원인은 무엇인지에 대한 실증적인 논의를 거쳐 실제로 존재하는 위협에 대처할 수 있는 해결 방안을 모색할 필요가 있다. 따라서 이 글은 브라질 도시 폭력 문제에 연루된 안전 문제를 '불확실성' 아래에서 일어나는 '편향'의 재생산이 아닌, 실제 현지에서 '유의미한 판단'을 돕기 위한 인식의 출발점으로 볼 수 있다.


## ∷ 지구화의 폭력, 폭력의 지구화 그리고 브라질의 폭력

세계대전이 두 번이나 발발했던 20세기를 넘어 21세기에 맞닥뜨린 지구적(global) 차원의 새로운 폭력은 특히 테러라는 형태로 물리적 영토로부터의 이탈이 가속화되며 스펙터클한 특징을 갖는다. 한편 국지적 (local) 차원에서 폭력은 일상적이며 현재의 인권 상황을 비추는 하나의 시금석이 되기도 한다. 그런 점에서 '폭력'은 한 사회의 인권과 정의 같은 사회 · 정치 · 철학적 주제를 고찰하는 또 하나의 관점을 제시할 수 있다.

21세기 세계는 테러 혹은 소위 '묻지 마 범죄' 등을 통해 '폭력의 지구화'가 예측 불가능한 형태로 발생하고 있어 그 '지구화 시대의 폭력' 의 대체에 필요한 새로운 패러다임의 인식 및 대응 방식의 혁신이 요구되고 있다. 홉스봄은 20세기를 '극단의 시대'로, 21세기를 '폭력의 시대'로 회고했다. 사실상 그는 '폭력의 지구화'가 근본적으로 민족, 국민국가, 인종 등 대표적인 근대적 '경계'와 관련해, 표면적으로 양립 불가한 소통/접촉의 전면화와 단절/대립의 극단화라는 두 요소의 공존을 허락하는 지구화 자체에 내장된 패러독스에서 기원한다고 분석했다.

브라질을 위시한 라틴아메리카는 다른 대륙들과는 달리 거의 200년 동안 역내 국가 간 대규모 전쟁을 거의 겪지 않은 유일한 지역이기도 하다. 대외적인 전쟁 위협이 없는 반면에 브라질에서 국내 치안 문제는 거의 30년간 공공 의제나 여론조사에서 가장 먼저 손꼽히는 이슈이다. 지난 15년 동안 브라질에서 가장 중요한 이슈였던 인플레이션 문제가 해소되자, 일자리 창출 및 건강 복지 정책과 더불어 치안 문제가 브라질 국민들에게 가장 큰 고민거리가 되었다.

또한 흔히 브라질은 테러가 없는 나라라고 한다. 덕분에 1997년 클린턴 전 미국 대통령이 리우데자네이루(Rio de Janeiro. 이하 '리우')의 한 파벨라를 방문했을 당시, 느슨한 브라질의 경호 시스템을 우려해서 외교적 관례에서 지나칠 정도의 자국 경호 병력을 동원한 바 있다. 2016년 8월에 남미에서 최초로 개최된 브라질 리우 올림픽을 앞두고 국내외에서 치안에 대한 여러 가지 우려가 증폭된 바 있다. 당시 '지카 바이러스'까지 합세한 '불확실성'에 기반한 여러 가지 '편향'들이 범람했었고, 브라질의 불경기와 대통령 탄핵 정국으로 인해 국가 전체의 치안 상태가 한층 더 우려스러웠던 시기였다.

실제로 브라질은 국내 치안 불안 때문에 인명 피해에 더불어 매년 막대한 사회적 비용을 치르고 있다. 브라질 정부가 2015년 11월에 발표한 공공치안연감(Anuário Brasileiro de Segurança Pública)에 따르면 치안 불안에 따른 연간 사회적 비용이 국내총생산(GDP)의 5.4%에 해당하는 2,580억 헤알(약 86조 원)에 달하는 것으로 추산됐다. 특히 2016년 8월 5일에서 21일까지 치러진 2016 리우 하계올림픽을 앞두고 국제 사회에서조차 브라질의 치안 대책 부재를 지적하는 목소리가 커진 바 있다.

브라질올림픽위원회 역시 리우 올림픽의 성공적 개최를 가장 위협하는 요인으로 대도시 폭력을 꼽았었다. 당시 브라질 당국은 리우 올림픽 기간에 총 8만 5천 명의 군 · 경 합동 인력 외에 민간 인력 9천 명을 동원하는 대규모 치안 대책에 이어 역대 두 번째로 큰 규모의 치안 대책을 마련했던 바 있다.

2016년 4월 2일에서 3일 사이에 리우 시 근처 마제(Magé) 지역에서 시위대가 버스 12대에 불을 지르고 은행과 상점을 약탈하는 사건이 발생했다. 이 사건은 강도 사건이나 폭동이 아니라 마제 지역에서 조부모 집 밖에서 놀다가 갑자기 날아온 유탄에 맞아 숨진 4세 유아의 사건을 계기로 주민들의 시위가 일어나면서 촉발된 사건이었다. 아이가 집밖에서 놀다가 총알에 맞을 수 있다는 현실도 끔찍하지만 범죄자도 아닌 일반인들이 공권력의 치안 부재에 대한 항의 수단으로 폭동을 일으키는 것도 브라질이 안고 있는 현실이다. 그러나 이런 사건은 죄 없는 한 아이의 죽음에 초점이 맞춰지기보다는 빈민 구역의 주민이 공권력에 대항하여 일으키는 무법에 초점이 맞춰지기도 한다. 그리고 4월 4일에는 리우에서 경찰과 마약 밀매 조직 간에 벌어진 총격 사건으로 5명이 사망하는 사건도 일어났다. 그런데 이번 경우에는 경찰이 범죄자도 아닌데도 작전 중에 사망한 민간인 희생자를 작전 후 제출한 보고서에서 누락시키는 바람에 주민들이 경찰의 과잉 진압 작전을 비난하는 시위가 일어났다.

위 두 가지 사건의 중심에는 발리바르(Étinne Balibar)의 '폭력론'에서 얘기하는 '포함적 배제'가 내재되어 있다. 앞서 얘기한 '폭력의 지구화'는 '지구화의 폭력'이 뫼비우스의 띠처럼 맞물려 있다. 파농(Frantz Fanon)은 좌파적 시각에서 헐벗고 굶주린 사람들이 행하는 폭력을 스스로를 지키기 위한 "사회적 정의"로 옹호했다. 브라질의 시네마 노부 세대들도 대부분 파농의 시각에서 국가의 폭력으로부터 벗어나고 대항하는 모습을 그려왔다.[2]

여러 가지 형태의 도시 폭력 중 가장 주의를 요하는 것은 당연히 목숨을 잃는 살인 사건이다. 특히 합법이든 불법이든 총기가 유통되는 사회에서 살인은 실제로 주변에서 볼 때 사건의 피해를 입을 가능성

---

2 파딜랴(Padilha) 감독의 「엘리트 스쿼드(Tropa de Elite)」는 이러한 시각을 뒤집으며, 진정한 브라질 국가를 건설하는 데 있어서 가장 중요한 점이 무엇인가라는 시사점을 던진 바 있다.

이 낮은 범죄임에도 불구하고 사람들이 가장 주의해야 하고 두려운 대표적인 범죄이다. 그렇다면 실제로 살인은 브라질에서 어느 정도 발생하고 있는가를 정량적으로 알아볼 필요가 있다. 전술했듯이 '불확실한 정보'에 기반을 둔 편향된 정보가 아닌 실제적인 정보를 파악하여 일반인들이 가장 두렵게 생각하고 특히 우리 국민들에게 현실감이 오지 않는 현실에 대해 정확한 인식을 갖추는 것이 필요하다고 본다.

살인 범죄가 얼마나 발생하고 있는가를 살펴보기 위해서는 가장 먼저 정부에서 집계하는 공식 통계를 살펴보는 것이 유용하다. 우리나라에서는 1965년 이후 대검찰청에서 범죄 분석을 발간하여 범죄의 실태에 대한 여러 가지 정보를 제공하고 있다. 브라질의 경우, 사회심리학자 줄리우 자코부 와이세우피시(Júlio Jacobo Waiselfisz)가 조사하는 '폭력 지도(Mapa da Volência)'와 브라질 응용경제연구소(IPEA)와 공공안전포럼(FBSP)이 발행한 '폭력 지도' 보고서를 통해 관련 정보를 얻을 수 있으며, 희생자 집계는 보건부에 접수된 사망신고서(SIM: o Sistema de Informações de Mortalidade)를 기준으로 이루어지고 있다.

## :: 브라질 주요 대도시 범죄 발생 실태 분석

브라질의 응용경제연구소(IPEA)와 공공안전포럼(FPSP)이 작성한 2016년 '폭력 지도(Atlas da Violência 2016)' 보고서에 따르면, 2014년 한

## HOMICÍDIOS NO BRASIL

TAXA DE ASSASSINATOS POR 100 MIL HABITANTES

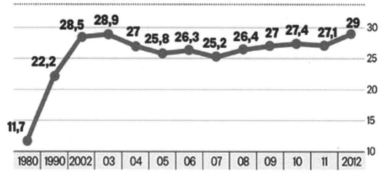

[그림 1] 브라질 살인 사건 발생률 증감
출처: 2014년 폭력 지도 Dados preliminares do Mapa da Violência 2014

해 동안만 59,627명이 살해당했다고 한다. 11년 전인 2003년 48,909명에 비해 21.9%나 오른 수치였다. 연령대와 성별로는 살인 사건의 희생자의 46.9%가 15세에서 29세 사이 남성으로 조사되었다. 세계보건기구(WHO)가 정한 기준에 따른 10만 명당 살해당한 사망자 수도 10년 전인 2004년 26.5명에 비해 10% 상승한 29.1명을 기록하여 역대 최대 수치를 기록했다.[3]

세계보건기구가 정한 기준에 따르면 살인 사건 발생률이 10만 명당 10명 이하는 비교적 정상적인 사회로 간주되지만, 10명 이상 발생 지역은 '전염병 수준의 폭력 발생' 지역으로 간주된다.

---

3 최근 30년간 누적 자료를 보면 총 1100만 명이 희생되었다.

전통적으로 살인 사건 같은 강력 범죄 발생률은 상파울루나 리우 같은 대도시에서 발생률이 높았다. 식민 시대 지배와 같은 역사적 배경은 논외로 치더라도 농촌과 황무지와 같은 오지(sertão)에서 많은 인구가 대도시로 유입되었지만, 늘어난 인구를 감당할 만한 사회 인프라(교육, 보건, 거주지, 일자리 등)에 대한 투자가 없어 도시 빈민 문제와 빈민 지역을 양산되었고 거기서 파생된 빈곤의 악순환이 폭력과 범죄로 이어진 것이다.

2009년을 기준으로 브라질 상위 10%의 소득은 42.5%를 차지하는 반면 하위 10%의 소득은 1.2%에 불과했다(World Bank 2011). 이러한 부의 불균등을 개선하기 위해 룰라(Luiz Inacio Lula da Silva) 전 대통령 정부에서는 가족기금(Bolsa Familia)과 최저임금 상승 정책 등을 적극적으로 추진하였고, 탄핵을 당해 대통령직에서 물러난 호세피(Dilma Rousseff) 전 대통령도 이러한 정책을 지속적으로 확대해 왔던 바 있다. 그러나 500년 넘게 고착된 불평등한 사회·경제 구조는 쉽게 고쳐질 문제는 아니다. 1980년 초반 1994년까지 절정에 이른 초 인플레이션으로 연평균 2100% 물가상승률이 발생했다. 1980년대 피살자 지표는 11.7명인 데 반해 1995년 이후 인플레이션이 통제되고 고금리 정책을 통한 외국 자본의 대규모 유입과 브라질 헤알 화폐의 절상이 일어난 시기에 피살자 지표가 급등한 점을 유의 깊게 봐야 한다. 신자유주의적 경제 정책에 주요 기반을 둔 '낙수 효과(Trickle down effect)' 대신에 선별적 분배와 복지 정책을 통한 '포용적 성장(inclusive growth)'을 꾀했던 2003년부터 2012년 사이의 살인 발생률 또한 이전보다 증가하여 고착된 양상을 [그림 1]에서 확인해 볼 수 있다. 그러한 증가 추세에 대한 설명으로 홉스봄(2008)

이 지적한 바와 같이 1980년대 중반에 비해 1994년에 소형 무기 제조업체가 52개국 300여 개로 25% 늘어났고 2005년에는 500개 이상으로 불어나 값싸고 성능 좋은 무기의 공급이 전 세계에서 폭발적으로 증가하면서 개인이 손쉽게 구할 수 있게 된 '폭력의 지구화' 여파가 브라질에도 큰 영향을 미친 것으로 분석해 볼 수 있다.

2016년 '폭력 지도'에 따르면, 희생자들의 주요 공통점의 하나로 교육 수준을 꼽을 수 있다. 평균적으로 21세가 가장 많았고, 7년 이하의 교육 수준을 가진 청년이 폭력에 희생되어 사망할 확률이 같은 나이에 대학에 진학한 청년보다 16.9% 높다는 사실이 확인되었다. 그리고 오늘날 브라질 빈곤층을 대표하는 흑인 또는 흑인 계열 혼혈인(pardo) 청년이 살해당할 확률이 또래 다른 인종집단보다 147% 높은 결과를 보여주었고 2004년부터 2014년 10년 사이에 흑인에 대한 살인 사건이 18.2% 증가한 반면에, 다른 인종들에게서는 14.6% 감소한 사실을 보여줬다.

바로 이 '가난하고 소외받은 이들'의 삶의 대표적인 터전이 '파벨라(favela)'[4]이다. 산업화와 도시화가 그 규모에 걸맞은 적절한 주거 공간을 제공하지 못하면서 급격하게 늘어나기 시작한 파벨라는 이제 리우

---

4   리우데자네이루 IPP(도시국)에 따르면, 리우에 700~1,000개로 추산하고 있다. 파벨라는 19세기 말 브라질 북동부에서 발생한 '카누두스의 난(a guerra dos Canudos)'을 진압하기 위해 투입된 연방정부군이 1897년 리우로 돌아와 세운 임시 거주 지역이 그 기원이 된다. 전쟁이 끝난 뒤, 공화국 정부가 군인들에게 약속했던 거주지와 급료를 지불하지 못해 군인들이 산비탈에 올라가 집을 짓고 살게 된 것이 시초가 된 것이다. 집을 짓던 산자락에 자생하던 고무나무 과의 '파벨라' 나무가 그 어원이 되었다.

에만 해도 752개의 구역과 1,650,000명의 인구를 가지고 있다(Perlman, 2005: 9).

브라질 도시들에 존재하는 저소득 지역 주민의 수는 전체 브라질 국민의 35%에 달한다. 그 지역에서 발생하는 죽음의 절반이 폭행과 살인과 같은 도시 폭력이 직접적인 원인이 된다. 상파울루나 리우 같은 대도시에서 발생하는 사망자의 21%도 바로 도시 폭력과 연관되어 있다. 브라질의 몇몇 도시는 이라크 전쟁 당시 발생한 사망자와 거의 같은 수준으로 도시 폭력에 희생된 사망자 발생률을 가지고 있다.[5]

대도시는 군소 도시보다 공공 치안 문제뿐만 아니라 거주 및 유입 인구 대비 실업, 공공 서비스(보건소, 의료원, 학교 등)의 부족 현상이 강하고, 이런 사회 문제(환경 문제)가 주로 소외 계층이 확산되고, 블랙마켓과 범죄를 기반으로 한 시장 형성 과정에서 폭력이 수반한 범죄가 확산되는 경향을 띤다.

최근 발표된 IPEA/FBSP의 '2016 폭력 지도'에 따르면 살인 사건과 같은 중대 범죄가 대도시에 국한되지 않고 내륙 도시로 이전하는 현상이 발견되고 있다. 그 원인으로, (1) 대도시 중심의 성장 위축으로 인한 경제 발전의 탈중심화; (2) 1999년 이후 수립된 국가공공치안정책(o Plano Nacional de Segurança Pública)이 대도시 중심으로 수립되면서 범죄인이나 범죄 발생의 대도시 이탈 현상이 발생하는 '풍선 효과'가 발생하는 것으로 해석하고 있다.

---

5 세계은행 2012년 자료에 의하면, 조사 대상 154개국 중에서 12번째로 살인 사건이 많이 발생하는 것으로 조사되었다.

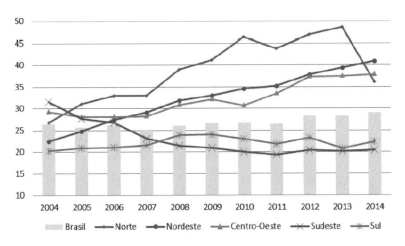

[그림 2] 2004-2014년 브라질 지역별 살인 사건 증감률
출처: IBGE(브라질 국립지리통계청)

우리나라에서는 라틴아메리카 지역 연구 전문가나 일반인이나 모두 대체적으로 브라질에서 상파울루 지역의 범죄 발생률이 가장 높을 것이라고 예상하지만, 실제 통계상으로는 다음 [그림 2]와 같이 상파울루와 리우는 북동부 지역 헤시피(Recife), 포르탈레자(Fortaleza), 살바도르(Salvador)와 같은 북동부 지역에 총기로 인한 살인 사건 범죄율이 감소세를 보이고 있다.[6] [그림 2]의 IBGE 조사에 따르면, 북동부 지역

---

6 2003년에서 2012년 사이에 발생한 주도와 대도시의 살인 사건을 보면, 가장 심각한 문제를 드러낸 곳은 알라고아스(Alagoas) 주로 10만 명당 64.6명이 살인으로 목숨을 잃는 것으로 드러났다. 산타카타리나(Santa Catarina)와 상파울루(Sao Paulo)는 각각 12.8명과 15.1명으로 가장 낮은 사망률을 보였다. 2002년과 2012년 사이의 10년을 놓고 본다면 상파울루의 경우 살인 사건 발생률이 무려 60%나 감소했다. 전체 주 중 이스피리투 산투(Espirito Santo)와 리우데자네이루(Rio de Janeiro), 페르남부쿠(Pernambuco), 파라이바(Paraiba), 알라고아스(Alagoas) 주만 약한 하락세를 보였으

이 2004년에서 2014년 사이 가장 폭력이 많이 발생한 지역으로 조사되었다. 북동부의 6개 주 모두 살인 발생률 100% 이상 증가치를 보여주었다. 히우그란지두노르치(Rio Grande de Norte)가 308%로 가장 높은 살인 발생률을 보여주었는데, 2004년에 이 주는 10만 명당 11.3명에서 2014년에 46.2명으로 증가했다. 마라냐웅(Maranhão) 주는 209.4%, 세아라(Ceará) 주는 166.5%, 바이아(Bahia) 주는 132.6%, 파라이바(Paraíba) 주는 114.4%, 세르지피(Sergipe) 주는 107.7% 증가세를 보여주었다. 페르남부쿠(Pernambuco) 주가 그 지역에서 유일하게 27.3%의 감소세를 보여주었다. 10만 명당 살인 피해자 수 역시 북동부 지역 4개 주 모두 높은 증가세를 보여주는데, 알라고아스 주는 10만 명당 63명, 세아라 주는 52.2명, 세르지피 49.4명, 히우그란지두노르치는 46.2명을 기록했다. 그러나 남부와 남동부 지역은 총 7개 주 중 4개 주에서 감소세가 나타났다. 상파울루 주는 2004년 28.2명에서 13.2명으로 52.4%라는 사상 최대의 감소세를 보여주었다. 리우 주는 같은 기간 48.1명에서 32.1명으로 33.3% 감소세를 보여주었다. 이스피리투산투(Espírito Santo)는 13.8%, 파라나(Paraná) 주는 4.3% 감소세를 보여주었다.

그러나 보다 심각한 문제는 도시 폭력의 형태에 있다. 북동부 대도시에서 일어나는 도시 폭력의 양상은 총기로 인한 살인 사건이 빈번하게 일어나는 현상을 보이지만 단발성의 성격이 짙다. 하지만 상파울루의 경우는 다르다. 상파울루에서 벌어지는 도시 폭력은 조직화되어 있고 범행의 목표물도 정해져 있는 경우가 많다.

---

며 나머지 주의 살인 사건 발생률은 계속 증가하고 있는 것으로 나타났다.

2006년에 발생한 '제1수도군사령부(PCC: Primeiro Comando da Capital)'의 경찰서 자동화기 난사 사건과 같이 공권력에 대항하는 것을 초월하여 주정부를 대상으로 정전 협상까지 얻어가는 조직 범죄의 양상[7]은 북동부 지역에서는 아직 발생하지 않고 있다는 점에서 그 차이가 크다. 그러나 브라질은 연방정부뿐만 아니라 주정부 차원에서도 적절한 치안 정책이나 해결책을 제시하지 못하고 조직 범죄에 대해서도 대처하지 못하고 있다. 브라질에서 가장 부유하고 큰 주에서 도시 폭력에 대한 효과적인 억제력이 부재하고 세심하고 조심스럽게 다루어야 할 이 문제에 둔감한 것이다.

2016년 발표된 '폭력 지도'에서 2014년 브라질에서 살해된 사람은 59,627명으로 보건부에 접수된 사망신고서(SIM: o Sistema de Informações de Mortalidade)를 기준으로 집계되었는데 보건부가 통계치를 집계하기 시작한 1980년 이래 최대치를 기록했다. 2011년에서 2012년 사이 살인 발생률이 7.9% 증가했고 10만 명당 29건이 발생했다. 세계보건기구는 인구 10만명 당 10명 이상의 살인 사건 발생률은 그 사회의 폭력 수준을 전염병 수준으로 규정하고 있는 것을 감안할 때 심각한 수준이다. 현재 브라질의 살인 사건 사망률은 치안 상태가 아주 좋은 편인 일본의 100배에 이른다.

폭력 피해 발생의 정상화를 위한 와우세우피시 '폭력 지도' 연구자의 대안책도 "경찰과 수감 시스템을 개정하지 않는 이상 폭력 문제는 해

---

7 당시 룰라 대통령 재선 시도에 대항마로 나온 야당 대선 후보자인 알키민 상파울루 주지사가 유권자 지지를 잃게 된 큰 사건이다.

결될 수 없다"는 정도의 미시적이고 즉각적인 물리적인 해결책만 내놓고 있는 실정이다.

## :: 구조화된 도시 폭력의 근원지로서 도시화와 그 특징

브라질을 비롯한 대부분의 중남미 국가들은 경제 발전 단계에 비해 도시화가 높은 비율을 보여준다. 일반적으로 도시화는 이촌향도 현상에 그 원인을 둔다. 그러나 브라질을 비롯한 중남미의 경우는 자체적인 인구 성장과 이촌향도 두 가지의 원인에 의해 급속하게 성장했다.[8] 식민지 시대를 통해 전진 기지 역할을 했던 도시들을 중심으로 사회경제적 기능이 집중되었다. 1940년대 수입 대체 산업 역시 거점 도시를 중심으로 이루어져 사회 기반 시설이 모두 수도를 중심으로 확충되었다. 반면에 성장과 발전에서 소외당한 오지 지역의 농민들이 빈곤을 피해 일자리를 찾아 기반을 갖춘 대도시로 대거 유입되었다. 원래 이주는 주변

---

8  도시 생성 구조를 보면, 도시의 외곽 지역에 무허가 빈민촌이 형성된 반면에 중심부에는 식민지법에 따라 건설된 고풍스러운 성당 및 유럽풍의 건물들이 광장을 중심으로 배치되어 있다. 그 구조를 자세히 보면, 도시 중앙에는 항상 광장과 시장이 자리를 잡고, 광장의 한 곁에 성당과 공공 건물들이 자리 잡고, 격자형 가로망을 바탕으로 광장을 에워싸는 위치에 중상류층 거주지와 상업 지구가 형성된다. 그 외곽에는 중하위층의 거주지가 형성되고 그 밖에 원주민들의 거주 지구가 위치했다. 오늘날 브라질을 위시해서 대부분의 라틴아메리카 대도시들은 시내 중심의 광장을 중심으로 자리 잡은 과거 도시 구조의 흔적과 그를 둘러싸고 있는 현대식 건물들이 같이 섞여 있어 과거와 현재가 공존하는 것 같은 역사 도시의 경관을 제공한다.

의 중소 도시에서 나중에 대도시로 옮기는 경향이 일반적인데 브라질의 경우는 농촌에서 바로 대도시로 직접 이주가 일어나는 현상을 보여주었다(김걸 2010). 이렇게 브라질에서는 일부 대도시들이 과도하게 성장하는 모습을 보여주었고 결국은 심각한 도시 문제로 이어지게 되었다. 그 원인을 구체적으로 살펴보자면, 대부분의 라틴아메리카 국가들은 2차 세계대전을 전후해서 인구가 폭발적으로 증가했다. 1960년대에 중남미 주요 도시의 연간 인구 성장률은 5-6%를 상회했다. 폭발적으로 증가된 인구가 직접적으로 일부 도시에 집중적으로 유입되어 수용능력을 초과한 '가(假) 도시화 현상'[9]이 일어나다 보니 원래 계획된 주택, 교육, 보건, 일자리가 턱없이 부족한 결과를 초래하게 되었다. 결국 브라질의 대도시는 농촌 경제의 몰락으로 고향을 등진 이주민들의 유입으로 인구 성장이 주도되는 바람에 '파벨라'[10]로 불리는 대규모 무허가 주택 지구가 생기기 시작했다. 식민지 시대의 모순과 독립 이후 누적된 사회적 부조리가 중첩되어 있는 '파벨라'와 다른 도시 구역 간에 존재하는 '경계'에 지구화 자체에 내재된 패러독스가 존재한다. 국제적으로 유엔에 평화유지군이 있다면 브라질 국내에는 평화유지경찰대(UPP: Unidade de Polícia Pacificador)라는 기묘한 조직이 있다. 2014년 월드컵, 2016년 올림픽을 앞두고 2011년부터 브라질 파벨라 지역을 장악하여 공권력을 회복하는 진압 작전을 수행하는 경찰부대로, 시가전을 방불케 하는 교전을 통해 거점을 확보하고 UPP를 세워 질서를 확보하는 일종

---

9 도시 기능의 성장이 동반되지 않고 인구의 증가만으로 나타난 도시화 과정.

10 이 같은 빈민가를 멕시코 시티에는 바리오(barrio), 베네수엘라에는 란치또(Ranchito), 칠레에는 뽀블라시오(Población)이라고 한다.

[사진 1] 파벨라에 설치된 UPP 경찰력

의 평화 벨트를 넓히는 작전을 수행 중이다. 2015년 기준 42개소를 설치해 165개 파벨라를 장악하여 마약 조직을 퇴출시키는 것이 목표였다.[11] 현재 브라질의 도시 폭력 해결 방안은 오로지 물리적인 공권력에 의존하는 방식이 두드러진다.

[사진 1]은 실제로 파벨라에 설치되어 경찰 인력이 상주하면서 치안

11 물론 마약 조직 퇴치 작전 이외에 도시 재생을 위해 정부, 국제 기구, 민간 기업, NGO 등 다양한 주체의 참여와 협력을 통한 낙후 지역 개선 사업도 꾸준히 이루어지고 있다. 그러나 정부의 선도적 조치를 통한 치안 문제의 해결은 그 대상지가 도심에 가까운 일부 지역에 국한되어 있고 외곽의 파벨라들은 여전히 소외되어 있다. 이는 정부 주도의 파벨라 개선 사업이 월드컵이나 올림픽 같은 빅 이벤트를 의식한 단기성을 띤 '배제적 포함'의 색채가 짙기 때문에 앞으로도 지속적으로 지역 개선 사업이 안정적으로 계속 진행될 것인지에 대해서는 시간을 두고 지켜봐야 할 것이다.

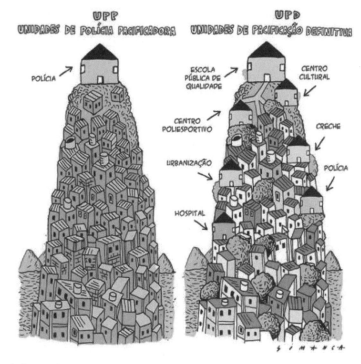

**[그림 3]** UPP와 UPD
출처: https://www.pinterest.de/pin/560698222342838784/?autologin=true

활동을 벌이는 장면이고, [그림 3]은 좌측의 UPP, 즉 '평화유지경찰센터'가 파벨라의 기본 문제점을 도외시하고 맨 위에서 통제만 하려는 모습을 보이는 반면에, 우측의 UPD, 즉 평화마을은 맨 꼭대기에 경찰센터 대신에 수준 높은 공립학교를 설치하고 그 밑에 경찰서를 비롯해서 정상적으로 시민들에게 반드시 필요한 각종 사회 인프라를 망라해 놓아 정부의 대책과 국민들의 희망사항이 어긋나 있는 좋은 예를 보여준다.

최근 상파울루 거주 재외국민(동포)을 대상으로 한 범죄도 급증하는 추세를 보이고 있어 주의를 요하고 있다. Globo 방송사가 운영하는 G1

인터넷 뉴스 2015년 1월 21일자 보도에 따르면, 몇 달간 상파울루 시의 8개 구에서 50여 채의 한인 거주 아파트가 강도의 침입을 당했다고 한다. 기사에 따르면, 2013년부터 지금까지 상파울루 시 한인타운 봉헤치루(Bom Retiro) 소재 한인 거주 아파트에서 47건의 강도 사건과 도난이 발생했다.

상파울루 총영사관은 "최근 한인 사회를 대상으로 급증하고 있는 범죄들에 경각심을 가질 필요가 있다. 하지만 발생한 사건의 해결 건수가 적정선 하에서 이루어지고 있다"고 현지 언론에 밝힌 바 있다. 이는 강도나 도둑을 맞았을 때 그 강도나 도둑을 검거한 비율이 일정 정도의 성과가 있다는 얘기이지 사실상의 '사후약방문' 이상의 방법이 없다는 얘기나 마찬가지이다. 그리고 현실적으로 재외공관이 실효성 있는 해결책을 내어놓는 데 한계가 있는 문제이기도 하다. 평소에 경찰 보호를 받는 현직 상파울루 주 주지사의 아들조차 두 번이나 무장 강도의 습격을 받은 적이 있을 정도로 브라질 도시 치안은 심각한 수준이다. 교민들이 할 수 있는 유일한 대처 방안도 한인 교민용 포털 사이트에서 서로 범행 형태에 대한 정보를 공유하면서 조심을 하는 정도에 그치고 있다. 그나마 다행히도 2017년에 한인회가 지역 경찰서 이전에 도움을 주는 등 상호간 협력을 잘 이루어내고 있어 교민들에게 발생할 수 있는 강력 사건을 미리 예방하는 데 노력을 경주하고 있다.

현재 우리나라는 해외에 거주, 체류하는 재외국민(동포)[12]이 718만여

---

12 외교부에 따르면, 재외국민은 우리나라 국적으로 보유하면서 해외에 체류, 거

[사진 2] 봉헤치루 한인타운 입구
출처: 저자

명에 이르고 연간 출·입국자가 1,600만여 명에 이르고 있다.[13] 2016년 4
월 5일에 감사원이 '재외국민보호 등 영사업무 운영 실태'에 대한 감사
내용을 공개한 바 있다. 한국행정학회에 의뢰하여 제출된 이 감사 결
과에 따르면, 해외에서 재외국민을 상대로 발생한 강력 범죄 가운데
재외공관이 정확하게 수사 상황을 파악하고 있는 사건이 절반도 되
지 않는다는 사실이 밝혀졌다. 위 자료에 따르면, 2012년에서 2014년 사

---

주하는 자, 재외동포는 과거 우리 국적을 보유하는 등 한민족의 혈통을 보유한 자를
지칭한다.

13  2월 내외국인 출입국자 수는 6,106,827명으로 국민 출국자는 1,894,248명, 외국
인 입국자는 1,156,779명으로 집계되었다.(출입국 외국인 정책 통계 월보 2016년 2월
호)

이 재외국민이 피해를 본 강력 범죄 사건 685건 가운데 재외공관이 파악하고 있는 사건은 303건, 약 44%에 불과했다. 문제는 이번 감사가 그나마 비교적 재외국민이 다수 거주하고 사건, 사고가 빈번하게 일어나는 중국 등 동남아 지역의 11개 공관을 중심으로 이루어진 결과라는 것에 있다.

## :: 또 다른 위협, 국가 폭력의 심각성

'2016 폭력 지도'의 조사 결과는 경찰력에 의한 폭력 양상에 대한 우려를 나타냈다. 공공치안연감의 자료에 따르면, 2014년 기준 경찰 공권력에 의한 전체 희생자 수가 공식적으로 3,009명으로 집계됐다. 2003년 기준 리우 주 인구 1,300만 명 중 경찰력에 의해 사망자 수는 1,195건으로 같은 해 미국 전체에서 발생한 300명과는 비교도 되지 않을 정도로 심각한 수준을 보여준다(정길화, 2013). 2003년에서 2007년까지 5년간 모두 5,669명의 민간인이 경찰 작전 중에 피살되었다고 한다. 희생자의 대부분은 빈곤층에 낮은 학력의 흑인 청년들이다.

브라질 경찰은 낮은 임금, 직업적 긍지 결여, 업무 능력 부족, 부정부패, 대중의 불신, 잔혹성 등으로 유명하다. 경찰 폭력성의 부정적인 측면을 가장 크게 부각시키게 된 대표적인 사건은 1992년 상파울루 시내에 소재한 카란지루(Carandiru) 교도소 폭동 진압 작전이었다. 당시 경찰의 무자비한 진압으로 111명의 죄수가 사망했고 현장 지휘관이었던 우비라탕 기마랑이스 주 하원의원이 그 책임을 물어 2001년 법원으로부터 632년 징역형을 구형받은 바 있다.[14] 이 교도소는 2002년에 철거되었다. 당시 카란지루 교도소는 이촌향도에 따라 급속도로 팽창하여 발생한 브라질 대도시의 문제를 한정된 공간에서 그대로 재현하고 있었다. 원래 4천 명 정도 수용 규모인데도 불구하고 7천 명이 넘는 죄수가 수용되어 있어 교도소 환경이 아주 열악하다는 사실과 엉망인 교도행정의 실태가 고스란히 드러나게 한 사회적 사건이었다. 이 사건은 엑토르 바벤쿠(Hector Babenco) 감독에 의해 「카란지루」라는 제목으로 영화화되어 2003년 칸 영화제 공식 경쟁 부분에 출품되기도 했다.

브라질의 경찰 공권력 행사는 '위협적인 폭력'이다. 현대 폭력론에서 중요한 벤야민의 「폭력비판론」에서 볼 때, 브라질의 경찰 폭력은 수단으로서 폭력이 정당성을 갖는, '법 속에서 법을 중지시키는' '법 정립적 폭력'과 법을 실행하는 데 수반하는 폭력의 기능을 담당하는 '법 보존적 폭력'이 명백하게 드러나고 긍극적으로 법 파괴적 폭력으로 연결되는 지점이다.

브라질 경찰력은 크게 군경, 민경, 연방경찰로 나눌 수 있는데 그중에 군경은 경찰이라기보다는 군인에 가깝다. 군사 독재 기간이 끝나고 군경들은 다시 범죄 퇴치에 동원됐으나 군대 조직에 준하는 성격은 바뀌지 않았다. 1988년 신헌법에 의해 군경은 민생 치안을 담당하는 경찰력으로 재정의되었다. 그러나 실제에서는 범죄가 일어난 뒤에 그를 진압하는 형태로 운용되는 경찰력으로 볼 수 있다. 따라서 브라질같이 범

---

14 2006년 선고무효 판결을 받아냈다.

죄 발생률이 높은 곳에서는 시민들의 인권보다 경찰력 운용의 효율성을 따지기 때문에 불심 검문 등이 이루어질 때 인권 침해적 요소가 만연한 편이다. 유엔도 브라질을 경찰 폭력이 심각한 나라로 규정하고 있다.

## :: 재외국민 및 여행자를 위한 안전 정보 축적 및 제공의 필요

미주개발은행(IDB)의 추정에 따르면 매년 중남미 지역 GDP의 2%가 범죄 예방을 위해 소비되는 만큼, 만연한 범죄 및 폭력은 중남미 몇몇 국가에서 심각한 사회 문제로 대두되고 있다. 높은 범죄율은 민간 투자를 위축시키고 기업 운영 비용을 증가시키며, 사회·경제적으로 국가가 필요로 하는 비용을 적재적소에 활용하는 데에 어려움을 유발시키고 있는 주요인이다.

전 세계 개발도상국의 빈민들은 가난과 질병에만 시달리지 않는다. 우리가 실태조사에서 알아본 바와 같이 이들은 일상적 폭력의 희생자가 되어 고통받고 있다. 빈곤의 결과가 폭력이듯이 폭력의 결과도 빈곤으로 이어진다.

얼마 전 언론에 등장한 스위스의 '보편적인 기본소득에 대한 국민투표'는 500년 전인 1516년 토머스 모어가 쓴 『유토피아』를 떠올리게 한다. 사실상 모어는 비관적인 기독교적 인간관을 가지고 악의 뿌리를 사회 제도보다는 인간의 본성에서 보았다. 그러나 17세기 베이컨은 인간

[사진 3] 「카란지루」 영화 표지

의 불행과 비참은 빈곤에서 유래하며 빈곤은 생산 기술의 낙후에서 비롯한 것으로 확신했다. 그렇다면 과연 브라질의 도시 폭력 문제는 모어처럼 사회악의 제거를 인간의 도덕적 완성에 의한 정의 사회 실현으로 해결될 수 있을 것인가, 아니면 베이컨의 목표처럼 과학에 의한 사회 진보의 실현으로 치유될 수 있을 것인가. 도시 폭력 문제는 특정 범죄 집단이나 특정인들의 부적절한 사고방식이나 행동이 만들어낸 돌출 사건이라는 미시적인 이해로 파악해서는 그 실체를 알 수 없다. 즉 브라질에서 발생하는 일이지만 국내 요인만으로는 설명이 불가능하다는 것이다. 실체를 파악하기 위해서는 인간이 만들어 온 전 지구적 자본주의 시스템 형성에서 위치했던 브라질의 역사와 그를 둘러싼 역학 관계와 착취 구조를 빼고 설명할 수 없다고 본다.

그리고 앞서 4절에서 살펴본 바와 같이 정상적인 법치와 사법 제도는 경제 개발의 전제 조건이면서 동시에 사회 발전에 더 중요하다. 따라서 개발도상국을 위한 경제적 원조만이 아니라 제대로 된 사법 제도를 확립하기 위한 '법치 원조'의 필요성에도 한국의 정부, 법조계, 시민단체가 귀를 기울여야 한다고 본다.

현재 해외에서 발생하는 우리 국민의 사건 사고(살인, 강도, 강간(강제추행 포함), 납치, 감금, 폭행, 상해, 사기, 안전사고 사망, 행방불명, 교통사고, 기타) 피해는 2012년 4,594명에서 2014년 5,952명으로 약 30%가 증가했으며, 그중 국민의 생명과 직결되거나 재산상의 막대한 피해를 수반하는 살인, 강도 및 폭행으로 피해를 입은 재외국민도 2012년 600명, 2013년 616명, 2014년 582명에 달하는 등 지속적으로 범죄가 발생하고 있다. 그러나 이번 재외공관 운영 실태 감사보고서에서도 드러냈듯이 각 공관이 재외국민이 피해를 입은 강력 범죄 사건에 적절하게 대처할 만한 시스템과 인력은 아직 미비한 수준으로 밝혀졌다.

이런 상황에서 중남미 국가들을 비롯하여 중남미에서 재외국민 수가 가장 많은 브라질의 경우의 운영 실태는 아예 조사 범위에도 들어가 있지 않다. 감사보고서 3페이지에 나타난 재외국민(동포) 현황표에는 중국, 일본, 북미, 동남아 · 호주 등, 유럽 · 아프리카로 분류되어 있어 중남미는 별도 구분조차 되어 있지 않다. 그야말로 중남미는 대륙별로 볼 때 외교부나 재외공관의 사각지대에 놓여 있는 것으로 파악된 점이 이 글을 준비한 또 하나의 이유가 되었다. 앞으로는 범죄 발생에 영향을 미칠 것으로 예상되는 변수를 인구학적, 사회경제적, 물리적 지역 특성을 바탕으로 한 주요 범죄 발생 요인들을 고찰하여 브라질 거주 재외국민(동포)과 학업이나 비즈니스로 출·입국하는 우리 국민들의 안전에 조금이라도 도움이 되는 자료 축적이 조금씩 제대로 이루어졌으면 한다.

# 제4부

# 라틴아메리카의 새로운 시도

# 제1장

# 사파티스파의 끝나지 않은 저항

정이나

## :: 산크리스토발 델라스 카사스의 풍경

16세기 초 디에고 데 마사리에고(Diego de Mazariego)에 의해 세워진 것으로 알려진 산크리스토발 델라스 카사스는 스페인 식민지의 행정 관리 및 사법 등을 담당하는 중심지였다. 당연히 이곳은 스페인 지배자들의 거주지이자 지배 권력이 집중된 곳이었으므로 아메리카 원주민들에게는 공포와 수탈의 장소일 수밖에 없는 곳이다.

이는 21세기를 목전에 두고도 크게 변함이 없었다. 식민지 지배의 중심지였던 산크리스토발 델라스 카사스에는 원주민이 거주할 수 없었으며, 이곳을 자유롭게 왕래하는 것도 쉽지 않은 일이었다. 그들은 꼴레또스(coletos)에게 멸시와 경멸의 대상이었으며, 길을 걸을 때는 얼굴을 숙여야 했으며 감히 눈을 마주치는 것은 매질과 발길질을 감내해야 하는 일이었다. '꼴레또스'란 과거 식민지 시절 행정구역의 중심지인 이곳에서 살았던 스페인 지배자들의 머리 모양을 빗대어 부르기 시작한 것이 기원이라는 설도 있으나, 이에 대해 아직 명확히 설명된 것은 없다. 하지만 이 용어는 1994년 1월 사파티스타 운동 출현 이후 멕시코에서 널리 통용되고 있는 개념으로 치아파스의 불평등하고 열악한 사회적 현실, 특히 과거 식민지 수도였던 산크리스토발 델라스 카사스의 인종차별적이고 비참한 현실을 대변하는 표현이자, 동시에 이곳의 거주민(원주민이 아닌)을 일컫는 의미로 여전히 광범위하게 사용되고 있다.

이 지역 주변의 원주민들은 간혹 그들이 수확한 과일, 채소 혹은 수공예품을 팔기 위해 들르는 도심의 상점에서조차 흥정이라는 것은 상상할 수 없는 일이었으며, 그들이 가져온 물건은 꼴레또스가 일방적으로 정하는 가격으로 거래되었고, 이 같은 현실은 1994년 이전까지 계속되고 있었다. 그러나 1994년 1월 이후 산크리스토발 델라스 카사스의 분위기는 완전히 바뀌었다.

이제 마야 전통 의상을 입고 자유롭게 거리를 누비며, 외국인 관광객을 대상으로 수공예품 가격을 흥정하는 노련한 모습의 원주민 여성들을 발견하는 것은 어렵지 않은 일이다. 고작 4~5살 정도의 원주민 어린아이들은 외국인을 어려워하기는커녕 노련한 상인의 모습이다. 1994년 이전에는 결코 상상할 수 없는 일이었다. 분명 이곳은 인종차별이라는 말이 무색할 만큼 원주민들은 자유로워 보였다. 적어도 원주민을 매질하거나 그들을 멸시하는 모습은 더 이상 찾아볼 수 없다. 불과 얼마 전까지만 해도 길거리에서 매를 맞는 원주민들이 많았다는 주변의 증언들을 감안하면 확연히 다른 분위기였다.

1994년 이후의 또 다른 변화는 이곳 산크리스토발 델라스 카사스에 몰려드는 많은 외국인 관광객들의 존재이다. 그리고 이들을 겨냥한 수많은 관광 상품을 파는 상점, 식당, 호텔 등이 즐비하게 들어서 있으며, 사파티스타 운동을 상징하는 문양이 새겨진 티셔츠, 모자, 엽서 등이 고가에 팔리고 있다. 급기야는 외국인 관광객을 위한 차 없는 거리 '안다도르(Andador)'가 만들어졌으며, 다양한 모습의 안다도르는 유럽의 여느 도시에서 발견되는 노천 카페 거리를 연상케 하는 '화려'한 도심의 일부가 되었다. 심지어 안다도로의 한 켠에서는 '길 위의 시(street poet)'라는 문구와 타자기를 준비한 영어를 사용하는 백인 여성의 모습도 눈에 띈다. 1994년 이후의 산크리스토발 델라스 카사스는 이제 '자유'와 '낭만'이 넘치는 듯 보인다.

이처럼 제3세계의 이국적인 정취와 과거 식민지 도시를 관광하는 목적이라면 이곳은 손색없는 도시임에는 분명하지만, 혹여 20여 년 전 세계의 이목을 집중시킨 사파티스타의 흔적을 찾아 이곳을 찾는 것이라면 적지 않은 실망을 하게 될 것이다. 사파티스타의 흔적을 찾아 산크리스토발을 방문한 뒤 기대와 전혀 다른 도시의 모습을 보고 '실망한' 채 돌아가야 했던 한 국내 연구자의 글은 이 지점에서 흥미롭기까지 하다.

산크리스토발 델라스 카사스에서는 더 이상 사파티스타 운동의 흔적을 찾을 수 없음에도 불구하고, 많은 외국인 관광객들은 "이곳에서 스키모 마스크를 쓴 사파티스타를 볼 수 있지 않을까라는 생각으로 방문하고 있다"는 한 주민의 안타까운 증언은 과장된 것이 아닐 것이다. 간혹 잘 정돈된 질서를 흩트리는 움직임의 흔적은 간혹 길거리에 "국가 폭력 중단"이라는 항의 문구가 페인트로 칠해진 벽면이 전부였으며, 이마저도 하루가 지나면 누군가에 의해 다시 말끔히 지워지는 일상이 반복되고 있을 뿐이다.

과거 산크리스토발 델라스 카사스는 원주민들에게는 공포와 인종차별이 시작된 전근대적인 식민 시대를 상징하는 공간이었다면, 이제는 외국 관광객들로 넘쳐나고 이국적 정취를 배경으로 하는 상업이 번성하는 장소가 되었다. 1994년 사파티스타 봉기에 '매료'되어 이곳을 방문하는 수많은 외부인들의 존재는 이곳을 유명한 관광지로 만든 셈이다. 사파티스타 운동을 지지하여 모여든 그들의 존재가 역으로 자본주의적 상권을 형성할 수 있는 토대를 마련해 준 것이다. 이들을 위해 이곳의 꼴레또스들은 다양한 관광 상품과 상점, 고급 레스토랑과 호텔 등을 구축해 갔기 때문이다.

상권은 번성하였고, 외지의 사업가들은 레스토랑과 호텔 등을 개업하기 위해 자본을 들여온다. 사파티스타 덕분에 지역의 꼴레또스뿐만 아니라 외지의 사업가들도 자본 증식에 성공하고 있는 것이다. 그러나 거리의 '미화'를 해친다는 이유로 밤에만 허락된 '노점'이나 수공예품과 면직물 등을 직접 들고 다니는 '잡상인'은 어김없이 모두 원주민들이었다. 이제 산크리스토발 델라스 카사스의 너무 익숙한 현재의 모습이 되어가고 있다.

약 20여 년 전 사파티스타 봉기를 시작으로 형성된 산크리스토발 델라스 카사스에서 만들어진 사파티스모의 '신화'는 역설적으로 치아파스 라칸도나(Lacandona) 정글의 어딘가에서 치열하게 진행 중인 운동의 현실과 너무 동떨어진 괴리감을 느끼게 한다. 물론 식민지 도시의 평범한 일상으로부터 사파티스타 운동의 흔적을 발견하고자 한 것은 아니었다. 하지만 사파티스타의 중심으로부터 지근거리에서 벌어지고 있는

[사진 1] 멕시코 치아파스 주, 산크리스토발 델라스 카사스의 평온한 저녁 풍경(2016년)

이 같은 풍경은 마치 사파티스타 운동이 극복하려고 했던 자본주의적 생활방식과 원주민에 대한 수탈 방식이 여전히 건재하다는 것을 증명이라도 하듯 당당한 모습에 위축될 수밖에 없는 것은 사실이다. 그리고 이곳을 사파티스타 운동이 만들어낸 '해방'의 공간으로 인식하는 것은 '타자들'이 만들어낸 또 다른 신화가 아닐까라는 생각마저 들게 한다.

## :: 사파티스타 운동의 '흔적'

산크리스토발 델라스 카사스는 1994년 1월 1일 EZLN(사파티스타 민족해방군)의 등장으로 세계의 이목을 끌었으며, 사파티스타 운동이 한 편으로 라틴아메리카의 대안 사회 운동으로, 다른 한편으로는 탈근대적인 원주민 운동의 한 흐름으로 평가되면서 많은 이들의 시선을 집중시켰다. 그리고 현재 사파티스타 운동의 '상징적' 중심지로 알려지면서 세계의 관심을 받았던 산크리스토발 델라스 카사스는 이제 그저 평범한 '유명' 관광지라는 말이 더 어울리는 공간이 되었다.

꼴레또스들의 증언처럼, 분명 1994년 이후 이곳에서 원주민들을 발견하는 것은 흔한 일이었고 그들을 함부로 대하거나 과거에 흔히 보이던 매질을 당하는 모습도 찾아볼 수는 없었다. 하지만 그렇다고 해서 이곳 지역의 원주민들의 삶이 더 나아진 것은 아니었다.

반자본주의 운동의 상징성을 갖는 대안 사회 운동의 '상징적' 공간이기에 이곳은 너무 자본주의적인 공간이 되어 있었으며, 원주민 고유의 세계를 회복하려는 탈식민적 운동의 거점이라고 하기에는 이곳 상당수의 많은 원주민들은 '근대적' 삶의 방식을 지향하며 살아가고 있다. 이미 산크리토발 델라스 카사스 외각 북쪽 산등성이에는 제법 큰 규모의 거주 지역이 형성되어 자신들의 공동체를 떠나온 원주민들이 모여 살고 있다.

이 지역 주민들의 증언에 따르면, 산크리스토발 델라스 카사스 북쪽의 경계선인 이 구역은 산토도밍고 수도원(Santo Domingo 수도원, 북쪽 경계선에 위치함)을 기준으로 원주민들의 출입을 제한하여 함부로 드나들 수 없도록 하였다고 한다. 이는 꼴레또스들에게 원주민들은 한편으로는 차별과 멸시의 대상이기도 하지만, 다른 한편으로는 이들이 언제든지 반란을 일으켜 도심을 공격할 수 있다는 두려움을 가지고 있었다고 한다. 현재 이 지역은 마라비야 구(Colonia Maravilla)를 포함, 북쪽 외각에는 자신들의 공동체를 떠나 도시로 나와 정착한 많은 원주민들이 모여 살고 있다.

원주민 공동체를 떠나 이곳으로 이주해 온 사람들의 사정은 제각각이다. 공동체와의 불화에서부터 종교적 이유, 혹은 근대적 삶을 추구하는 개인적 열망이나 기대 등, 원주민들이 공동체의 삶 대신 개인의 삶을 선택하게 된 동기와 원인은 다양하다. 산크리스토발 델라스 카사스의 '유명세'는 많은 외국인 관광객들이 이곳을 찾는 이유가 되었다면, 산간 지역의 공동체를 떠나 이주해온 원주민들에게는 새로운 '비즈니스'의 장소가 되어주고 있는 셈이다.

뿐만 아니라, 이곳은 사파티스타 운동에 동참하지 않거나, 혹은 일정한 수준의 적대적 관계를 유지하는 다양한 농민 · 원주민 단체들의 집회 장소이자 점거 농성의 장소가 되어 있었다. 지난 2016년 2월 15일 프란시스코 교황의 방문을 앞두고 산크리토발 델라스 카사스 남쪽 카란사 지역(Región Carranza)의 에밀리아노 사파타 농민단체(Organización Campesina Emiliano Zapata, 이하 OCEZ-RC)는 대성당 앞에서 1주일 이상 점거 농성을 시작했다. 카란사 지역의 토지 문제, 교통 수단 제공, 교육 및 의료 시설 등을 요구하는 집회였다. 교황이 도착하기 며칠 전 치아파스 주 정부와의 협상이 '극적으로' 타결되어 이들의 항의 집회는 막을 내렸다는 후문이다.

사파티스타는 현재 멕시코 정부를 대상으로 하는 그 어떤 대화(dialogo)도 하고 있지 않다. 실제로, 사파티스타들은 '협상(nogociación)'이라는 단어를 절대 사용하지 않고 있음을 강조한다. 이는 사파티스타는 멕시코 정부를 협상의 대상으로 인정하지 않고, 오직 대화의 대상이라는 것을 강조하려는 의도와 관련이 깊어 보인다. 이 점을 고려하면 치아파스 주 정부와의 협상을 유도한 이 단체는 현재 사파티스타 운동과는 명확히 구별되어야 함에도 불구하고 현실은 그렇지 않다. 이들 농민 단체의 요구나 저항 방식은 곧바로 사파티스타 운동의 일부로 이해되거나, 역으로 사파티스타와 전혀 다른 전망과 비전을 가진 독립적인 농민·원주민 단체의 활동이 자칫 사파티스타 운동의 본질로 곡해되는 상황으로 이어지고 있기 때문이다. 사파타스타 운동에 대한 생각을 묻는 질문에, "그들의 생각이나 주장에는 동의하지만, 그들은 너무 폭력적이다"라고 조심스럽게 응답한 한 마야 토칠 출신 원주민과의 인터뷰는 이 점에서 인상적이다.

뿐만 아니라 사파티스타 운동에 동조하는 한 주민의 증언에 따르면, 이곳에서 열리는 집회나 시위 과정에서 복면이나 스키니 마스크를 사용하는 것은 곧바로 사파티스타를 연상시키는 것으로 종종 이들을 사파티스타로 오해하는 경우가 많으며, 간혹 발생하는 과격한 시위(상점 약탈, 폭력행위)의 책임을 이들에게 돌리고 있다고 주장하기도 한다.

사파티스타 운동의 '상징적' 장소로 알려진 산크리스토발 델라스 카사스의 아이러니한 현실은 사파티스타가 아닌 수많은 다른 원주민이나 농민 단체들의 활동 중심지가 되어가면서, 이들의 개별적 항의, 모임, 가두 행진 등은 모두 사파티스타가 없는 '사파티스모'를 만들어가고 있다는 사실에 있었다. 이곳을 사파티스타 운동이 만들어낸 '해방'의 공간으로 인식하는 것은 '타자들'이 만들고 싶어하는 또 다른 신화가 아닐까라는 생각마저 들게 하는 현실이다.

[사진 2] 산크리스토발 델라스 카사스의 중앙광장에서 점거 농성 중인 여러 농민 단체 (2016년)

산크리스토발 델라스 카사스의 자본가들은 거꾸로 사파티스타 봉기를 고마워해야 하는 웃지 못할 상황이 연출되고 있는 것은 아닐까. 사파티스타가 없는 사파티스모가 계속해서 재생산되는 한 그들의 상권은 유지될 것이며, 비록 사파티스타들의 반체제적 운동에 동참하지는 않지만 사파티스타들에게 주목되어 있는 세간의 관심과 지지가 필요한 원주민 농민 단체나 조직에 의해 이들의 이미지는 끊임없이 차용될 것이다.

저자는 마침 사파티스타 원주민 공동체 의료 지원을 도와주고 있는 한 활동가와 대성당 앞 농민 집회 장소를 함께 지나게 되었다. 그리고 속삭이듯 말한다. "저들은 사파티스타가 아냐. 그들과 함께 하지 않으면서 그들의 이미지를 이용하고 있는 거지. 이곳에서는 그런 일들이 아주 종종 벌어지지." 그의 말에 나는 갑자기 의문이 들었다. 그렇다면 "누구를 사파티스타라고 할 수 있지?" 의외로 그의 대답은 명료했다.

"굳어서 딱딱해져버린 또르티야와 커피로 정글의 추위와 배고픔을 함께 겪으며 원칙과 기준을 지키기 위해 살아보지 않은 사람이 어떻게 사파티스타라고 할 수 있겠어?. 난 집과 차가 있고, 따뜻한 밥을 먹을 수 있는 평범한 사람이야. 그것이 내가 비록 의료 지원을 위한 약간의 행정적 일을 대신 처리해 주고 그들을 적극 지지하지만, 내가 나를 사파티스타라고 부르지 않는 이유야."

아무래도 사파티스타 운동이 무엇인지 이해하기 위한 시작은 산크리토발 델라스 카사스에서 버스를 두세 번은 갈아타면서 서북쪽을 향해 하루종일 이동해야 도착하는 라칸도나 정글의 원주민 공동체와의 조우가 아닐까라는 생각이 들었다. 그리고 이것이 내가 아직 나의 사파티스모를 얘기할 수 없는 이유이기도 할 것이다.


## :: 산크리스토발 델라스 카사스의 '사파티스모'

현재 산크리스토발 델라스 카사스는 사파티스타 운동이 주도적으로 일어나고 있는 중심 지역이 아니다. 현재 사파티스타들의 활동이나 운동의 본거지는 라칸도나 정글 주위의 원주민 공동체들이며, 산크리스토발 델라스 카사스 지역이나 이 지역에서 북동쪽으로 위치해 있는 오코싱고(Ocosingo)와 같은 지역도 엄밀히 말하자면 사파티스타들의 주요 활동무대라고 볼 수 없다. 두 지역의 대다수 주민들은 여전히 사파티스타가 아닌 정당정치(partidista)를 지지하고 있기 때문이다. 그럼에도 불구하고, 이 지역은 사파티스타 운동이 출현한 1994년 1월 1일 이후 사파티스타 운동의 '상징적' 공간이 되어 온 것은 부인할 수 없는 사실이다. 이곳은 식민지 지배의 행정기구의 중심이었으며, 공권력이 밀집된 지역이었다. 1994년 이전 원주민들은 이 지역을 자유롭게 왕래할 수 없을 정도로 인종차별과 원주민에 대한 억압이 극심했던 곳이었으나, 1994년 사파티스타 운동은 이 지역을 전혀 다른 곳으로 탈바꿈시켰기 때문이다.

뿐만 아니라, 현재 많은 외부인, 방문객, 관광객, 그리고 연구자들까지도 이 지역은 사파티스타 운동 연구 혹은 '관광'을 위한 지리적 출발점이다. 이 지역을 중심으로 모여드는 다양한 국적, 계층, 다른 이념적 성향의 사람들에 의해 새로운 '사파티스모'를 만들어내는 공간이기도 하다는 의미이다. 비록 사파티스타 운동의 본질적 원동력이 원주민 공동체에 있다는 사실을 깨닫는 것은 산크리스토발 델라스 카사스에 머무는 것만으로는 쉽지 않을지라도 말이다.

그리고 바로 위의 조건들은 수많은 '사파티스타' 운동을 연상케 하는 집회, 데모, 항의 등이 이 지역에서 연일 일어나게 만드는 원인이기도 하다. 그리고 이는 즉각적으로 사파티스타 운동의 '실체'와 연관되면서 이 지역은 사파티스타가 없는 '사파티스모'가 번성하는 곳이 되어가고 있었다. 이처럼 산크리스토발 델라스 카사스는 지난 수백 년간 식민지 행정 중심지 역할을 해오며 고착시킨 인종차별적 공간에서 일어나는 실질적인 사회적 변화를 실감할 수 있는 지역이자, 현재 사파티스타 운동의 중심지라고 할 수 있는 라칸도나 정글 지역의 운동 '현실'과는 대비되는 '사파티스모', 즉 사파티스타 없는 사파티스모를 재생산하고 있는 역설적인 장소가 되어버렸다.

## :: 사파티스타 원주민 운동의 태생과 의미: 태초에 저항에 있었다!

노암 촘스키의 격정적인 책 제목이 시사하듯, 사파티스타 원주민 운동의 출현은 지난 500여 년간 수없이 지속되었던 수많은 원주민 봉기 혹은 반란들의 역사 중의 하나이다. 1492년, 콜럼버스의 신대륙 발견은 유럽에게는 부와 '영광'의 역사가 시작되었고 이후 300여 년간 그들은 아메리카의 명실상부한 지배자로 군림했다. 두말할 나위 없이 이 같은 유럽의 영광의 역사는 아메리카 대륙의 원주민들에게는 죽음과 재앙의 시작이었다. 이 역사는 무차별적인 착취와 억압의 처참한 역사였고 동시에 저항의 역사였다. 따라서 지배자들이 붙여준 슬픈 이름 라틴아메리카, 그 역사는 정복의 역사이자 동시에 원주민 저항 운동의 역사일 수밖에 없는 이유이다.

약 20여 년 전 멕시코 치아파스 주 지역에서는 1994년 1월 1일 일명 사파티스타 봉기라는 원주민들의 반란이 일어났다. 마침 이 날은 멕시코가 미국과 맺은 자유무역협정(NAFTA)이 발효되는 시점이기도 했으며, 줄곧 이어져온 개방과 시장 논리의 확대는 거칠 것이 없어 보였다.

20세기 세계 경제 불황과 그 여파로 1980년대 라틴아메리카를 휩쓸었던 경제 위기, 이와 더불어 1989년 사회주의 블록인 소비에트 연방의 붕괴는 미국 중심의 세계 자본주의의 일방적인 승리를 이끄는 듯했다. 급기야 후쿠야마는 '역사의 종말'론을 들고 나오기에 이르렀으며, 자본주의와 사회주의 대결 구도는 이렇게 마무리되어 가는 듯했다. 1980년대 이후 이미 세계는 신자유주의식 자본주의 경제로 급선회하면서 그 사회적 여파는 라틴아메리카와 같은 제3세계 국가들에게는 직격탄이 될 수밖에 없었다. 경제 위기와 함께 도입된 신자유주의 정책이 야기한 사회적 불평등과 심화되는 빈곤은 심각한 사회적 위기를 동반하였다는 사실은 이미 널리 알려져 있다.

자본 중심으로 재편된 라틴아메리카의 경제 구조는 사회적으로 취약한 계층에게는 더욱 치명적일 수밖에 없었다. 지난 수백 년간의 식민지 역사를 통해 고착화된 사회적 불평등이나 대다수 인구가 겪는 빈곤의 일상화는 논외로 치더라도 말이다. 전 세계적인 '트랜드'가 된 신자유주의 정책은 라틴아메리카 대부분 국민들의 삶을 피폐화시켰으며, 이는 단순한 사회적 현상이 아닌 갈등의 다양한 형태로 표출되는 계기가 되었다. 그 대표적인 예로 1989년 베네수엘라 수도 카라카스에서 일어난 카라카소(Caracaso), 브라질의 무토지 운동, 그리고 아르헨티나의 피케테로(Piquetero) 운동까지 라틴아메리카 전역에서는 이른바 민중운동(Movimiento Popular)이 확산되었던 것이다. 이 같은 사회적 저항 운동은 단순히 일시적이고 산발적인 항의가 아닌 라틴아메리카의 정치 지형을 바꾸는 데 결정적인 역할을 하기도 하였다. 1999년 베네수엘라 우고 차베스(Hugo Chávez) 대통령의 21세기 사회주의는 이 같은 맥락에서 출발하였다고 해도 과언이 아니다.

이에, 1994년 멕시코 남부 치아파스 주에서 일어난 사파티스타 원주민 운동은 신자유주의 경제 정책이 가져온 폭발적인 사회적 갈등의 정점에서 라틴아메리카 전역으로 감돌고 있던 심상치 않은 징후들의 하나였다. 그리고 이 운동은 멕시코 국내외적으로 높은 파급력과 영향력을 갖으며 새로운 방식의 대안 사회 운동이라는 평가와 함께 세계인의 이목을 집중시키기에 충분한 것이었다.

당시 전 세계는 신자유주의적 자본 질서의 공격적인 정책들로 심화되는 경제적 불평등과 빈곤의 문제가 사회적 갈등으로 이어지고 있는 양상이었다. 이때, 멕시코 남부의 치아파스에서 원주민 봉기 소식이 들려왔다. 그리고 이후 줄곧 이 원주민 봉기는 라틴아메리카에서 가장 '유명한' 반(反)신자유주의 운동 사례 중의 하나로 꼽히고 있다.

그러나 사파티스타 민족해방군(Ejército Zapatista de Liberación Nacional, 이하 EZLN)으로 알려진 이 세력들의 중심에는 단순히 원주민뿐만 아니라 과거 학생 운동이나 노동 운동과 같은 좌파 운동의 경력이 있는 백인이나 메스티소들도 포함되어 있었다. 이 같은 사실은 옥타비오 파스(Octavio Paz)와 같은 멕시코의 유명한 문인들의 거침없는 비판의 근거가 되면서, '외부 세력'의 '개입'이라는 문제에 초점이 맞추어졌다. 그리고 사파티스타 봉기는 '급진적'인 좌파 엘리트들이 주도하고 '무지한' 원주민을 호도한 결과로 치부되었다.

옥타비오 파스와 같은 보수 논객들의 이 같은 비판은 전형적인 엘리트주의적 사고와 라틴아메리카 500년 식민지 역사의 결과물인 '인종주의'적 편견을 크게 벗어나지 못하는 해석에 불과하다. 결국 그에게는 마르코스 부사령관과 같은 백인 계열의 집단은 사파티스타 운동의 외부 세력인 셈이며, EZLN의 대부분을 이루고 있는 원주민들은 그들의 지도를 받는 수동적인 존재에 불과했기 때문이다. 이 같은 보수 논객들에게서 나타나는 사회적 주체들의 자발성에 대한 인식의 부재와 그에 대한 과소평가는 원주민들이 주축이 되어 일어난 사파티스타 운동에 대한 역사적 인식의 부재이기도 하다. 즉 라틴아메리카에서 끊임없이 일어나고 있는 원주민 운동은 원주민에 대한 제도적 배제와 착취, 그리고 탄압의 역사라는 연장선에서 일어나고 있다는 사실을 간과하고 있는 것이다.

반면, "치아파스, 토지와 사파티스타의 반란"이라는 부제로 출판된 저서 『이제 그만!(*Basta*)』의 서문을 열고 있는 피터 로세트(Peter Rosset)의 분석은 아주 적절한 접근이라고 할 수 있다. 그는 "사파티스타 반란의 원인은, 그 무엇보다 그 봉기에 대해 알려진 사실들과 농촌 지역의 가장 중요한 필수품이라는 연관성에 비추어 볼 때, 바로 토지다. 이것이 왜 멕시코의 치아파스 주의 원주민과 농민들이 무기를 선택했는지를 보여주고 있다"(Collier 2005, vii)고 설명하면서, 멕시코 남부 원주민 거주 밀집 지역에서 일어난 이 반란의 구조적 원인과 성격은 미국의 로스엔젤레스 사우트 센트럴(South Central Los Angeles) 지역의 그것과도 결코 크게 다르지 않을 수 있다는 것을 시사하고 있다.

결국 20세기 후반 전 세계를 강타하고 있던 신자유주의적 경제 정책의 처참한 사회적 결과로 고통받는 것은 라틴아메리카의 원주민이나 농민, 더 나아가 제1세계의 주민들도 예외가 아니라는 것을 말하는 것이며, 동시에 사파티스타 운동 출현의 구조적 원인은 신자유주의적 자본주의 모순 축적의 결과로 인식하고 있는 것이다. 신자유주의에 대한 저항이 민중 운동의 형태로 전 세계적으로 확산되는 분위기와 더불어, 마침 1980년대부터 마야 문화와 원주민 권리 회복에 대한 국제적 관심이 점차적으로 높아지는 가운데 사파티스타 운동은 일어났다.

## :: 사파티스타 원주민 운동의 본질과 우리들의 과제

사파티스타 운동은 멕시코 제도권 정치 일반의 모순과 억압적이고 '합법적' 폭력을 일삼는 국가 기구에 대항한 반정부적 성격의 원주민 운동이었다. 굳이 아니발 키하노(Aníbal Quijano)의 식민지 권력 기반(Colonial Matrix of Power)의 개념을 차용하지 않더라도 역사적으로 축적된 식민지 질서의 잔재는 원주민을 철저하게 제도권 정치에서 배제시켰고 목소리 없는 '주체'로 전락시켜 왔기 때문이다.

또한 사파티스타 운동은 치아파스 원주민 공동체의 기반 위에 성장하였다는 것은 의심할 여지가 없으나, 단순히 인종적 갈등이 만들어낸 차별과 갈등의 부산물이기보다 역사적으로 치아파스 원주민 계층의 열악한 사회경제적 처지와 그 객관적 조건들이 만들어낸 복합적인 결과물로 이해되어야 한다. 그럼에도 불구하고, 사파티스타 운동이 멕시코 도시의 노동자들을 조직하는 데 '실패'했다는 등의 평가는 근대 서구 노동 운동의 이데올로기 잣대를 기준으로 원주민 기반 위에 자본주의 사회 질서의 '수탈'과 '억압'의 저항으로 성장한 사파티스타 운동의 본질을 역으로 인종적 성격의 운동으로 축소시키는 오류를 범하고 있다.

한편, 현재 사파티스타 운동을 탈근대적 원주민 운동의 전형적인 유형으로 규정하기에도 여전히 많은 한계를 내포하고 있다. EZLN이 자치구역이라고 선언한 32개의 시에 존재하는 원주민 공동체의 약 10%만이 사파티스타 공동체라고 본다면 나머지 90%는 전략적 혹은 심지어 적대적인 관계를 형성하는 공동체도 존재한다는 사실이다. 이는 비단 사파티스타 운동과의 관계를 염두하지 않고서도 수많은 원주민 공동체 사이에 존재하는 경쟁 혹은 협력 관계는 자연스러운 현상일 것이다.

원주민 공동체에 대해 갖는 '사회적 갈등이 부재하는' 유토피아적 세계관은 수많은 원주민 공동체의 다양한 선택과 현실에 직면한 삶과 유리된 관념일 뿐이다. 스페인 식민지 기간에도 식민지 권력과 결탁한 부유한 원주민 계층은 엄연히 존재했고, 이들은 자신들의 부족을 착취하는 데 앞장서기도 했다는 사실도 부인할 수 없다. 게다가, 사파티스타 운동의 영향력에서 벗어나 있는 5,500여 개의 원주민 공동체에 대한 평가는 어떻게 이루어져야 하는가라는 문제가 남는다.

이처럼 사파티스타 운동 연구의 주요 해석과 현실 운동에서 발생하는 간극은 좁지 않으며, 이 같은 상황은 사파티스타가 존재하지 않는 '사파티스모'가 끊임없이 재생산되고 있는 산크리스토발 델라스 카사스 지역의 현실에서도 여실히 드러나고 있는 셈이다. 여전히 사파티스타 운동을 연구하거나 관심을 갖는 다양한 국적의 학자, 활동가, 지지자들의 만남의 공간이기도 한 산크리스토발 델라스 카사스의 가상현실을 통해서는 결코 사파티스타 운동의 본질을 이해할 수 없는 것처럼 사파티스타 운동은 사파티스타들의 구체적인 실천과 객관적인 현실 조건의 바

[사진 3] 사파티스타와 협조하고 있는 자치학교 내 문화 행사의 한 장면(2016년)

탕 위에서 이루어져야 한다.

지난 20여 년 동안 지속되어 온 사파티스타 운동에 대한 최근의 평가는 과거의 희망적인 '전망'과 '예견'에 비해 다소 비판적으로 돌아서고 있는 추세이다. 특히, 예전과 같지 않은 '축소'된 대외적 활동을 현실 투쟁의 포기로 이해하는가 하면, 멕시코 정부와 일체의 대화를 중단한 사파티스타의 선택은 고립을 자초하는 전술이라는 거침없는 비판까지 다양하다. 저자가 주목하는 점은 사파티스타 운동에 대한 이 같은 비판과 평가의 성격이 얼마만큼 현실의 객관적인 투쟁 조건과 현지의 맥락을 유기적으로 통일시켰는가에 대한 것이었다. 예를 들어, 사파티스타가 멕시코 정부와의 대화 '단절'이 정치적으로 '현명'하지 못한 전략적 선택이었다는 비판의 근거는 과연 무엇인가라는 것이다. 그리고 사파티

[사진 4] 사파티스타 자치구역인 카라콜(Caracol) 주변 지역을 순회하는 군부 차량(2016년)

스타 내부 진영의 엄격한 규율에 대한 비판도 여전히 많은 의문을 제기한다. 반체제적 성격의 사파티스타 운동에 동조하는 원주민 공동체, 활동가 혹은 단체에 향한 직·간접적인 테러, 암살과 같은 폭력이 연이어 일어나는 상황에서 결코 느슨하게 조직된 운동은 지속될 수 없다는 자명한 사실임에도 불구하고 말이다.

이처럼 사파티스타 운동 연구에 대한 이론적 흐름이 담아내지 못하는 사파티스타의 현실적이고 객관적인 조건과 성격을 파악하기 위해서는 대상 지역의 구체성을 확보해야 한다. 즉 사파티스타 운동 기반이 되는 원주민 공동체의 성격, 구성, 전망 및 일상적 투쟁에서 나타나는 갈등의 성격 및 해결 과정과 계기 등을 총체적으로 파악해야만 한다. 그러나 이 같은 연구 자료는 일반적인 이론적 접근이나 텍스트를 통해서 얻기에는 분명한 한계를 가질 수밖에 없기 때문이다.

뿐만 아니라 현재 사파티스타 운동의 '반체제적' 성격은 인류학적 현지조사와 같은 미시적 연구를 진행하는 데 많은 환경적인 제약을 형성하는 것이 사실이다. 그럼에도 불구하고, 사파티스타 운동과 같은 역동적인 사회 운동 연구를 총체적으로 파악하기 위해서는 여전히 유효하고 앞으로도 적극적으로 모색해야 하는 중요한 과제임에는 분명하다. 하지만 동시에 현지조사 연구에 대한 연구자의 사회적 책임과 실천적 측면에 대한 끊임없는 논쟁과 문제의식의 성격은 결코 가볍지 않은 성질의 것이다. 이를 둘러싼 고민과 논쟁은 앞으로도 계속되어야 하며, 이에 대한 결과물들이 인류학적 연구의 필요성과 의미를 재고해 나가는 비판적 성찰의 계기가 되었으면 하는 바람이다.

# 제2장

# 현대 마야 문학과
# 세계 문학에 관한 논쟁

헤라르도 고메스 미첼

## :: 들어가며

　지난 수십 년간 마야 작가들은 자신들의 문학작품을 재구성하여 현
대 마야 문학의 전통을 복구하려는 노력을 기울여 왔다. 이를 달성하기
위해 겪은 가장 큰 어려움은 마야의 고유한 목소리를 지배적인 스페인
어에 적합화시키려 했던 피상적 이중언어주의에 종속되었던 그들 자
신의 언어 수사학과 미학적 형식을 복구하는 것이었다. 이런 맥락에서,
마야 언어로 문학을 한다는 것은 『칠람 발람(*Chilam Balam*)』[1]과 『포폴 부
(*Popol Vuh*)』[2]와 같이 정전화된 텍스트 형태를 따르는 것이 요구되었는

---

　1  스페인 정복 이후 16, 17세기 마야인들의 역사와 세계관을 적은 책들을 지칭한
다. 작자 미상이고 마야어로 쓰였지만 스페인 문화의 영향이 텍스트에서 발견된
다.(옮긴이)
　2  마야인들의 성경으로 알려져 있으며 이들의 세계 인식과 우주관을 다룬 책으로
그 첫 번째 판본은 스페인 신부 프란시스코 히메네스(Francisco Ximénez)에 의해 쓰

데, 이 책들은 (식민주의와 민족주의라는) 중심부의 문화 기획과 번역에 의해 중화된 텍스트들이다. 따라서 현대 마야 문학은 상당한 정도로—그러나 여전히 부분적으로만—세계화된 시대에 소수 민족의 언어가 상징적 지식을 교환한다는 점에서 하위 계층의 역할에 문제를 제기하는 한편, 국가 내부에서 다문화주의와 언어의 다양성에 관계된 문제를 실제로 풀지 못하고 있는 '세계 문학'의 개념에 도전한다.

이 발표의 목적은 마야 언어와 문학작품들이 수세기 동안 직면해야 했던 힘든 상황을 기억하고 반영하며 가능하다면 이를 발언하는 데 있다. 이 분석을 통해서, 나는 소위 세계 문학 공화국 혹은 '세계 문학'이라는 현재의 논쟁에 개입하고자 한다. 먼저 밝혀둘 것은 세계 문학 체제라는 개념을 소개한 비평가들이 제시한 사고가 나에게 충격을 주는 것은 카사노바(Pascale Casanova)에 의해 명명되고 이제는 당연한 것으로 받아들여지는 이 체제 혹은 공간이 16세기 유럽에 그 기원을 두고 있으며, 세계를 가로지르는 통합이 요원한 이 시점에서조차 자신의 존재를 공고화하고 있다는 점이다(Casanova, 74). 물론 놀라운 점은 그들이 여기서 '하나의 체제'를 염두에 두고 있다는 점인데, 그렇다면 우리는 그들이 대문자 문학이 속하고 정당성을 획득하는 '바로 그 공간'에 대해 말하고 있다는 점에 주목해야 한다.

비록 카사노바는 세계 문학 공간이 백 퍼센트 통일되지 않았다는 것을 지적하면서도 그 기원에 대한 확신에는 변함이 없다. 이후 그녀는 이 공간에 포함될 수 있는 회원에 대한 몇 가지 '규칙'을 열거하면서 노벨

---

여겼다.(옮긴이)

문학상이 회원 자격에 가장 큰 정당성을 부여한다고 말한다. 이러한 방식은 과거를 제외시키고 있으며, 더 좋지 않은 점은 '문학적 근대성'이 결여되었다는 이유로 혹은 텍스트 생산을 둘러싸고 자율성이 부족하다는 이유를 들어, 이 공간 바깥에 있는 문학 형태를 배제한다는 점이다. 그녀가 지배적인 상징 담론과 그렇지 못한 담론 사이의 지속적인 투쟁에 대해 이야기하고 있다 해도, 문학 공화국은 정치나 사회의 (긍정적 혹은 부정적) 발전으로부터 자율성을 담지하게 되었고 그것은 넓은 의미에서 민주적이라 할 수 있다. 카사노바는 미국이 가장 강력한 힘을 가졌음에도, 20세기 초반 (문인뿐 아니라) 예술가들이 기댄 곳은 덜 부유하고 덜 힘이 있는 파리였다는 점을 지적하면서 문학의 독립을 언급한다. 이것은 바로 문학이 상대적인 자율성을 가지고 자신의 공간과 내부의 규범을 구성하고 있음을 지시한다!

카사노바는 다양성을 설명하기 위해 페르시아 카펫이라는 메타포를 사용한다. 그녀가 보기에 카펫의 디자인이 보여주는 '놀라운 복잡함'으로 인해, 다양한 동기하에 지구 전체의 문학이 펼쳐내는 진정한 의미와 구조는 숨겨질 위험이 있다. 하지만, 다른 각도로 바라볼 때 우리는 "상호 의존과 상호 작용을 볼 수 있게 된다."(73) 그러나 이 아름다운 비유를 사용할 때 간과한 것은 그 화려한 표면 밑에는 더욱더 복잡한 구조가 자리잡고 있다는 것이다. 그것은 보이는 겉표면으로 인해 구조적으로 잊혀지고, '보이지 않게 되거나' 혹은 먼지로 뒤덮이게 된다. 이제, 나는 그 카펫의 뒷면에 대해 말하고자 하는데 그것은 마치 마야 문학이 세계 문학의 공간과 관련되는 것과 유사하다. 나는 마야 문학이 어떻게 카펫의 밑에 깔리게 되는가를 보여주고자 한다.

## :: 결코 민주공화국이었던 적이 없는……

사회적, 정치적 불신의 과정에 특히 상처받기 쉬운 원주민들은 스페인과 가톨릭 교회라는 공식 언어와 종교가 강제하는 지배에 반하는 폐달을 밟아야 했다. 스페인 식민 지배 기간 동안, 원주민 언어와 문화는 신스페인(New Spain)[3]의 일부로 인정되지 않았다. 스페인 제국의 목표는 완전한 문화 지배(aculturalization)였고, 위에 언급된 요소들은 왕국의 계획에 전혀 없는 것이었으며, 정복된 영토 안에서 주민들은 제국의 이해에 봉사하는 것으로서만 의미가 있었다. 외연적으로 복음주의자들의 피로감으로 인해, 혹은 단지 완전히 개종시키는 것이 불필요하다고 느낀 때문이었는지, 마야인들은 자신들의 언어적, 종교적 전통을 유지할 수 있었다. 물론, 이들의 희생이 없었다면 불가능한 일이었다.

역사적 맥락에서, 콜럼버스 이전 신성한 언어가 아닌 실제 살았던 사람들이 사용했던 마야 언어는 부정적으로, 즉 하나의 '방언'으로 간주되어왔다. 실제로 '사투리'로 불리면서 식민 지배 기간 동안 우상 숭배 혹은 반역의 상징으로 인식되었다. 그리고 멕시코로 독립한 19세기에 와서는 문명과 진보에 대한 반대항인 야만의 의미가 덧씌워졌다. 20세기 초반 멕시코 혁명 이후에 마야와 다른 원주민들의 '스페인어화'는 주요한 민족주의 프로젝트가 되어 정치가들조차도 펠리페 카리요 푸에르토(Felipe Carrillo Puerto)와 바르톨로메 가르시아 코레아(Bartolomé García

---

3 스페인어로는 '누에바 에스파냐'이다. 오늘날의 멕시코, 중앙아메리카, 미국 상당 부분을 관장한 부왕령(일종의 행정단위)의 이름이다.(옮긴이)

Correa) 같은 원주민 운동을 감싸안아 받아들였다. 마야를 스페인어 영역으로 가져오려는 시도는 후자의 단어를 통해 "언어에 의해 강제된 고립을 해방시키는 방식"이었다(Fallow, 558).


## :: 마야 언어를 함께 취하기


멕시코를 정복하면서부터 유럽인들은 원주민 언어를 공부하기 시작했다. 마고 글랜츠는 정복 시기에 '말', '혀'의 작업이 단순히 언어학적 해석에 그치지 않고 전달자, 대사 그리고 첩자 역할을 하기까지 한다고 지적했다. 이런 의미에서 볼 때, 스페인 통치하에서 통역자들은 "주체와 객체 사이 중간에 위치한 몸으로 제국의 혀이기 이전에 이들은 (원주민이라면) 우선 세례를 받고 옷을 유럽인처럼 입었다."(Glantz, 36) 이것은 원주민 언어를 실용적으로 사용한 최초의 접근 방법이자 토착 문화를 서구화하는 초기 방식이었다. 잘 알다시피 그 다음은 더 잘 훈련되고 언어적으로 실용적인 신부들이 원주민 언어를 더 세련되게 통제했다. 원주민의 마음을 서구 세계의 의미로 표현하고 반영해 내기 위해 토착 언어를 사용하였다. 더욱이 단어 자체는 상징적으로 이미 알려진 환경을 재조직하지만 타자의 입장에서 볼 때, 혹은 그 과정의 반대편에서 바라볼 때 "실제로 혀는 파괴된 세계의 통역자였던 셈이다."(글랜츠, 36)

독립은 원주민 문화에 대한 정부 정책의 새로운 변화를 의미했다. 식민주의자들이 결과적으로 원주민들의 완전한 스페인어화라는 기나긴 과정에 '피로감'을 느꼈다면, 그가 말한 대로 그것은 완전한 문화, 정치적 통합 과정이었다고 보기 힘들며, 독립혁명가들은 이 문화적, 인간적 '유산'을 실제로 마주해야 한다는 딜레마에 직면해야 했다. 이들은 여기서 빠져나갈 수 없었으며, 새로운 국가 담론에 이들을 통합하기를 원했다. 이 과정이 단지 상징적이었다는 것은 두말할 나위 없다. 실제로 원주민을 포함시킬 의도는 없었던 것이다. 루이스 비요로(Luis Villoro)가 지적했듯이 라틴아메리카에서 '원주민주의(indigenismo)'는 원주민들이 다른 문화와 인종을 향해 요구하고 주장한 운동이 아니었다. "반대로 역사적으로 '원주민주의' 운동의 성격이 실제로 원주민적이었던 적이 없다. 이들은 근본적으로 서구 문명 지지자들이었으며 그들의 교육은 원주민 영향에 관해서는 별 관심이 없었다."(Villoro, 430)

민족 동일화라는 담론의 테두리 안에서, 다른 원주민 언어와 마찬가지로 마야 언어는 멕시코 문화 정체성의 하나로 포함되는 담론을 구성했지만, 현재 살아 있는 문화로 간주되기보다는 원시의 문화로 즉, '고대' 멕시코의 한 부분으로 기능했다. 서구 문화와 혼혈이라는 모델의 척도에 의해 규정된 동일화에 대한 열망은 배제를 공식적으로 인정했고, 스페인어라는 단일 언어 교육 수단을 통해서 원주민들을 통합할 것을 주창했다. 원주민 언어들은 사적 영역으로 축소되었고, 동시에 퇴행이나 무지의 상징이라는 이미지가 씌워졌다. 멕시코 사회에서 가장 진보적이라는 이들조차도 언어적 문화 지배 방식을 통해 원주민들을 통합해야 한다고 생각했다. 멕시코 혁명 후에도 여전히 '문명과 야만' 사이라는 19세기의 이분법이 남아 있었는데, 이는 '서구화'된 멕시코인, 크리오요, 메스티소와 원주민 멕시코인 사이의 양극화를 초래했다. 이는 원주민들이 점점 더 서구화된 환경에서 생존 가능성이 적어졌음을 의미하며 비스페인어 사용자를 위한 사회적 유동성의 기회가 부족하다는 것을 암시한다. 하지만, 마야 언어는 세대를 뛰어넘고 살아남아 그것을 가족 내부의 영역으로 축소하려는 시나리오에 계속 도전하고 있다.

## :: 마야 언어와 문학 형식을 회복하기 위하여

사회적, 정치적 압력이라는 배경을 극복하기 위해 현대 마야 문학의 텍스트를 발전시키는 데 있어서 그들의 문화를 보전하고, 실용화를 위한 지속적인 노력이 있어왔다. 사실 짧은 이야기 선집이나, 구전 역사책, 전설과 전통의 모음집을 찾는 것은 어렵지 않으며, 작가나 편집자들은 책 앞머리에 현대 마야의 문화적 프로그램을 암시하는 짧은 서문들을 쓰곤 하였다. 예를 들어, "이 작업은 작가들의 공동 작업의 산물이다. […] 이 작업은 일반적 이익과 우리의 구전 전통, 진정한 정체성을 유지하는 데 우선적 목표를 두고 있다."

도라 펠리세르(Dora Pelicer)와 카를로스 몬테마요르(Carlos Montemayor)와 같은 학자들은 식민지 시대 교회가 그랬던 것처럼, 민족국가가 마야 언어를 일종의 문화 지배와 민족주의 지배화의 방식으로 이용했다고 주장한다. 이런 정치적 기획은 자신들의 관점으로 마야 원주민들의 의식을 '대변하는 것인 양 쓰기 위하여' 마야 언어를 사용하는 것뿐 아니라, 동시에 최종 목표는 원주민들을 스페인어 사용자로 만드는 것이었는데 왜냐하면 바로 이 조건이 그들을 국가의 진정한 시민으로 만들어 줄 것이기 때문이었다. 많은 워크숍을 통해 마야 문학과 그 시적 구조의 회복에 관계된 연구를 상당히 진척시킨 마야 작가 미겔 마이 마이 (Miguel May May)는 이렇게 말한다. "사람들은 여전히 읽고 쓸 줄 아는 아이는 당연히 스페인어를 읽고 쓰는 것으로 생각하며, 어머니의 언어로 읽고 쓰는 아이가 존재하는 진정한 마야의 문학을 무시한다."[4] 이런 의미에서 가장 먼저 고려해야 할 요소는 주변화 현상이다. 마야 언어와 문학은 역사적으로 그리고 구조적으로 주변화되었으며, 이 주변화는 마야 민족 외부에서 발생하는 국가 제국주의 기획의 다양한 단계에서 채택되었다.

두 번째로는 식민지와 독립 후 멕시코의 적대적인 환경 내에서 이에 반대하여 계속적으로 간직했던 마야 문학이 가진 저항의 성격이다. 이것은 다른 종류의 텍스트와 시적 담론 전략에서 볼 수 있는데, 이 전략은 오늘날까지 계속되는 지배적인 종교, 문화, 사회적 구조와 충돌을 일으키며 저항의 변증법을 전개해 왔다.

문화 지배에 저항하는 전략의 하나는 그들의 서사가 실제 종교 영역 바깥에 존재할 때조차도 마야 문학과 연결되는 간접적인 종교성이다. 즉, 마야인들의 사고에 의하면 인간은 세계와 관계를 맺으며 이 관계는 마야의 세계 질서를 강조하는 종교적 세계관의 한 부분이다. 이런 측면에서 농업, 옥수수밭과 사냥의 변동에 관한 다양한 이야기, 전설, 전통이 존재하며, 이를 이야기로 풀어내는 구조는 지상의 영역과 그것이 만

---

4 2006년 작가와의 대화에서 발췌.

들어내는 기본적이면서도 심오한 의미를 지시하는 것으로 읽힐 수 있다. 하지만 또한 그것은 마야 세계의 성스러운 기원에 관한 이야기이기도 하다. 즉, 대지와 옥수수, 마야 세계가 존중하고 숭배하는 세계 창조의 종교적 순환을 통해 일상적으로 관계 맺는 인간. 비를 내리는 신(Cha' Cháak)에 대한 간청과 봉헌, 알룩세스(aluxes)[5]의 제의적 창조, 옥수수밭의 작은 수호신들은 모두 자연과 초자연, 마술적이고 종교적인 영역을 인간 세계의 일상과 연결해 주는 거대 서사의 일부이다.

마지막으로, 나는 대부분의 마야 텍스트에서 보이는 공동체성을 강조하려 한다. 전설, '전통'과 가족 이야기 등과 같이 최근의 책에서 구전으로 전달되고 수집된 많은 텍스트가 존재하는 한편으로, 개인적인, 종종 전문적인 문학 텍스트가 존재하는데, 그럼에도 그것들은 모두 공동체적 측면을 담아내고 있다. 많은 작가들 그리고 공동체 내의 이야기꾼들은 발터 벤야민이 그려낸 이야기꾼(storyteller)의 성격을 지닌다. 텍스트에 대한 저작권을 가진 전문 작가나 공동체의 이야기꾼이냐에 상관없이 마야의 작가들은 일반적으로 마야인들의 경험, 역사와 전통을 전달하고자 한다. 이런 의미에서, 여기에도 실용적인 이해가 존재한다. 토착적이고 문학적인 언어의 회복과 함께 마야 문화의 보전과 존속을 꿈꾼다.

마야 문화는 이런 특징들이 뒤섞이면서 지난 500년간의 지속성을 보여준다. 스페인과 프랑스 문화와 친밀한 가톨릭주의라는 외부 문화와,

---

5  마야 세계에 존재한다고 믿어지는 요정으로 난장이와 같은 체구에 평소에 모습을 드러내지 않다가 종종 인간세계에 나타난다.(옮긴이)

크리오요 그리고 메스티소 민족주의에 대항한 이러한 저항은 세계 속에서 자신들의 고유한 경험과 살아 있는 역사를 집단적으로 표현하고, 종교성과 마야의 세계관을 지속시키는 것을 의미한다. 마야어를 통한 문학적 글쓰기 과정에서 자신들의 세계관과 충돌하고, 내용과 언어학적 구조에 관련되어 이슈가 되는 것은 미겔 마이 마이가 최초로 마야어로 쓴 에세이에 잘 드러나는데, 상징적이게도 에세이의 제목은 「마야 언어로 작가 만들기」이다. 구체적으로 이 작가가 문학 워크숍에서 했던 첫 번째 실험은 스페인어의 '개입' 문제로 마야어로 창조하는 과정을 스페인어가 '수정하는' 과정이었다. 이 경험을 설명하면서, 그는 이렇게 말한다.

> 이 워크숍이 큰 도움이 된 것은 마야어로 좋은 작업을 하기 위해서 당신은 스페인어가 아니라 마야어로 생각해야 한다는 것입니다. 왜냐하면 과거에 이 언어를 말하는 동안 그래왔기 때문입니다. 두 가지 언어가 설명하는 개념은 완전히 다릅니다. 만약 당신이 스페인어로 생각하면서 마야어로 쓴다면 단어가 마야 언어의 표현이나 구조의 자연스러운 흐름을 따라가지 못한다는 것을 느끼게 될 것입니다(Montemayor 1992, 115-116)

이 문학 워크숍의 주요 목표와 도전을 묘사하는 데 있어서, 미겔 마이 마이는 두 가지 이슈를 제기하고 가능한 해결책을 제시하고 있다. 첫째는 보다 '순수한' 마야 언어의 표현에 더 가까이 가는 방법은 농업 의례에서 보여지는 다양한 형태의 기도를 연구하는 것인데 예를 들어 차악(Cháak)에게 비를 보내도록 기도하는 것이나, 알룩세스의 창조적 제의가 될 수 있다. 두 번째로는 구술 이야기꾼이나 전문 작가가 문화 정체성을 장려하고, 스페인어로부터 마야의 문학적 전통을 해방시키는 것을 돕는 것이다. 에세이의 마지막에서 그는 이렇게 말한다, "마야의 문학 생산물과 작가들이 증가하면서 우리는 다른 기관들이 현재 발전시키려는 문학 기획을 지지할 충분한 재료들을 가지게 될 것이고, 이를 통해 우리의 정체성을 강화하고 문화를 배양하는 언어를 유지하고 발전시킬 필요성에 대해 더욱 느끼게 될 것이다."(127)

마지막으로 나는 마야 문학이 보여주는 저항, 주변성, 종교성과 공동체적 서사 형태가 문자 문학의 승리가 도래하는 순간을 지연시키는 문학적 방식이거나, 혹은 앞서 언급한 카펫의 위쪽 표면을 차지하기 위해 즉, 그 공간에서 적절한 인정을 받기위한 방법으로서의 투쟁이라고 생각하지 않는다. 오히려 우리는 그것이 비평가나 정전과 경쟁하기를 원치 않으며 그저 자신의 집에 놓여지기를 원하는 전혀 다른 종류의 카펫으로 이해해야 한다.


[박정원(경희대 스페인어학과 교수) 옮김]

# 제3장

# 파라과이 소농의
# 생존 대안으로서 공정무역

구경모

## :: 들어가며

자유무역의 확대와 그에 따른 경제 공동체 형성은 중남미 사람들, 특히 경제적 대응이 취약한 농민들의 삶을 피폐하게 만들고 있다. 주지하다시피 북미자유무역협정(NAFTA)으로 인한 멕시코 농민들의 빈곤화, 그리고 이러한 문제를 함축적으로 대변해 주는 사파티스타 운동은 자유무역의 폐해를 잘 보여주고 있다.

파라과이의 경우는 1995년 남미공동시장(Mercosur) 가입 이후 주변국에 의한 경제적 종속이 가속화되고 있다. 단적인 예로 파라과이는 제조업이 취약하여 시중에 유통되고 있는 대다수 상품이 브라질 혹은 아르헨티나에서 수입된다. 물론 파라과이가 농업 국가이기 때문에 제조업이 취약할 수도 있으나, 바꾸어 생각해 보면 대외 종속적인 상황이 농업 중심의 산업 구조를 벗어나지 못한 요인이기도 하다.

더 큰 문제는 파라과이 인구의 절반이 생계 수단으로 삼고 있는 농업 부문에도 대외 자본 침투로 인해 농민의 생활 터전이 잠식당하고 있다는 점이다. 파라과이의 농업 부문 위기는 1980년대 후반부터 콩과 면화, 목축과 같은 수출 위주의 농업을 장려하면서 비롯되었다(Palau 1998, 153; Fogel 1998, 196). 1990년대 중반 이후에는 남미공동시장 주변국들, 특히 콩을 재배하는 브라질계 기업농의 확산으로 인해 가난한 농민들이 증가하고 있으며 생계를 위해 주요 도시로 이주하고 있다(Fogel 2005, 35; Moríngo 2009, 113).

브라질계 기업농에 의해 파라과이 농민들이 도시로 쫓겨나다시피 이주하는 것은 크게 두 가지 요인으로 살펴볼 수 있다. 첫 번째는 브라질계 기업농들이 편법을 이용하여 농민이 점유하고 있는 땅을 싸게 매입하여 토지를 빼앗아 가는 경우이며, 두 번째는 농약 살포로 인한 환경 파괴로 주변의 땅과 식수가 오염되어서 어쩔 수 없이 고향을 떠나는 것이다(Albuquerque 2005, 157). 특히 과도한 농약 사용으로 인한 지역 주민의 피해 사례는 2004년부터 벌어진 '콩 전쟁(La Guerra de la Soja)'이라는 농민 운동을 통해 주목받기 시작하였다. '콩 전쟁'은 이타푸아(Itapuá) 주에 살고 있는 실비노(Silvino)라는 11살의 소년이 브라질 콩 농장 지주들이 뿌린 농약에 의해 2003년 1월 8일에 사망한 사건이 발단이 되어 농민 조직들이 봉기한 사건을 말한다(Zibechi 2005; 김세건 2010).

최근에는 파라과이 민중군[1]이 콘셉시온(Copcepción) 주에 소재한 브

---

1 파라과이 민중군(Ejército del Pueblo Paraguayo)은 마르크스 레닌주의를 지향하면서 대농장 지주와 정치인을 대상으로 암살과 납치를 시도하는 게릴라 군이다. 이들은 파라과이 동북부의 밀림 지역인 콘셉시온(Concepción) 주와 산페드로

라질계 지주의 농장인 산타 아델리아(Santa Adelia)에서 일하던 세 명의 농부와 경찰관을 살해하였다.[2] 이 사건은 2010년 4월 12일에 일어난 것으로 파라과이 정부는 곧바로 이들이 활동하는 구역에 대해 국가 비상사태 지역(estado excepción) 선포를 고려하였다. 파라과이 의회는 2010년 4월 24일 파라과이 민중군을 체포하기 위해 총 5개 주[3]를 한 달 동안 국가 비상사태 지역으로 공표하였다. 그로부터 한 달이 지난 이 지역은 국가 비상사태 지역에서 풀렸지만 여전히 군인들이 주둔하면서 경계를 늦추지 않고 있다.

파라과이의 농민 운동과 게릴라 투쟁은 대외 자본 침투에 의한 사회적 갈등을 반영하는 것으로 브라질계 기업농의 확산에 따른 소농의 생계 문제가 확대 재생산되고 있음을 보여준다. 본 연구는 일련의 무장봉기 사태가 야기된 원인이 브라질계 기업농 침투에 의한 파라과이 농민의 자위권 발동이라는 점을 상기하면서 농민의 생존권 유지 대안으로서 공정무역 사례를 살펴보는 데 목적이 있다.

자유무역에 의한 경제적 불평등 해소의 대안으로서 공정무역에 대한 국내의 논의는 시작 단계에 있다. 이들 연구는 소규모 사회 운동인 공정무역의 한계를 인정하면서도 거대 자본에 맞서 참여민주주의의 가능

---

(San Pedro) 주, 아맘바이(Amambay) 주를 중심으로 2008년 3월 1일에 창설되었으며, 약칭은 EPP이다. 이들의 첫 번째 게릴라 전은 콘셉시온 주의 산타 에르미나(Santa Herminia)에 위치한 브라질계 대지주인 나보르트 보트(Nabort Boht)가 소유한 20,000헥타르에 이르는 콩 농장의 농기계를 불태운 것이다.

2 Business Latin America, May 17th 2010, Vol 45, No.20.

3 콘셉시온과 산페드로, 아맘바이, 알토 파라과이(Alto Paraguay), 프레지덴테 아제스(Presidente Hayes) 등이다.

성을 멕시코(김세건 2008)와 칠레(이남섭 2010)의 사례를 통해 제시하였다. 본 연구자는 상기 선행 연구들과 유사한 맥락에서 공정무역을 이해하고자 한다. 그러나 두 가지 측면에서 본 연구는 기존 연구들과 다른 의의를 제시하고자 한다. 첫 번째는 파라과이 사례의 특수성이다. 위의 두 사례 지역은 라틴아메리카에서 자유무역을 실시한 대표적인 국가로서 그 대상이 주로 미국 혹은 유럽, 아시아 국가들이다. 이에 비해 파라과이는 라틴아메리카 국가들 사이의 자유무역, 즉 남미공동시장 출범으로 인한 농민의 폐해 사례를 보여준다는 점에서 의미가 있다. 두 번째는 물리적인 힘이 아닌 대안적 농민 운동으로서 공정무역을 분석하는 데 의의가 있다.

이를 위해 본 연구는 다음과 같은 내용으로 서술하고자 한다. 2절은 연구 대상인 만두비라 협동조합(Cooperativa Manduvira)의 현황 및 브라질계 기업농 침투 지역과 구성원들의 거주 지역을 비교하여 개관하고자 한다. 3절은 만두비라 협동조합이 공정무역을 시작한 배경과 활성화된 원인을 분석하고자 한다. 4절은 공정무역을 통해 유기농 사탕수수 재배 농가가 성장한 사회경제적 요인과 개별 농가의 사례를 살펴보고자 한다. 이상의 내용을 통해 본 연구는 공정무역을 도입한 만두비라 협동조합[4]의 사례가 유기농 사탕수수 재배 농가의 성장에 끼친 영향을 분석하여 파라과이 소농의 생존 유형이 될 수 있다는 점을 제시하고자 한다.

본 연구의 자료 수집은 2010년 1월 1일부터 2010년 2월 23일까지 약

---

4  만두비라 협동조합의 공식 명칭은 만두비라 농업 생산 협동조합(Cooperativa de Producción Agro-Industrial Manduvira Ltda)이다.

두 달간 파라과이에서 체류하면서 이루어졌다. 코르디예라(Cordillera) 주의 아로조스 이 에스테로(Arroyos y Esteros)에 소재한 만두비라 협동 조합은 유기농 설탕을 거래하는 한국의 무역 업체 담당자로부터 소개를 받았다. 파라과이에 체류하는 동안 필자는 1월과 2월에 각각 한 번씩 총 두 차례를 방문하였으며, 그 기간에 만난 조합 관계자와 농민의 인터뷰 자료와 조합측에서 제공한 통계 및 문서 자료를 바탕으로 기술하였다.

## :: 조사 대상 개관

### (1) 만두비라 협동조합의 현황

본 연구의 조사 대상인 유기농 사탕수수 재배 농민들이 가입한 만두비라 협동조합은 1975년 3월 16일 총 39명의 회원과 함께 설립되었다. 설립 구성원의 대부분은 협동조합이 소재한 시(市)의 학교 선생님이었으며, 일부가 농민이었다. 협동조합의 설립 취지는 은행을 접하기 힘든 지역주민들의 금융 거래를 위해서였다.

그러나 1980년대 말 재정 위기를 겪은 후 만두비라 협동조합은 사탕수수 재배 농가를 조합원으로 받아들였으며, 현재는 파라과이에서 유기농 사탕수수 재배 농가가 가장 많은 조합 중의 하나이다.

만두비라 협동조합은 농산물의 생산과 판매와 유기농 설탕 인증, 농지 개간을 위한 농기계 대여, 진료소 운영, 예금과 대출이 주요 사업이다. 특히 세계공정무역협회(FLO)에서는 조합측에 소농의 보호를 위해 경제적인 측면과 의료 및 교육 등 사회복지적인 서비스를 강조하고 있다. 그래서 조합은 아로조스 이 에스테로 시의 공공병원보다 더 나은 기능의 진료소를 확보하고 있으며, 학교 입학 시기에는 조합 자녀들에게 학용품과 대출을 실시한다. 2010년 2월을 기준으로 한 조합의 통계에 따르면, 전체 조합원은 약 1,500명이며, 이중에서 농축산업에 종사하는 조합원은 전체 조합원의 약 70%를 차지하고 있다. 농축산업에 종사하는 대부분의 조합원은 사탕수수를 재배하며 가족들이 소비할 다른 작물과 함께 가축도 기른다. 기타 작물은 콩과 옥수수, 호박, 고구마, 바나나, 파인애플, 채소류를 기르며, 가축은 소와 돼지, 닭을 주로 기른다. 특히 소는 사탕수수를 운반하는 달구지인 부에제(bueye)를 끌기 때문에 농가의 주요 자산이다.

　이들 농가 중에서 유기농 사탕수수 재배 조합원은 507명으로 전체 농축산업 조합원의 절반 정도를 차지하고 있다. 이중 유기농 사탕수수와 함께 유기농 참깨를 재배하는 조합원은 47명이며, 유기농 스테비아(stevia)[5]는 5명의 조합원이 재배하고 있다.

---

5　스테비아는 과라니어로 까아에(Ka'a He'ë)라고 불린다. 당도가 높은 식물로써 원래는 약초처럼 떼레레라는 전통차에 넣어서 마셨다. 요즘은 스테비아에서 추출한 시럽이 생산되어 설탕 대체 건강식품으로 널리 알려져 있다. 미국과 유럽, 일본 등에서는 스테비아를 주요 식물자원으로 개발 중에 있으며 한국에서도 일부 도입되어 재배되고 있다.

## (2) 유기농 사탕수수 재배 조합원의 거주 지역

브라질계 농민인 브라과조(brasiguayo)[6]의 이주 역사는 30년 이상 되지만, 파라과이 농민의 토지와 농약 살포로 인한 최근의 문제들은 1990년대부터 이주한 '신 대농장(nuevo latifundio)'을 경영하는 브라질계 지주와 직접적인 관련이 있다. 그 이전의 브라질계 지주들과 달리 국경을 넘어 내륙인 카아과수(Caaguazú), 카아사파(Caazapa), 산페드로(San Pedro), 미션네스(Misiones)까지 침투하였다.

파라과이의 총 17개 주 가운데 12개 주에서 브라지과조들이 분포하고 있는데, 그 수는 약 500,000명으로 추산하고 있다. 대규모의 브라지과조가 거주하지 않은 곳은 비교적 지리적으로 브라질에서 멀리 떨어진 5개 주로 나타나고 있다. 그러나 7년이 지난 지금은 그 상황이 많이 바뀌었다. 만두비라 협동조합의 농축산부 담당자인 아다 사라테(Ada Zarate)에 의하면, 이타푸아(Itapúa)와 카아사파(Caazapá)를 넘어서 과이라(Guairá) 주와 파라과리(Paraguarí)에도 콩을 재배하는 브라질계 기업농들이 그 지역을 점령했다고 한다.

만두비라 협동조합원이 거주하는 코르디예라(Departamento Cordillera) 주는 다른 곳에 비해 브라질계 기업농으로 인한 직접적인 피해에서는 자유롭다. 그러나 여기 농민들은 다른 지역의 기업농으로 인한 농산물

---

6  브라지과조는 학자마다 그 정의가 다르다. 포겔(Fogel)과 알부케르(Albuquer)는 파라과이에 살고 있는 브라질인들을 칭하며, 이 정의가 일반적이다. 스프란델(Sprandel)은 파라과이에서 거주하다가 브라질로 돌아간 사람들 말한다(Fogel & Riquelme 2005, 11).

시장 가격의 하락으로 인한 간접 피해가 커서 실제적으로 브라질계 기업농이 침투한 지역보다 더 낫다고 할 수 없는 형편이다. 조합원은 코르디예라 주의 아로조스 이 에스테로 군(郡)을 중심으로 같은 주의 3월 1일(1 de Marzo) 군에 대부분 거주하고 있으며, 일부 조합원은 후안 데 메나(Juan de Mena) 군과 코르디예라 주의 토바티(Tobati) 군, 산페드로(Departamento San Pedro) 주의 12월 25일(25 de Diciembre) 군에도 거주하고 있다.

코르디예라 주는 수도권인 센트랄(Departamento Central) 주의 동쪽에 접해 있다. 지형적으로 코르디예라 주는 북동쪽의 평야와 습지, 남서쪽의 높은 산지로 이루어져 있다. 만두비라 협동조합이 소재한 아로조스 이 에스테로 시는 도시의 명칭에서 나타나듯이 강과 습지로 둘러싸인 평지에 위치해 있으며, 성모 발현지로 유명한 주도(州都)인 카아쿠페(Caacupé)는 남서쪽의 고지대에 자리 잡고 있다.

가장 많은 조합원이 거주하고 있는 아로조스 이 에스테로는 1767년에 세운 도시로, 수도인 아순시온에서 67km 거리에 위치해 있다. 2002년 통계 자료에 의하면, 인구는 22,722명이며, 도심지에는 약 8,000명이 거주하고 있다. 도시의 북쪽에는 파라과이(Rio Paraguay) 강으로 합류하는 만두비라(Rio Manduvira) 강이 흐르고 있다. 만두비라 협동조합의 이름은 바로 이 강에서 유래한 것이다. 주요 생산품은 사탕수수와 파인애플, 바나나, 메론을 비롯하여 소와 양, 염소가 있다. 파인애플과 바나나는 만두비라 강을 통해 1950년대와 1960년대에 아르헨티나로 수출되었다. 특히 사탕수수는 이 지역의 주요 작물로서 사탕수수에서 추출한 당밀과 술을 생산하며, 최근에는 세계적인 유기농 설탕 생산지로 유명하다.

아로조스 이 에스테로의 동쪽에 인접한 3월 1일 군에는 조합원들이 두
번째로 많이 거주하고 있는 지역이다. 그 이외의 토바티 군과 12월 15일
군, 후안 데 메나에는 약 40명의 조합원들이 거주하고 있다.

## :: 만두비라 협동조합의 위기와 대응

### (1) 불안정한 사탕수수 시장 가격과 협동조합의 위기

만두비라 협동조합은 급속히 성장하여 설립 8년 만에 조합원 수가
약 400명으로 늘어났다. 그러나 협동조합은 갚을 능력이 없는 조합원에
게 마구잡이로 대출을 허가하여 재정 위기를 맞아 조합원 수가 100명 이
하로 줄어들어 파산 지경에 이르게 되었다.

1988년에 임명된 새로운 조합장과 집행부는 중앙협동조합
(CREDICOOP)으로부터 부채를 탕감받은 후 사탕수수 재배 농가 조
합원이 운영하고 있는 150여 개의 전통가내설탕공장(fábrica de azúcar
arteanal casera)에서 생산되는 당밀(miel de azúcar) 수매와 판매를 통해 수
입원의 다변화를 추구하였다. 금융 거래에 초점을 두었던 만두비라 협
동조합은 재정 위기와 함께 사탕수수 농가에 눈을 돌림으로써 1990년
에 지금의 이름인 만두비라 농업생산협동조합(Cooperativa Produccion
Agro-Industrial Manduvira Ltda)으로 개명하게 된다. 만두비라 협동조합은

당밀의 시장 가격이 높게 형성되어 부채 탕감에 희망을 가지게 되었으나, 1993년 당밀 가격이 급락하여 조합원들의 당밀 수매를 중단하였다.

공교롭게도 비슷한 시기인 1992년에 외국인 투자자와 함께 유기농 사탕수수에 관심을 두고 아로조스 이 에스테로를 방문한 세계공정무역협회(FLO)는 아르헨티나와 우루과이 출신의 투자자와 함께 이듬해에 다시 방문하여 1950년에 설립된 지역의 오티사(OTISA) 설탕공장을 매입하였다(Cuellar y Vásquez 2006, 12). 오티사는 공정무역 시장에 뛰어들기 위해 1995년부터 이모(IMO)로부터 유기농 인증 절차를 걸쳐 1997년에 유기농 설탕 생산에 들어갔다. 유기농 인증 절차에 긴 시간이 소요된 것은 기존의 사탕수수 재배 농가가 유기농법으로 전환하는 데 걸리는 시간 때문이었다. 마침 당밀 가격의 하락으로 사탕수수 재배 농가들은 유기농법으로 전환한 후 개인적으로 오티사 공장에 사탕수수를 납품하였다.

이들 농가들의 대부분은 만두비라 협동조합에 가입한 상태였다. 그러나 만두비라 협동조합은 유기농 인증을 받지 않아 공정무역에 참여할 수 없어 안정적인 수익을 기대하는 조합원들의 오티사 납품을 막을 수는 없었다. 유기농 인증 절차 후 오티사는 직접 유기농 사탕수수 재배 농가와 거래를 했으나, 공정무역기구에서는 만두비라 협동조합을 매개로 공장과 농민이 유기농 사탕수수를 거래하라는 지시를 내렸다. 소농의 이익을 보호하는 것이 공정무역기구의 목적이기 때문에 힘없는 농민의 복지와 인권을 보장하기 힘든 설탕공장은 신뢰하기 힘들다는 것이었다.

실제로 조합이 없는 유기농 사탕수수 재배 농민들은 거대 자본을 앞

세운 설탕공장의 가격 횡포에 맞설 방법이 별로 없다. 만두비라 협동조합 소속의 농민들은 FLO의 권고와 조합의 힘으로 다른 지역의 농민보다 설탕공장에 큰 목소리를 낼 수 있었다. 그러나 조합 혹은 농민 공동체가 없는 경우는 FLO가 권고를 하더라도 거대 자본을 배경으로 한 설탕공장을 상대로 농민이 영향력을 행사하기는 쉽지 않다.

## (2) 거대 자본의 횡포와 만두비라 협동조합의 대응

오티사는 수매 가격 조정을 통하여 소농의 보호라는 FLO의 목표와는 별개로 또 다른 이익 창출을 추구하였다. 오티사는 유기농 사탕수수 매입 가격과 환경오염 문제 등으로 농민들과 대립하였다. 이러한 양 집단의 냉소적인 관계는 필자가 조합 관계자 혹은 농민들에게 오티사에 관한 질문을 할 때 그들이 대답을 꺼려 하는 모습에서 쉽게 알 수 있었다.

오티사와 농민과의 대립이 심화된 것은 2003년부터였다. 다른 설탕공장의 일반 사탕수수(caña de azúcar convencional) 매입 가격은 톤당 7만 과라니[7]였으나, 오티사는 유기농 사탕수수(caña de azúcar organica) 매입 가격으로 톤당 6만 과라니를 지불(Cuellar y Vásquez 2006, 13)하였다. 유기농 사탕수수는 일반 사탕수수에 비해 농사를 짓기가 힘들고 가치가 높아 수매 가격이 높아야 하는 것이 당연하지만, 오티사는 '농민 길들이기'의 일환으로 그 가격을 낮게 책정하였다.

이에 협동조합은 조합원 유기농 사탕수수 재배 농민과 비조합원 유

---

7 이 당시의 환율은 1달러에 약 6,000과라니(Guarani)였다.

기농 사탕수수 농민들의 파업을 지원하여 유기농 사탕수수 매입 가격을 올렸으며, 이 일을 통해 유기농 사탕수수 재배 농가들은 협동조합의 필요성을 실감하였다. 특히 조합원 농민들은 협동조합을 더욱 신뢰하게 되었고, 비조합원 농민들은 협동조합에 대거 가입하였다.

오티사에서 나오는 매연과 오염물질로 인한 환경오염은 마을 주민과 농민들에게 지속적인 피해를 주고 있다. 오티사의 오염 문제는 필자가 현지에 있는 동안 직접 체험하였는데 사탕수수를 발효하는 냄새로 인해 머리가 어지러울 정도로 지독하였다. 이 냄새는 공장이 가동되는 시간이면 새어나와 온 시가지를 뒤덮었다. 조합원인 파블로 씨에 의하면, 설탕공장은 냄새와 유해물질이 배출되지 않도록 최신 설비를 갖추고 있어야 하지만, 오티사는 비용의 문제로 인해 구식 설비를 그대로 사용하고 있다고 한다. 이런 문제로 다수의 주민들이 호흡기 질환과 기타 신체 기관의 감염을 호소하고 있다고 한다.

조합은 2005년에 오티사의 횡포에서 벗어나기 위해 설탕공장을 임대하였다. 설탕공장은 조합에서 약 한 시간 거리에 있는 프레지덴테 아제스(Presidente Ayes) 주의 벤하민 아세발(Benjamin Aceval) 시에 위치한 센시 이 피로타(Censi y Pirota)이다. 2006년에는 임대한 공장을 바탕으로 스위스의 IMO와 독일의 Naturland에서 유기농 인증을 자체적으로 받았다. 그리고 2009년부터는 한국과 유기농 설탕 거래를 위해 돌나라유기인증코리아에서도 인증을 획득하였다.

센시 이 피로타 공장은 조합원이 생산한 유기농 사탕수수만을 가공하고 있으나 공장의 규모가 작아 조합의 모든 유기농 사탕수수를 정제하지 못하고 일부는 여전히 오티사에 보내고 있다. 그래서 조합에서는 센시 이 피로타로 가는 운임비용 절약과 오티사에 납품하는 물량을 모두 소화하기 위해 아로조스 이 에스테로에 자체 설탕공장 건설을 위한 토지를 마련하였다.

파라과이에는 총 7개의 유기농 설탕공장[8]이 있지만, 만두비라 협동조합처럼 농민 공동체가 자체 공장을 가지려는 시도는 처음이다. 물리적인 힘과 시위가 아닌 농민들 스스로가 생산과 판매에 관한 인프라를 구축하여 거대 자본에 대응하는 모습은 다른 농민 운동과 차별성을 보이고 있다.


## :: 공정무역과 유기농 사탕수수 재배 농가의 증가

### (1) 유기농 사탕수수 재배 농가의 증가

공정무역이라는 거시적 흐름에서 오티사와 유기농 사탕수수 재배 농가와의 갈등은 협동조합의 중요성을 농민들에게 각인시켰고, 이로 인해 만두비라 협동조합은 성장하게 되었다. 조합원이 증가한 가장 큰 요인은 3절에서 살펴본 바와 같이 오티사와의 대립으로 인한 유기농 사탕수수 재배 농가의 각성이 기폭제가 되었다.

---

8   파라과이의 유기농 설탕 생산 공장은 파라과리(Paraguarí)와 프리에드만 (Friedmann), 이투르베(Iturbe), 오티사(Otisa), 과람바레(Guarambare), 라 펠시나(La Felsina), 산타 마리아(Santa Maria), 센시 이 피로타(Censi y Pirota)가 있다.

2005년부터는 설탕공장 임대와 자체적인 유기농 인증을 시도하면서 다시 유기농 사탕수수 재배 농가의 수가 급격히 늘어나게 된다. 그 이전에도 만두비라 협동조합이 조합원과 오티사를 매개하여 공정무역의 이익을 취했으나 오티사의 개입 없이 만두비라 협동조합은 농가의 생산부터 공정무역 시장의 판매까지 관할할 수 있게 되었다. 이로써 조합은 설탕공장의 싼값 매수라는 방해 없이 유기농 사탕수수 재배 농민들에게 안정적인 소득을 보장할 수 있게 되었다.

협동조합의 자체 통계에 따르면, 2005년에는 647명의 조합원 중 205명이 사탕수수를 재배하였고, 이 중에서 128명이 유기농 사탕수수를 재배(Cuellar y Vásquez 2006, 20)하였다. 2절에서 언급했듯이 2010년에는 약 1500명의 조합원이 있으며 506명이 유기농 사탕수수를 재배하고 있다. 최근 약 5년 사이에 조합원의 수는 약 2.5배 증가하였으며, 특히 유기농 사탕수수 재배 농가는 3배 이상 증가하였다.

특히 최근 2년간 조합원의 농지 규모를 보면 소농들이 공정무역의 영향을 받아 유기농 사탕수수 재배로 전환한 것을 쉽게 볼 수 있다. 이는 취약한 상황에 있는 소농들이 수익을 보장받기 위해 유기농 사탕수수 재배를 대안으로 삼은 것으로 보인다.

| | 5ha 미만 | 10ha 미만 | 10ha 이상 20ha 미만 | 20ha 이상 50ha 미만 | 50ha 이상 | 합계 |
|---|---|---|---|---|---|---|
| 2009 | 206 | 140 | 47 | 29 | 11 | 433 |
| 2010 | 55 | 16 | 2 | | | 73 |
| 합계 | 261 | 156 | 49 | 29 | 11 | 506 |

조합측에 따르면 소농은 10ha 미만이며, 중농은 10ha 이상에서 20ha 미만, 대농은 20ha 이상이라고 한다.[9] 이 기준에 의하면 소농은 전체 유기농 사탕수수 재배 농가의 82%를 차지하고 있다. 그 가운데 5ha 미만의 영세농은 소농의 63%나 된다. 특히 1년 사이에 유기농 사탕수수로 전환한 농민은 총 73명으로 그중에서 2명을 제외한 71명이 소농이다. 2년 사이의 통계는 소농들의 유기농 사탕수수 재배 전환 비율이 가파르게 상승하고 있다는 것을 잘 보여준다.

이러한 유기농 사탕수수 재배 농가의 증가에는 공정무역 기금을 통해 조직된 조합의 사회 서비스 기능도 빼놓을 수 없다. 파라과이의 소도시의 국공립 의료 시설은 매우 취약하여 피검사를 할 수 있는 기본적인 시설을 갖춘 곳도 드물다. 이러한 상황에서 공정무역 기금으로 설립된 진료소는 농민들로 하여금 공정무역과 조합에 대해 긍정적인 인식을 가지게 하였다. 대규모 도시 수준의 의료 서비스를 매일 받을 수 있다는 것에 대해 조합원들은 특권으로 여기고 있다.

교육 사업은 농업과 보건, 공동체 활동, 스포츠에 이르기까지 다양한 지식을 조합원에게 제공하는 것과 그들의 자녀에게 물질적으로 지원하는 것을 포함한다. 특히 사탕수수의 경우는 12월부터 6월까지 소득이 없다. 특히 여름인 12월과 2월 사이에는 채소나 기타 작물도 수확하지 못하기 때문에 농민들이 가장 버티기 어려운 시기이다. 더구나 2월에는

---

9 약간의 차이가 있지만 파라과이에서 가족농의 규모는 20ha에서 50ha 미만으로 규정하며 핑카(finca)라 부른다. 기업농은 50ha에서 100ha 이상으로 규정하며 에스탄시아(estancia)라고 부른다. 이 분류에 따르면, 유기농 사탕수수 재배 농가는 대부분 가족농에 속한다고 볼 수 있다.

자녀들의 학교 입학까지 겹쳐 조합원이 매우 힘들어 한다고 한다. 이를 위해 조합에서 입학 시기에 조합원 자녀를 위해 학용품과 장학금을 지급한다. 이러한 사회경제적 혜택에 대한 농민들의 만족도는 필자가 조합원 간부들과 각 농가를 방문할 때 상세히 관찰할 수 있었다. 간부들과 필자가 조합원이 있는 마을을 순회한 후 조합에 다시 도착했을 때 트럭의 짐칸에는 각 농가를 지날 때마다 선물로 받은 농작물이 종류별로 쌓여 있었다.

즉 조합 내의 유기농 사탕수수 재배 농가의 증가는 공정무역을 통한 판매 시장의 안정과 사회 서비스 제공, 외국계 자본인 오티사와의 대립이 주요 요인으로 작용하였다.

## (2) 유기농 사탕수수 재배 농가로의 전환 사례

공정무역을 통한 소농들의 유기농 사탕수수 재배 증가는 두 농가에 사례를 통해서 그 원인을 심층적으로 살펴볼 수 있다. 여기서 살펴보고자 하는 두 농가는 만두비라 협동조합이 성장한 5년 사이에 조합원으로 가입했거나 다른 작물에서 유기농 사탕수수 재배로 전환한 경우로서 5ha 미만의 경작지를 소유한 농민들이다. 이러한 조건의 농가를 택한 것은 조합에서 가장 보편적인 형태의 조합원이기 때문에 적은 사례로서 전체 조합원의 상황을 보기에 적합하다고 여겼기 때문이다.

첫 번째 사례인 알렉한드로 고도이(Alejandro Godoy)씨는 부인과 3명의 자녀와 함께 살고 있다. 그는 5ha의 토지를 소유하고 있다. 작물은 사탕수수와 호박, 땅콩, 콩, 만디오카, 바나나, 채소류를 키우고 있다. 채소는 토마토와 피망, 양배추, 파, 상추를 기른다. 채소류는 여름인 12월과 2월 사이에는 너무 더워서 키울 수 없으며, 3월부터 재배할 수 있다. 주요 소득 작물인 사탕수수는 2.25ha를 재배하며, 나머지 땅에는 기타 작물을 가꾼다. 가축은 소가 9마리 있으며, 돼지는 3마리, 닭이 50마리 있다. 사탕수수 이외에 호박을 팔기도 한다.

유기농 사탕수수를 재배하기 전에 알렉한드로는 주요 소득 작물로서 파인애플을 재배하였다. 파인애플은 아로조스 이 에스테로에서 한때 가장 유명한 특산물이었으나 재배 조건이 여의치 않아 알렉한드로는 유기농 사탕수수로 작물을 교체한다.

산페드로 주와 콘셉시온 주에서 파인애플을 많이 재배하면서 2004년부터 여기(아로조스 이 에스테로스)에서 파인애플 재배 농가가 줄어들었다. 파인애플은 아순시온의 아바스토(Abasto: 한국의 농산물 집판장과 유사)에서 판매된다. 농사 위해서는 비료를 많이 뿌려야 돼서 수지가 전혀 맞지 않다. 시장 경쟁과 비료 값 때문에 파인애플 농사를 그만 뒀다. 비료가 모두 수입이라서 단가가 높고 해서 […] 그래서 2005년부터 유기농 사탕수수를 심기 시작하였다.(Alejandro Godoy, 34세)

알레한드로는 유기농 사탕수수로 작물을 전환하기 이전부터 조합원이었다. 그는 파라과이의 동북부 지역인 산페드로 주와 콘셉시온 주에서 기업농이 파인애플을 대량 생산하면서 가격이 하락하여 파인애플 농사를 그만두고 시장 가격이 보장되는 유기농 사탕수수로 작물을 바꾸었다. 만약 알레한드로가 유기농 사탕수수로 작물을 변경하지 못했더라면 다른 지역의 소농들처럼 위험에 처했을 가능성이 매우 높다.

다른 농가의 사례로서 알바 사라초(Alba Zaracho)는 30살의 독신으로 부모님과 살고 있다. 그녀는 2.75ha에 사탕수수 농사를 짓고 있다. 나머지 토지에는 만디오카와 옥수수, 땅콩, 깨, 비료용 식물, 채소류를 경작한다. 채소류는 토마토와 당근, 피망, 상추, 오레가노, 양파, 파를 재배한다. 가축은 소 4마리와 돼지 1마리, 닭 50마리가 있다.

그녀는 원래 농민 공동체 성격의 NGO인 알테르비다(Altervida)에 속해 있었으나 유기농 사탕수수를 재배하기 위해 3년 전 만두비라 협동조합에 가입하였다. 아다는 유기농 사탕수수 농법이 까다로워 고민을 했지만 더 나은 수익을 위해 선택하였다.

옆집의 만두비라에 가입한 조합원 이야기를 듣고 유기농 사탕수수가 수입이 좋고 조합원들의 혜택이 많다고 해서 가입했다. 부모님이 나이가 많아서 진료를 마음껏 받을 수 있어서 좋다. 그리고 여기(만두비라 협동조합)는 공정무역을 하기 때문에 시장이 확실한 것 같다. 예전의 일반 사탕수수 농사지을 때보다 수입이 톤당 대략 10,000과라니가 늘어났다.(Alba Zaracho, 30세).

일반적으로 사탕수수는 1ha에 11만kg 이상을 수확한다고 한다. 톤당 9만 5천 과라니를 받는다. 이 돈은 사탕수수 수송비와 수확할 때 사용한 노동력 값을 제외하면 톤당 3만 5천 원의 순수익이 남는다고 한다. 이것을 계산해 보면 유기농 사탕수수를 재배한 연간 수익은 358만 과라니이다. 공정무역의 이점은 각 농가에서 생산한 유기농 설탕이 공정무역 시장에서 팔린 비율만큼 상금(premio)을 지급하는 것이다. 이 상금의 절반은 조합에서 가지고 나머지는 조합원에게 전달한다. 조합은 이 상금으로 사회 서비스를 실시한다. 아다의 경우는 평균적으로 300만 과라니를 상금으로 받았다고 한다. 즉 아다의 연간 총수익은 658만 과라니로서 월 소득으로 환산하면 원화로 약 10만 원이 된다.

파라과이의 최저임금은 한화로 25만 원 정도이다. 아무리 농민들이 식량을 자급한다고 할지라도 기타 물품 구매와 의료 시설 이용, 교육비로는 턱없이 부족하다. 물론 만두비라 협동조합의 경우는 사회 서비스가 어느 정도 확립되어 있어 그나마 다른 농민들에 비해 여건이 좋은 편이다.

이마저도 2009년에는 극심한 가뭄으로 유기농 사탕수수의 수확량이 70% 이상 줄었다. 생산량이 극감하는 자연재해의 경우에는 공정무역도 근본적인 대안이 될 수가 없다. 왜냐하면 공정무역은 낮은 생산량까지 보상해 주지 않기 때문이다. 그러나 대다수 파라과이 농민들에 있어 공정무역에 관한 이런 식의 넋두리는 배부른 투정에 불과하다. 평균적인 파라과이의 농민들은 만두비라 조합원보다 훨씬 낮은 수입을 벌고 있으며 복지 서비스도 제대로 누리지 못하고 있다. 특히 브라질과 아르헨티나 국경 인근에 거주하는 농민들은 기업농에 의해 삶의 터전도 빼앗긴 실정이다. 이러한 파라과이의 농업 현실은 만두비라 협동조합의 성장 사례가 소농의 생존 대안으로 부각될 수 있다는 것을 말해 주고 있다.

## :: 맺음말

자유무역에 의한 기업농의 침투에 따른 이농 현상은 파라과이 사회에서 심각한 수준에 이르렀다. 파라과이의 몇 개 주를 제외한 대부분의 주들은 기업농의 확산에 속수무책으로 당하고 있다. 이는 최근 5년 사이의 해외 이민 통계를 보면 더욱 명확하게 드러난다. 파라과이 총 인구 600만 명 중 약 50만 명이 지난 5년 사이에 다른 나라로 이민을 갔다. 삶터를 잃은 농민들은 해외뿐만 아니라 직업을 찾아 대도시나 수도권으로 이주하고 있다. 부모 중 한 사람이 도시나 해외로 이주하면서 파라과이의 농촌과 도시의 불완전한 가정은 새로운 사회 문제로 부각되고 있다. 이러한 사회 문제의 시발점이 되는 소농과 가족농의 보호는 국가적인 과제이지만 그 지원이 미미하다.

비록 소수지만 만두비라 협동조합의 사례는 공정무역이 소농의 사회경제적 이익을 대변하는 데 일정 역할을 담당할 수 있음을 보여주었다. 소농들이 우선으로 필요로 하는 것은 생산한 상품을 제값에 팔 수 있는 안정된 시장과 사회 서비스에서 소외받지 않는 것이다. 공정무역은 이러한 농민의 요구에 부합하고 있었다. 소농들이 유기농 사탕수수 재배로 전환하는 과정은 공정무역이 파라과이 소농의 생존에 상당히 큰 영향을 미치고 있음을 알 수 있었다.

이러한 긍정적인 측면에도 불구하고 파라과이에서는 공정무역을 통해서만 사회적 불평등을 해소하기에 벅찬 모습을 보이기도 한다. 왜냐하면 공정무역이 절실히 필요한 곳은 외국계 기업농이 침투한 지역이지만, 실제로는 아직 외국계 기업농이 입성하지 못한 일부 지역에 국한되어 있다. 외국계 기업농은 파라과이의 정책 담당자와 긴밀한 관계를 유지하고 있을 뿐만 아니라 마피아와 연결되어 있어 그들의 이익에 문제를 야기할 수 있는 사회 운동 단체들의 접근을 쉽게 허락하지 않는다.

그렇다고 해서 공정무역을 실시한 조합이나 농민들의 성과를 평가 절하할 수는 없다. 만두비라 협동조합의 농축산부를 담당하고 있는 아다(Ada)에 따르면, 조합이 외국계 기업의 침투를 걱정하지 않을 정도의 역량을 키운 것은 공정무역의 역할 때문이었다고 분석하였다. 즉 파라과이에서 공정무역의 전반적인 확산은 무리일 수 있지만, 만두비라 협동조합의 사례처럼 공정무역에 의해 외국계 기업농의 확산에 대응할 수 있는 환경을 조성한 지역은 공정무역이 소농 생존의 대안이 될 수 있다는 사실을 증명하고 있다.

# 제4장

# 남미 통합과 포용적 개발의 실제

이태혁

## :: 들어가며

글로벌 거버넌스(global governance)라는 국제정치학 용어는 21세기의 국제 사회의 모습을 담는 시대정신(Zeitgeist)적인 표현이다. 즉, 다양한 영역의 행위자들이 국내외 여러 가지 아젠다 및 정책 등에 기존의 하향식 접근보다는, 상향식 그리고 평행식(parallel) 의견 수렴의 과정을 통해 추구한다는 것이다(Heywood 2011; Baylis 2014). 이런 전 지구적 형태의 모습이 21세기 남미 좌파의 물결, 즉 온건좌파(Pink-tide)의 도래와 그 궤를 같이한다고 볼 수 있다. 21세기형 사회주의(21st century socialism)는 수출 지향 성장 형태(export-led growth model)에 기반하고 사회적 포용(inclusion)과 복지를 강조한 post-neoliberal이다(Grugel and Riggirozzi 2012, 1; Veltmeyer 2013, 79). 이에, 본 글은 남미의 좌파 물결이 도래하는 시점인 2000년대 초, 남미의 사회간접자본(Social Overhead Capital, SOC)

확대 차원에서 추진되어 온 인프라 구축 사업, 특히 남미인프라통합구상(Initiative for South American Regional Integration, 이하 IIRSA)의 시행 의도 및 과정 가운데 진정성 있게 포용적 개발로 진행되었는가에 대한 의문을 품는다.

본 글은 남미의 정치적 풍토(political landscape)가 바뀌었음에도 불구하고, 남미인프라통합구상(IIRSA) 추진 사업 가운데 행위자들의 참여가 단순히 수사적(rhetoric)인 상태에 머물러 있으며, 이는 인프라 통합 과정 가운데 이것이 다양한 행위자들의 이해관계가 제대로 반영되지 않았다고 주장한다. 이는, 여러 설명 변수 가운데 역사적으로 내재화된 사회적 구조성(historically embedded societal structure)이라는 요소로 인해 포용적 개발의 한계성이 드러난다고 논쟁한다.

남미인프라통합 추진 사업과 관련해 국내외 연구가 진행되고 있다. 국내에서는 2006년 수출입은행, 김영석의 「남미인프라통합구상(IIRSA) 추진 현황과 시사점」이라는 보고서를 시발점으로 해서 김은중(2011), 이상현 외(2014) 그리고 2016년도에는 고려대학교 신흥지역연구에서 라틴아메리카 지역 이슈 페이퍼로 남미인프라통합구상인 IIRSA에 대한 연구물을 제작한 바 있다. 국내 연구물의 공통점은 IIRSA에 대한 개괄적 형태의 연구물로써, IIRSA에 대한 이해와 그 지평을 넓힌 부분은 있지만, IIRSA 연구에 대해 개조식 서술 형태를 취한다. 이에 반해, 김윤경(2012)은 남미인프라통합 가운데서 원주민과 시민 단체의 대응 정도(extent)를 다룬 국내 연구물이다. 남미인프라통합구상 과정 가운데 배제된 지역민, 특히 원주민들에 대한 연구가 진행되었지만, 이 또한 실질적 현장 조사 등을 통한 연구물이기보다는 2차 자료 등을 활용해 부분적으로 연구를 진행한 한계가 있다.

한편, IIRSA의 개발 정도에 따른 환경적 그리고 사회경제적 차원의 문제의식을 바탕으로 지난 2006년도부터 연구를 진행해 온 피투판 데이크(Pitou van Dijck)는 수차례(2006, 2008) 관련 논문을 발표한 바 있다. 특히, 데이크는 지난 2013년도에 IIRSA 프로젝트의 아마존 지역 내에서 진행되고 있는 사업들에 대해, 전략적 환경 평가(Strategic Environmental Assessments, SEAs)라는 프레임으로, 볼리비아의 북도로망(Corridor Norte), 브라질 내 마나우스(Manaus)와 포르토 벨료(Porto Velho)를 가로지르는 도로망, 그리고 브라질과 수리남을 잇는 도로망에 대한 실질적 연구 조사를 진행했다. 그리고 이에 대한 결과물로 데이크는 『The Impact of the IIRSA Road Infrastructure Programme on Amazonia』라는 도서를 2013년도에 발간하며, 현지 조사를 바탕으로 IIRSA 프로젝트에 대한 심도 있는 분석적 연구물을 제시했다.

또한, IIRSA 프로젝트를 총괄하는 남미연합(Union of South America, UNASUR) 내 (가칭) 통합위원회(the South American Infrastructure and Planning Council, COSIPLAN)에서 지속적인 남미인프라통합구상과 관련해 보고서를 작성하고 있지만, 이는 인프라 건설 현황에 대한 보고 자료의 성격이다. 남미인프라통합구상이라는 남미 전체를 아우르는 거대한 물리적(physical) 통합 프로젝트에 대해 앞서 잠시 소개한 데이크와 같은 IIRSA 프로젝트 진행에 따른 문제의식을 바탕으로 진행한 연구가 미흡하다.

본 연구는 글로벌 거버넌스 차원의 틀 가운데 지속가능한 개발(sustainable development), 특히 포용적 개발(inclusive development)이라는 현 개발 관련 담론이 IIRSA 프로젝트에 제대로 반영되고 있는지를 연구 조사 하는 것이 목적이다. 더욱이 이 연구는 (국내에서는) 2차 자료에서 만 국한되어 진행되어 온 IIRSA 프로젝트에 대해 실증 자료 및 현장 조 사를 통해 남미 통합 진행 정도를 연구함에 그 의의가 있다. 이에, 본 글 의 구성은 다음과 같다. 첫 번째, 포용적 개발과 포용적 성장이라는 담 론에 대해 살펴보며, IIRSA 출현(발족)의 역사적 의미를 짚어 보도록 한 다. 아울러, 남미인프라통합의 원칙과 방향이 어떠한 방식과 절차상 포 용성(inclusiveness)을 담고 있는지를 확인해 보고자 한다. 두 번째, 남미 좌파 등장과 그 궤를 같이하는 남미인프라통합이 개발의 포용성에 대 해 수사적인 상태에 머무른 것인지, 아니면 진정성(de facto) 있게 인프 라 개발 과정 가운데 '포용'이 제대로 진행되었는지를, 실질적 현장 조 사를 통해 확인해 본다. 세 번째, 현장 조사를 통해 확인한 결과에 대해 사회적, 그리고 역사적 변수인 '역사적으로 내재화된 사회적 구조성'이 라는 변수를 통해 분석한다. 다섯 번째, 본 연구의 결론으로서 앞서 논 의한 바에 대한 정리와 함께 연구의 제한 및 한계 그리고 이를 보완하 기 위한 후속 연구의 필요성 그리고 그 후속 연구의 영역에 대해 소개 하도록 한다.

## :: 포용적 성장과 포용적 개발 담론 제시 및 분석

워싱턴 컨센서스하 진행되어 온 신시장주의 성장 정책, 성장 지향적

경제 정책 및 제도가 그 한계를 경험하고 있다. 2008년 글로벌 경제위기가 그 한 예이다(김진경 2015). 즉, 분배를 고려하지 않은 성장 지향적, 그리고 배타적 성장 정책의 부산물로써 빈부격차가 심화되고, 소외 계층이 지속적으로 증대되고 있는 작금이다. 이런 비대칭적 성장 및 발전 가운데, post-Washington consensus에 대하여 연구 기관 및 학계 그리고 정부 차원에서 여러 담론적 논쟁 및 개념화가 일고 있다.

클레이슨(Klasen 2010)이 지적한 바대로, 포용적 성장에 대한 "국가 단위, 프로젝트, 또는 프로그램 레벨에서 측정할 수 있는 명확한 정의가 부재하다"(Klasen 2010, iii). 하지만, 클레이슨은 "성장(growth)은 포용적 성장을 위한 필요조건인 가운데, 포용적 성장은 과정을 중시한다. […] 실질적 성장의 과정 가운데 많은 사람들이 포함되어 있는가에 대한 것으로 […] 저변(低邊)이 넓은 성장(broad-based growth)으로써 비차별적 참여를 포함하는 것이다"(Klasen 2010, 2)라고 포용적 성장을 정의한 바 있다. 특히, 포용적 성장에 관한 논의는 성장주의의 상징인 워싱턴 컨센서스에 대한 회의(criticism)로부터 시작된 바, 소득 불평등 등 경제 성장에 영향을 미치는 다양한 요인들을 고려해야 한다는 것이 요지이다(KOICA 2015, 13).

OECD가 지난 2014년 발표한 연구물인 「모든 사람이 함께하는: 포용적 성장 만들기(All on Board: Making Inclusive Growth Happen)」에 따르면 포용적 성장이란 기존의 경제 성장 위주에서 사회 구성원의 삶의 질 향상, 소득, 일자리, 건강 등 사회의 다양한 불평등 문제 해소 및 계층 간 형평성 있는 분배 등을 추구하는 복합적인 개념이다(OECD 2014). 즉 기존의 경제 성장 중심의 모델에 대한 재검토와 아울러, 경제 성장과 포용성을 아우르는 포괄적인(comprehensive) 성장 모델 프레임이다. 즉, 포용적 성장은 소득 불평등이 경제 성장에 부정적 영향을 가한다는 논리하에 불평등, 열악한 복지 시스템 그리고 분절화된 노동 시장 등의 문제를 극복하려는 국제 사회의 새로운 방향이며 의제인 것으로 이해할 수 있다.

포용적 성장과 그 궤를 같이하는 포용적 개발은 "친빈곤적(pro-poor) 접근으로써 개발적 이슈를 다룰 때 소외된 집단(marginalized groups) 등을 포함한 모든 이해관계자들(stakeholders)에게 동등한 가치 부여 및 통합적 참여를 일컫는다. 이는 투명성과 책임성을 증대시키며, 시민사회와 정부 그리고 민간 부분 행위자 간의 협동을 통한 개발 협력 성과를 증진시키고자 함이다"(Oxfam - Briefing Note Inclusive Development). 또한, UNDP 등에 따르면, 포용적 개발은 소외되고 배제된 모든 그룹들이 개발의 과정 가운데 참여가 보장되어야 하며, 성, 인종, 나이, 장애와 가난의 여부에 따라 개발에서 배제되지 말아야 한다.

상기 포용적 개발 정의의 연장선상에서, 코주카(Kozuka 2014)는 포용적 개발은 사회 모든 구성원들의 기회의 동등성 증진을 통해 인간의 복지를 개선하고자 하는 것을 목적으로 하는 것으로써, 특히 가난 등 취약한 계층이 일반적으로 개발의 발전 단계에서 배제된 이들이 많은 만큼, 이들을 포용한 것을 일컫는다(Kozuka 2014, 110). 즉, 포용적 개발은 단순히 소득 등 경제적 단면만을 강조하는 것이 아닌, 경제적인 면을 넘어선 복지의 다양한 측면(예, 교육, 의료) 그리고 정치경제적 참여를 포함하는 것이다(Kozuka 2014, 110).

상기에서 확인한 바대로, 포용적 성장과 포용적 개발은 개념 면에서 여러 중첩되는 부분이 있다. 하지만, 전자인 포용적 성장은 경제 성장과 인간 개발의 선순환 그리고 기회의 평등의 관점에 초점을 맞춘 반면, 후자인 포용적 개발은 포용적 성장의 주요한 특징과 더불어, 배제되었던 행위자들이 개발의 과정 가운데 참여하는 것을 강조한다. 이러한 포용성과 관련된 논의가 성장 및 개발의 내재화된(embedded) 이슈로, 전 지구적 흐름 가운데 남미인프라통합구상 추진이 2000년에 시작되었다. 다음 부분은 IIRSA의 발족을 소개하며, IIRSA의 역사적 의미를 짚어 보도록 한다. 특히, IIRSA 발족의 기본 주요 문서 등을 확인함으로써, 남미인프라통합의 원칙과 방향이 어떠한 방식과 절차를 통해 포용성이라는 바탕하에 추진되었는지 확인해 본다.

## :: 남미인프라통합구상의 역사적 의미와 가치[1]

새천년을 맞아 남미 12개 국가 정상들은 브라질의 수도 브라질리아에 모였다. 남미인프라통합구상의 청사진을 그리기 위한 이 회합은 남미 현대사의 중대한 역사적 분기점(critical juncture)이라 할 수 있다. 이 구상에는 특별한 정치적 의미가 담겨 있기 때문이다. 즉, 지난 1800년대 라틴아메리카가 유럽으로부터 독립할 때 라틴아메리카의 해방자이며 독립의 아버지로 활동했던 시몬 볼리바르(Simon Bolivar, 1783~1830)가

---

1 이태혁(2016) 「중남미지역 인프라 통합구상의 정치경제」, 『세계와 도시』(서울 연구원), 25-34쪽.

품었던 '중남미 통합'의 이상을 실현하고자 하는 의미를 지닌 것으로서, 이는 역사 지속성의 한 단면을 보여주는 것이기도 하다(van Loon 2006).

당시 시몬 볼리바르가 품었던 정치적 이상의 인식론적 기반은 '범미주의(Pan-Americanism)'[2]였다. 그러나 패권주의를 지향하던 미국은 이 범미주의를 다르게 해석하여 수용한 것이다. 예컨대 먼로 독트린(Monroe Doctrine), 루즈벨트 구상(Roosevelt Corollary), 굿 네이버 정책(Good Neighbour Policy) 등이 말해 주듯 미국은 범미주의를 대 중남미 외교 정책의 정당성을 부여하는 기제로 활용하였다. 2000년 9월, 마침내 이에 대한 적극적 응답으로써 브라질의 전 대통령 페르난두 엔히키 카르도주가 주도한 '브라질 선언(Brazilia Communiqué)'이 발표되었다. 그리고, 이를 신호탄으로 남미 통합은 새로운 국면을 맞이하게 된 것이다.

2000년 8월 30일과 9월 1일 이틀간에 걸친 제1회 남미 12개국 정상회담에서 채택된 브라질 선언은 남미 국가들의 지속가능한 개발을 위한 여러 가지 공동 과제들을 포함하고 있다(Brazilia Communiqué 2000). 그 가운데 인프라 건설 및 통합 추진 과제로써 남미인프라통합구상이 출범하게 된 것이다(ibid). 남미인프라통합구상은 세계화 그리고 개방적 지역주의(open regionalism)[3]로 표방되는 21세기 글로벌 정치 · 경제 환경에서 남미라는 지역적 정체성 확립을 통한 물리적 인프라의 통합(physical

---

2  1800년대 초반 라틴아메리카 국가들의 독립 과정에서 만들어진 서반구의 지역주의로, 아메리카 대륙 신생국 국가들 사이의 상호 협력과 연계를 통해 서반구의 성장과 발전을 도모하자는 주장(Herz 2011; 재인용 조한승 2015, 40쪽).

3  폐쇄적 지역주의(closed regionalism)에 대응하여, 다자간 자유무역 체제를 강화하기 위해 비배타적(non-exclusive), 무차별적(non-discriminatory) 원칙에 입각한 지역주의 경향이다.

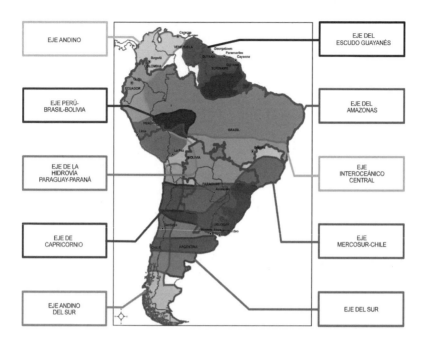

[그림 1] IIRSA 10대 통합 개발 허브(축)
출처: IIRSA(2011)

integration of infrastructure)과 근대화로 국제 사회의 정치적, 경제적 영향

력을 확대하고자 한다. 또한 인프라의 통합으로써 다른 영역(예컨대, 정

치)의 통합을 촉진하는 촉매제 역할을 지향하고 있다(IIRSA 10 Year 2011,

10). 한편으로는 국제 사회 내 다양한 행위자들, 특히 지역 단위 일반 대

중들의 이해관계까지 포함하는 포용적 개발을 지향하고 있다(IDB 2000,

49-52).

## :: 남미인프라통합구상의 변천 과정

남미인프라통합구상은 남미의 경제, 사회, 환경 등의 측면을 고려한 지역 통합 인프라 프로젝트로서, 전체 10개의 허브(축) 단위로 분류된다.

남미인프라통합구상의 인프라 통합은 현재 10개의 허브로 구성되어 있지만, 최초 몬테비데오 실행 계획에서는 12개의 통합 개발 허브가 제안된 바 있다. 그러나 자료 및 현장 조사, 다자간 협상 그리고 기술 회의 등의 과정을 통해 2003년 12월 칠레 산티아고에서 개최된 제5차 최고위급 운영위원회(the Executive Steering Committee)에서 최종적으로 10개의 허브로 확정되었다(IIRSA 2011, 65~66). 구체적으로 나열하면, 아마존 허브, 페루 · 브라질 · 볼리비아 허브, 남회귀선 허브, 남부 안데스 허브, 남부 허브, 파라과이 · 파라나 수로 허브, 메르코수르 · 칠레 허브, 중부 대양간 허브, 기아나 허브, 안데스 허브다.

이와 같이 10개의 허브로 나뉜 남미 지역은 현재 상당히 개발이 진행된 지역, 개발 진행 중인 지역, 잠재적 개발 가능성이 있는 지역 등 개발 단계의 차이를 나타내고 있는 만큼 그 차이를 반영한 개발 계획이 요구되었다. 즉 남미인프라통합구상을 통해 새롭게 발전 중심 지역으로 평가된 곳은 초기 인프라 건설을 비롯한 생산 활동에 대한 투자, 공공 정책에 더욱 관심을 기울여야 했다. 반면 상당히 개발이 진행된 지역의 경우는 물류 시스템과 제도적 발전에 집중할 필요가 있었다(IIRSA 2011, 76).

이에 따라 허브별 특성을 고려한 다양한 사업들이 구상되었고(총 335개의 프로젝트 포트폴리오가 신청), 투자액은 375억 달러로 추산되었다(Couto 2007, 4). 특히 남미 지역의 에너지, 교통, 통신 분야의 통합을 목표로 한 10년간의 프로젝트가 시행되었다(Brazilia Communiqué 2000). 이러한 물리적 통합 인프라 구축은 두 단계로 나뉜다. 초기 발전 단계라 할 수 있는 5년 기간에는 각국의 개발 현황 및 기술 상황 등을 분석하여 31개의 '우선추진합의프로젝트(the Consensual Implementation Agenda, AIC)'를 지정하는 성과를 일궈냈다(2004년 제3차 남미 정상회담에서 채택). 우선추진합의프로젝트 중 28개 사업은 운송 및 교통, 1개 사업은 에너지, 나머지 2개 사업은 통신 분야에 할당되었다(Couto 2007, 5).

31개의 프로젝트 추진 기간은 2005~2010년까지 6년으로 제한했으며, 사업에 투입될 총 비용은 50억 달러 이하로 책정했다. 이는 전체 예산이 370억 달러임을 고려할 때 합리적인 액수라 할 수 있다. 또한 남미 12개국은 각각 최소 1개 프로젝트를 수행할 수 있도록 하였다(Couto 2007, 6; 재인용 이상현 외 2014, 31). 이는 남미인프라통합구상 프로젝트가 두 번째 단계로 이행되었음을 의미한다. 즉 초기 5년간의 계획 단계에서 실행 단계로 넘어가는 과정이다.

한편 21세기 남미의 정세가 좌경화되면서 새로운 정치 공동체가 탄생했다. 브라질의 주도로 2008년에 조직된 남미공동연합(UNASUR)이 바로 그것으로, 이는 1990년대 남미 경제 통합이라는 기치 아래 조성된 남미공동시장(Southern Common Market, MERCOSUR)과 구별된다. 남미공동연합의 출범으로 남미인프라통합구상의 조직 및 구성 그리고 프로젝트에도 구조적 변화가 이루어졌다. 2009년 에콰도르 키토에서 열린 제3차 남미공동연합 정상회담에서 '남미인프라 및 플래닝협의체(the South American Infrastructure and Planning Council, COSIPLAN)'를 새로 구성하고 남미인프라통합구상은 그 내부 조직으로 통합되었다(UNASUR/

COSIPLAN 2011, 9).

결과적으로, 남미인프라통합구상의 31개 우선추진합의프로젝트는 시간적 한계에 부딪혀 목표를 달성하지 못했다. 다만 브라질과 페루를 잇는 양대양 도로망 건설 선상에 있는 브라질의 국경 지역의 아크리 강의 다리 건설을 포함한 2건의 프로젝트는 기간 내 완공할 수 있었다. 이러한 미흡한 성과는 통합 인프라 구축에 재정을 담당하는 3대 지역 금융기관⁴의 금융 조달 제약에 기인하였다. 그뿐만 아니라 아마존 강과 안데스 산맥 등 남미 지역의 지형적 제약도 작용했고, 국가 간의 물리적 인프라 통합인 만큼 제도적 차이와 행정 절차에 따른 관료적 환경이 장애물로 작용했다(브라질 외교부 소속 통합인프라 담당 국장, 2013년 4월 5일 현지 인터뷰). 남미인프라 및 플래닝협의체(COSIPLAN)는 이러한 문제들을 보완하기 위해 기존 31개의 우선추진합의프로젝트를 '최우선통합프로젝트아젠다(Integration Priority Project Agenda, API)'로 개편하여 이 프로젝트를 2012~2022년까지 10년에 걸쳐 완공하기로 하고 현재 사업을 진행하고 있다. 더불어 이 기간에 개별 프로젝트를 포함한 총 583개의 인프라통합프로젝트가 추진될 예정이다(UNASUR/COSIPLAN 2013).

이와 같은 남미 지역의 인프라 통합은 사회간접자본을 통한 생산품의 활성화, 인접 국가 및 해외 지역에 대한 무역 증진을 위해 추진 중이다. 이와 관련하여, 앞서 언급한 2010년 우선추진합의프로젝트 기간에 완공된 아크리 강의 다리 프로젝트가 지니는 정치·경제적 함의를 간

---

4    미주개발은행(Inter-American Development Bank), 라틴아메리카개발은행(Development Bank of Latin America) 그리고 라플라타유역개발기금(FONPLATA)이다.

략히 살펴보도록 한다. 특히, 남미 좌파의 등장과 그 궤를 같이하는 남미 인프라통합이 개발의 포용성에 대해 수사적인 상태에 머무른 것인지, 아니면, 진정성 있게 인프라 개발 과정 가운데 '포용'이 제대로 진행되었는지를 브라질 현지 조사 시 실시된 질적 및 양적 연구의 혼합 형태의 연구 방법(mixed method)을 통해 확인해 본다.


## :: 남미를 연결하는 아크리 강, '통합 다리'

2006년 1월, 남미 아마존 지역의 두 도시를 잇는 다리가 완공되었다. 브라질 아크리 주의 접경 지역에 위치한 아시스 브라질(Assis Brazil)과 페루 접경 지역에 위치한 이냐빠리(Iñapari) 사이를 가로지르는 아크리 강에 놓인 이 '통합 다리(Integration Bridge)'는 두 도시뿐만 아니라 두 국가의 연결 통로가 되었다. 또한 볼리비아 접경 지역인 볼페브라(Bolpebra)에도 간접적인 영향을 주는 만큼 아크리 강을 연결하는 통합 인프라프로젝트는 세 개의 국가를 이어준다는 역사적인 의미가 있다. 아크리 강 프로젝트는 앞서 언급한 남미인프라통합구상의 우선추진합의프로젝트의 일환으로, 10개 허브 영역 가운데 브라질-볼리비아-페루에 해당한다.

아크리 강 통합 다리는 더 거대한 인프라 구축의 발판이 되었다. 접경 도시 또는 국가 단위의 통합을 뛰어넘는, '양대양 도로망(Bi-oceanic highway 혹은 Inter-oceanic highway)' 건설 사업의 '방점'이었다. 이 도로

[사진 1] 브라질-페루-볼리비아 삼국의 국경을 구분 짓는 아크리 강 '통합 다리'(2013년)
출처: 필자

망은 대서양의 상파울루(São Paulo) 대도시권에서 시작하여 혼도니아(Rondonia) 주의 포르토 벨료(Porto Velho), 아크리 주의 히오 브랑코(Rio Branco)와 아시스 브라질(Assis Brazil), 페루 국경을 통과하여 쿠스코(Cuzco)와 태평양 연안의 항구 도시인 일로(Ilo)까지 연결되는 대규모 통합 인프라 프로젝트다. 사실 상파울루 대도시권[5]에서 아크리 주의 히오 브랑코까지는 이미 브라질연방고속도로(BR 364)가 포장되어 있었다. 이 도로에 남미인프라통합구상의 우선추진합의프로젝트로 페루 지역의 도로망을 확충함으로써 2011년 7월 비로소 남미 내륙을 횡단하는 양대양 도로망이 완공되었다. 이로써 대서양과 태평양을 잇는 최초의

---

5 실제로 BR 364는 상파울루 대도시권 내 오자스쿠(Osasco) 부근까지 연결된다.

통합 인프라가 실현된 것이다.

이러한 도로망 인프라 통합으로 브라질 아마존 지역의 국경에 접한 아크리 주는 인접한 다른 주, 예컨대 아마조나스 주나 혼도니아 주의 도시들로의 접근이 수월해졌다. 그뿐만 아니라 도로망 시설이 미비하여 인적 및 물적 교류가 어려웠던 페루의 마드레 데 디오스 주의 생산 활동을 북돋는 계기가 되었다. 빼놓을 수 없는 또 다른 점은, 태평양 너머 아시아와 교역을 할 때 이용해 왔던 파나마 운하를 대체할 만한 새로운 운송 루트가 확보되었다는 것이다. 이로써 파나마 운하를 경유할 때 40~50일 걸리던 수송 기간이 내륙 횡단 도로망으로는 25~30일로 단축되어 물류 수송 능력이 향상되었다. 이렇듯, 대서양과 태평양을 잇는 최초의 도로망으로 남미 통합의 역사적 산물이 되었으며, 이는 정치적 유산이 된 것이다. 더불어, 물류 이동의 경쟁력 제고 등에 따른, 경제적 이점 또한 전망하게 된다. 하지만, '포용성'이라는 담론의 가치를 정치적 이념의 '정체성'으로 품고 있던 좌파 정권하 진행된 포스트 개발주의(post-developmentalism)가 진정성 있게 구현되고 있는지, 아니면 신자유주의하 개발 모델로 수사적인 수준에만 머무른 것인지를, 앞서 언급한 아시스 브라질의 아크리 강 선상의 통합의 다리 건설과 결부된 연구를 인터뷰 및 설문조사 방법 등을 통해 확인해 본다.

브라질 교통국과 IIRSA 공식 문서 등에 따르면, 다리의 공사 기간은 2004년 8월부터 2005년 9월까지 모두 14개월 기간 내에 공사가 완료되었으며, 실질적 다리 개통은 2006년 1월 21일이었다(Implementation Agenda based on Consensus 2005-2010, Assessment Report, July 2010, 130). '통합의 다리' 개통을 축하하기 위해 참석한 조지 비아나(Jorge Viana) 아크리 주(완공 당시) 주지사는 룰라 브라질(당시) 대통령의 '사자(Lion)' 같은 '적극적' 지원을 통해 공사 기간을 예정된 30개월에서 14개월로 단축하게 되었다고 경축사에 언급했다(Rondonoticias 2006). 실질적으로, 현지 조사 당시 주지사와 이전 주지사들 그리고 아크리 주 개발을 담당하며 본 통합의 다리 사업을 관리 감독한 담당관 및 현지 주민들은 '원안'이 뒤바뀌었다고 밝혔다. 즉, 교량 건설의 원안은 태평양-대서양을 잇는 양대양 도로가 아시스 브라질(Assis Brazil)이라는 아마존의 국경 마을 '안쪽'을 통과해서 아크리 강의 건너편에 있는 페루의 이나파리로 연결시키는 것이다.

하지만, 본 국경 마을 안으로 통과하지 않고, 도로망이 이 아마존 마을 '바깥'으로 놓임으로써, 결과적으로 교량의 길이가 줄어들게 된 것이다. 즉, 본 다리 길이의 원안은 745미터로 브라질과 페루를 잇는 것이 원안이었는데, 500미터가량이 줄어든, 240미터 길이의 교량이 건설된 것이다. 이로 인해 공사 기간 및 공사 비용이 대폭 하향 조정된 것이다. 원안에서 교량의 길이가 745미터에서 240미터로 줄어들게 된 것은, 지역 사회 및 경제에 어떠한 영향을 미치는지? 두 국가의 국경 마을을 잇는 다리의 실질적 길이가 포용적 개발이라는 담론과 어떠한 연관이 있는 것인지? 즉, 브라질 국경 마을 지역 주민들이 다리 건설의 원안 변경에 따른 이해관계가 적절히 반영이 되었는지? 본 도로망이 이 국경 마을 안쪽으로 통과하는 것과 바깥으로 우회하는 것이 이 지역의 경제에 큰 영향을 미치는 만큼, 지역민들은 도로망의 건설 추이에 큰 관심을 가졌다. 연구자의 현지 지역 관찰 및 현장에서 실시한 서베이 및 개방형 인터뷰(open-ended interview)를 통해 다음과 같은 결과를 도출하게 되었다.

## :: 브라질의 아마존 삼국 국경 마을 - 아시스 브라질

브라질국립지리통계청(Instituto Brasileiro de Geografia e Estatistica, IBGE)
과 아크리 주 공식 문서인 '수치로써의 아크리(Acre em Numeros)'에
따르면, 아크리 주는 총 5개 지역으로 나누어져 있으며 22개의 도시
(municipalities)로 구성되어 있다. 그 가운데, 앞서 언급한 바 있는 아시
스 브라질은 브라질과 페루 그리고 볼리비아의 삼국 국경 마을로써 양
대양 도로망이 가로지르는 중요 지점이며 남미인프라통합 구상 사업이
브라질 쪽에서 실질적으로 진행된 부분이다. 더욱이, 이 지역은 우선추
진합의프로젝트의 기간 내에 완공된 결과물이다.

2010년 인구 전수 조사 실시 당시 아시스 브라질의 전체 거주 인구수
는 6,072명이며 아시스 브라질 시청 방문 시 획득한 자료 [표 1]에 따르
면, 아시스 브라질은 도심과 교외로 나누어져 있으며 인구수는 3000여
명 정도 각각 나뉘어 거주하고 있다. 하지만, 도심의 성격상 상대적으로
소가족 형태의 모습을 띠며, 가정의 수는 다음 [표 1]에서도 확인할 수
있듯이 도심이 946가구 그리고 교외는 648가구 정도이다.

[표 1] 아크리 주 국경 도시, 아시스 브라질의 행정구역 명칭 및 거주 현황 그리고
설문조사 응답 가정의 수

| 도심(Urban) | | 교외(Rural) | |
|---|---|---|---|
| 행정구역 명칭 | 응답 가정 수/<br>전체 가정 수 | 행정구역 명칭 | 응답 가정 수/<br>전체 가정 수 |

| | | | |
|---|---|---|---|
| Centro | 26 / 269 | Livremeta | 2 / 87 |
| Cascata | 18 / 202 | São Pedro | 2 / 50 |
| Bela Vista | 12 / 257 | Paraguaçu(Bacia) | 4 / 68 |
| Placido de Castro | 11 / 160 | | 8/205 |
| Km2 | 13 / 58 | | |
| 총계 | 80 / 946 | 총 88가정 설문조사 실시함 | |

본 연구는 가가호호(임의로) 방문하여 모두 88가정의 가장(head of household)을 대상으로 설문조사를 실시했다. [표 1]에서 확인할 수 있듯이, 도심의 5군데 지역에 방문하여 모두 80가정에 설문지를 통해 조사했다. 특히, 아마존 내 교외 지역 접근의 곤란함(밀림 지역)과, 또한 우기철 등으로 인한 환경적 제약으로 아시스 브라질의 아마존 밀림 지역에 위치한 교외에서는 모두 8가정으로부터 설문지 작성을 획득하게 되었다.

앞서 문제제기를 한 바처럼 본 글은 포용적 개발이라는 담론하에서 남미 좌파 정권의 주축으로 진행되고 있는 남미인프라통합구상 정책의 '포용성' 정도 및 실체를 연구하는 것이다. 이러한 목적하에 남미인프라통합 가운데 대표성[6]이 있는 브라질-페루-볼리비아 3국을 잇는 양대양 도로망 건설 가운데 아크리 강 다리 건설에 관해 지역주민의 참여 정도를 확인하기 위해 아래와 같은 질문들을 구성했다. 특히 연구자가 아크

---

6  남미지역인프라통합 1차년 기간(2000-2010년) 동안 2개국(지역)을 통합하는 31개 우선추진합의프로젝트에서 단지 2건만 기간 내 인프라통합을 진행했고 그 가운데 브라질의 아시스 브라질에서 페루의 이냐파리를 잇는 아크리 강 선상의 다리이다.

리 강 다리 건설 사업이 최초 시작된 아시스 브라질이라는 아마존의 한 마을을 방문했을 때 새로운 다리를 건설하면서 브라질과 페루를 잇는 도로망의 원안이 수정된 것을 확인할 수 있었다.

질문1: 아크리 '통합'의 다리의 원안이 수정되었을 당시 당신은 변경 부분에 대해 인지하고 있었습니까?

이에 대한 답변은 설문 응답자 88명 가운데 6명은 '그렇다', 그에 반해 82명은 '그렇지 않다'이다.

**[표 2] 아크리 다리 원안 수정의 인지 여부**

| 인지 여부 | 인원 | 퍼센트 |
|---|---|---|
| 네 | 6 | 6.8 |
| 아니오 | 82 | 93.2 |
| | 88 | 100 |

출처: 연구자 본인이 현지 실시한 서베이를 바탕으로 확인한 결과

이에 본 연구는 양대양 도로망 선상의 아크리 다리의 아마존 마을(아시스 브라질) 통과 여부가 마을주민의 이해관계에 중요함을 인터뷰 등으로 확인한 바 아래와 같은 가설을 세웠다.

더 많은 주민들이 노동조합 등 지역 단위의 협의체에 가입하여 정치-사회

적 활동을 하거나 시장 선거 등의 투표에 적극적으로 참여를 한다면 많은 주민들은 자신의 이해관계에 관련된 지역 단위 일련의 이슈나 프로젝트에 대해 관심을 갖거나 참여하기를 원할 것이다.

그리고, 상기 가설을 바탕으로 도로망 원안 변경 인지/참여와 지역 주민들의 정치-사회 참여 간의 상관관계를 구하기 위해 교차 분석 [표 3] 및 피어슨(Pearson) 상관계수[7] 통계치를 활용했다.

다음 교차 분석 [표 3]에서 확인할 수 있듯이 모두 88명 가운데 47명이 지역단위의 협의체에 가입된 상태이며 이들 중 단지 3명만이 양대양 도로 프로젝트 가운데 상기 지역주민에게 직접적으로 사회 경제적인 영향을 초래할 아크리 강 다리 수정 부분을 다리 건설 이전에 인지하고 있었다.

피어슨 카이스퀘어 테스트에 따르면 상기(두 불연속성) 변수 간 상관관계에 대한 통계적 수치가 SPSS 통계 프로그램 활용 시 0.862 유의수준(significance level)으로 확인되었다. 이는 95% 신뢰 구간(confidence interval)하 양측 검증 시 0.05 이상의 유의 수준으로 확인되는바, 상기 두 변수 간 상관관계는 없다. 다시 말하면 상기 가설에 오류가 있다는 것이다. 즉, 이는 노동조합 등 지역 단위의 협의체에 적극적으로 참여하는 이들이, 지역사회 및 경제에 큰 영향을 미칠 양대양 도로망 사업 내 아크리 강 다리 건설 사업에서 철저히 배제되었다는 것을 보여주는 단면이다.

---

7 피어슨 카이스퀘어 테스트(Pearson Chi-square test)로 불연속 두 변수 간의 연관 (correlation) 정도를 나타내기 위함이다. 즉 통계적으로 유의미 정도를 측정하는 것이다. 한편, 회귀 분석을 통해 인과관계의 정도를 확인할 수 있다.

**[표 3] 지역주민의 도로망 원안 변경 인지 및 참여와 지역 협의체 참여 정도**

| | | 양대양 도로망의 원안이 수정되었을 당시 당신은 변경 부분에 대해 인지하고 있었습니까? | | 합계 |
|---|---|---|---|---|
| | | 네 | 아니오 | |
| 당신은 지역단위의 어떠한 협의체에 가입하였습니까? | 네 | 3 | 44 | 47 |
| | 아니오 | 3 | 38 | 41 |
| 합계 | | 6 | 82 | 88 |

출처: 연구자 본인이 현지 실시한 서베이를 바탕으로 통계 프로그램 활용한 결과

더욱이, 아시스 브라질 아마존 도시의 시장 선거와 수정된 도로망안과의 상관관계 또한 동일한 결과임을 아래의 교차분석 [표 4]와 피어슨 스퀘어 통계치 분석을 통해 확인할 수 있다.

상기 교차분석 [표 4]에 따르면 모두 83명이 시장 선거에 참여했고 그 가운데 단지 6명만이 아크리 다리 수정 부분에 대해 다리 건설 이전에 인지하고 있었다. 상기 변수 간 상관관계에 대한 피어슨 카이스퀘어 테스트의 결과는 0.533으로서 이는 지역단위 협의체의 참여 정도 때 확인한 바와 동일하게 95% 신뢰구간하 양측 검증 시 0.05 이상의 유의 수준으로 확인되는 바, 상기 두 변수 간 상관관계는 없다. 이 결과가 의미하는 바는 아크리 강 다리는 이 지역민의 이해 정도 등에 관해 사전 합의를 하지 않았다는 점이다. 즉 다리 건설과 연결된 도로망이 도심 안으로 통과하지 않고 도심 밖으로 우회하는 이 지역의 중대한 개발 사안에 대해 남미인프라통합의 방향성이자 중점 사안인 '포용

**[표 4] 지역주민의 도로망 원안 변경 인지와 정치권 행사 정도**

| | | 양대양 도로망의 원안이 수정되었을 당시 당신은 변경 부분에 대해 인지하고 있었습니까? | | 합계 |
| --- | --- | --- | --- | --- |
| | | 네 | 아니오 | |
| 당신은 아시스 브라질 지난 시장 선거 투표권을 행사했습니까? | 네 | 6 | 77 | 83 |
| | 아니오 | 3 | 5 | 5 |
| 합계 | | 6 | 82 | 88 |

출처: 연구자 본인이 현지 실시한 서베이를 바탕으로 통계 프로그램 활용한 결과

적' 개발을 따르지 않은 것으로 확인될 수 있다. 남미인프라통합구상 안을 최초 주장했으며 적극적 행위자로서 역내 역할을 하고 있는 브라질, 특히 '포용성'이라는 포퓰리즘적 이념과 이를 바탕으로 한 정책을 추구하는 룰라 데 실바 정부 때 실현된 양대양 도로망 건설 사업 가운데 브라질-페루 간 주요 연결 지점인 아크리 강 선상의 다리 건설 사업에서 이 지역주민이 배제되었다. 이를 어떻게 설명할 수 있을까?

## :: 지속된 '배제의 역사'의 원인을 찾아서

브라질, 특히 아마존 지역 내에서는 역사성(historicity)하 내재되어 있

는 '주인(patron)과 (준)노예(semi-slavery)'의 계급적 관계의 연속성과 경로의존(path dependence)의 두드러진 성향을 보인다(Hagopian 1990; Roett 1999). 이에 본 글은 브라질 아마존 지역의 계급적 관계의 지속성, 이로 인해 양대양 통합 도로망 건설 가운데 시행된 아크리 다리 건축 시 '포용적' 개발이 아닌 지역주민의 철저한 배제에 관한 설명을 제시하는 두 가지 주요 역사적 요소가 있다고 주장한다. 그중 하나는 고무나무(rubber tree)와 고무나무액(latex)이며 또 다른 하나는 소(cattle)이다.

### (1) '역사적' 요소 1: 고무나무와 라텍스

브라질 북서부 아마존 지역, 특히 아크리 주는 고무나무와 라텍스의 발견 등으로 브라질인들이 당시 볼리비아 땅인 아크리 지역으로 이주했고, 추후 볼리비아와 브라질 간의 전쟁으로 1903년 브라질의 26번째 마지막 주로 편입되었다(Arruba 외 2009; Siva 2013). 특히 브라질은 2차례에 걸쳐 고무나무 붐이 있었다. 1차 붐은 말레이시아가 고무나무 재배를 위해 플랜테이션화하기 이전이며, 그리고 2차 붐은 2차 세계대전 발발로 말레이시아가 일본의 점령에 놓이면서 당시 미국 등을 포함한 연합국의 고무액 필요성(탱크 등 군용차에 필요함)에 따른 것이다(ibid). 이로 인해 브라질의 북서부 아마존 지역, 즉 아마조나스 주와 아크리 주 등에서는 '고무나무와 라텍스'로 이 지역 발전뿐만 아니라 브라질 국가 차원에 긍정적 기여도 한 바 있다. 하지만 이로 인해 식민지 시대 유산인 위계적 사회적 구조가 근대 그리고 현대까지 지속하게 되었다(Nilson Euclides da Siva 아크리 대학교 교수와의 현지 인터뷰, 2013년 2월 15일).

[그림 2] 고무나무액 수령자와 고무나무액 채취자 간 공존
출처: 아크리 삼림(Florestal) 박물관(필자)

[그림 2]는 고무나무액 수령자(Rubber Baron)와 고무나무액 채취자 (Rubber Tapper)가 어떻게 사회적 그리고 경제적으로 양분화되었는지를 도식했다. 즉 고무나무액 채취자는 아마존 정글 내에 거주하며 고무나무액을 채취하고, 강어귀에 기거하고 있는 고무나무액 수령자는 이를 취합해 강을 통해 아마조나스 주의 마나우스로 전달해 추후 미국이나 유럽으로 고무액을 해외로 수출한다. 고무나무액 채취의 대가는 금전이 아닌 현물, 즉 물물교환(barter system) 체제이다. 현지인 및 이 지역 전문가들에 따르면, 고무나무액 채취자는 고무나무액을 수령자에게 넘기

면 채취자가 정글 내에 거주하면서 필요한 식료품부터 해서 옷가지 등의 필수품을 전달받게 되는 사회·경제적 의존적 구조가 고착화되었다.

본 글은 상기 고무나무와 라텍스를 통해 형성된 사회 및 경제적 '의존적' 구조(즉 patron과 semi-slavery와 같이 양분됨)가 이 지역에 고착화의 한 단면을 보여주며, 이는 엘리트 등 가칭 지배층이 아크리 통합의 다리 신축 공사 시 원안을 변경하는 데 지역민들의 의견을 '자연스럽게' 무시하는 사회적 '면죄부'의 기제로 작용한 것으로 해석된다.

### (2) 역사적 요소 2: 소의 '왕림'

제2차 세계대전 후 말레이시아의 독립과 더불어 브라질의 고무나무 액의 가격 경쟁력 저하로 고무나무액 수출에 의존하던 아마존 지역은 '방치'되며 사회, 경제적 역동성의 저하로 쇠퇴하게 되었다. 이에 1964년 브라질 군부 정권이 들어서면서 '거대한 브라질(O Brazil Grande)'이라는 애국주의를 자극하는 선동주의적 프로파간다(선전)로 아마존 지역에 대한 개발 계획 등을 발표하게 이른다(Skidmore 2009; Heyck 2010, 7). 이러한 개발 계획하에서 아마존 지역에 고무나무 등 삼림 지역을 부분적으로 훼손하며 고무나무 등이 있던 '그 자리'에 소떼를 풀어놓게 된다(ibid). 이로 인해 현재 브라질은 전 세계 주요 육류 수출 국가로 자리매김하게 되었다.

하지만, [그림 3]에서도 확인할 수 있듯이 아마존 지역에 거주하던 원주민들이 '소'에게 삶의 터전을 내어주며 결국 쫓겨나는 형국이 되었다. 앞서 언급한 바대로 제2차 세계대전으로 인해 미국 등의 연합국이

[그림 3] 고무액 채취꾼 가정이 소에게 집터 등을 내어주며 쫓겨나는 모습
출처: 아크리 삼림(Florestal) 박물관(필자)

고무나무액 수급이 필요하던 상황에 브라질 전역에서 많은 젊은이들이 아크리 등 아마존 지역으로 이주하게 되었으며, 이 시기가 제2차 고무 붐이었다. 하지만, 세계대전 이후 이 지역으로 이주했던 가칭 '고무용사 (rubber solider)'인 이들이 아래의 [인터뷰 1]에서 확인할 수 있듯이 2차 붐이 끝난 이후 본향으로 돌아간 이들도 있지만 아마존 지역 등에서 자리를 잡으며 고무액 채취 등과 관련된 일에 제한적 종사를 하며 가정을 건사한 이들도 있었다.

　나의 아버지는 (2차 세계대전 발발 후) "더 많은 고무로 연합국의 승리"라는 슬로건에 따라 "고무병사"로 아크리로 이주하셨습니다. 그 후 (전쟁이 끝난 후에도) 나의 아버지는 이곳에 머무르셨으며, 저 또한 이곳에서 태어난 이후 이곳 국경 마을에서 본인의 가족과 함께 지내고 있답니다. 나의 아버지는 자신이 고무병사로 참전하며 세계대전을 승리에 가담한 것에 대해 자랑스럽게 생각한다고 하셨습니다. 하지만 저는 고무액 채취를 하러 이곳 아마존 지역에 온 고무병사들은 사기를 당한 것이라고 생각합니다. 왜냐하면 전쟁 후 이곳은 방치되어 버렸기 때문입니다.(현지 인터뷰1, 2013년 3월 12일)

다시 말해, 군정부의 아마존 지역 개발 정책에 따라 아마존 지역의 '원'주인들은 '소'에게 아마존 삼림 지역을 내어주며, 고무액 채취꾼들은 아크리 주의 도심인 히오브랑코 등 아크리 주도 혹은 브라질레이아(Brasileia), 샤푸리(Xapuri) 혹은 아시스 브라질 등으로 이주하게 되었다(Oscar et al. 2009).

아시스 브라질 등 도심으로 이주하게 된 아마존 삼림 출신의 고무액 채취꾼과 그들의 가족은 물물교환 시스템으로 인해 금전적 저축액이 부족했으며 오히려 채무자들이 더러 있었고, 더욱이 특별한 기술이 없었다(Oscar et al. 2009, 109). 도심으로 내몰리게 된 고무액 채취꾼들과 그들의 가족은 지방 정부 등 정부의 경제적 지원에 실질적으로 의존하게 되는 사회경제적 구조로 편입하게 되었다. 고무액 붐일 때는 고무액 수령자가 '주인' 역할을 하며 고무액 채취자들에게 필요한 것들을 물물교환을 통해 제공했으나 앞서 설명하였듯이 소의 아마존 삼림' 점령'으로 이 지역에서 '퇴출'되어 버린 고무액 채취자들은 국가에 상대적으로 의존하게 됨으로써 새로운 '주인'은 국가가 되는 형국이 되었다.

특히, 브라질지리통계청(IBGE)에 따르면 아크리 주 22개 시 가운데 브라질과 페루를 관통하는 양대양 도로망 프로젝트 연결로 다리가 건설된 아시스 브라질의 공무원 비율이 15.23퍼센트로 가장 높았다. 더욱이 아시스 브라질에 거주하는 한 시민은 아래와 같이 설명함으로써 이 도시 주민의 대다수는 직간접적으로 시청에서 발주하는 일에 참여함을 엿볼 수 있다. 즉 유일한 수입원은 정부이다.

> (지역주민들 가운데) 80퍼센트 아니 90퍼센트 이상이 이 시정부를 위해서 일하는 사람들입니다. 여기에 거주하는 대부분의 주민들이 특별한 직업이 없기에 시에서 발주하는 일들에 직간접적으로 일을 합니다. 그래서 주민들은 시정부나 주정부에 의존하는 형국입니다.(현지 인터뷰2, 2013년 3월 14일)

특히 상기의 [인터뷰 2] 내용을 통해 확인할 수 있듯이 삼국을 국경으로 하는 이 아마존 마을 등 아마존 지역주민들은 시정부의 재원에, 그리고 시정부는 주정부의 재원에 의존하는 사회경제적 구조를 보이고 있다. 이는 주민들의 정치적 선택에도 영향을 끼치게 된다. 아크리 주정부 고위 관료로서 아크리 다리 건설 공사 당시 직접적으로 관여한 인터뷰 대상자는 아래와 같이 주정부는 연방정부의 정치적 그리고 경제적 이해관계에 따라 '순응'할 수밖에 없는 정치적 구조하에 있다고 토로했다.

> 아크리 주민들은 연방정부로부터 많은 지원을 받습니다. 그러므로 우리들은 연방정부를 위해 무언가를 해야 하며, 이러한 관점하에 인프라(아크리 다리 등 양대양도로망 사업)는 연방정부의 이해관계에 우선시하여 건설이 되도록 해야 합니다.(현지 인터뷰3, 2013년 3월 30일)

상기 고위 관료의 [인터뷰 3]을 통해 아크리 다리의 건설 준비 가운데 원안이 수정되었고 이 변경된 안이 아시스 브라질의 지역민들에게 직접적으로 이해관계가 얽힌 중요한 사안임에도 불구하고 아크리 다리 공사의 실질적 이행 기관인 아크리 주정부는 연방정부의 이해관계(다리 공사의 기간 단축 및 공사비 절감)에 따랐다. 즉 '포용적' 개발 운운하며 남미인프라통합구상하에서 진행된 양대양 도로망 공사, 그리고 그 도로망 선상에 페루와 브라질의 국경 마을, 각각 이냐파리와 아시스 브라질을 실질적으로 잇는 아크리 다리 공사에서 지역민들의 참여는 철저히 배제되었고, 단지 지방의 소수 엘리트 집단과 주정부가 연방정부의 지시에 따른 것으로 보인다. 이와 같은 주요 사안에 대해 실질적인 '배제'의 역사와 그 정당성, 즉 엘리트 집단이 지역민들을 어떻게 인식하고 치부하는지 아래 2건의 현지 인터뷰 내용을 통해 확인해 볼 수 있다.

적절한 자원(정보, 재원, 관료적 필요성)을 획득하기 이전에, 정부는 모든 사람들에게 참여하도록 독려한다. 그러나, 일단 정부가 원하는 것들을 얻고 나면, 더 이상 지역주민들이나 혹은 지역주민의 대표성 기관 또는 대표를 부르지 않고, 단지 그들의 내부인만을 불러 결정한다.(현지 인터뷰 4, 2013년 3월 13일)

브라질과 페루의 이중 국적자로 본인을 소개하며, 페루 및 브라질 국경 도시의 시청에서 고위직으로 근무한 바 있는 한 엘리트의 아마존 국경 지역의 주민들에 대한 의견이다.

국경 도심의 거주자들은 상당히 무지하며, 그들은 무엇을 해야 할지를 잘 모릅니다. 심지어 이들 가운데 많은 이들이 문맹인입니다. 그래서 우리가 이들을 보살펴야 합니다. 그렇기 때문에 도로망의 이와 같은 형태로의 건설과 그리고 마을 외곽순환으로 해서 (아크리) 다리가 놓인 것은 상당히 잘 된 것입니다.(현지 인터뷰 5, 2013년 3월 12일)

남미인프라통합구상 프로젝트하에서 양대양 도로망 선상에 놓이게 된 아크리 통합의 다리는 현장 조사에서 확인할 수 있듯이 '포용적' 개발이라는 IIRSA의 취지와는 상당히 이원화되어 있다. 즉 아크리 다리 건설의 원안(아시스 브라질 도심 통과)에서 수정안(도심 밖으로 놓임)에 대해 설문 응답자 중 90% 이상이 전혀 인지하고 있지 못했으며, (설문 당시) 80% 이상의 주민들이 현 도로망과 다리 건축에 만족하지 못한 것으로 조사되었다. 이와 같이 본 프로젝트의 원안 수정으로 직접적 영향을 받게 되는 지역주민들은 '포용적' 개발이 아닌 지역주민들 입장에서는 '배제적' 개발이었다. 민주주의가 공고화되어 가는 작금의 중남미, 특히 브라질의 경우, 이를 어떻게 설명할 수 있을까?

이는 역사적으로 내재화된 사회적 구조성(historically embedded societal structure)이 브라질, 특히 아마존 지역에 내재화되었고, 공고화되었으며 현재까지 지속되었다는 것이다. 즉, 앞서 본문에서 설명한 바대로, 고무나무와 라텍스의 발견으로 아마존 지역의 고무나무액 수령자와 채취자로 이분법적 양분화된 계층이 생기면서 고무나무액 채취자는 수령자에게 의존하는 사회경제적 구조가 형성하게 되었다. 그리고 소떼의 아마존 점령으로 이 지역에서 도심으로 내몰리게 된 고무나무액 채취자들은 '국가'라는 새로운 수령(patron)에게 의존하는 구조의 모습을 띠게 된다. 그리고 지방 및 주정부 관료 등의 엘리트와의 인터뷰를 통해 확인할 수 있듯이 지방정부는 주정부에게, 주정부는 연방정부에게 재정적으로 의탁하는 구조이므로 연방정부의 이해관계를 최대한 반영하고자 했다.

더욱이, 엘리트 및 지역주민들과의 인터뷰에 따르면 아마존 지역의 주민들에 대한 엘리트의 인식은 '무시'해도 되는 집단으로 치부함으로써 남미인프라통합구상은 포용적 개발을 전면에 천명하고 나섰지만 실상 지역 단위에서는 상당한 괴리감이 있음을 확인할 수 있었다.


## :: 포용적 개발의 한계와 의미

본 연구는 남미인프라통합구상이라는 지역(region) 단위 인프라통합구상을 하부 지역, 즉 로컬(local) 단위에서 실증적 연구를 진행했다. 특별히 IIRSA의 10개 축 가운데 모두 31개 우선추진합의프로젝트(AIC)하에서 단지 2개의 프로젝트만 2010년 기간 내 끝났으며, 그 가운데 하나인 아크리 통합의 다리에 대해 포용적 개발이라는 포스트 개발주의의 담론적 분석의 틀을 통해 연구를 했다. 남미인프라통합구상은 남미 좌파 물결의 도래와 그 궤를 같이하며 사회적 포용성과 복지를 강조한 post-neoliberal의 실천적 프로젝트로, 포용적 개발의 가치를 중요시 했다.

하지만, 본 연구를 통해 확인한 결과는 지역주민의 이해관계는 제대로 반영되지 않은 것, 즉 상향식 혹은 평행식 의견 수렴 과정을 거치지 않은 전형적인 하향식 접근이었다. 포용적 개발 가치의 중요성을 IIRSA

주요 문건 등 전면에 부각시키며 남미인프라통합이 진행되었지만 실제적으로 로컬 단위에서는 그 괴리감을 확인할 수 있었다. 그리고 본 글을 통해서 설명하며 분석한 것처럼 이러한 결과는 '역사적으로 내재화된 사회적 구조성' 즉 'patron과 semi-slavery'로 이분법적으로 양분된 사회경제 구조적 지배, 그리고 의존적 현상의 고착화의 귀결이었다.

본 글의 제약 및 제한은 실증적 연구 지역 선정이다. 앞서 밝힌 바대로 양대양 도로망이 남미 지역을 관통하는 프로젝트라는 대표성, 더욱이 양대양 도로망 선상의 아크리 통합의 다리는 브라질-페루를 직접적으로 이어주고, 볼리비아의 국경 마을에 사회경제적 영향을 주는 만큼 중요하며, 개방형 지역주의를 표방하는 IIRSA 프로젝트의 방점이다. 그리고 무엇보다도 아크리 통합의 다리는 31개 우선추진합의프로젝트 가운데 2010년 기간 내에 건설 공사를 마무리한 단 2개의 프로젝트 가운데 하나로써, 의미하는 바가 크다. 하지만, 아마존만의 지역적 특성 (고무나무와 라텍스 그리고 소의 출현)이 아크리 통합의 다리 건설 원안 번복에 큰 영향을 준 만큼, 남미인프라통합구상의 모든 프로젝트에 대해 일반화를 할 수 없다. 이에 남미 전체를 아우르는 남미인프라통합구상 하에서 진행되고 있는 모든 프로젝트를 직접적으로 한 연구자가 조사할 수 없는 한계가 있지만, 양대양 도로망의 페루 지역의 한 도시를 방문하는 등 브라질 지역에서 조사 시 활용한 연구 방법을 적용하여 연구를 진행함으로써 남미인프라통합의 포용적 개발의 정도를 비교 및 분석할 수 있을 것이다.

더욱이, IIRSA는 2008년 UNASUR 출범 이후 2009년부터 UNASUR 내 남미인프라 및 플래닝협의체(COSIPLAN)로 통합됨에 따라 2012년부터 남미인프라통합의 2차 단계 개발 및 통합의 단계에 진입했다. 2차 단계에 대한 실증적 연구조사 또한 미비하므로 이 또한 추가적으로 연구를 진행할 수 있는 분야이다. 한편, 2013년 현지 연구 조사 시 양대양 도로망을 통해 아이티의 난민들이 대거 브라질로 유입되고 있는 현상이 확인된바, 이로 인해 페루 및 브라질 국경 지역에 사회경제적 혼란이 가중되고 있었다. 즉 아이티 난민들은 더 나은 삶을 영위하기 위해 페루를 통해 양대양 도로망을 이용해서 브라질로 입국하지만, 이로 인해 국경 지역 치안 문제, 마약 밀반입 등 부작용이 확인된바, 이 또한 정치 경제적 차원에서 진행되고 있는 남미인프라통합구상에 대한 인간 안보 (human security) 차원으로 접근해 연구할 분야이다.

# 제5장

# 한국-브라질 조직 문화 간 커뮤니케이션의 실태와 대안

임두빈

## :: 들어가며

### (1) 이(異)문화 집단 간 상호 이해의 필요성

지금까지 우리 정부 차원에서 진행해 온 브라질과의 협력의 폭과 깊이는 브라질 소비 시장 공략뿐만 아니라 자원 개발에도 참여할 수 있는 제도적 기반을 구축하는 정도까지 이르렀다. 브라질의 미래가 대체적으로 밝게 전망되고 있고 높은 수익성이 보장됨에도 불구하고 그만큼 위험을 감수해야 하는 시장이라는 인식은 잘 알려졌다시피 일명 '브라질 코스트(Brazil cost)'[1]라고 부르는 장벽에서 비롯되는 것으로 파악되고

---

1 브라질에서 활동하는 기업의 경쟁력을 저하시키는 사회 전반적인 부대비용을 의미한다. 대략 과도한 조세, 부족한 사회간접자본, 노동자 관리 부담 등으로 집약된다.

있다. 진출 역사가 100년 가까이 되고 지리적, 역사적, 문화적으로도 가까운 미국이나 유럽의 기업조차 쉽게 넘보지 못하는 시장인 만큼, 지구 반대편에 위치한 우리 입장에서는 브라질이 주요 관심 시장이기는 하나 아무나 선뜻 발을 내딛기 어려운 불확실한 시장일 수밖에 없다. 이 때문에 중소기업보다는 자금력과 정보력을 갖춘 대기업 위주의 진출이 주가 되어 왔다. 이 불확실성에는 위에서 언급한 '브라질 코스트'로 대변되는 정치 · 경제 시스템뿐만 아니라 전반적인 사회 · 문화 상황에 대한 이해 부족에 기인하여 생기는 불안감과 심리적 거리감, 30시간 가까이 소요되는 먼 거리 그리고 남미에서 유일하게 포르투갈어를 사용하는 언어 문화권이 가지는 지역과 그 구성원들이 공유하는 특성에 대한 이해 부족도 경시 못할 장애 요소로 작용하고 있다.

일반적으로 투자를 위한 시장 분석은 마치 무균실에 들어갔다 나온 것 같은 기계적이고 수치가 우선하는 분석틀이 중심이 되지만, 실제 협상 테이블에서는 와인 잔과 축구 이야기가 오가면서 협상이 무르익어 가듯이, 거래의 성사와 지속성을 담보할 수 있도록 이(異)문화 집단 간의 상호 이해에 기반을 둔 인문학적 접근도 병행되어야 필요가 있다. 이러한 시각 아래 미국이나 유럽인의 관점에서 정리되어 온 'How to do business in Brazil'이란 분석틀도 우리의 입장과 진출 단계에 맞춰 체계적으로 재정립해 볼 필요가 있다고 본다.

굳이 세계화라는 담론을 들먹이지 않더라도 우리 국민들이 해외 지역에 대해 피상적인 수준의 정보를 피동적으로 받아들이던 시대를 벗어나 실제적인 정보를 직접 찾아 나서는 시대가 찾아왔다. 사실 지금까지 학계에서 이루어진 중남미 지역에 대한 연구 대부분은 정치 변화나 경제 지표에 준거하는 '이슈' 중심으로 진행되는 경향이 강했다. 그 필요성은 현실적으로 인정되지만 해당 '이슈'는 다루되 그 이면에 숨어 흐르는 인과관계를 읽어낼 수 있는 인문학적인 성과의 활용은 상대적으로 미약한 편이다. 따라서 이 글은 브라질 사람들을 움직이게 하는 행동의 기저에 흐르는 가치 체계, 즉 해당 집단의 정체성을 형성하는 사고의 패턴을 주도하는 문화 코드에 대한 이해를 통해 해당 사회를 이해하고 한국-브라질 문화 간 커뮤니케이션을 제고시키고자 하는 데 그 목적을 두고 있다. 이러한 목적은 앞서 언급한 '브라질 코스트'가 단순히 제도적인 장벽을 넘어 얼마나 밀접하게 문화 코드와 관련되어 작동하는지를 보여주는 데 그 필요성을 역설한다. "경제는 존재의 문제이지만 문화는 어떻게 존재하느냐의 문제인 것이다."

## (2) 문화 간 커뮤니케이션에 대한 이해

오늘날 교통과 정보통신의 비약적인 발달에 따라 세계가 갈수록 좁혀지면서 시공간이 단축되는 효과를 가져왔음에도 불구하고 언어 및 문화적 차이로 인해 발생하는 심리적 거리는 여전히 존재하는 것이 현실이다. 강준만(2011)에 따르면, "실제로 '커뮤니케이션'을 우리말로 풀은 '소통'이 추구하는 실천 이념은 '화이부동(和而不同)'이라고 한다. 즉, 뜻이 통하지 않더라도 다른 의견을 존중하고 포용해야 한다는 것이다." 그러나 현실적으로 우리나라가 스스로 비판하면서 동시에 자랑스럽게 내세우기도 하는 '빨리빨리' 문화 안에서 '화이부동'은 매사에 속도를 중시하는 효율성 앞에서 '요지부동'이 되기 십상이다. 지난 2011년

9월에는 브라질 최대 언론 그룹인 글로부(Globo) 사가 발행하는 경제 주간지《Epoca Negócios》55호에서 대대적으로 한국에 대한 특집기사 ("Nem Índia, nem China Que tal imitar Coreia?")를 현장 밀착 르포를 통해 다룬 바 있다.[2] 그 특집에서는 역시 한국인들의 문화적 특징이자 브라질과의 문화 간 커뮤니케이션에 있어 장애 요소로 작동하는 '빨리빨리(pali pali)' 문화를 언급하고 있다. 그 한 예로, 2011년 7월에 브라질에 진출한 지 10년이 넘은 국내 굴지의 한 대기업 역시 현지법인에서 발생한 현지 직원들과 노동 분규의 진통을 겪은 바 있고, 2013년 8월에 다른 소재지의 공장에서 거의 흡사한 사안으로 1,200억 원대 소송에 휘말리는 사건이 또 발생했다.[3] 신흥 경제 강국으로 떠오른 브라질에 한국 기업의 투자가 늘어나고 있지만 과도한 노동 강요 등 한국식 기업 문화가 브라질의 노동 문화와 실체적인 충돌을 빚고 있는 것이다. 사실 조희문(2013)이 〈브라질 노무 환경의 변화와 우리 진출 기업의 대응 전략 세미나〉에서 사례로 소개한 브라질 소재 한국 기업의 노동 분규 사례의 대부분은 현지 채용 종업원에 대해 폭언, 욕설, 위협을 통한'정신적 학대'와 비용 절감을 위한 '아웃소싱'이 주류를 이루고 있다. 다행히도 브라질 당국은 우리나라 기업들을 자국의 인적 · 물적 자원을 착취하는 기업으로 판정하지 않았다. 그런 갈등을 문화적 차이로 인식하고 시정하기를 바라는 단계에 있으므로 우리 기업도 하루 빨리 불미스러운 이미지를 벗고 브

---

2 "인도, 중국이 아니라 한국을 벤치마킹해 보는 게 어떨까?"라는 제목이 표제로 실렸다.

3 2011년 당시 삼성은 근로자 90여 명의 정신적 피해에 대해 28만 7천 달러(약 3억 2900만 원)를 지급하고, 근로자들을 부당하게 대우하지 않겠다고 약속하였다.

라질의 사회 발전에 기여하는 사회적 기업의 이미지를 제고해야 할 필요가 있어 보인다. 이 글 역시 우리 기업이 브라질 기업이나 노동 문화와 같은 타 문화권의 집단 정체성 문화를 좀 더 본원적으로 이해할 수 있는 길을 찾는 데 있다.[4]

김숙현(2001)은 문화를 "사람들이 집단을 이루어 모여 살면서 사회적 합의 과정을 거쳐 사회 생활을 하는 데 필요한 규칙을 설정해 놓은 제도이자 관습이다."라고 정의했다. 다양한 집단이 존재하는 것만큼 다양한 문화 역시 존재한다. 문화는 커뮤니케이션과의 관계에 있어 하나의 상황이라고 볼 수 있는 만큼 서로간에 불가분의 관계에 있다고 볼 수 있다. 다시 말해서 우리가 행하는 커뮤니케이션은 문화의 영향을 받고 문화는 커뮤니케이션에 의해 드러나는 관계에 서 있다. 따라서 문화가 비가시적인 것이라면 커뮤니케이션은 상대적으로 가시적이다. 문화 간 커뮤니케이션에서 문화는 한 특정의 문화 집단이 커뮤니케이션을 통해 드러날 수 있는 공통의 가치관들을 가리킨다. 그리고 이 커뮤니케이션이 이루어지는 방식의 변화에 따라 문화의 변화 또한 초래된다. 따라서

---

4  물론, 2009년 한국 포르투갈-브라질 학회(KALUBS)의 국제 컨퍼런스 〈한국 브라질 수교 50주년 양국 우호의 역사: 과거, 현재 그리고 미래〉(2009. 10. 9); 〈브라질 노무 환경의 변화와 우리 진출 기업의 대응 전략〉(한국-브라질 소사이어티, 2012. 4. 30); 〈브라질 한인 이민 50주년 계기 대 브라질 외교 전략 세미나〉(외교부 주최, 2013. 5. 28); 〈International Forum for Cooperation of Culture, Environment, and Business between Korea and Brasil 2013〉(한-중남미 녹색융합센터 · 노사발전재단 · 한국외대 중남미연구소 · 한국외대 브라질연구센터 · 한국외대 포르투갈어과 공동 주최, 2013. 8. 20)을 통해 문제를 제시하고 해결책 모색에 노력을 기울이고 있으나 아직 산학협력 수준에서 체계적인 해결책이나 대안을 제시하기에는 부족한 실정이다.

이문화를 이해하려면 다른 문화권 사람들의 커뮤니케이션을 잘 관찰할 필요가 있고, 그 커뮤니케이션을 그들의 관점을 통해서 봐야 그들의 문화를 이해할 수 있을 것이다. 이문화를 이해하는 방식 중에 호프스테드의 연구처럼 '집단주의' 대 '개인주의'와 같은 이분법적 비교 기준이나 '더(덜) 집단주의적'이라는 양적 개념을 통한 문화 비교가 가장 보편적으로 제시되지만, 동일 문화 안에 존재하는 다양성이 일반적인 속성에 가려 간과되는 단점 또한 존재한다. 이러한 한계를 넘어서는 방법은 그 문화 집단 구성원들의 관점에서 그들의 언어를 사용하여 이해하고 설명하려는 개별 문화 연구 접근법으로 보완할 수 있다. 이런 개별 문화 연구 접근법의 가장 대표적인 것이 바로 연구자가 연구 대상 문화 집단 구성원들과 오랜 시간 동안 생활하면서 그들의 문화적 특성을 그들로부터 직접 배우고 익히는 민족지학적 연구 방법이다. 예를 들면, 브라질 문화가 개인주의적인지 아닌지 조사하기보다는 브라질 사람들에게 있어서 개인주의라는 개념이 어떤 심층적인 의미를 지니며, 어떤 상황에서 어떻게 사용되며, 또한 어떤 종교적·철학적 토대에 기반을 두는지 자세히 조사하는 것이다. 이문화를 이해하기 위해서는 위에서 언급한 두 가지 연구 방법을 적절히 잘 조화시키는 것이 필요하다. 비교 문화 연구는 이문화에 대한 일반적인 이해와 논의를 시작할 수 있게 도와주며, 개별 문화 연구는 이러한 일반적인 논의를 구체적인 상황의 예를 들어 좀 더 심층적으로 이해하고 활용할 수 있게 해준다.

익히 잘 알려진 바와 같이 '문화 간 커뮤니케이션'은 제2차 세계대전 이후 발생한 연구 분야이다. 당시의 미국 출신 인류학자 에드워드 홀

(Edward Hall)이 인류학적 의미에서의 문화 개념에 커뮤니케이션을 포함시키고 언어학적 분석을 문화적 분석까지 확대 적용하여 그의 저서인 「The Silent Language」(1959)에서 'Intercultural Communication'이란 용어를 처음 사용했다고 한다.

문화 간 커뮤니케이션 연구의 주된 목적은 이문화 간 커뮤니케이션의 문제점을 파악하고 그 장애 요소를 극복하는 데 있다. 커뮤니케이션 행위를 제도나 문화의 요인에 관련해 연구·발전시킨 이론들을 정리하면 아래와 같다.

### 1) 불확실성 감소 이론

같은 언어를 사용한다 해도 다른 문화권의 사람을 대했을 때 발생하는 불확실성을 감소시키기 위해 상대방 정보를 추구할 때 커뮤니케이션이 중요한 역할을 맡는다.

### 2) 문화 적응 이론

새로운 문화에 대한 적응은 시간 선형적이 아니라 스트레스-적응-성장의 축을 반복하며 나선형으로 성장하는 형태를 거친다고 본다. 보통 초기 단계를 자민족 중심주의, 그 다음 단계를 민족 상대주의 단계로 설명한다.

### 3) 의미 조절 이론

보통 사람들은 자신의 주관적 기준을 가지고 상대의 행동을 평가하려는 경향이 있는데, 서로 다른 문화적 기준을 가진 경우 상호 기준에 영향을 받아 독자적인 기준이 생긴다는 퍼스(Pierce)의 이론이 바탕을 이룬다.

### 4) 커뮤니케이션 조절 이론

의미 부여보다는 순응 과정에 초점을 둔 조절 이론으로 언어의 생동성, 그룹 경계선, 사회 구조 관계, 상황, 동기, 규범 등이 문화 간 커뮤니케이션의 변인으로 작용한다고 본다. 그 예로 외부 문화의 접근에 대해 수용적인 태도를 지닌 개인주의 문화를 가진 집단과 외부 문화의 접근에 부정적이고 방어적으로 반응하는 집단주의 문화권 집단의 사람들을 비교할 수 있다.

### 5) 대화 억제 이론

독립된 자아를 중시하는 서구 문화와 상호 의존적인 자아를 강조하는 동양권 문화가 서로 다른 양상을 보이는 만큼 개인의 행위가 문화에 연결되어 있다는 이론이다. 예를 들어, 한국에 유학 온 미국 학생은 독립적인 자아를 가지고 있지만 상호 의존적 자아를 가진 문화권에서 생활할 때 그 역시 상호 의존적인 자아 역시 생성함으로써 커뮤니케이션 억제 요인이 작용한다는 것이다.

문화 간 커뮤니케이션은 상대 언어를 이해하고 말할 수 있다는 것에 그치지 않는다. 상대 언어를 습득했다면 그 언어를 가지고 상황에 맞는 커뮤니케이션 방법을 습득해야 한다. 정현숙(2001)은 문화적 특성이 어떻게 구체적으로 커뮤니케이션 방법에 영향을 미치는지를 알아야 성공적인 문화 간 커뮤니케이션이 수행될 수 있다고 말했다. 따라서 문화 간 커뮤니케이션 능력이란 다른 언어, 다른 문화적 배경, 다른 커뮤니케이션 방식을 지닌 상대와 커뮤니케이션을 할 수 있는 능력이라고 정의내릴 수 있다.

이문화 간 커뮤니케이션의 가장 핵심은 Kolpf(1995)가 제시한 타 문화 이해에 필요한 구성 요소들 중에서 '인식(perception)'이며, 이 인식을 통해 인간의 행동 양식을 결정하는 욕구, 가치, 신념, 태도가 문화적으로 결정된다고 평가된다. 이때 문화에는 가족, 학교, 종교, 정치, 경제 등 사회 구조가 암시되어 있다. 문화 간에 차이가 분명한 언어에 비해 비언어적 행위들은 문화 간 커뮤니케이션에 있어서 잠재적인 문제를 제공하기도 한다. 일단 문화 간 커뮤니케이션이 발생하면 참여자 사이에 생성되는 관계에 주의를 기울일 필요가 있다.

정치경제적, 기술적 요인들에 의해 국제 교류가 증대됨으로써 한국 사회는 새로운 도전과 과제를 맞이하고 있다. 외국인들의 급속한 국내 유입으로 인해 구성원 간 동질성을 강조해 온 한국 사회는 상이한 인종, 민족과의 공존과 갈등을 고민해야 하는 시대를 맞게 됐다.

실제로 브라질 사람들은 일상에서 유머를 삶의 한 부분으로 여기는 사람들이기에 문화적인 요소가 크게 개입된 그들의 언어적 혹은 비언어적 표현은 외국인인 우리로서는 종잡을 수 없고 이해하기 어려운 점이 많다. 따라서 이미 정형화되어 있지만 그러한 표현의 의미가 내포된 바가 있음을 알아야 하고 그에 대처하는 방안 또한 마련되어야 비로소 상호간 소통이라는 출발선이 그어질 수 있을 것이다. 이러한 노력과 자구책이 없이는 양측 모두 오해와 실망 혹은 무관심의 벽에 의해 시간이 흘러도 상호 이해의 간극은 좀처럼 좁혀지지 않고 그 '간극'은 마치 유산처럼 후대로 물려줄 수밖에 없을 것이다. 실제로 이 글은 브라질의 두드러진 문화적 특징들을 강조하고, 그 특징들이 조직 문화 내에서 어떻게 작동하는지를 설명하는 데 주력한다. 흔히 우리는 브라질 사람들이 친구 사귀기 쉬운 사람들이라는 일종의 스테레오타이프된 인식을 가지고 있다. 보통 다양한 문화와 인종의 결합으로 이루어진 브라질과 그 국민들은 매력적이며 다른 외국인들보다 가까이 다가서기가 쉽다고 한다. 그러나 우리는 다른 문화를 볼 때 가장 빠지기 쉬운 '일반화의 오류'라는 함정을 항상 유의해야 한다. 예를 들어, 브라질 사람들과의 일상적인 만남에서 일반적으로 볼 수 있는 상냥함은 실제로는 그 사회에서 존재하는 차별을 감추는 역할을 한다. 브라질 사회에 전반적으로 나타나는 비격식적인 모습들은 사회의 모든 구성원들이 각자의 위치를 갖고 있고 그것을 지키는 위계질서 체계가 존재하기 때문에 가능한 것이며, 이는 개인적인 상호작용에서 불협화음이 나는 것을 피하기 위함에 다름 아니라고 볼 때, 한마디로 브라질은 사회적 위계질서에 대한 도전을 용납하지 않는 사회로 분석된다.

### (3) 문화 간 커뮤니케이션 장애 요소들

문화 간 커뮤니케이션을 저해할 가능성이 있는 장애 요인을 Samovar와 Porter & Stefani(1998)은 7가지로 제시한 바 있다. 그러나 모든 문화 간 커뮤니케이션에는 성공과 실패의 양면성이 존재하므로 이 요인들은 절대적이라기보다는 상대적으로 작용하는 잠재 요소로 보아야 할 것이다. 이 7가지 요인 외에도 백신정(2002)은 '언어 장벽', '인격 요인', '종교'와 '기후' 등을 장애 요인으로 추가한다.

### 1) 문화 간 이질성

상호간 다른 언어, 정치, 경제, 사회, 역사, 문화적 배경을 가짐으로 인해 발생하는 요인으로 유사성을 추구하는 인간의 보편적 성향에 기인하는 것이다.

### 2) 불확실성

서로 다른 문화적 배경에 기인한 정보 수집의 어려움과 이해 부족이 상호 이해와 대화의 불확실성을 증가시킨다.

### 3) 커뮤니케이션의 목적 차이

커뮤니케이션의 목적을 구두로 표현하는 문화권과 그렇지 않은 문화권 사람들이 접촉할 때 발생 가능한 문제이다.

### 4) 고정관념과 편견

한 집단에 대한 체계화된 지식으로 사회 범주화의 결과로서 모든 문화에 존재하는 공통적인 현상이며 주요 원인을 대상에 대한 추상화와 단순화의 결과로 보고 있다. 예를 들어, '동양인들은 근면하다'처럼 모든 고정관념이 부정적인 것은 아니며, '일본인은 속마음과 겉마음이 다르다'처럼 부정확하거나 강한 고정관념이 오해를 불러일으킬 소지가 있다. 고정관념은 개인 경험에 바탕을 둔 것도 있지만 집단의 구성원들과도 공유된다. 고정관념의 대상이 되는 개인이나 집단은 직접적인 접촉이 없이도 대중매체나 제3의 경로를 통해 생성될 수 있으며 전혀 생소한 집단에도 생성될 수 있다. 편견의 경우는 객관적인 사실에 입각하지 않고 합리적인 검토 없이 감정적인 요소가 가미된 채 성급한 해석에 기인하는 경우가 많아 고정관념에 비해 부정적인 색채가 강하다. 다시 정의하자면, '잘못된, 융통성 없는 일반화에 바탕을 둔 반감'이라고 볼 수 있다. 전통적인 편견의 대표적인 유형으로 언어의 남용, 차별, 폭력을 꼽을 수 있다. 이러한 언어 남용과 차별의 결과가 폭력과 연결되어 일본의 관동대지진 당시 재일 조선인에게 일어난 대량학살로까지 연결되기도 한다. 사실 고정관념과 편견은 한 사회의 구성원으로서 사회화된 결과로써, 다른 사회의 구성원과 구별짓기의 자연스러운 결과이기도 하다. 이외에 Richard Brislin(1981)은 편견을 아래와 같이 여섯 가지 형태로 제시한 바 있다:

가) 악의 없이 선호 여부를 표현(familiar and unfamiliar)

나) 호불호에 대한 분명한 의사 표현(real likes and dislikes)

다) 적정 수준의 편견(arm's-length prejudice)

라) 명목주의(tokenism)

마) 상징적 차별주의(symbolic racism)

바) 맹목적 인종차별주의(redneck racism)

### 5) 권력

문화 간 커뮤니케이션에서 권력의 근원은 문화이다. 소비 문화 차원에서 특정 메이커의 차량이나 가방을 소유한다는 것만으로 권력을 가진 것으로 간주하는 것이 한 예이다.


### 6) 문화 충격

기존 문화에 대한 상실감을 수반하는 새롭고 다른 문화에서 기인한 정신적 외상의 일종으로 새로운 문화에 대한 당혹감, 기존 문화에 대한 상실감, 적응의 불확실성에 대한 불안감과 위기 의식과 이에 따른 자기 존중감의 상실, 환경에 지배당한다는 무력감, 가치 체계에 대한 의문이 그에 해당한다. 문화 충격을 극복하기 위해서는 문화라는 것이 유전되는 것이 아니라 사회적으로 학습된다는 사실을 인식하고 고정관념과 편견에 얽매이지 않는 융통성과 수용성을 함양할 필요가 있다.


### 7) 자민족 중심주의

편견을 조장하고 집단 간 갈등을 조장할 수 있다. 후천적으로 습득되는 요소이지만 무의식적인 수준에서 작용하는 주요 장애 요인 중의 하나이다. 이 요소는 타 문화로의 동화를 억제하고 집단의 결속력을 강화하는 긍정적인 기능을 수행하기도 한다. Hall은 "문화는 드러내는 것보다 감추는 것이 훨씬 많으며, 더구나 묘한 것은 그 문화에 속한 사람들이 감춰진 바를 가장 모른다는 점이다. 나는 여러 해 동안 문화를 연구하면서 정말로 중요한 것은 외국 문화를 이해하는 것이 아니라 자신의 문화를 이해하는 것이라는 점을 확신하게 되었다"며 문화 간 커뮤니케이션에 있어 자기 문화 이해의 필요성을 역설한 바 있다.

### 8) 언어 장벽

언어와 문화 사이에 놓인 불가분적인 관계에 따라 언어는 문화 간 커뮤니케이션에 있어 불가피한 장애 요소이다. 문법이나 어휘 등 언어 내적인 규칙의 지식이 부족한 경우뿐만 아니라 언어 사용의 사회 문화적 차이에 있어서 역시 심각한 커뮤니케이션 장애 요소가 발생할 수 있다.

### 9) 인격 요인

인간이 외부 환경을 인지하고 거기에 반응하고 가치를 부여하고 신념 체계로 발전시키고 최종적으로 일관된 가치 체계를 형성하는 일련의 과정을 일컫는다. 자기 존중, 억제, 위험 감수, 불안감, 감정 이입, 외향성 등의 개인적이고 주관적인 영역이다.

### 10) 종교

해당 사회의 집단적인 가치 체계와 신념의 바탕으로 그 사회 구성원의 인식 체계에 작용되는 요인이다.

### 11) 기후 등 기타 외부 요인

## :: 브라질의 일상 문화 코드 탐색

### (1) 일상성

'일상성'이란 당연한 것이 전제되는 특징을 가지는데 사실 끊임없이 되풀이되는 일상 없이는 그 어떤 '사건'이나 '역사'도 발생하기 힘들다. 바로 여기서 일상에 대한 연구의 핵심을 엿볼 수 있다. 사실 일상이라는 것은 너무 친숙해서 진부하고 사소한 것으로 치부하기 쉬운 특성을 지니고 있으며, 특히 우리는 사소한 것보다는 위대한 것에, 그리고 평범한 것보다는 특별한 것에 더 많은 가치를 두려는 경향이 있다. 사회 현실을 제대로 파악하기 위해서는 추상적인 담론이나 실증주의에 빠지는 대신에 '구체적인 현실'을 관찰하고 분석할 필요가 있다. 해외 지역 연구의 목적 중 하나가 해당 지역의 변화하는 사회 현실에 대한 정확한 파악과 그에 다른 새로운 의미의 추구에 있다면, 이 현실은 바로 구성원들이 살아가고 있는 '구체적인 삶의 현장과 그 세계'라고 할 수 있다. 해외 지역 연구에서 해당 지역에 대한 연구와 분석도 그 안에 살고 있는 구성원들의 일상 생활과의 관련 속에서 재조명하는 접근 방법이 필요하다. 사회적, 정치적, 경제적 요인을 아무리 객관적으로 분석하고 계량화를 한다 해도 그 안에 살아가는 균일하지 않은 사회 구성원들 각자의 일상적인 삶은 결코 밝혀내기 쉽지 않은 대상인 것이다.

그런 맥락에서 앞서 언급했다시피 혼혈과 혼종 문화를 통한 다양성을 지닌 브라질 사람들을 몇 가지 특징적인 '스테레오타이프'로 재현시키려는 시도는 '일반화 오류'가 될 확률이 높다. 다양한 사람들을 하나의 특징적인 성격을 지닌 단수의 집단처럼 얘기하는 방식은 주로 민족성 담론에서 다루는데, 실제로는 정형화된 민족성 담론에서 벗어난 사람들을 우리 주변에서 쉽게 찾아볼 수 있다. 따라서 문제는 민족성 담론만 가지고 각양각색의 사람들을 뭉뚱그려 만든 일종의 스테레오타이프를 통해 우리가 맞닥뜨리는 복잡한 현실과 인간관계를 제대로 해석하고 해결할 수 없다. 다시 말해서, 이러한 접근 방법은 대개 상대방을 한정시켜 일반화시키고 갈등이 발생할 경우, "걔들은 원래 그렇잖아" 등의 담론으로 달리 어쩔 수 없다는 식으로 해결을 회피하는 경우를 발생하게 만드는 주요 요인이 된다.

다음은 문헌 조사를 통해 브라질 사회 정체성과 민족 정체성의 형성과 변화를 연구한 학자들에 의해 정리되고, 브라질 사람들 각 개인 스스로가 자신을 브라질 사람으로 규정하고 인정하는 주요 문화소를 10가지로 정리한 것이다.

## (2) 브라질 일상 문화소 10가지

### 1) 외부인을 수용하는 개방적인 태도

외국인처럼 모르는 외부인을 맞이하는 태도에 있어 브라질 사람들은 상당히 개방적이고 긍정적인 태도를 보여준다.

### 2) 단기 지향성

'단기 지향성'의 특징을 보여준다. 미래보다는 현재를 중시하고 큰돈을 벌려는 욕심도 미래에 대한 근심도 없다. 단기간에 돌아오는 물리적 이득에 치중하면서 '장기 지향적'인 계획은 즉시적인 사안에 자리를 내어주면서 경시된다.

### 3) 업무 체계화 회피

Holanda(2005)가 개념화시킨 '모험가(aventureiro)'가 식민지 시대에 앞장서서 브라질 사회 형성을 이끈 과정에서 비롯된 것으로 오늘날 "브라질 사람은 일을 항상 내일로 미루려 한다."라는 선입견을 낳게 한 요인 중의 하나이다. 과거 브라질에서 육체 노동은 원래 주인을 섬기기 위해 존재하는 노예들에게 한정된 일이었다. 이 문화소는 조직 안에서 육체 노동을 천대하고 폄하시키는 인식을 저변에 깔고 있다.

### 4) 보호주의

대인 관계에서 나타나는 브라질의 문화 특성으로써 Oliveira(2000)에 따르면, 이 문화소 영향으로 조직 내에서 부하 직원들이 상사에게 책임 전가를 하거나 문제해결이나 보호를 기대하는 모습을 보여준다. 브라질은 내부 집단별로 개인주의화된 집단주의 경향을 보이는데 이는 주종 관계에 기반한 충성에 대한 보답으로 보호를 제공받는 성격을 띤다. (3)번 문화소와 관련이 깊다.

### 5) 개인주의

이 문화소의 기원은 브라질 발견부터 식민 시대에 광활한 땅을 스스로 개간하고 개척해야 했던 상황에서 유래된 것으로 해석된다. 이 개인주의는 거주지 간 거리가 멀리 떨어진 상황과 고립된 환경에 기인한 것으로 오늘날 브라질에서 협동 정신의 결핍이 초래된 원인 요소로, 식민지 시대 대농장의 대저택(Casa Grande)이 지닌 개인주의 성격과 그와 반대로 '노예숙사(Senzala)'가 지닌 집단주의의 기원이 된다. 조직 문화에서 이 문화소는 친족 중심의 개인화된 집단주의 형태를 띠기 쉬워 조직의 목적 아래 사적 관계가 없는 팀의 결성 및 활동을 어렵게 만드는 요소로 작동한다.

### 6) 관계의 가치화

포르투갈 식민자들이 남긴 유산으로 집단 노동에서 나타난 방식으로 개인 스스로에게 보다 사회적 관계에 가치를 더 높게 부여하고 참여를 통한 대인 관계의 최대화를 꾀하는 것이다. 조직 문화에서는 상호 협력과 연대가 중요하게 고려되는 요소들이기 때문에 단합이 필요한 그룹 활동을 용이하게 만들어 주는 문화소이다.

### 7) 불확실성 회피

'보호주의'가 지닌 개념과 같은 것처럼 보이지만 조직 문화 차원에서 그 결과들이 특별한 중요성을 띠기 때문에 다른 특성으로 구분된다. 조직 문화 안에서는 이니셔티브를 잡거나 변화를 받아들이는 데 있어 장애 요소로 작동한다.

### 8) 형식주의

이 또한 식민지 유산에서 비롯된 것으로 형식주의는 국제 사회에 브라질을 편입시키는 촉진자 역할을 하면서 외부 세계와 주변부 사회를 분절하는 하나의 전략을 수행한다. Prate e Barros(1997)에 따르면, 브라질의 형식주의는 규정과 규칙들에 대한 묵시적인 수용을 보여주지만 그 이면에는 실재하는 다른 문화적 요소들을 통해 수행되는 실질적인 이행이 뒤따른다. 조직 문화 안에서 이 형식주의는 문서화된 법이나 규정에 과도하게 집착하는 모습을 보인다. 특히 외국계 기업의 경우, 법의 적용이 관습적인 적용에 해당되지 못하는 관계로 그 형식적인 법률 적용을 회피하는 방법을 찾으려는 '제이칭뉴(jeitinho)'[5]나 '말란드라젱(malandragem)[6]'과 같은 유형을 낳게 만든다.

### 9) 제이칭뉴

제이칭뉴는 하나의 실천 행위로써 '형식주의'에서 기인된 것으로 명문화된 규정과 규범의 내용과는 별도로 브라질 사회 특유의 문제해결 방식으로 자리 잡은 문화소이다. 다시 설명하자면, 공통의 이익을 통해 관계를 개인화시켜 버리는 하나의 사회적 실천에 준하는 문화소이다. 따라서 우리는 브라질 사회의 일상에서, 조직 생활에서 만연하게 드러나는 제이칭뉴를 관찰해 볼 수 있다. 그리고 제이칭뉴는 높은 지위에 있는 친척이나 아는 사람을 통해 청탁을 하는 것과는 다른 특성을 지닌다. (8)번의 형식주의로 문턱이 높은 법과 제도를 사회 구성원들이 상부상조 하는 식으로 서로서로를 봐주는 일종의 사회적 생존 전략과 관련이 된다. (8)번의 환경에서 (4)과 (7)번 문화소가 강하게 개입된 결과로 해

---

5 (9)번 항목을 참조.
6 브라질 민족성 담론에서 단골로 제시되는 하위 문화소로써 '협잡군', '사기꾼', '불량배', '건달'로 번역된다.

석할 수 있다.

### 10) 비격식주의

이베리아 반도와 원주민 문화에서 비롯된 것으로 사회적, 개인적 관계를 중시하는 전통에서 기인한 문화소이다. 조직 문화 차원에서 볼 때, 전문적이고 목적 달성 지향적이라기보다는 공사 구분을 명확히 못하고 결정이나 문제해결을 개인적인 대인 관계를 통해 해소하는 데 바탕을 두는 문화소이다. 이 문화소는 앞서 언급된 모든 문화소에 근원적으로 관계된다.

## :: 문화 간 커뮤니케이션에 개입된 문화소에 대한 개별 사례

이 장에서는 연구 방법에서 밝힌 바처럼 2절에서 살펴본 커뮤니케이션 장애 요소들과 앞 절에서 살펴본 브라질의 일상 문화소를 근간으로 해서 우리보다 먼저 브라질에 진출한 다국적 기업들이 조직 문화 차원에서 겪은 커뮤니케이션 장애 요소들에 대한 분석을 사례를 통해 짚어봄으로써 한국 기업이 현장에서 맞닥뜨리고 있는 문제점 해결에 대한 기초 데이터로 활용하는 데 그 목적을 둔다. 사례 분석 대상은 브라질 남부 지방 파라나(Paraná) 주에서 활동 중인 자동차 생산 다국적 기업에서 근무하는 브라질인 관리자, 외국인 관리자, 브라질인 직원들의 인터뷰 내용을 문헌 조사를 통해 대상으로 삼았다.[7] 인터뷰 내용의 소개 순서는 먼저 브라질인 관리직의 증언을 다루고, 이어서 외국인 주재원 관리직의 증언을 살펴보는 순서로 정했다.

### (1) 브라질인 관리자 증언

[회사 1]

증언 1: "[…] 공장을 (외국계) 파트너사와 브라질에 공장을 세웠을 때 3년간 같이 외국인 주재원과 함께 일을 했었죠. 팀을 꾸리고 브라질 직원들을 통솔하는 데 어려움을 느낀 그가 기술 쪽 담당을 맡고 제가 인사 부문을 맡았죠.(브라질인 관리자)

증언 2: "일하는데 어려운 점은 아마도 우리가 일할 때 가지는 비격식적인 스타일 때문이 아닐까 하는 생각이 드네요. 우리는 아마도 유럽 사람들이 일하는 방식을 조금 더 배워야 하지 않나라는 생각이 듭니다. 우리 브라질 사람들은 일할 때 좀 더 공식적인 태도를 갖춰야 할 필요가 있다고 생각합니다.(브라질인 관리자)

증언 1에서 브라질인 관리자는 부하 직원들과 인간관계에 바탕을 둔

---

7 Fonseca(2001)의 인터뷰 자료를 추출하여 개별 사례 분석 자료로 활용하였다. [회사 1]은 다국적기업으로 1977년에 월생산량 트럭 460대의 브라질 현지 생산 공장을 파라나(Paraná) 주에 세웠다. 조사 당시 주재원의 수는 34명. [회사 2]는 월 생산량 10,000대의 자동차 생산 공장으로 1997년에 브라질로 진출하였다. 주재원 수는 77명. [회사 3]은 1997년에 진출하여 월 560대를 생산하며 주재원 수는 5명이다.

커뮤니케이션에 있어 내국인이 외국인 주재원보다 좀 더 업무 수행이 용이하다는 의견을 현장 판단에 근거하여 피력하고 있고, 증언 2는 조직 문화 안에서 브라질 직원들이 국제 기준에 맞춰 갖춰야 할 점 또한 지적 하고 있다.

[회사2]

[회사 1]의 인터뷰 내용을 통해 앞서 3절에서 논의했던 브라질의 일 상 문화소 중에서 (4) 보호주의, (6) 관계의 가치화, (9) 제이칭뉴, (10) 비 격식주의와 관련된 사항이 드러남을 알 수 있다. 이처럼 브라질인 관리 자가 외국인보다 관계를 중시하는 방식을 통해 브라질 직원들을 통솔 하는 데 장점이 있지만 그 지나친 남용 역시 주의해야 한다는 의견도 증 언 3에서 피력하고 있다.

증언 3: "제 생각에 이상적인 방식은 아주 조금씩 […] 조금씩 접근해야 한 다는 것이죠. 한쪽은 때리고 다른 한쪽은 어르는 방식이 필요하죠. 업무 진행 을 위한 커뮤니케이션이 제대로 이루어지려면 조금 엄격해져야 한다는 걸 알 필요가 있죠."(브라질인 관리자)

외국계 기업이 브라질 직원들에게서 느끼는 대표적인 어려움은 자국 의 직원들과는 다르게 브라질 직원들의 회사에 대한 책임감이나 애사심 을 찾기 힘들다는 점이다. 이는 문화소 중 '보호주의'와 깊은 연관이 있다. Barbosa(1996)가 밝혔듯이 브라질 사람들에게 회사란 일자리를 주는 곳이지, 미국이나 일본의 경우처럼 정체성까지 부여받는 곳은 아니다.

증언 4: "브라질 사람들이 가진 커다란 문제는 책임감이 없다는 것입니다. 이 점을 유의해야 할 겁니다. 당신네 나라에서는 당연시되는 그런 회사에 대한 애사심이나 책임감을 브라질 직원으로부터 기대하기 힘들다는 것이죠."(브라질인 관리자)

브라질 관리자와 외국인 관리자가 부하 직원들을 통솔할 때 나타나는 차이점은 브라질 관리자의 경우 인간관계에 조금 더 조심스럽고 섬세한 반면에 외국인 관리자의 경우는 좀 더 직접적이고 단도직입적인 성향을 보였다. '관계의 가치화' 문화소가 그 차이를 가르는 것으로 보인다.

증언 5: "어떤 것을 요청할 때나 정보를 주고받는 방식에 있어 차이가 나죠. 브라질 직원들은 항상 말이 많은 반면에 외국인의 경우 본론에 바로 들어가는 방식을 보이죠."(브라질인 관리자)

브라질 관리자들과의 인터뷰에서 드러났듯이 조직 문화에서 수월성을 발휘하는 브라질 직원들의 특징은 인간관계에 있어 비격식적인 면모를 통해 대인 관계를 쉽게 풀어가는 데 있다.

[회사 3]

증언 6: "브라질 사람들은 외국인들보다 더 개방적이고 격식을 차리지 않는 관계를 좋아하기 때문에 이런 특징이 경영에 있어 좀 더 폐쇄적인 외국인과의 접촉에서 일을 쉽게 처리하는 장점을 갖죠."(브라질인 관리자)

인간관계의 용이성과 더불어 직원들 간의 격식 없는 관계 형성은 회사를 하나의 두 번째 집 정도로 인식하게끔 하고 이 또한 조직의 업무를 용이하게 만드는 역할을 한다. 그러나 비격식적인 '약식주의'에 지나치게 경도되어 공사 구분이 모호해지는 폐단 역시 양존한다.

증언 7: "모두가 서로를 잘 아는 작은 집단에서 모든 사람들은 서로를 잘 아는 친한 친구 사이로 지내며 누가 회사를 나가게 되면 다들 똑같은 감정을 느끼는 하나의 '동맹'이죠. 한 팀에서 일하게 되면 원하든 원치 않든 간에 그 '동맹'을 형성하는 게 되는 것이죠. 하루에 8시간을 회사 안에 같이 지내기 때문에 직장이 거의 두 번째 집처럼 되어버리는 것이죠."(브라질 상사를 둔 브라질인 부하 직원)

위의 브라질 직원은 인터뷰를 통해 그런 조직의 형태가 직원들이 회사에서 맘 편하게 일하게 해준다고 부연하고 있다.

증언 8: "당연하죠. 이미 말했듯이 팀은 동질성을 띠어야 하고 모두가 똑같이 일해야 해요. 만약에 그런 연대 의식이 없다면 그 팀은 문제가 생길 겁니다."(브라질 상사를 둔 브라질인 부하 직원)

한편으로 브라질인 관리자는 조직 내 커뮤니케이션을 어렵게 만드는 한 가지 특징은 브라질 사람들의 목표 의식의 부재 문제임을 역시 지적하고 있다. 이 문제는 '보호주의' 문화소의 산물로 분석된다.

> 증언 9 : "간혹 사람들은 자기가 맡은 일에 대해 충분하게 명료하지 않아서 서로 해야 할 일을 정확하게 확인하지 못하는 경우가 왕왕 발생한답니다."(브라질인 관리자)

상기에서 살펴본 브라질인 관리자들과 브라질 직원들의 인터뷰 내용에서 조직 내 커뮤니케이션에 영향을 미치는 긍정적인 요소와 부정적인 문화소를 알아차릴 수 있다. 긍정적인 요소는 '커뮤니케이션 능력', '대인 관계 수립의 용이성', '호의성', '솔직 담백성', 부정적인 요소로서는 '동료도 업무적으로 비판할 수 있는 세심함', '대인 관계에서 비격식성', '개인주의', '목표 의식 결여'를 들 수 있다.

### (2) 외국인 관리자 증언

다음은 회사 1, 2, 3 순서로 외국인 관리자와 인터뷰한 내용을 보기로 한다.

[회사1]

> 증언 10 : "브라질 직원들에게 직접적으로 '당신이 틀렸어'라는 식의 (직설적인) 비판은 삼가야 합니다. 직업적인 지적이나 비판을 브라질 사람들은 개

인에게 오는 비판, 즉 인신 공격으로 받아들이기 쉽거든요."(외국인 관리자)

외국인 관리자는 브라질 사람들이 기본적으로 갖춘 상대에게 열린 커뮤니케이션 능력이 일상에서 대인 관계는 상당히 용이하게 도와주지만 직업적인 면에서는 공사 구분을 못하고 일에 대한 공적인 지적이나 비판을 개인적인 것으로 받아들이는 경향이 강하는 점을 증언을 통해 지적하고 있다.

브라질 사람들이 공적인 비판을 사적인 것으로 받아들임에도 불구하고 외국인 관리자는 결국 진정성이 서로간의 커뮤니케이션을 낮게 해줄 것이라고 믿었기 때문에 증언 11처럼 자신의 직접적인 커뮤니케이션 방식을 고수한다고 밝혔다.

증언 11: "초반에 잘못된 부분이 있으면 저는 바로 시정을 요구했죠. 통상적이라는 등 6개월을 적응하는 시간 따위로 보내지 않을 것입니다. 문제가 있을 때마다 바로 말하고 설명하고 지적할 겁니다. 10번을 반복하게 되더라도 그가 말하고 행동하고 작성한 것이 잘못된다는 것을 알아차릴 때까지 반복할 겁니다."(외국인 관리자)

브라질 사람들이 대인 관계에 있어 격식을 차리지 않는 특징은 외국인 관리자가 그런 문화에 익숙해지지 않은 사이에 문화 간 커뮤니케이션을 어렵게 만들 수 있는 하나의 요인으로써 드러났다.

증언 13: "브라질 사람들은 원하든 그렇지 않든 간에, 등을 가볍게 건드리고 두드립니다. 이런 행동은 아마, 아니 틀림없이 그들(외국인 관리자들) 눈에 안 좋게 보일 것입니다. 그들은 이런 문화에 익숙해져 있지 않기 때문이죠."(외국인 상사를 둔 브라질인 부하 직원)

증언 14의 브라질인 직원의 인터뷰 내용에 따르면 외국인 관리자 역시 격식을 차리지 않는 브라질 문화를 잘 이해하고 활용한다면, 현지 직원들과의 커뮤니케이션이 크게 나아질 것임을 알 수 있다.

증언 14: "그게 바로 우리가 가진 특장점이지요. 만일 외국인 관리자가 그런 문화를 우리와 함께 공유한다면 브라질 사람들과 제대로 어울릴 줄을 알게 될 겁니다. 외국인 관리자가 현지 부하직원들과의 대인 관계를 개선하려고 하는 데 있어 그건 아주 중요한 문제이죠. 이는 제 생각에 브라질 사람들이 가진 큰 특성이라고 생각하는데, 그런 특징이 장점이 되어 대인 관계를 원활하게 만들어 주는 것이죠."(외국인 상사를 둔 브라질인 부하 직원)

그러나 브라질 사람들의 친화력, 즉 직장에서 모나지 않는 인간관계 수립과 유지가 실제로 작동하고 있는 경향이지만 공사 구분에 명확하지 않고 모호한 부분이 발생하므로 공적인 일처리에 있어서는 항상 갈등의 접점이 되는 부분이기도 하다.

증언 15: "직장에서의 그런 개인적인 인간관계가 경력에 흠이 나게 해선 안 되죠. 만약 그런 일이 일어났다면, 다음번에 자기도 남에게 그런 부탁을 할 수 있겠죠. 친구 부탁으로 잘못된 일을 덮어준다면 벌써 문제가 생겼다고 봐야

죠."(외국인 상사를 둔 브라질인 부하 직원)

브라질 사람들 특유의 친화력에 따른 부하 직원들을 다루는 방식에 있어 브라질 관리자와 외국인 관리자 사이에 존재하는 큰 차이점을 다음 증언을 통해 살펴볼 수 있다.

증언 16: "외국인들은 전문가들임에도 불구하고 우리가 일할 때 가지는 융통성 있는 방식을 가지고 있지 않아요. 외국인 관리자들은 직원들을 대할 때 우리가 하는 것처럼 하지 않죠. 우리 방식을 거부해서가 아니라 우리 문화를 모르기 때문이죠. 브라질 사람이 되기 전에 알 수 없는 문제인 것이죠.(브라질인 관리자)

[회사 2]

증언 17: "말하자면, 당신은 보고서 작성을 끝내게 되면 끝냈다는 말만 하면 됩니다. 바로 이 부분이 내가 생각하기에 우리 브라질 사람들의 문제이죠. 단도직입. 이게 바로 내가 여기서 외국인 상사들에게서 배운 것이죠. 내 외국인 상사는 항상 내게 5분 이상 말하지 말라고 얘기했었죠(웃음)."(외국인 상사를 둔 브라질인 부하 직원)

외국인 상사로부터 곧바로 본론으로 들어가는 방식을 배웠다고 진술한 상기의 증언 17에서 드러났다시피 브라질 사람들의 단도직입적인 태도의 부족과 쓸데없이 장황한 언행은 다른 문화권, 특히 '침묵을 금으로 여기는' 문화를 여기는 동양권에서 온 상사의 심기를 거슬리기 쉬워 커뮤니케이션을 방해하는 장애 요소로 작동한다. 또한 외국인 관리자나 브라질인 부하 직원이나 모두 브라질 사람들이 직장에서 역시 이성적이라기보다는 감정적이라는 점을 인식하고 있다. 이 역시 공사에 대한 구분 의식이 적고 분명함보다는 모호함을 선택하는 브라질 문화소에 기인한 것으로 인터뷰 대상자들은 대체적으로 이런 성향이 상황에 따라 커뮤니케이션을 용이하게도 어렵게도 할 수 있다는 데 동의를 하고 있다.

> 증언 18: "가족이 있다는 것은 좋은 일입니다. 가족과도 같은 팀을 구성하는 것도 좋은 일입니다. 당신이 어떤 일들을 아주 빠르게 조직할 필요가 있을 때, 당신이 가족의 일원일 때 조직 또한 빠르게 이루어집니다."(외국인 관리자)

그러나 이런 특성은 사람들이 '비격식주의' 문화소의 영향으로 말미암아 사적 감정이 아닌 공적인 일에서조차 친구(동료)에게 비판을 하는 것을 꺼려할 때 업무 수행에 지장을 줄 수 있다.

> 증언 19: "다른 동료 작업에서 문제가 생겼지만 서로 싫은 소리를 해서 다투기를 꺼려할 때 일에 지장이 생깁니다."(외국인 관리자)

외국인 관리자의 시각에서 볼 때 브라질 사람들이 커뮤니케이션을 어렵게 만드는 요소는 어떤 결정을 내려야 할 때 너무 많은 사람들의 의견을 수렴한다는 것이다.

증언 20: "브라질 직원이 어떤 문제를 인지했을 때 그는 다른 사람들을 찾아다닙니다. 다른 감독관이나 동료들이 모여들어 이야기를 듣고 같이 논의합니다. 자신의 일하고 상관없는데도 관여들을 하죠. 이것은 좋은 방식이 아닙니다. 당사자가 그런 식으로 일을 처리하면 당장 내려야 할 결정이 요원해지기 때문입니다."(외국인 관리자)

[회사 3]

브라질 사람들의 문화적 특징인 비격식성은 외국인과의 커뮤니케이션을 용이하게 해주는 요소로 보인다.

증언 21: "브라질 사람은 개방적입니다. 격식을 차리지 않고 인간관계를 형성하는 브라질 사람들의 문화가 외국인들과의 관계 설정을 더 쉽게 해준다고 생각합니다."(브라질인 관리자)

증언 22: "저는 언어 문제 외에 브라질 직원들과의 커뮤니케이션에 문제가 될 부분을 찾지 못하겠군요."(외국인 관리자)

대체적으로 브라질인 관리자와 부하 직원들 간의 커뮤니케이션을 용이하게 하는 문화소는 상호간에 관계를 원활하게 하는 수월성, 비격식적인 관계를 통한 '관계의 가치화'로 드러났고, 장애 문화소로는 목표 지향성이 미약한 점과 약속을 잘 지키지 않는 '약식성'이 두드러져 보였다.

## :: 한국-브라질 조직 문화 간 커뮤니케이션 갈등 사례

브라질은 남미 시장 진출을 노린 우리 기업의 진출이 지속적으로 증가하고 있지만 브라질 집권 노동자당(PT)의 정치 환경과 노동검찰 제도 등 한국과는 다른 생소한 노동법 제도로 인해 우리 기업의 어려움이 가중되고 있다.[8] 최근 노사발전재단의 초청으로 방한했던 헤나투 상트 아나(Renato Henry Sant'Anna) 상파울루 주 제1노동법원 부장판사[9]는 한국-브라질 수교 54주년을 기념하여 노사발전재단과 한국외국어대학교가 2013년 8월 20일 공동으로 주관한 〈2013년 한국과 브라질의 문화, 환경, 비즈니스 국제포럼〉에서 최근 브라질 노동법의 이슈를 소개하면서 브라질에는 한국과는 다르게 1,500여 개의 노동법원이 있으며 매년 노동법원에 신규로 제소되는 소송 건이 230만 건을 넘어서고 있다고 밝혔다. 최근 한국 기업의 브라질 현지법인과 관련된 사건에서 한국인 관리자의 브라질 근로자에 대한 폭언, 모욕 등의 '정신적 학대(assédio moral)' 문제가 새로운 갈등 요소로 부각되고 있다고 지적했다. 특히 '정신적 학대'와 관련된 것들로서 브라질 근로자들에 대한 한국인 관리자의 고압적인 자세와 지나친 목표량 설정과 다그침 등이 문제가 되고 있다고 밝혔다.[10] 좀 더 자세한 정황 파악을 위해 최근에 브라질 현지에서 노사 관

---

8  민간고용서비스 포털. http://knesa.or.kr/bbs/noticeView.do?menuCd=060102&bbsNo=2096&searchOn=Y.

9  상트아나 판사의 재판 관할구역인 캄파나스 시(市)가 삼성, 현대 등 우리나라 기업의 현지법인들이 밀집해 있는 지역이라는 점에서 시사하는 바가 크다고 볼 수 있다.

10  산업체 종사자(25%) 〉 서비스업 종사자(20%) 〉 상업 부문 종사자(12%) 〉 농업

계의 갈등이 보도된 대표적인 몇몇 기사를 살펴보도록 한다.

### (1) LG전자의 사례

브라질 주요 일간지《이스타다옹(Estadão)》2010년 2월 8일자로 "정신적 학대가 LG를 그늘지게 하다(Assédio moral assombra a LG)"라는 표제로 보도된 기사는 부제로써 "상파울루 내륙에서 일어난 파업 사태는 한국인 방식과 공존하는 데 느끼는 (브라질) 직원들의 어려움을 대변한다."를 달고 있다. 기사 내용을 요약해 보면, 상파울루 주 내륙 타우바테(Taubaté) 시에 소재한 브라질 생산법인 LG전자에서 한국인 관리자와 브라질 피고용인들 사이에 일어난 분쟁을 다루고 있다. 이 분쟁은 2,400명에 달하는 직원들이 한국인 관리직들이 저지른 정신적 학대에 대한 항의와 승진 요구를 벌이며 30만 개에 달하는 생산을 중단하면서 일어났다.

### (2) 삼성전자의 사례

(1) 브라질 주요 일간지《폴랴 데 상파울루》지 2011년 9월 15일자로 "삼성, 직원들에 대한 정신적 학대로 벌금을 물다(Samsung é multada por assédio moral contra funcionários)"라는 기사가 실렸다. 상파울루(São Paulo)에서 100km 떨어진 캄피나스(Campinas) 시에 소재한 직원 3,500명 규모의 삼성전자 핸드폰 공장에서 일어난 일로 브라질 노동검사들이 회사

---

및 어업 종사자(5%).

측의 생산 압박과 모욕, 물리적 공격 등을 포함한 조사를 진행하였고, 이 사건이 문화적 차이 때문이며 삼성전자뿐만 아니라 브라질에 공장을 두고 있는 한국 기업에서 자주 발생하는 문제라고 언론을 통해 밝혔다. 신흥 경제 강국으로 떠오른 브라질에 한국 기업의 투자가 늘어나고 있지만 과도한 노동 강요 등 한국식 기업 문화가 브라질의 노동 문화와 충돌을 빚고 있다는 지적이다. 브라질 내에서 한국 기업들의 노동 환경을 조사한 카타리나(Katarina) 지역 검사는 "소리 지르고 욕하는 등 공격적인 노무 관리는 브라질 문화가 용인하지 않는 것"이라며 근로자를 밀치는 등의 물리적인 신체 접촉과 더불어 모욕과 업무 재촉 등 정신적인 압박이 직원들의 우울증과 근골격계 질환을 유발했다고 조사 결과를 밝혔다. 삼성측은 정신적 피해를 입었다며 소송을 제기한 90명 이상의 근로자들에게 노동 학대를 중단하겠다고 약속하고 법원의 조정에 따라 28만 7000달러의 보상금을 노동자가 아닌 브라질 노동검찰이 운영하는 사회복지기금에 기탁하는 방식으로 사건을 종결지었다고 한다.

(2) 2013년 8월에 브라질 노동부는 직원 6천 명 규모의 삼성전자 마나우스 공장이 직원들을 가혹한 조건 속에 장시간 근무를 시켜 노동법을 위반했다며 2억 5천만 헤알(약 1200억 원)의 배상금과 노동 환경 개선을 요구하는 '공공 민사 소송(Public Civil Action)'을 제기했다. 이번 소송과 관련, 마나우스 현지에서는 브라질 당국이 글로벌 기업들의 노동 환경을 일제히 조사하는 과정에서 지역 최대 공장인 삼성전자를 표적으로 삼은 것이라는 분석도 나오고 있다. 브라질리아 주재 한국대사관 관계자는 "마나우스 노동법원에서 민사소송 건으로 다뤄질 것으로 예상

한다."면서 "현지의 관례로 보아 변호사들을 통해 노동자들과 개별 합의를 시도할 것으로 보이며 그렇게 되면 해결에 상당한 시일이 걸릴 것"이라고 말했다.

위의 기사를 통해서 보았다시피 브라질에서는 '정신적 학대'[11]도 노동법으로 처벌이 가능하다. 여기서 '정신적 학대'는 우리 주변의 일상의 인간관계에서 흔히 찾아볼 수 있는 사안이다. 누군가의 작은 잘못을 찾아내 인간적인 가치를 깎아내려 자신의 자존심을 만족시키는 행태에 해당된다. 다시 말해서, '정신적 학대'는 어떤 상황이든 자기보다 약한 입장의 사람에게 정신적인 고통을 주어 만족하는 행위로서 피해자가 가해자로부터 벗어나기 힘든 경우가 많다. 왜냐하면 '정신적 학대'라고 표현하지만 실제로 물리적인 접촉이나 '폭력'이 수반되지 않고 대부분이 가해자의 태도나 언어 사용으로 이루어지는 만큼 증거를 삼을 만한 것이 없기 때문이다.

상기에서 브라질 노동검사가 인지한 바에 따르면, 한국의 기업 문화와 노무 관리는 "소리 지르고 욕하는 등 공격적인 것"으로 언론을 통해

---

11  현대 사회에서 이 '정신적 학대'가 주로 일어나는 장소는 바로 직장과 가정이다. 직장에서 상사는 자기보다 입장이 약한 부하 직원을 정신적으로 괴롭히는 행위를 가리키는데 권위를 이용해 인격을 모독하는 말을 하거나 달성하기 어려운 목표를 강요하고 능력이 없다는 말을 함으로써 상대방의 자긍심을 파괴하는 횡포를 부리는 일이 종종 있다. 이런 행위는 부하직원을 힘들게 하는 것은 물론이고 심하면 직장 생활을 포기하거나 심지어는 자살까지도 유도할 수 있다. 서양 사회에서는 이러한 위험성을 심각하게 받아들여 직권 등의 권력을 이용하여 본래 업무의 범위를 넘어 인격과 존엄을 침해하는 언행을 의미하는 '파워 해리스먼트(power harassment)'와 '주로 태도나 말로 상대에게 상처를 주는 정신적인 학대나 괴롭힘을 뜻하는 '모럴 해리스먼트(moral harassment)'로 분류해서 각각의 해결책을 고심하고 있다. http://ecostory.me/137.

브라질 사회에 소개되었다. 구체적인 개별 사례는 특히, 앞서 본 LG 관련 기사 전문에 잘 드러나 있다.[12]

안 씨가 들어와 그녀의 등짝을 후려치면서 한국 말로 고함을 질렀다.

초과시간 근무를 대기 중이던 근로자 시모니(Simone)가 대기실에서 당한 일이다. 기사에 따르면 그 일을 당한 이후에 그녀는 우울증 증세를 보여 심리치료사를 찾아 상담을 받고 진정제를 처방받았지만 그 악몽 같은 순간을 잊지 못한다고 했다.

"그는 내 눈을 똑바로 보면서 고함을 질러댔죠. 위협의 몸짓도요. 저는 무력함을 느꼈죠. 그 상황에 소스라치게 놀라서 꼼짝도 할 수 없었어요."

또 다른 종류의 갈등 현장을 아래에서 찾아볼 수 있다.[13]

LG에서 9년차 근무 중인 주앙(가명)은 한국인 상사와의 관계가 어렵다고 했다. 그는 신참들이 보통 그러듯이 한국인 관리자들이 평소 대화 속에 자주 쓰는 욕설을 방어 차원에서 알아들으려고 배웠다고 한다. 작년 3월에 […] 안 씨가 불만스러운 얼굴로 면전에 나타나서 한국어로

---

12  http://www.estadao.com.br/noticias/impresso,assedio-moral-assombra-a-lg,507902,0.htm

13  위의 기사.

욕을 했다고 한다. F.d.p(Filho da mãe)[14]라고 한 것 같다. 한마디로 어머니 욕을 한 것이다. 주앙은 의무실로 가서 진정제를 복용한 후에 후속 조치를 요구했다. 안씨는 정식으로 사과해야만 했다. 주앙은 안 씨를 고소하려고 시도했으나 증인 부족으로 그만둘 수밖에 없었다. 사람들 얘기로는 일주일 전에는 안 씨가 화가 났을 때 노트북을 바닥에 집어 던지기까지 했다고 들었다. LG측은 그런 사실을 부인했다.

신문에 따르면 LG 사측은 이러한 일련의 사태에 대해 본사에는 어떤 특정의 지배 문화가 존재하지 않고 브라질 문화와 한국 문화가 잘 어우러져 서로에게 도움이 되는 통합적인 문화를 지향한다고 자신의 입장을 밝혔고, 브라질 근로자들이 제기한 정신적 학대에 대해서 가해자의 위반 사실이 확인되면 본사에서 제재 조치를 할 것이라고 밝혔다. 반면에, LG의 공식적인 입장 표명은 현실적인 문제해결에 도움이 되지 않는다는 사실은 아래의 증언을 통해 분명해 보인다.

호베르투(가명)에게 한국 문화는 브라질의 문화와 아주 다른 것이다. "한국인들은 아무렇지도 않게 남들 앞에서 부하 직원에게 주의를 주거나 아무 말도 하지 않는 게 일상적이다. […] 호베르투에게 LG에서의 근무는 마음만 병들 뿐이었다. 가능하다면 직장을 바꿀 것이다. "입사에 성공했을 때는 여기서 미래를 꿈꿨지만 결국 그곳은 (사람은 없고) 기술만이 존재한다."

위에서 브라질에 진출한 한국 기업과 브라질 현지 근로자 사이에 발

---

14 영어로 'Son of bitch'에 해당하는 욕이다.

생한 갈등에 대한 사례를 살펴보았다. 사건을 조사한 브라질 노동검사들이 그 갈등의 원인을 문화적 차이로 보고 이는 삼성전자뿐만 아니라 브라질에 공장을 두고 있는 한국 기업에서 자주 발생하는 문제라고 지적했듯이 조직 문화 차원에서 본 한국-브라질 문화 간 커뮤니케이션의 대표적인 갈등 요소로 선택해도 큰 무리가 없을 것 같다.

사실 이러한 문제는 한국 기업의 브라질 진출의 원년이라고 볼 수 있는 1990년대 중반에 이미 그 징후가 나타났었다. 1996년 5월 29일자 발간된 브라질의 유력 주간 시사 잡지 《Isto é》에 '문화 충돌(Conflicto cultural)'이라는 제목으로 아시아계 기업들의 조직 문화와 브라질 조직 문화 간의 소통의 어려움이 소개되었다. 그 기사에 따르면, 1920년대부터 브라질에 진출한 일본 기업의 수가 400개에 이르고 있지만 양국 간의 조직 문화의 갈등은 여전하다는 내용과 사례를 담고 있다. 한국의 경우도 브라질 한국적 조직 문화의 강제적인 이입, 반대 의견을 낼 수 없는 분위기로 인해 경제적 차원에서 좋은 직장이지만 문화 차이로 계속 근무가 어려웠다는 브라질 직원의 증언이 실려 있었다.

그러나 이러한 조직 문화 차이로 발생한 갈등 사태에 대해 기업이 당면하는 문제는 이런 갈등을 브라질 특유의 노동법 때문에 일어나는 기업 활동의 저해 요소, 즉 '브라질 코스트'의 일부로 볼 것인지, 아니면 한국 기업의 조직 문화가 해외 사업장에서 개선해야 할 대상인지를 파악하는 데 큰 의미가 있다. 이 절에서는 추가적으로 앞서 한국 기업 관련해서 게시된 기사에 달린 댓글을 통해 그 문제를 파악해 보려 한다.

댓글은 해당 게시물에 대한 가장 적극적인 의사표현으로, 댓글이 있다는 사실만으로도 그 기사에 독자들이 주목을 했다는 반증을 가시적으로 보여준다. 물론 스팸이나 무의미한 댓글도 존재하지만 인터넷 신문기사에서 댓글은 그 존재만으로 그 기사의 가치를 독자들에게 어필할 수 있는 것이다. 이윤정 외(2009)는 2006년 한국인터넷진흥원의 조사를 인용하면서 조사 대상자의 84.8%가 각종 게시물에 달린 댓글을 읽고 있는 것으로 나타났으며, 댓글 이용자 중 절반 이상이 자신의 생각을 표현하거나 타인의 의견을 알기 위해서 댓글을 이용하는 것으로 조사되어, 익명성에도 불구하고 댓글이 인터넷 이용자들의 생각이나 의견 표현 및 공유 수단임을 알 수 있다고 주장했다.

먼저, LG 관련 기사에 달린 댓글은 총 5개이지만 다행히도 스팸이나 무의미한 글은 존재하지 않으며 모든 댓글이 진지하게 사건과 기사 내용에 대한 자신의 의견을 피력하고 있다는 점에서 유의미성을 찾을 수 있었다. 그리고 2011년 삼성에서 일어난 정신적 학대 논란 기사에 달린 댓글도 살펴보았는데, 2013년 11월 검색 결과 13개의 댓글이 올라와 있다. 이 역시 대부분 유의미성을 담고 있었다. 브라질의 노동법의 위상을 보여주듯이 예상대로 대부분의 댓글은 고용주인 기업의 잘못을 지적하고 시정을 요구하고 있다. 그런 주장 가운데 우리가 주목할 부분은 한국 기업의 '한국식 조직 문화'에 대한 폭로와 부정적이거나 극단적인 평가인데, 그런 평가의 중심에는 우리가 앞서 검색했던 브라질 일상 문화소들에서 브라질 사람들이 스스로를 높게 평가하고 있는 항목인 '외부인을 수용하는 개방적인 태도'가 급속도로 폐쇄적이고 외국인(이 경우, 한국인) 혐오 현상으로까지 발전되는 모습을 발견할 수 있었다. 그리고 다른 문화소들 가운데서 특히 '관계의 가치화'와 '약식주의' 문화소를 고려하지 않는 외국 기업의 조직 문화에 큰 반감을 가지는 모습을 발견할 수 있었다.

## :: 한국-브라질 조직 문화 간 갈등 관리 사례

조직 문화의 개념은 주로 인류학적 연구에서 태동되었다. 인류학자 Schneider e Arruda(1996)에 따르면, 조직 문화에 대해서 164개 이상의 각기 다른 정의가 존재한다. 또한 Schein(1985)에 의해 발전된 조직 문화 개념은 "반복적인 작업을 해내기 위해 개발되는 습관의 집합"으로서 정의되었다. 즉 조직 문화라는 것은 업무가 진행될 때 그것을 대하는 구성원들의 태도와 명문화되어 있지 않아도 서로 공유하고 있는 기본적인 처리 과정을 포함한 것이라고 요약해 볼 수 있다. 이런 조직을 이끌어 나가는 경영이나 지배 행위 역시 문화에 영향을 받고 있다.

조직 문화에서 갈등 관리는 이미 글로벌화된 기업 생산 현장에서 다문화적인 요소로 인해 발생할 수 있는 대인 관계 마찰의 동기를 밝혀내고 좀 더 쾌적한 근로 환경과 그로 인한 기업 활동의 건전성을 목표로 한다.

Garcia(2005)에 따르면, 이 분야 선행 연구의 대부분이 주로 외국 사례에 치중되어 있고 외국인 관리자 입장에서 다루어진 문헌들이 대부분이다. 주로 조직 안에서 인내와 상호 존중을 통한 세계화된 사회에서 적응하고 경제 활동을 벌이는 목표로 각기 다른 문화권 소속의 구성원들 사이에 일어나는 마찰의 원인 분석과 해결 방안을 제시하는 데 그 목적을 두고 있다.

1994년 이래 대기업 중심의 진출이 이루어진 브라질에서 한국 기업 문화와 브라질 노동 문화가 만나 발생하는 마찰과 갈등에 대한 연구는 아직 전무하다. 이미 10년 전에 진출한 삼성과 LG의 경우도 앞 절에서 살펴보았듯이 아직 갈등 관리 시스템이 제대로 작동하지 않고 있어 보인다. 현재 상파울루 주 피라시카바(Piracicaba) 시에 공장을 세우고 완성차를 양산하기 시작한 현대자동차와 특히 '브라질 안의 중국'이라고 불리는 새로운 투자처인 북동부 세아라(Ceará) 주에 건립된 CSP 제철소의 경우는 2015년까지 한국인 기술자의 유입이 5천 명에 달했다. 조직 문화 연구 차원에서 브라질에 진출한 삼성전자 법인을 대상으로 한국 기업과 브라질 문화와의 접촉으로 일어나는 문화 격차에 대한 진행된 연구로 "Restrições impostas pela cultura brasileira às dificuldades enfrentadas pelas empresas estrangeiras, no processo de entrada no mercado brasileiro"(Kim 2003)이 현재로서는 유일하다. Han(2003)은 이 연구를 통해 브라질 사람들의 문화소들이 한국인 직원들과의 접촉 양상과 함께 조직 문화에서 어떻게 작동하는지를 살펴보았다. Kim은 브라질 직원들과 한국인 주재원 간에 빚어지는 갈등을 일으키는 브라질 문화소로서 '제이칭뉴', '모험자 성향', '관조하는 태도', '모호성'을 원인으로 분석했다. Kim이 제시한 문화소는 우리 연구에서 각각 '제이칭뉴', '개인주의', '보호주의', 그리고 한국 기업의 주재원, 브라질 현지 직원 양측 모두에게 동기부여가 안 되고 경쟁력을 저해하는 갈등 지점으로 '동기부여의 결핍'과 '관조적 태도'를 제시한 바 있다. 상호 간 갈등 해결에 대한 Kim의 결론은 브라질 사람들(근로자)이 국제 경제 사회에서 경쟁력을 갖추기 위해서 스스로를 다시 돌아보는 태도가 필요하다는 점을 제시하고 있어 교포 연구자의 특성이 다소 드러난다. 이 글은 문헌 조사에 의존하는 한계가 있고 Kim의 연구 방법의 전개와도 유사하지만 갈등 관리에 대한 진단은 오히려 Kim의 것과는 반대의 입장에 가깝다. 3, 4절의 증언 및 한국 기업의 조직 문화 갈등에 관한 기사와 댓글 분석에서 드러나듯이 갈등 유발의 원인 제공자로서 한국인들의 문화적 특성을 반영하는 수직적인 권위주의 의식에서 유래된 한국인 우월주의, 일방주의적인 대인 관계의 유지, 개인의 능력보다 체면, 즉 남에게 보여지는 인간관계에 대한 중시, 당면한 갈등을 해소하려는 노력보다 억누르거나 회피하는 경향에서 갈등의 원인이 크게 읽힌다. 이러한 차이는 Han의 갈등 관리 목적이 생산성 향상과 국제적 수준의 노동력 제고라는 명제 아래 이루어진 것이고, 이 글에서는 한국-브라질 조직 문화 간 커뮤니케이션 문제에 있어 현존하는 갈등 요소들의 진단과 그 갈등을 개선할 수 있는 방법을 찾는 목적을 갖는 차별성을 갖는다.

## :: 맺음말

### (1) 문화 공존을 통한 상호 간 소통 증진의 숙제

우리가 얻고자 하는 것은 브라질이라는 나라에서 브라질 사람들을 움직이게 하는 행동의 기저에 흐르는 가치 체계, 즉 해당 집단의 정체성을 형성하는 사고의 패턴을 주도하는 문화소의 근원이 기업과 같은 조직 문화 간 커뮤니케이션에서 어떤 작용을 하느냐에 있었다.

남미공동시장(Mercosul)의 리더이자 '새로운 미국'이라는 전망까지 낳는 브라질로의 진출은 중남미 교두보 확보라는 측면과 이제 지구상에 얼마 남아 있지 않은 자원 공급국의 확보라는 점에서 이미 오늘날 우리 기업에게는 선택이 아닌 생존을 위한 필수 요건으로 자리 잡은 지 오래다. 하지만 그와 동시에 세계화 속에서도 점차 그 가치가 중요시 되는 로컬 문화와 그와의 소통의 중요성을 인식하고 기업의 현지화 문제를 극복하지 않고서는 언어와 역사와 문화 그리고 민족성이 다른 해외 지역으로의 진출은 어려움을 겪을 수밖에 없다. 우리가 본문의 댓글 분석에서 봤듯이 현지인들에게는 반감과 상처를 입히고, 우리 기업은 우리 기업대로 이미지 손상과 소송으로 인한 불필요한 시간과 비용 발생을 초래한다. 글로벌 시대에 접어든 지금은 국내 시장을 넘어 국제 시장을 무대로 재화와 인적 자원이 광범위하게 교류할 수 있는 환경에 처한 만큼 국가 차원의 혹은 민간 차원의 교류와 협력 증진이 '자본'을 중심으로 원활해지고 있지만 '진정한 의미의 세계화', 즉 문화 공존을 염두에 둔 '또 다른 세계화'에 대한 준비는 상대적으로 미약하다. 가시적이지 않지만 모든 만남과 교류에 있어 기반이 되는 '문화적 자본'에 대한 대비, 즉 '문화 간 커뮤니케이션'에 대한 이해를 미리 해둘수록 개인이나 국가나 모두 현재와 미래의 '비용 지출'을 줄일 수 있는 실용적인 면모가 생길 것으로 예상된다. 실제로 문화 간 커뮤니케이션 능력은 해외에서 임무를 띠고 일시적으로 거주하거나 근무하는 사람을 대상으로 발전된 이론이었다. 이 이론은 국경을 넘나드는 인적 교류가 더욱 활발해지면서 그 적용 분야가 확대되고 있다. 특히 세계화로 인한 전 세계 인구의 보편적인 문화권 이동 현상은 관광객뿐 아니라 이들을 접촉하는 사람과 서비스 인력의 문화 간 적응이라는 과제를 던져주고 있으며, 해외 지역 연구가 이 문제를 보다 더 적극적으로 다루어야 할 필요성이 제기된다. 이 글에서 사용된 분석 자료 중 일부는 문화 간 커뮤니케이션의 저해 요소들을 통해 한국과 브라질 사람들 간에 일어난 상황과 증언을 담고 있어 브라질 현지에 진출했거나 계획을 세우고 있는 우리 기업들의 현지 직원 관리 지침 및 교육 자료로 활용할 가치가 있다고 본다. 현지법인 사업장에서 일어나는 '정신적 학대'나 '언어폭력'이 의도되었든, 외국어 구사 능력의 미비로 일어났든 간에 법적으로 '노동법 위반'에 해당하고 사업장은 이에 대한 책임을 져야 하는 게 브라질의 현실이다. 한국 기업들이 해외법인에서 가장 골머리를 앓을 수 있는 부분 중의 하나도 바로 이 노무 관리 부분라고 한다. 아무리 사업 계획을 잘 세웠다고 할지라도 그 계획을 수행할 인력 부분 즉 노무 관리가 '문화 몰이해'로 갈등이 발생한 것이라면 어이없는 손실이 될 수밖에 없고 반드시 조정 작업을 거쳐야 될 사안이기도 하다.

국내나 혹은 국외에서 서로 문화가 다른 구성원끼리 일을 해본 사람이라면 문화적 차이로 인한 여러 가지 작고 큰 갈등을 겪은 경험이 있을 것이다. 이 갈등은 장애로 작용되어 언어와 문화가 다른 구성원 사이의 커뮤니케이션은 물론이고 본 연구에서도 발견되었다시피 갈등 유발의 원인 파악조차 쉽지 않은 경우도 많다. 조직 문화 차원에서 브라질보다 문화 간 커뮤니케이션의 경험이 훨씬 더 오래된 미국의 사례를 보면, 한국인의 갈등 인식 성향은 해당 직원이 한국인이냐 미국인이냐에 따라 달라진다는 연구 결과가 나온 바 있다. 따라서 이중 문화를 갖고 문화적 중재자 역할을 가진 교포 인력의 경우 문화 간 커뮤니케이션의 사각지대에 놓이게 되는 경우도 허다하다. 사실 문화 간 커뮤니케이션에서 발생하는 갈등은 어느 한쪽의 과실이나 책임으로 발생하는 것이 아니다. 따라서 갈등 관리 차원에서 상대방의 문제점을 찾아내 분석하려는 방향뿐만 아니라 한국인 조직 문화와 이문화 간 갈등 관리 스타일의 문제점 역시 반드시 고려되어야 부분이라고 생각한다.

한 가지 더 부연하자면, 한 국가의 문화를 글 몇 줄로 요약하기는 어렵고, 문화라는 대상의 살아 있고 역동적인 측면들을 2차원 공간에 정적인 단어들로 명확하게 기술하는 것이 불가능하다. 그렇지만 그럼에도 이러한 시도는 우리 자신의 역동적이고 살아 있는 이해 과정을 시작하는 판단의 기준점을 제공한다는 점에서 유의미하다. 글로벌 환경에서 한국과 브라질과의 관계가 '포괄적 동반자'에서 '전략적 동반자' 관계로 전환된 지금, 이러한 고민의 양성화를 통해 기업뿐만 아니라 우리 한국 전체 사회가 브라질과 같은 유형적으로 우리 것과 거리가 먼 사회와 문화를 좀 더 잘 이해할 수 있는 기회로 삼고 스스로의 정체성 역시 고정된 것이 아닌 변화하는 것으로 받아들이는 하나의 발판이 되기를 기대한다.

# 참고문헌

## 2부 1장 식민 지배와 국가 발전: 코스타리카 성공의 역사성

김달관(2004), 「중앙아메리카의 엘리트: 변천과 특징」, 한국라틴아메리카학회, 《라틴아메리카연구》 제17권 4호, 409쪽.

박종욱(2012), 「산호세 시민의 삶의 만족감 인식 연구」, 《세계지역연구논총》 제30권 1호, 209-210쪽.

벤자민 킨 & 키스 헤인즈(2014), 『라틴 아메리카의 역사(상)』, 김원중, 이성훈 옮김, 그린비.

이전(1994), 『라틴아메리카의 지리』, 민음사.

"커피존", 허용덕 · 허경택(2009), 와인&커피 용어 해설, 백산출판사, 네이버 지식백과(http://terms.naver.com/entry.nhn?docId=385369&cid=48181&categoryId=48261).

Acuña, María de los Angeles, "La sociedad colonial: el mestizaje en la ciudad de Cartago"(http://www.hcostarica.fcs.ucr.ac.cr/index.php?option=com_con

tent&view=article&id=7:sociedad-colonial-mestizaje-cartago&catid=4:c
olonial&Itemid=2)

Bethell, Leslie ed.(1990), *Historia de América Latina 2. América Latina colonial: Europa y América en los siglos XVI, XVII, XVIII,* Madrid: Editorial Crítica.

Carvajal, Guillermo(1990), "Costa Rica: una Aproximación Geográfica al Estudio de su Población(1522-1984)", Instituto Panamericano de Geografía e Historia, *Revista Geográfica* No. 112, p. 49.

Fonseca, Elizabeth et. al.(2001), *COSTA RICA EN EL SIGLO XVIII,* San José: Editorial de la Universidad de Costa Rica.

GDP in Costa Rica(http://www.focus-economics.com/country-indicator/costa-rica/gdp).

Hidalgo, Antonio Luis(2003), *Costa Rica en Evolución,* San José; Editorial de la Universidad de Costa Rica.

Ibarra, Eugenia, "Los cacicazgos en Costa Rica a la llegada de los españoles: una perspectiva etnohistórica"(http://www.hcostarica.fcs.ucr.ac.cr/index.php?option=com_content&view=article&id=4:cacicazgosencr&catid=2:gruposindig&Itemid=2).

Instituto de Investigaciones Lingüísticas de la Universidad de Costa Rica, Mensajes Presidenciales de Costa Rica(https://sites.google.com/site/mensajepresidencialcr/gobernantes/antecedentes-del-estado-de-costa-rica).

Instituto Nacional de Aprendizaje(2007), *Historia de Costa Rica,* San José.

Madrigal, Eduardo(2007), "La élite colonial de Costa Rica de cara a las Instituciones de poder monárquico, 1600-1718", Facultad de Ciencias Sociales de la Universidad de Costa Rica, Revista Reflexiones 86-2, pp.187-188.

Molina, Ivan & Steven Palmer(2004), *Historia de Costa Rica,* San José: Editorial de la Universidad de Costa Rica.

Quesada, Juan Rafael et. al.(2004), *Costa Rica Contemporánea,* San José: Editorial de Universidad de Costa Rica.

Rojas, Mario coord.(2002), *Antes de 1821 Historia de Costa Rica*, San José: Museo Histórico Tecnológico del Grupo ICE.

Stone, Samuel(1998), "Aspect of Power Distribution in Costa Rica", Michael Whiteford(ed.), *Crossing Currents Continuity and Change in Latin America*, Prentice Hall Inc.

Zemelman, Hugo coord.(1990), *Cultura y política en América Latina*, México: Siglo XXI.

## 2부 2장 사르미엔토의 『파쿤도』를 통해 본 독재의 본질

구승회(1993), 『논쟁-나치즘의 역사』, 온누리.

박용만(1986), 『제1공화국 경무대 비화』, 내외신서.

이성형(편)(1999), 『라틴아메리카의 역사와 사상』, 까치글방.

임지현(편)(2004), 『대중독재 1』, 책세상.

_____(2005), 『대중독재 2』, 책세상.

_____(2007), 『대중독재 3』, 책세상.

장문석(편)(2006), 『근대의 경계에서 독재를 읽다』, 그린비.

진중권(2013), 『서양미술사: 후기 모더니즘과 포스트모더니즘편』, 휴머니스트.

가바리노(1995), 『문화인류학의 역사』, 한경구 · 이봉길 옮김, 일조각.

노엄 촘스키/에드워드 허먼(2006), 『여론조작』, 정경옥 옮김, 에코 리브르.

도밍고 파우스티노 사르미엔토(2012), 『파쿤도: 문명과 야만』, 조구호 옮김, 아카넷.

데틀레프 포이케르트(2009), 『나치 시대의 일상사』, 김학이 옮김, 개마고원.

드니 로베르 · 촘스키(2002), 『누가 무엇으로 세상을 지배하는가』, 강주헌 옮김, 시대의창.

브루스 부에노 데 메스키타 · 알라스테어 스미스(2012), 『독재자의 핸드북』, 이미숙 옮김, 웅진지식하우스.

아나부 아키라(2012), 『한 단어 사전 '문화'』, 푸른역사.

알프레드 노드 화이트헤드(1998), 『이성의 기능』, 도올 김용옥 옮김, 통나무.

에드워드 사이드(2008), 『저항의 인문학』, 김정하 옮김, 마티.

에리히 프롬(2011), 『자유에서의 도피』, 이상두 옮김, 범우사.

앤드류 커크(2005), 『세계를 뒤흔든 시민 불복종』, 유강은 옮김, 그린비.

옥타비오 파스(2003), 『흙의 자식들』, 김은중 옮김, 솔.

에티엔 드 라 보에티(2012), 『자발적 복종』, 박설호 옮김, 울력.

에티엔 빌리바르(1997), 『민주주의와 독재』, 최인락 옮김, 연구사.

패트릭 스미스(2012), 『다른 누군가의 세기』, 노시내 옮김, 마티.

Giner, Salvador(1976), *Mass Society*, Boulder City: Westview Press.

Morgan, Lewis Henry(1877), *Ancient Society*, Tucson: University of Arizona Press.

Paz, Octavio(1985), *Pasión Crítica*, México: Seix Barral.

Whitehead, A. N(2003), *La función de la razón*, Traducción de Lucila González pazos, Madrid: Editorial tecnos.

## 2부 3장 아프리카 흑인의 아르헨티나 유입과 백인 정체성 신화

서성철(2014), 「사회적 소수자로서의 아프로 · 아르헨티나인—19세기 흑인 인구의 은폐 과정」, 《라틴아메리카연구》 제27권 2호, 109-132쪽.

우석균(1999), 「도밍고 파우스티노 사르미엔토: 국민국가 형성의 딜레마」, 『라틴아메리카의 역사와 사상』(이성형 편), 까치사, 156-176쪽.

푸엔테스, 카를로스(1997), 『라틴아메리카의 역사』, 까치사.

Alberdi, Juan Bautista(2006), *Bases y puntos de partida para la organización de la República de Argentina*, Buenos Aires: Diferencias.

Andrews, George Reid(1989), *Los afroargentinos de Buenos Aires*, Buenos Aires: Ediciones de la Flor.

Bartolomé, Miguel Alberto(2003), "Los pobladores del 'Desierto': genocidio, etnocidio y etnogénesis en la Argentina", Cuadernos de Antropología Social, núm.17, 2003, pp.163-189.

Cirio, Norberto Pablo(2003), "La desaparicíon del candomble argentino, los muertos que vos mataís gozan de buena salud", Estudios sobre la cultura afro-rioplatense, Historia y presente, pp.130-154.

Contarino Sparta, Luciana(2011), "Africanos en la Argentina: una visibilidad compleja", Asociación Latinoamericana de Estudios de Asia y Africa, XIII, congreso internacional de ALADAA.

Frigerio, Alejandro(2006), "Negros y Blancos en Buenos Aires: Repensando nuestras categorías raciales", Temas de Patrimonio Cultural, No.16, pp.77-98.

Frigerio, Alejandor & Lamborghini, Eva(2011), "Los afroargentinos: formas de comunalización, creación de identidades colectivas y resistencia cultural y política", Aprodescendientes y africanos en la Argentina, Buenos Aires: PNUD, pp.1-46.

Geler, Lea(2004), "Negros, pobres y argentinos. Identificaciones de raza, de clase y de nacionalidad en la comunidad afroporteña, 1870-1880", Nuevo Mundo/Mundos Nuevos. http://nuevomundo.revues.org/document449. html(2014. 5. 25)

Goldberg, Marta(1995), "Los negros de Buenos Aires", Presencia Africana en Sudamérica, Dirección General de Culturas Populares, Consejo Nacional para la Cultura y las Artes, pp.529-607.

Gomes, Victoria(2005), "Los negros-africanos en la historia argentina", Bibliopress, boletín del Congreso Nacional.

Guzmán, Florencia(2006), "Africanos en la Argentina, una reflexión desprevenida", Andes, enero-diciembre 2006, No.17, pp.197-238.

Kleidermacher, Gisele(2012), "Africanos y afrodescendientes en la Argentina: invisibilización, discriminación y racismo", RITA. pp.59-72.

Lanuza, José Luis(1967), *Una historia de la raza africana en el Río de la Plata*, Buenos Aires: Schapire.

Morasso, Carla(2011), "Eurocentrismo y estudios africanos en Argentina", Otro Sur digital, Año: 1/No.2/Agosto 2011, pp.1-15.

Ocoró Loango, Anny(2010), "Los negros y negras en la Argentina: entre la barbarie, la exotización, la invisibilización y el racismo de Estado", La manzana de la discordia, Julio-Diciembre, Vol. 5, No. 2, pp.45-63.


## 2부 4장 과테말라 인디오들의 '허락된' 자치권력

노용석(2012), 「과테말라 시민사회의 과거청산 활동과 민주주의 발전」, 《스페인어 문학》 제63권, 391-418쪽.

정혜주(2011), 「유카탄 카스타 전쟁의 사회적 의의」, 《라틴아메리카 연구》 제24권 1호, 129-153쪽.

＿＿＿(2005), 「마야지역 원주민의 문화적 인권에 대한 고찰」, 《라틴아메리카 연구》 제18권 3호, 55-82쪽.

최진숙(2007), 「과테말라에서 '인종'(race) 개념에 대한 역사적 고찰」, 《라틴아메리카 연구》 제20권 3호, 173-190쪽.

＿＿＿(2005), 「인종화(Racialization)와 종족화(Ethnicization) 사이의 이중구속」, 《비교문화연구》 제11권 2호, 43-172쪽.


Alcántara, Manuel(1999), *Sistemas políticos de América Latina*, TECNOS.

Barrios, Lina(2001), *Tras las huellas del poder local: La Alcaldía Indígena del siglo XVI al siglo XX*, IDIES, Universidad Rafael Landívar.

＿＿＿(1998), *La Alcaldía Indígena en Guatemala: de 1944-al Presente*, IDIES, Universidad Rafael Landívar.

Bastos, Santiago(2013), *Guatemala: Historia Reciente(1954-1996), Tomo II: la emergencia de los pueblos indígenas como actores polítcos*, FLACSO.

Comisión para el Esclarecimiento Histórico(2006), *Guatemala: Causas y Orígenes del Enfrentamiento Armado Interno*, F&G editores.

Falla, Reicardo(2007), *Quiché Rebelde*, Guatemala, Universidad de San Carlos de Guatemala.

Figueroa, Carlos(2011), *El recurso del miedo*, F&G editores.

Fuentes y Guzmán, A. de(1932), *Recordación Florida. Discurso historial y demostración material, militar y política del Reyno de Guatemala*, II Tomo, Guatemala: Tipografía Nacional

Hany, Jim(2013), *Revolución en el Área Rural: conflicto rural y Reforma Agraria en Guatemala, [1944-1955]*, Universidad de San Carlos de Guatemala.

Linares, Luis(2008), "Reformas al Código Municipal", Revista Análisis Político, Fundación Konrad Adenauer, Año 2, No. 2, pp.27-48.

Lovell, George(1988), "Surviving Conquest: The Maya of Guatemala in Historical Perspective", *Latin American Research Review* 23(2): 25-57

Luján Muñoz, J. (1990), *Los caciques-gobernadores de San Miguel Petapa durante la colonia*, CIRMA.

Macleod, Morna(2013), *Guatemala: Historia Reciente(1954-1996), Tomo II: pueblos Indígenas y Revolucón*, FLACSO.

Macleod, Morna(1997), *Poder local. Reflexiones sobre Guatemala*, OXFAM/Cholsamaj.

Mejías, Sonia(2004), "La adaptación histórica de las comunidades indígenas en Guatemala: de cabildos coloniales a municipalidades constitucionales", Revista de Historia de Chile y América, Vol. 3, No. 2, pp.125-152.

_____(1999), *Indígenas y Política en Guatemala en el siglo XIX: conflicto y participación en la administración local*, Universidad Autónoma de Madrid.

Melecio, Rubilia(2007), La aplicación del derecho indígena, función principal de la alcaldía indígena en el municipio de zacualpa, departamento de Quiché, Universidad de San Carlos de Guatemala.

Ochoa, Carlos(2013), *Alcaldías Indígenas, dies años después de su reconocimiento por el Estado*, Tomo I, Guatemala, ASIES.

_____(1993), *Los contextos actuales del poder local*, IRIPAZ/F.Ebert.

Orellana, S. L.(1993), *Los tzutujiles. En: Historia General de Guatemala*, Tomo II, Fundación para la Cultura y el Desarrollo.

Peláez, Severo(2013), *La patria del crillo*, Fondo de Cultura Económica.

Peralta, Gabriel(2012), *Guatemala: Historia Reciente(1954-1996)*, Tomo I: el pensamiento militar guatemalteco, FLACSO.

Romero, Pablo(2013), *Guatemala: Historia Reciente(1954-1996),* Tomo II: la dimensión internacional de la lucha indígena, FLACSO.

Sieder, Rachel(2006), "El derecho indígena y la globalización legal en la posguerra guatemalteca", *ALTERIDADES,* Vol. 16, No. 31, pp. 23-37.

Solórzano, J.C. (1985), Las comunidades indígenas de Guatemala, Chiapas y El Salvador(siglo XVIII), Editorial Universitaria de Costa Rica.

Stoll, David(2008), *Rigoberta Menchú y la historia de todos los guatemaltecos pobres,* Unión Editorial.

Taracena, Arturo et. al(2009), *Etnicidad, estado y nación en Guatemala, 1808-1944,* Vol. I. CIRMA.

_____(2004), *Etnicidad, estado y nación en Guatemala, 1944-1985,* Vol II. CIRMA.

United Nations(UN)(2010), "Presentación del Primer Informe Mundial sobre la situación de los Pueblos Indígenas del Mundo"(세계 원주민 실태 조사 보고서), Departamento de Información de Públicas de las Nacionas Unidas.

Urruita, Gabriela(2013), *Guatemala: Historia Reciente(1954-1996),* Tomo II: izquierda revolucionaria y población indígena en Guatemala, FLACSO.

## 2부 5장 브라질의 연립대통령과 의회의 정치권력

Alston, Lee J.(2005), "Pork for Policy: Executive and Legislative Exchange in Brazil", *The Journal of Law, Economics, & Organization,* Vol. 22, No. 1.

Bittencourt, Fernando Moutinho Ramalho(2012), " Relações executivo-Legislativo No Presidencialismo De Coalizão: Um Quadro De Referência Para Estudos De Orçamento e Controle", Núcleo De Estudos E Pesquisas, Textos para Discussão 112.

Cabral, Lucíola Maria de Aquino, "O Presidencialismo na Constituição Brasileira De 1988".

Cheibub, José Antonio & Limongi, Fernando(2010), "From Conflict to Coordination: Perspectives on the Study of Executive-Legislative Relations",

RIEL, Belo Horizonte, No. 1, pp.38-53.

Choi, Dai-Kwon(2009), "The Rule of Law and Parliamentarism in Korea: Retrospection and Prospect", Sicence of law, Seul University, Vol. 49, No. 4, pp.208-248.

Ezrow, Natasha M. & Frantz, Erica(2013), *Failed States and Institutional Decay: Understanding Instability and Poverty in the Developing World*, New York, Bloomsbury Academic.

Hiroi, Taeko(2013), "Governability and Accountability in Brazil: Dilemma of Coalitional Presidentialism", *The Journal of Social Science* 75, pp.39-59.

Junior, Arnaldo Mauerberg, Pereira, Carlos, and Biderman, Ciro(2015), "The Evolution of Theories about the Brazilian Mulitiparty Presidential System", *Journal of Politics in Latin America*, Vol. 7, No. 1, pp.143-161.

Kim, Jung-Hyun(2013), "The Revaluation for Presidentialism in Latin America: Focusing on the Brazilian Presidentilism", *Journal of Science of Law*, Vol. 37, pp.29-70.

Kim, Young-Chul(2016), "A Causes of Dilma Rousseff Political Crisis", *Journal Of Latin America and Caribbean Studies*, Vol. 35, No. 2.

Kim, Young-Il, Lee, Jung-Jin(2014), "Meaning of the Election System in brazil reflected in the 2014 Presidential Elections", Issue and Discussion, No. 918.

Krause, Silvana(2006),"The Consequences for democracy of a weak party system: Party defections in Brazil", *The Impact of Floor Crossing on Party Systems and Representative Democracy*, 15 Nov. 2006. Cape Town, South Africa.

Lim, Su-Jin(2014), "Political Party Coalition in Latin American Presidential Systems A Qualitative Comparative Analysis", *Korean Association of Party Studies*, Vol. 13, No. 3, pp.185-217.

Limongi, Fernando(2007), "Democracy in Brazil: Presidentialism, party coalitions and the decision making process", *Novos estud. - CEBRAP* Vol. 3.

Melo, Marcus, Pereira, Carlos and Souza, Saulo(2011), The Political Economy of Fiscal Reform in Brazil: The Rationale for the Suboptimal Equilibrum, Inter-American Development Bank.

Muthoo, Abhinay and Shepsle, Kenneth A., The Constitutional Choice of

Bicameralism.

Peixoto, João Paulo M., Presidentialism in Brazil Politics and Administration from the Military Regime to the Workers Party Rule.

Pereira, Carlos and Mueller, Bernardo(2003), "Partidos Fracos na Arena Eleitoral e Partidos Fortes na Arena Legislativa: A Conexão Eleitoral no Brasil", Dados Vol. 46, No. 4, pp.735-771.

Pereira, Carlos and Orellana, Salomon(2009), "Hybrid Political Institutions and Governability: The Budgetary Process in Brazil", *Journal of Politics in Latin America*, pp.57-79.

Power, Timothy J.(2010), "Optimim, Pessimism, and Coalitional Presidetialism: Debating the Institutional Design of Brazilian Democracy", *Bulletin of Latin American Research*, Vol. 29, No. 1, pp.18-33.

Raile Eric D., Pereira Carlos, Power, Timothy J.(2011), "The Executive Toolbox: Building Legislative Support in a Multiparty Presidential Regime", *Political Research Quarterly*, 64(2), pp.323-334.

Silvio Navarro, Laryssa Borges e Marcela Mattos(2015), "Câmara elege Eduardo Cunha para desespero do Planalto", Veja, 2015. 2. 1.

Themoteo, Reinaldo José(2011), O Congresso e o presidencialismo de coalizão, Rio de Janeiro: Fundação Konrad Adenauer, Cadernos Adenauer XII, nº 2.

Yang, Hyun-Mo, Park, Ki-Kwan(2015), "A study on the Strategies to Build Cooperative between the Administrative and Legislative Branches under the Presidential system", The Korea Institute Of Public Administration.

〈인터넷〉

"A votação do impeachment na Câmarah", http://especiais.g1.globo.com/ politica/2016/processo-de-impeachment-de-dilma/a-votacao-do-impeachment-na-camara/(2017. 5. 12)"Bicameral System", http://m.blog. daum.net/jongwon111/15681618(2017. 5. 13)

"Chapter 2 parliamentarism", http://www.kangwonlaw.ac.kr/board_download.asp ?boardCode=material01&boardnumber=256(2017. 5. 13)

"Proclamação da República do Brasil", https://pt.wikipedia.org/wiki/
Proclama%C3%A7%C3%A3o_da_Rep%C3%BAblica_do_Brasil(2017. 5. 13)

Royster, Michael(2015), "Opinion: Brazilian Pork Barrel, Revisited", http://
riotimesonline.com/brazil-news/opinion-editorial/opinion-brazilian-pork-
barrel-revisited/(2017. 2. 13)


## 3부 1장 식민 시기 멕시코의 종교재판과 유대인 박해

서성철(2015), 「멕시코 유대인 이민과 종교재판 - 식민 시기 초기 누에바 에스파냐
를 중심으로」, 《중남미연구》 제34권 2호, 229-258쪽.

_____(2015), 「신세계에서의 포르투갈 유대인과 종교재판」, 《이베로아메리카》 제17
권 1호, 61-91쪽.

푸엔테스, 카를로스(1997), 『라틴아메리카의 역사』, 서울: 까치사.


Delfin Guillaumin, Martha(2011), "Autos de fe contra judíos portugueses en Perú
y en la Nueva España, siglo XVII". http://www.ciberjob.org/etnohistoria/
judíos.html(2015. 6. 30)

Gini de Barnatán, Matilde(1983), "Los criptojudíos y la inquisición", http://www.
angelfire.com/extreme/genio/criptojudios.html(2015. 4. 20)

Gringoire, Pedro(1982), "Protestantes enjuiciados por inquisición", pp.161-179.

Hidalgo, Margarita(2012), "El español de América en los Archivos de la
Inquisición: Nueva España 1527-1635", *Anuario de Lingüística Hispánica*, XXVII,
pp.72-93.

Laikin Elkin, Judith(2014), *The Jews of Latin America*, Colorado: Lynne Rienner
Publishers.

Liebman, Seymour B.(1970), *The Jews in New Spain: faith, flame, and the Inquisition*,
Miami: University of Miami Press.

Martínez Barrios, Elena(1999), "Tolerancia y Inquisición", Revista de la
Inquisición, Vol. 8, pp.101-111.

Medina, José Toribio(1956), *Historia del Tribunal de la Inquisición de Lima, 1569-1820,*
Chile: Fondo histórico y bibliográfico J.T. Medina.

Metz, Allan(1992), "Those of the Hebrew Nation.... The Sephardic Experience in
Colonial Latin América", The American Jewish Archives - Sephardim in the
Americas, Volume XLV, Number 1, Hebrew Union College-Jewish Institute
of Religion, pp.209-213.

Miranda Ojeda, Pedro(2008), "Las Sanciones de la fe. Los Autos de Fe y la
aplicación de penas del régimen inquisitorial en el México colonial",
Contribuciones desde Coatepec, enero-junio, número 014, pp.61-83.

Núñez Sánchez, Jorge(2004), "Inquisición y diáspora judía: Los sefarditas de
Chimbo", Cartilla de divulgación cultural, #42, pp.1-33.

Quiroz, Alfonso W.(1986), "La expropiación inquisitorial de cristianos nuevos
portugueses en los Reyes, Cartagena y México, 1635-1649", Histórica, Vol.
10, No. 2, pp.237-260.

Soberanes Fernández, José Luis(1998), "La inquisición en México durante el siglo
XVI", Revista de la Inquisición, pp.283-295.

Telias, David(2009), "A propósito del descubrimiento de América: Los primeros
judíos en América", Letras Internacionales, Año 3-Número 82.

## 3부 2장 페루-볼리비아 접경 푸노 지역 아이마라 원주민의 갈등

김기현(2005), 「라틴아메리카 원주민 인권: 문화적 다양성의 지향」, 《라틴아메리카
연구》 제18권 3호, 109쪽.

박은경(1987), 「종족성 이론의 분석」, 《문화인류학》, 제19권, 9쪽.

이기우(2009), 「지방 분권과 로컬거버넌트」, 《한국거버넌스학회보》, 제10권, 91-110쪽.

한국헌법학회(2015), 「지방 분권형 헌법개정안 연구」, 11-40쪽.

Albo X y Quispe. V.(2002), *Quiénes son Indígenas en los Gobiernos Municipales. La Paz,*
Bolivia: Ed Plural, pp.140.

Borja J.(2002), "Ciudadnía y Globalización", *Revista del CLAD, Reforma y Democracia*. No.22. Caracas, pp.109.

Cornago, N., Plural(2006), "Un Acercamiento al Concepto de Eurorregión: Dimensiones Funcionales y Economía Simbólica", Madrid: Letamendia, F.(ed), pp.34-51.

_____(2012), "Diplomacy Decentralized: Subnational Polities and the Making of Peaceful and Durable Diplomatic Couples in Latin America", *Academia*, pp.1-18.

_____(2010), "La Descentralización Como Elemento de Innovación Diplomática: Aproximación a sus Causas Estructurales y Lógicas de Acción". *La Política Internacional Subnacional en América Latina*, Buenos Aires: El Zorzal, pp. 107-134.

Cristian Ovando Santana(2009), "Alianza Estratégica Ayamara sin Fronteras como Expresión de Diplomacia no Tradicional Chile-Boliviana en el Siglo XXI", Chile: Universidad Central de Chile. pp.109.

González Miranda(2008), "De Aymaras en la Frontera a Aymaras sin Frontera. Los Gobiernos Locales de la Triple-Frontera Andina(Perú, Bolivia y Chile) y la Globalización", *Diálogo Andino-Revista de Historia, Geografía y Cultura Andina*, Chile: Universidad de Tarapacá, p.38.

Graña F.(2001), *La Identidad Fronterizas:Contesto y Definición, Percepción*, Chile Arica: Taller de Investigaciones Culturales(TINCU), pp.77-86.

José Luis(2008), "La Cooperción Internacional en los Procesos de Descentralización y Globalización de los Países Latinoamericanos, La Experiencia Italia-Región de Atacama", *Revista OLDLES*. Vol. 1. No 3. pp.210.

Loviere L.(2009), "Un Teriotorrio Político Transfronterizo? Formas de Legitimación de un Experiencia de Acción Política Intermunicipal", *Revista de Estudios Transfronterizos*, Vol. 2, No. 9, pp.13-29.

Marteles, S.(2009), "Cooperación Transfronteriza en la Triple Frontera de Bolivia-Chile-Peru", *Cooperción Transfronteriza e Integración en América Latina*, Chile: Universidad Arica, pp.175-215.

Moira Zuazo, et al.(2012), *Descentralizacion y Democratizacion en Bolivia, La historia del Estado Debil, la Sociedad Rebelde y el Anhelo de Democracia*, Impreso en Impresion

Digital, pp.45-44.

Ovando C Alvárez y Alvarez G.(2011), "La Dimensión Fronteriza de la Política Exterior de Chile: Inmovilidad y Emergencia de Nuevas Dinámicas", *Revista de Estudios Transfronterizos, Nueva Época,* Vol. 12. No. 24, Julio-Diciembre, pp.75-102.

Sergio Gonzáles Miranda(2006), *Dencidad, Integración y Conflicto en la Trple Frontera(Perú, Bolivia, Chile) serie Intergación Social y Fronteras,* Colombia: Convenio Andrés Bello, pp.33.

_____(2008), "Los Gobiernos Locales de la Triple-Frontera Andina(Perú), Bolivia y Chile) y la Globalización", *Revista Diálogo Andin.* Chile: Universiadad de Tarapacá Chile, pp.34.

Tapia, J.(2003), "Descentralización, Diplomacia y Paradiplomacia en la Época de la Globalización", *Estudios Transfronterizos,* Vol. I, No. 1, Iquique de Chile: Universidad Arturo Prat, pp.25-32.


## 3부 3장 브라질의 인종 아비투스와 상징적 폭력

김영철(2004), 「브라질의 인종적 민주주의와 흑인운동」, 《포르투갈-브라질 연구》 제1권 1호, 119-145쪽.

스테판 올리브지(2007), 『부르디외, 커뮤니케이션을 말하다』, 이상길 옮김, 서울: 커뮤니케이션북스.

정병언(2007), 「흑인여성 이미지와 상징적 폭력」, 《현대영미드라마》 제20권 2호. 211-234쪽.

조종혁(2007), 「미디어 아비투스와 상징적 폭력」, 《커뮤니케이션학 연구》 제15권 1호, 31-62쪽.

피에르 부르디외, 『구별짓기』, 최종철 옮김, 서울: 새물결,

홍성민(2007), 『피에르 부르디외와 한국사회: 이론과 현실의 비교정치학』, 서울: 살림.

Amparo-Alves, Jaime(2009), "Spectacle of Violence: Racial Imaginary and the

Constructing of Black Masculinity in City of God", TPP VIII, pp.17-30

Bernardo, Augusto Sérgio São, *"Ética da Diferença e Criminalização Racial"*, http://www.conpedi.org/manaus/arquivos/Anais/Augusto%20Sergio%20Sao%20Bernardo.pdf(2010. 2. 11)

Castilho, Suely Dulce de(2004), "A Representação do Negro na Literatura Brasileira: Novas Perspectives", Olhar de Professor, Ponta Grossa, Vol. 7, No. 1, pp.103-113.

De Gouvêa, Maria Cristina Soares(2005), "Imagens do Negro na Literatura Infantil Brasileira: análisa historiográfica", Educação e Pesquisa, Vol. 31, No. 1, pp.77-89.

De Lima Antônio, J.F, *"O Lado Branco do Racismo no Brasil"*, ufrgsprocotas.noblogs.org/(2010. 4. 9)

Gomes, Ana Paula Pereira(2007), "O Negro-Individual, Coletivo, Self, Raça e Identidade :Algumas questões sobre o tornar-se negro e a auto-rejeição", Cronos, Vol. 8, No. 2, pp.529-546.

Laing, Brian Yoshio(2005), Rethinking Brazil's 'Racial Democracy' A discourse of the mixed race experience and inter-racial unions, Semester Topic Paper-Fall 2000, School for International Training-CSA Brazi-Northeast

Martins, Thais Joi(2008), "Identidade negra e classe média negra na Pós-modernidade, Revista África e Africanidade, pp.1-15.

Quaglino, Maria Ana, "Noções de Raça e Eugenia em Monteiro Lobato: Vida e Obra", UCLA.

Sansone, Livio(1996), "Nem Somente Preto ou Negro: Sistema de Classificação Racial no Brazil que muda", Afro-Ásia, Vol. 18. pp.165-187.

Santos, Natália Neris da Silva, "Ideologia do Branqueamento, Ideologia da Democracis Racial e as Pôliticias Públicas Direcionadas ao Negro Brasileiro, Revista Urutágua, No. 19, 2009.

Skidmore, Thomas E.(1992), "FACT AND MYTH: DISCOVERING A RACIAL PROBLEM IN BRAZIL", Working Paper #173

강병근(2015), 「에콰도르 환경분쟁소송의 국제성에 관한 연구」, 《환경법과 정책》 제 14권. 145-169쪽.

김기현(2011), 「페루와 에콰도르 아마존 지역의 석유개발과 환경사회운동」, 《이베 로아메리카 연구》 제22권 1호, 27-61쪽.

_____(2013), 「아마존 서부 지역의 석유개발에서 환경과 원주민 문제」, 『트랜스라 틴:라틴아메리카환경』 제26호, 2013.

김달관(2011), 「에콰도르의 탈식민지적 국가개혁: 국민국가에서 다국민국가로」, 《이베로아메리카》 제13권 2호, 1-31쪽.

_____(2012), 「에콰도르의 원주민 운동」, 《이베로아메리카 연구》 제23권 2호, 175-195쪽.

김정수(2013), 「20년간 멈추지 않는 아마존의 '검은 눈물'」, 《한겨레신문》, http://ecotopia.hani.co.kr/178221(2013. 12. 11)

원영수(2015), 「에콰도르 반정부세력의 공세와 좌파의 분열: 라틴아메리카 핑크타 이드는 위기 아닌 조정국면」, 참세상, http://www.newscham.net/news/view.php?board=news&nid=99765

외교통상부(2013), "에콰도르 야수니 국립공원 개발확정 동향", http://www.mofa.go.kr/webmodule/htsboard/template/read/korboardread.jsp?typeID=24&boardid=11709&tableName=TYPE_KORBOARD&seqno=7338

정상률(2011), 「석유지대의 정치경제와 아랍 민주주의」, 《中東研究》 제30권 3호, 83-115쪽.

조영현 · 김달관(2012), 「에콰도르 원주민 사상과 세계관의 복원: 수막 카우사이 (Sumak Kaway)에 대한 이론적 고찰」, 제31권 2호, 127-160쪽.

조한승(2015), 「중남미 지역기구 정치의 역동성: OAS, ALBA, UNASUR, CELAC」, 《국제지역연구》 제19권 2호, 37-60쪽.

Acuna, Roger Merino(2011), "What is 'Post' in Post-Neoliberal Economic Policy? Extractive Industry Dependence and Indigenous Land Rights in Bolivia and Ecuador", https://www.researchgate.net/publication/228165138_What_

is_%27Post%27_in_Post-Neoliberal_Economic_Policy_Extractive_Industry_ Dependence_and_Indigenous_Land_Rights_in_Bolivia_and_Ecuador(2015. 12. 10)

Alier, Martinez(2007), "Keep Oil in the Ground: Yasuni in Ecuador", *Economic and Political Weekly*, Vol. 42, pp.4227-4228, http://www.epw.in/commentary/ keep-oil-ground-yasuni-ecuador.html(2015. 11. 30)

Atlasmedia, http://atlas.media.mit.edu/en/profile/country/ecu/(2015. 12. 9)

Becker, Marc(2016), "The Correa Coup", *Latin American Perspective*, Vol. 43, No. 1, pp.71-92.

_____(2013), "The Stormy Relations between Rafael Correa and Social Movements in Ecuador", *Latin American Perspective*, Vol. 40, No. 3. pp.43-62.

Escribano, Gonzalo(2013), "Ecuador's energy policy mix: development versus conservation and nationalism with Chinese loans", *Energy Policy*, Vol. 57, pp. 152-159.

Gallagher, Kevin P. and Margaret Myers(2015), "China-Latin America Finance Database", Washington: Inter-American Dialogue.

Grugel, Jean and Pia Riggirozzi(2012), "Post-neoliberalism in Latin America: Rebuilding and Reclaiming the State after Crisis", *Development and Change*, Vol. 43, No.1. pp.1-21.

Guardian(2013), "Yasuni: Ecuador abandons plan to stave off Amazon drilling", http://www.theguardian.com/world/2013/aug/16/ecuador-abandons- yasuni-amazon-drilling

Hill, David(2013), "Why Ecuador's president is misleading the world on Yasuni-ITT", http://www.theguardian.com/environment/andes-to-the- amazon/2013/oct/15/ecuador-president-misleading-yasuni

_____(2014), "Ecuador pursued China oil deal while pledging to protect Yasuni, papers show", http://www.theguardian.com/environment/2014/ feb/19/ecuador-oil-china-yasuni

Lindsay, James M.(2015), "Can you name the top 10 world news events of 2015?", http://www.newsweek.com/can-you-name-top-ten-world-news- events-2015-409346

Leon T., Magdalena(2010), "El 'buen vivir': objetivo y camino para otro modelo", http://base.socioeco.org/docs/el_buen_vivir_objetivo_y_camino_para_otro_modelo.pdf(2015. 12. 10)

Martin, Pamela(2011), Global Governance from the Amazon: Leaving Oil Underground in Yasuni National Park, Ecuador.

McMichael, Philip(2012), Development and Social Change: A Global Perspective. Sage Publication.

Oilwatch, "Oilwatch to Ecuadorian president: Keep oil firms out of Yasuni-ITT", http://www.oilwatch.org/en/noticias/622-oilwatch-to-ecuadorian-president-keep-oil-firms-out-of-yasuni-itt

Permanent Mission of Ecuador to the United Nations(2007), "Speech of the President of the Republic of Ecuador Excellency Rafael Correa", http://www.google.co.kr/url?sa=t&rct=j&q=&esrc=s&source=web&cd=1&ved=0ahUKEwjuuJLQ8cLLAhUCHqYKHWtEBqgQFggaMAA&url=http%3A%2F%2Fmdtf.undp.org%2Fdocument%2Fdownload%2F4500&usg=AFQjCNFLWB93l3fcT01LBZ43VtWrOUqrfw&sig2=l2ODZx1Gw3g2jmaHGdNZ7A

Political Database of the Americas(2011), "Republic of Korea", http://pdba.georgetown.edu/Constitutions/Ecuador/english08.html

Ray, Rebecca and Adam Chimienti(2015), "A line in the Equatorial Forests: Chinese Investment and the Environmental and Social Impacts of Extractive Industries in Ecuador", http://business-humanrights.org/sites/default/files/documents/Ecuador1.pdf

Shiva, Vandana(2012), "Democracia de la Tierra y los Derechos de la Naturaleza", Acosta and Matinez(ed.), La Naturaleza con Derechos: de la Filosofia a la Politica. http://rosalux.org.ec/attachments/article/254/derechos-naturaleza.pdf(2015. 11. 30)

Temper L. and others, "Towards a Post-Oil Civilization: Yasunization and other initiatives to leave fossil fuels in the soil", May 2013. http://www.ejolt.org/wordpress/wp-content/uploads/2013/05/130520_EJOLT6_High2.pdf

Valencia, Alexandra(2013), "Ecuador to open Amazon's Yasuni basin to oil drilling", http://in.reuters.com/article/us-ecuador-oilidINBRE97E15220130816

Veltmeyer, H.(2013), "The Political Economy of Natural Resource Extraction: A New Model or Extractive Imperialism", *Canadian Journal of Development Studies*, Vol. 34, No. 1, pp.79-95.

"Ecuador signs contracts with to China oil giant for oil exploration in Amazon - Nearly 1 million acres of rainforest at risk - Indigenous people object", http://beforeitsnews.com/environment/2016/02/ecuador-signs-contracts-with-to-china-oil-giant-for-oil-exploration-in-amazon-nearly-1-million-acres-of-rainforest-at-risk-indigenous-people-object-2547152,html

## 3부 5장 콜롬비아의 문화적 폭력과 평화협정

갈퉁(2000), 『평화적 수단에 의한 평화』, 강종일 외 옮김, 서울: 들녘.

윤상호(2005), 「갈퉁의 적극적 평화이론에 대한 연구: 구조적 폭력과 문화적 폭력을 중심으로」, 서울:중앙대학교, 52-89쪽.

차경미(2009), 「콜롬비아 우리베(Uribe)정권의 국가안보정책의 한계」, 《국제지역연구》 제13권 제2호, 서울: 한국외국어대학교 국제지역연구센터, 429-432쪽.

한용섭(2002), 『21세기 평화학』, 하영선편, 서울: 풀빛.


Arna, Roberto González & Rosero, Luis Fernando Trejos(2016), *Fin del Conflicto Armado en Colombia?*, Baranquilla Colombia: Universidad del Norte, pp.148.

Ariza, Diego Felipe(2014), *La Zona de Distensión del Caguán:Análisis de los Fcatores Económicos, Políticos y Sociales a Partir del Concepto de Estado Fallido*, Bogotá, Colombia: Universidad Colegio Mayor de Nuestra Señora del Rosario, pp.7-17.

Bacca, Renzo Ramírez(2008), *Historia Laboral de una Hacienda Cafetera: La Aurora, 1882-1982.* Colombia: Carreta Editores, pp.35-57.

Bergquist, Charles W.(1999), *Café y Conflicto en Colombia, 1886-1910: la Guerra de los Mil Días, Sus Antecedentes y Consecuencias,* Colombia: Banco de la República, pp.25-30.

Bernal, José Afranio Ortiz(1999), *El Mundo Campesino en Colombia, Siglo XX: Historia Agraria y Rebelión Social,* Colombia: Fondo Mixto para la Promoción de la Cultura y las Artes del Tolima, pp.166-170.

Buvinic, Mayra & Morrison, Andrew & Shifter, Michael(2010), *Violencia en América Latina y el Caribe: Un Marco de Referencia Para la Acción,* Washington. D.C: Banco Interamericano de Desarrollo, p.6.

Gordillo, Jaime Valencia(2002), *Café y Crecimiento Ecinómico Regional en Antiguo Caldas: 1870-1970,* Colombia: Colección Ernesto Gutíerez Arango, Serie:Historia Regional, Caldas, pp.49-66.

Jiménez, Nhorys Torregrosa & Jiménez, Rodolfo Torregrosa(2013), "Violence and Colombian Politics", *Verba Iuris 29,* Enero-junio. Bogotá, Colombia, pp.97-109.

León, Adólfo and Cruz, Atehortua(1994), *El Estado y Fuerzas Armadas en Colombia.* Bogotá:Tercer Mundo, pp.188-189.

_____(2010), "El Golpe de Rojas y el Poder de los Militares", *Folios,* Segunda época, No. 31, pp.39-43.

Mejía, Alvaro Tirado & Melo, Jorge Orlando & Bejarano, Jesús Antonio(1989), *Nueva Historia de Colombia:Historia Política, 1946-1986,* Bogotá, Colombia: Planeta, pp.82-98.

Paredes, Zioly y Díaz, Nordelia(2007), "Presente y Pasado: Orígenes del Frente Nacional en Colombia", *Revista de Historia,* No. 23, Enero-Junio, Bogotá, Colombia, pp.187-188.

Pécaut, Daniel(2001), *Orden y Violencia: Evolución Socio-Política de Colombia Entre 1930 y 1953.* Bogotá: Grupo Editorial Norma, pp.70-75, 577-580.

_____(2003), *Violencia y Política en Colombia:Elementos de Reflexión,* Colombia: Hombre Nuevo Editores, pp.58-62.

Pulido, Luis Alberto Villamarín(2015), *El Cartel de las Farc (I): Finanzas del Terrorismo Comunista contra Colombia 1978-1966,* New York: Ediciones Luis Alberto Villamaria Pulido, pp.125-129.

Sanín, Francisco Gutiérrez & Wills, María Emma(2006), *Nuestra Guerra sin Nombre: Transformaciones del Conflicto en Colombia,* Bogotá, Colombia: Grupo Editorial

Norma, pp.254-260.

Uribe, María Victoria(2007), *Salvo el Poder Todo es Ilusión: Mitos de Origen:las Fuerzas Revolucionaria de Colombia.* Bogotá, Colombia: Pontificia de la Universidad Javeriana, pp.72-75.


〈언론 자료〉

Organización Nacional Indigena de Colombia(ONIC), Pueblos y Territorios Indígenas Víctimas del Conflicto Armado en Tiempos de Paz, 31 de enero de 2018.

Semana, Pulla de César Gaviria a Juan Manuel Santos, 20 de enero de 2018.

El Tiempo, Polarización del País, Reflejada en Resultados del Escrutinio, 2 de octubre de 2016.

El Tiempo, Con Apretón de Manos, Santos y 'Timochenko' Acuerdan Fin de la Guerra, 23 de julio de 2016.

El Espectador, El Procesos de Paz con ELN, 29 de enero de 2018.

El País, El Cese Bilateral al Fuego con el ELN, un Hecho Histórico, 3 de octubre de 2017.

El País, El Gobierno de Colombia y las FARC Acuerdan el Cese de Fuego Bilateral y Definitivo, 23 de Junio de 2016.

## 3부 6장 브라질 도시 폭력 문제의 실태

공진성(2009), 『폭력』, 책세상.

김규선(2002), 「스피노자의 형이상학과 폭력」, 《가톨릭철학》 제6호, 291-314쪽.

레프 니콜라예비치 톨스토이(2008), 『국가는 폭력이다』, 조윤정 옮김, 달팽이.

박원복(2015), 「브라질 '발견'에서 본 유토피아와 폭력」, 《포르투갈-브라질 연구》 제12권 2호, 5-35쪽.

발터 벤야민(2008), 『폭력비판을 위하여』, 최성만 옮김, 발터 벤야민 선집 5, 길.

에릭 홉스봄(2008), 『폭력시대』, 진태원 옮김, 민음사.

에이드리언 레인(2015), 『폭력의 해부』, 이윤호 옮김, 흐름출판.

에티엔 발리바르(2012), 『폭력과 시민다움』, 진태원 옮김, 난장.

이성형(2010) 엮음, 『현대브라질: 빛과 그림자』, 서울대학교라틴아메리카연구소.

이문영(2010), 「21세기 폭력의 패러다임과 폭력 · 비폭력의 경계」, 《평화학연구》 제 16권 1호, 7-30쪽.

정길화(2013), 「파벨라, 브라질의 고민과 모순이 응축된 곳」, 인물과 사상, 158-167쪽.

정이현(2016), 『상냥한 폭력의 시대』, 문학과지성사.

최금좌(2008), 「영화 〈엘리트 경찰부대(Tropa de Elite)〉: 국가 폭력성을 통해 참된 민주주의 제도와 이념구현 강조」, 《포르투갈-브라질연구》 제5권1호, 5-30쪽.

피에르 클라스트르(2002), 『폭력의 고고학』, 변지현, 이종영 옮김, 울력.

한나 아렌트(1999), 『폭력의 세기』, 김정한 옮김, 이후.


Anuário Brasileiro de Segurança Pública 2015, FBSP.

Atlas da Violência 2016, IPEA/FBSP.

Causas e consequencias do crime no Brasil.

Haugen, Gary A., Boutros, Victor(2015), *The Locust Effect: Why the end of Poverty Requires the end of violence*, Oxford Uni. Press.

World Bank 2011.


〈인터넷〉

김걸(2010), "라틴아메리카 도시구조", 웹진 〈트랜스라틴〉, http://translatin.snu. ac.kr/translatin/1012/pdf/Trans10121400.pdf(2016. 3. 20)

김희순(2010), "라틴아메리카 도시화의 특성", 웹진 〈트랜스라틴〉, http://translatin. snu.ac.kr/translatin/1012/pdf/Trans10121400.pdf(2016. 3. 20)

"재외공관, 억울하게 수감된 재외국민 '나 몰라라' 방치", http://www.yonhapnews. co.kr/politics/2016/04/05/0505000000AKR20160405123500001.HTML, 《연합 뉴스》, 2016. 4. 5.

"외교부, 재외국민 등록제 부실운영 ."http://www.newsis.com/ar_detail/view.

html?ar_id=NISX20160405_0014002505, 《뉴시스》, 2016. 4. 5.

월드코리안, "허울뿐인 재외국민등록 관리실태 드러나", http://blog.naver.com/stonevalley/220675735574, 2016. 4. 12.

「재외국민보호 등 영사업무 운영실태 보고서」(2016), 감사원. http://www.moe.go.kr/boardCnts/view.do?boardID=345&boardSeq=63202&lev=0&searchType=S&statusYN=W&page=8&s=moe&m=040103&opType=(2016. 3. 17)

"스위스, 성인에 매달 300만원…… '유토피아' 될까", 《경향신문》, 2016. 6. 1. http://news.khan.co.kr/kh_news/khan_art_view.html?code=970205&artid=201606012138005

"Rio não precisa de UPP", https://www.pinterest.de/pin/560698222342838784/?autologin=true, Humorpolitico(2016. 9. 17)

## 4부 1장 사파티스타의 끝나지 않은 저항

Baronnet, Bruno, et al.(2011), *Luchas "muy otras", Zapatismo y autonomía en las comunidades indígenas de Chiapas*, Colección Teoría y Análisis.

Casas, María Isabel, et. al.(2015), "Fronteras borrosas: reconocer las prácticas de conocimiento en el estudio de los movimientos sociales", [Xochitl, Leyva Solano, et. al.(2015), Práticas otras de conocimiento(s), Entre crisis, etre guerras(Tomo II), Cooperativa Editorial Retos].

Cho, Young-Hyeo(2015), "The indigenous movements in Latin America: A comparative study of Zapatista movement and the Confederation of Indigenous Nationalities of Ecuador", *Revista Iberoamericana*, Vol. 26, No. 3, pp.317-356.

Cho, Young-Shil(2004), "On the philosophical bases of Zapatista Movement of National Liberation", *Asian Journal of Latin American Studies*, Vol. 17, No. 3, pp.321-349.

Chung-Hea-Joo(2011), "Rationale for the Yucatan's Caste War", *Asian Journal of Latin American Studies*, Vol. 24, No. 1, pp.129-153.

_____(2005), "Rethinking about Cultural Human Right of Mayan Aborigine", *Asian Journal of Latin American Studies*, Vol. 18, No. 3, pp.55-82.

Collier and Quaratiello(2005), *Basta: Land and the Zapatista Rebellion in Chiapas,* Food First Books.

Falla, Ricardo(2007), *Quiché Rebelde, Guatemala*, Universidad de San Carlos de Guatemala.

Farfán, et al.(2011), *Diversidad religiosa y conflicto en Chiapas: intereses, utopías y realidades,* Universidad Nacional Autónoma de México & CIESA.

Hale(2015), *Entre el mapeo participativo y la "geopiratería": las contradicciones de la antropología comprometida,* [Xochitl, Leyva Solano, et. al.(2015), Práticas otras de conocimiento(s), Entre crisis, etre guerras(Tomo II), Cooperativa Editoral Retos].

Jean, Piel(2005), Nacionalismo sin Nación. El siglo XIX lationamericano, entre utopías nacionalistas y realidades regionales, en Olivera and Palomo(ed), Chiapas: De la Independencia a la Revolución, Publicaciones De La Casa Chata.

Jung, Ina(2015), "A historical consideration and perspective of Indigenous Municipality in Guatemala", *Revista Iberoamericana,* Vol. 26, No. 1, pp.131-172.

_____(2015a), "Guatemalan Civil War and Class Struggle: Focusing on Land Reform", *Latin American and Caribbean Studies,* Vol. 34, No. 3, pp.131-158.

Kim, Mee-Kyung(2010), "Globalization and Anti-Globaliation in Latin America: The Zapatista Revolt and Justice Globalism", *Inmunyeongu,* Vol. 60, pp.101-144.

Kim, Yoon-Kyung(2013), "The Indigenous Movement for Autonomy in Mexcio: Focused on the Zapatista Movement", *Revista Iberoamericana,* Vol. 21, pp.133-171.

_____(2008), "State, Race, and Gender of IberoAmerica: The Zapatista Revolt in Mexico: The Indigenous Movement towards the New World", *Seoyangsaron,* Vol. 97, pp.85-115.

Laako, Hanna(2015), En las fronteras del zapatismo con la academia: lugares de sombrea, zonas incómodas y conquistas inocentes, [Xochitl, Leyva Solano, et. al.(2015), Práticas otras de conocimiento(s), Entre crisis, etre guerras(Tomo II), Cooperativa Editoral Retos].

Lee, Jung-Gu(2010), "A Study on the Autonomist Movements in Context of Altglobalization", *Marxismyoongu,* Vol. 7, No. 2, pp.131-160.

Lee, Seong-Hun(2003), "Outcomes and limitations of Latin American Subaltern Studies", *Asian Journal of Latin American Studies,* Vol. 16, No. 2, pp.471-483.

Mendoza, Víctor Campo(1999), *Las Insurreciones de los Pueblos Indios en México:* La Rebelión Zapatista en Chiapas, Cuellar.

Nash, June(1995), "The Reassertion of Indigenous Identity: Mayan Response to State Intervention in Chiapas", *Latin American Research Review,* Vol. 30, No. 3, pp.7-42.

Park, Tae-Ho(2004), "For memory and Against Memory: Revolutionary Theory of Zapatista", *The Radical Review,* Vol. 2, pp.128-154.

Peláez, Severo(2011), *Motines de indios,* F&G editores.

_____ (2013), *La patria del crillo,* Fondo de Cultura Económica.

Sin, Chung-Hwan(1999), "Marcos-New Revoluction of Zapatista", *The Latin American Studies Association of Korea,* pp.178-198.

Song, Ki-Do(2001), "Zapatistas, they are fighting for new struggle", *Inmulgwasasang,* Vol. 37, pp.184-193.

Woo, Suk-Kyun(2007), "Estudidos Subalternos latinoamericanos y los derechos culturales", *Asian Journal of Latin American Studies,* Vol. 20, No. 2, pp.111-134.

Xochitl, Leyva Solano(2015), "Academia versus activismo, Repensarnos desde y para la práctica teórica-política", [Xochitl, Leyva Solano, et. al. (2015), Práticas otras de conocimiento(s), Entre crisis, etre guerras(Tomo II), Cooperativa Editoral Retos].

_____(2007), *Remunicipalization in Chiapas: Politics and Political in times of Counter-Insurgency,* CIESA & IWGIA.

Yoon, Yeo-Il(2009), "Tainumoksory, zapatistamoksory", *Inmulguasasang,* January, pp.152-170.

〈인터넷〉

Adolfo Gilly(2014), "Mataron a Galeano, el zapatista", http://www.jornada.unam.

## 4부 2장 현대 마야 문학과 세계 문학에 관한 논쟁

Casanova, Pascale(2005), "Literature As a World." *New Left Review*, No. 31. pp. 71-90.

Fallaw, Ben W.(1997), "Cárdenas and the Caste War That Wasn't: State Power and Indigenismo in Post-Revolutionary Yucatán." *The Americas*, Vol. 53, No. 4, pp. 551-577.

Glantz, Margo(1992), *Borrones y borradores. Reflexiones sobre el ejercicio de la escritura (Ensayos de literatura colonial, de Bernal Díaz del Castillo a Sor Juana)*, México: UNAM-Ediciones del Equilibrista.

May May, Miguel(1992), "La formación de escritores en lengua maya" en *Los escritores indígenas actuales II. Ensayo*, Prolog, Selec. Carlos Montemayor, México: CONACULTA, pp. 113-127.

Montemayor, Carlos. Coord(1993), *Situación actual y perspectivas de la literatura en lenguas indígenas*, México: CONACULTA.

Pellicer, Dora(1993), "Oralidad y escritura de la literatura indígena: una aproximación histórica" en Carlos Montemayor. Coord. *Situación actual y perspectivas de la literatura en lenguas indígenas*, México: CONACULTA.

Villoro, Luis(1993), "De la función simbólica del mundo indígena" en *Fuentes de la Cultura Latinoamericana*, tomo II. Comp. Leopoldo Zea. México: FCE, pp. 429-436.

## 4부 3장 파라과이 소농의 생존 대안으로서 공정무역

김세건(2008), 「새로운 시장 그리고 농민공동체 운동: 멕시코 UCIRI를 중심으로」, 《이베로아메리카연구》 제10권 1호, 87-124쪽.

_____(2010), 「파라과이 농촌의 세계화와 농민의 저항: '콩 전쟁(la guerra de la soja)'을 중심으로」, 《이베로아메리카》 제12권 1호, 55-86쪽.

이남섭(2010), 「미주 자유무역협정과 칠레의 대안사회운동-공정무역을 위한 경제 NGO 운동 사례를 중심으로」, 《라틴아메리카연구》 제23권 2호, 83-116쪽.

Albuquerque, José(2005), "Campesinos Paraguayos y 'Brasiguyos' en la frontera este de Paraguay", en Fogel, Ramón y Marcial Riquelme, *Enclave sojero, merma de soberanía y pobreza*, Centro de Estudios Rurales Interdiscipinarios. pp.15-32.

Ceccon, Brisa(2008), *El Comercio Justo en América Latina: Perspectinas y Desafío.*, Ciudad de México: CopIt-arXives. http://scifunam.fisica.unam.mx/mir/copit/SC0002ES/SC0002ES.pdf

Cuellar, Olga & Vásquez, Marcela(2006), *Cooperativa y Cambio Rural en América Latina: Cooperativa de Producción Agro Industrial Manduvira Ltda. Arroyos y Esteros*, Paraguay. Tucson: Bureau of Applied Research in Anthropology.

Fogel, Ramon(1998), "Los movimientos campesinas y la democratización en nuestra sociedad", *Realidad Social del Paraguay*, Asunción: Arte S. R. L.

_____(2005), "Efectos socioambientales del enclave sojero", en Fogel, Ramón y Marcial Riquelme, *Enclave sojero, merma de soberanía y pobreza*, Centro de Estudios Rurales Interdiscipinarios. pp.35-112.

Ministerio Agricultura y Ganaderia(2003), *Programa Nacional Fomento al Cultivo de la Caña de Azúcar Orgánica.* http://www.natlaw.com/interam/pr/ag/sp/spprag00004.pdf

Morínigo, Jose(2009), *Auge de la Producción Rural y Crisis Campesina*, Asunción: fondec.

Palau, Tomás(1998), "La agricultura paraguaya al promediar los 90", *Realidad Social del Paraguay*, Asunción: Arte S. R. L.

Raúl Zibechi(2005), *La guerra de la soja en Paraguay.* http://biodiversidadla.org/Principal/Contenido/Noticias/La_guerra_de_la_en_Paraguay._El_napalm_Monsanto

Riquelme, Marcial(2005), "Notas para El Estudio de las Causas y Efectos de Las Migraciones Brasileña en el Paraguay", en Fogel, Ramón y Marcial Riquelme, *Enclave sojero, merma de soberanía y pobreza*, Centro de Estudios Rurales Interdiscipinarios, pp.113-140.

고려대학교 신흥지역연구소(2016), 「IIRSA(남미인프라통합구상) 추진현황」,《라 틴아메리카지역 이슈페이퍼 제14호》, http://kulas.korea.ac.kr/ver2013/bbs/ board.php?bo_table=02020&wr_id=21(2016. 5. 20)

김은중(2011), 「남미인프라통합구상과 대륙의 지정학적 재편성」, 서울대학 교 라틴아메리카연구소 기획 특집, http://s-space.snu.ac.kr/bitstream/ 10371/77297/1/Trans11121804.pdf(2016. 9. 15)

김윤경(2012), 「남미인프라통합구상의 영향과 원주민과 시민단체의 대응」, http:// snuilas.snu.ac.kr/pdfyear/2012snuilasyb_14.pdf(2016. 5. 28)

김진경(2015), 「포용적 성장과 빈곤감소, 제26회 개발협력 포럼발표문」, http:// koica.go.kr ; KOICA 민관협력실(2016. 8. 5)

이상현 외(2014), 『남미인프라통합구상(IIRSA)의 추진현황과 한국에 대한 시사점』, 대외경제 정책연구원.

이태혁(2016), 「중남미지역 인프라 통합구상의 정치경제」,《세계와 도시》, 서울연구원.

조한승(2015), 「중남미지역기구 정치의 역동성: OAS, ALBA, UNASUR, CELAC」,《국 제지역연구》 제19권 2호.

최선욱(2016), "브라질.마나우스 무역자유지대(ZFM) 특별법 연장", http://www. globalwindow.org(2016. 6. 15)

헨드릭 빌렘 반 룬(2006), 『라틴아메리카 해방자, 시몬 볼리바르』, 조재선 옮김, 서 해문집.

ADB(2008), "Sustainable Development Working Paper Series", No. 12. Mandaluyong City, Philippines, Asian Development Bank. https://jica-ri.jica. go.jp/publication/assets/Chapter%205.pdf(2016. 6. 5)

ANDRES, IIRSA: Incomplete Integration http://lapress.org/objetos/descargas/418i. pdf(2015. 12. 15)

Baylis, John, Steve Smith, Patricia Owens(2014), *The Globalization of World Politics*, 6th edn., Oxford: Oxford University Press.

COSIPLAN(2011), *API: Integration Priority Project Agenda*.

COSIPLAN(2013), *Strategic Action Plan: 2012~2022*.

Couto, Leonardo Freitas(2007), Initiative for the Integration of Regional Infrastructure in South America-IIRSA.

Grugel, Jean and Pia Riggirozzi(2012), "Post-neoliberalism in Latin America: Rebuilding and Reclaiming the State after Crisis", *Development and Change*, Vol. 43, No. 1, pp.1-21.

OECD, Global Forum on Governance: Modernizing Government: Strategies and Tools for Chance, Rio de Janeiro-Brazil.

OXFAM, Briefing Note Inclusive Development, https://www.oxfam.org/sites/www.oxfam.org/files/inclusive_development.pdf(2016. 6. 2)

Herz, Monica(2011), *The Organization of American States(OAS): Global Governance away from the Media*, Routlege: Global Institutions.

HEYCK,D.L.D(2010), *Schools in the forest: how grassroots education brought political empowerment to the Brazilian Amazon*, Kumarian Press.

Heywood, Andrew(2011), *Global Politics*, 2nd edn., Palgrave Foundations.

IIRSA(2011), *IIRSA 10 Years Later: Achievements and Challenges*, 1st edn., Buenos Aires: BID-INTAL.

Inter-American Development Bank(IDB)(2000), *A New Push for Regional Infrastructure Development in South America*.

Kozuka, Eiji, Inclusive Development: Definition and Principles for the Post-2015 Development Agenda. https://jica-ri.jica.go.jp/publication/assets/Chapter%205.pdf(2016. 6. 5)

Klasen, S.(2010), *Measuring and Monitoring Inclusive Growth: Multiple Definitions*, Open Questions, and Some Constructive Proposals.

Lee, Taeheok(2015), *The Emergence of sub-Regional Representative Institutions in South America in the twenty-first century: Difference, Similarity, and Path Dependence*, University of York. PhD Dissertation.

Myers, Marget et al(2016), *Chinese Finance to LAC in 2015: Doubling Down*, China-Latin America Report.

Rondonoticias(2006), Lula consolida integraçãoe incentiva economia florestal no Acre. http://www.rondonoticias.com.br/imprimir.php?id=34363(2016. 5. 25)

Skidmore, T. E.(2009), *Brazil: Five centuries of change*, OUP Catalogue.

US Department of States, Communique of Brazilia, http://www.state.gov/p/wha/rls/70994.htm(2016. 3. 13)

Van Dijck, P. & Den Haak, S.(2006), *Troublesome construction: IIRSA and public-private partnerships in road infrastructure*, Centre for Latin American Studies and Documentation.

Van Dijck, P(2008), "Troublesome construction: The rationale and risks of IIRSA", *Revista Europea de Estudios Latinoamericanos y del Caribe/European Review of Latin American and Caribbean Studies*, pp.101-120.

_____(2013), *The Impact of the IIRSA Road Infrastructure Programme on Amazonia*, Routledge.

Veltmeyer, H.(2013), "The Political Economy of Natural Resource Extraction: A New Model or Extractive Imperialism", *Canadian Journal of Development Studies*, Vol. 34, No. 1, pp.79-95.

## 4부 5장 한국-브라질 조직 문화 간 커뮤니케이션의 실태와 대안

강준만(2011), 『특별한 나라 대한민국』, 인물과사상사.

김숙현 외(2001), 『한국인과 문화 간 커뮤니케이션』, 커뮤니케이션북스.

문형민(2011), 「삼성전자 '브라질 노동착취 보도는 사실 무근」, 《뉴스핌》(11월 23일).

박재환 외(2008), 『일상생활의 사회학적 이해』, 한울아카데미.

박해용(2006), 『역사에서 발견한 CEO 언어의 힘』, 삼성경제연구소.

백신정(2002), 「문화 간 의사소통 상황에서의 장애요인에 관한 연구」, 숙명여대 교육대학원 석사학위 논문.

이윤정·지정훈·우균·조환규(2009), 「인터넷 게시물의 댓글 분석 및 시각화」, 《한국콘텐츠학회》, Vol. 9, No. 7, 45-56쪽.

임두빈(2012), 「브라질의 일상·대중적 문화소의 근원에 대한 연구」, 《포르투갈-브라질 연구》, Vol. 9. No. 1. 49-75쪽.

조희문(2002), 「브라질 비즈니스 진출 안내백서」, KOTRA.

조희문(2012), 「브라질 노무분쟁의 새로운 유형과 대안」, 《브라질 노무환경의 변화와 우리 진출기업의 대응전략》, KOBRAS 세미나 자료.


Azevedo, F. de.(1958), *A Cultura Brasileira,* 3 ed., São Paulo: Melhoramentos.

Barros, Carlos(2013), "Denúncia de assédio moral na Samsung de Campinas é monitorada pelo MPT", Reporter Brasil.

Baebosa, L.(1996), Meriticracia à Brasileira: O que é desempenho no Brasil? *Revista do Serviço Público,* Vol. 120, No. 3, 1996. pp.58-102.

Bennett, T.(1995), *The Birth of the Museum: History, Theory, Politics,* London & New York: Routledge.

Cushner K and Brislin, R.(1997), *Improving Intercultural Interactions,* Thousand Oaks: Sage.

Davidson, J. D.(2012), *Brazil is the New America,* Wiley.

Davidson, J. D.(2013), 『브라질이 새로운 미국이다』, 이은주 옮김, 브레인스토어.

Fonseca, C. S.(2001), "A Influência de Traços da Cultura Brasileira sobre a Comunicação intra e intercultural no Setor Automotivo do Paraná", *Dissertação de Mestrado,* UFPR, Brasil.

Fortes, Debora(2011), "Nem Índia Nem China. Que tal imitar Coreia?", *Época Negócios,* 55, pp.122-148.

Garcia, A.(2005), "Relacionatnento ionterpessoal: uma área de investigação", in A. Garcia(Org.), *Relacionamento interpessoal: olhares diversos,* Vitória: GM Gráfica e Editora, pp.7-28.

Garcia, A.(2011), "Conflito interpessoal entre brasileiros e entre brasileiros e estrangeiros em empresas multinacionais de Manaus, AM", Cadernos de Psicologia Social do Trabalho, Vol. 14, No. 2, pp.179-194.

Hall, E.(1959), *The Silent Language,* New York: Doubleday.

Hall, E.(2000), 『침묵의 언어』, 최효선 옮김, 한길사.

Hamldorf, D.(2003), "Towards managing diversity: cultural aspects of conflict management in organizations", *Conflict & Communication Online,* 2 (2), pp.1-22.

H. N. Kim(2003), "Restricoes Impostas pela Cultura Brasileira", *Dissertação de mestrado*, FGV.

Holanda, Sérgio B de.(2005), *Raíz do Brasil*, Rio de Janeiro: José Olympio.

Manechini, G.(2012), "A legião coreana invade o Ceará", *Exame*, edições 1020(Julho 26).

Novinger, T.(2011).『브라질 사람과 소통하기』. 김우성 · 임두빈 옮김, 이담북스.

Oberg, K.(1960), "Cultural Shock", *Practical Anthropology 7*, pp.177-182.

Oliveira, P. T.(2000), "Características Culturais Nacionais e Ciclo de vida organizacional", *Dissertação de mestrado*, UFPR.

Richard W. Brislin.(1981), "Cross-cultural Encounters, Face-to-face Interaction", Pergamon Press.

Samovar, L. A., Porter, R. E., and Stefani, L. A.(1998), *Communication between Cultures*, Belmont, CA: Wadsworth.

Sant'Anna, R. H.(2013), "Overview of th Brazilian Labor Justice System", *Paper presented at the 2013 International Forum for Cooperation of Culture, Environment, and Business between Korea and Brazil 2013*. (August 20), pp.79-92.

Schein, E. H.(1985), *Organizacional Culture and Leadership*, San Francisco: Jossey-Bass.

Schneider, S e Arruda, C. A.(1996), "Gerenciando através de culturas" in Brasil, Haroldo V.; Arruda, Carlos A.(org.), *Internacionalização de empresas brasileiras*. Rio de Janeiro: Oualitymark, pp. 93-109.


〈기사 및 인터넷〉

곽보연, 「삼성전자, 브라질서 노동법 위반 피소. 중국이어 논란 확산」, 《뉴스 토마토》, 2013. 8. 14.

김순덕, 「혈육 잘못 사랑으로 감싸는 지혜」, 《동아일보》, 1994. 3. 10.

권영미, 「브라질 가정부, 헌법 개정으로 노예상태에서 해방」, 《뉴스 1》, 2013. 3. 28.

"브라질, 글로벌 기업 노동환경 일제 조사 진행 중", http://www.cnbnews.com/category/read.html?bcode=232977. 《CNB News》, 2013. 8. 15.

"브라질, 글로벌 기업 노동환경 일제 조사서 표적 삼은 듯", http://news.naver.com/main/read.nhn?mode=LSD&mid=sec&sid1=101&oid=001&aid=0006429962. 《연합뉴스》, 2013. 8. 15.

"Como lidar com colegas de trabalho de quem você não gosta(싫어하는 동료
　　을 직장에서 대처하는 방법)", http://exame.abril.com.br/carreira/noticias/
　　como-lidar-com-colegas-de-trabalho-que-voce-nao-gosta-muito
　　Exame, 2013. 11. 12.

"브라질에서는 '정신적 학대'도 노동법 위반", http://www.korea.kr/policy/
　　pressReleaseView.do?newsId=155912484, 2013. 11. 12.

# 필자 소개

## 임상래

멕시코국립대학교 중남미학(역사) 박사.

『라티노와 아메리카』 외 다수의 저서와 논문.


## 김영철

한국외국어대학교 국제관계학(브라질 사회와 문화) 박사.

『2016 라틴아메리카: 위기의 좌파정권』 외 다수의 저서와 논문.


## 임두빈

상파울루주립대학교(UNESP) 언어학(응용언어학) 박사.

『브라질 사람들』 외 다수의 저서와 논문.


## 고메스

피츠버그대학교 어문학(중남미어문학) 박사.

『El dictador descentrado Poder, Historia e Identidad en Latinamerica: El rescurdo de metodo de Alejo Carpentier』 외 다수의 저서와 논문.


## 구경모

영남대학교 문학(사회인류학 및 민속학) 박사.

『과이라 공화국, 또 하나의 파라과이』 외 다수의 저서와 논문.

**차경미**

한국외국어대학교 국제관계학(중남미 정치 · 역사) 박사.

『라틴아메리카 흑인 만들기』 외 다수의 저서와 논문.


**서성철**

멕시코국립대학교 문학(중남미문학) 박사.

『마닐라 갤리온 무역』 외 다수의 저서와 논문.


**최명호**

멕시코 시몬볼리바르대학교 문화인류학(인류학) 박사.

『멕시코를 맛보다』 외 다수의 저서와 논문.


**정이나**

스페인 살라망카대학교 중남미사회인류학(인류학) 박사.

『라틴아메리카 원주민의 어제와 오늘』 외 다수의 저서와 논문.


**이태혁**

영국 요크대학교 정치학(국제관계) 박사.

『라틴아메리카 지역통합의 정치: 이론과 비교적 접근』 외 다수의 저서와 논문.

# 글의 출처[1]

## 제2부 라틴아메리카 지배와 통치

### 제1장 식민 지배와 국가 발전: 코스타리카 성공의 역사성

임상래(2016), 「식민지의 조건과 국가 발전」, 《중남미연구》 35(4), 87-110쪽.

### 제2장 사르미엔토의 『파쿤도』를 통해 본 독재의 본질

최명호(2014), 「독재와 반독재, 사르미엔또의 『파쿤도』의 독법」, 《이베로아메리카연구》 25(2), 159-190쪽.

### 제3장 아프리카 흑인의 아르헨티나 유입과 백인 정체성 신화

서성철(2014), 「사회적 소수자로서의 아프로·아르헨티나인」, 《라틴아메리카연구》 27(2), 109-132쪽.

### 제4장 과테말라 인디오들의 '허락된' 자치권력

정이나(2015), 「과테말라 원주민 시정부 제도의 역사적 고찰과 전망」, 《이베로아메리카연구》 26(1), 131-172쪽.

---

1 각 장과 관련된 논문을 최초로 수록한 출처를 붙인다. 모든 글은 이 책을 내며 수정하였다.

제5장 브라질의 연립대통령과 의회의 정치권력

김영철(2017), 「브라질의 연립 대통령과 의회의 정치권력」, 《라틴아메리카연구》 30(2), 81-102쪽.


## 제3부 라틴아메리카의 갈등과 폭력의 현재성

제1장 식민 시기 멕시코의 종교재판과 유대인 박해

서성철(2015), 「신세계에서의 포르투갈 유대인과 종교재판」, 《이베로아메리카》 17(1), 61-91쪽.


제2장 페루-볼리비아 접경 푸노 지역 아이마라 원주민의 갈등

차경미(2015), 「페루-볼리비아 접경 푸노(PUNO) 지역 아이마라(AYMARA) 원주민 종족 갈등의 원인」, 《비교문화연구》 41, 351-379쪽.


제3장 브라질의 인종 아비투스와 상징적 폭력

김영철(2010), 「브라질의 인종 아비투스와 상징적 폭력」, 《포르투갈-브라질연구》 7(1), 5-25쪽.


제4장 에콰도르 아마존 개발의 역설

이태혁(2016), 「에콰도르의 이중성」, 《이베로아메리카연구》 27(1), 173-194쪽.


제5장 콜롬비아의 문화적 폭력과 평화협정

차경미(2018), 「21세기 라틴아메리카의 폭력과 평화」, 《국제언어문학》 38, 51-81쪽.


제6장 브라질 도시 폭력 문제의 실태

임두빈(2016), 「브라질 도시치안문제 실태에 대한 연구」, 《포르투갈-브라질연구》 13(2), 77-102쪽.

## 제4부 라틴아메리카의 새로운 시도

제1장 사파티스타의 끝나지 않은 저항

정이나(2016), 「사파티스타 운동 연구에 대한 인류학적 소고」, 《라틴아메리카 연구》 29(2), 135-162쪽.

제2장 현대 마야 문학과 세계 문학에 관한 논쟁

헤라르도 고메스 미첼(2018), 「국가의 내부에서, 그리고 세계의 바깥에서 글쓰기」, 《지구적 세계문학》 제11호, 243-253쪽.

제3장 파라과이 소농의 생존 대안으로서 공정무역

구경모(2010), 「파라과이 소농의 생존 대안으로서 공정무역」, 《중남미연구》 29(1), 235-253쪽.

제4장 남미 통합과 포용적 개발의 실제

이태혁(2017), 「포용적 개발의 한계」, 《포르투갈-브라질 연구》 14(1), 103-137쪽.

제5장 한국-브라질 조직 문화 간 커뮤니케이션의 실태와 대안

임두빈(2013), 「브라질 일상 문화소 이해를 통한 한국-브라질 조직문화 간 커뮤니케이션 제고」, 『전략지역심층연구 논문집』 IV, 대외경제정책연구원, 57-118쪽.

# 라틴아메리카, 세계화를 다시 묻다

**1판 1쇄 발행 2018년 5월 30일**

지음 | 중남미지역원
디자인 | 호야디자인
펴낸이 | 조영남
펴낸곳 | 알렙

출판등록 | 2009년 11월 19일 제313-2010-132호
주소 | 경기도 고양시 일산서구 중앙로1455 대우시티프라자715호

전자우편 | alephbook@naver.com

전화 | 031-913-2018, 팩스 | 02-913-2019

ISBN 978-89-97779-99-4  93950

* 이 저서는 2008년 정부(교육과학기술부)의 재원으로 한국연구재단의 지원을 받아 수행된 연구임
(NRF-2008-362-A00003)